國家社會科學基金青年項目
"基於文本批判的契丹早期史研究"
(編號：19CZS057）階段性成果

二十四史校訂研究叢刊

《遼史》探源

苗潤博 著

中華書局

圖書在版編目(CIP)數據

《遼史》探源/苗潤博著. —北京：中華書局，2020.6(2025.4 重印)

(二十四史校訂研究叢刊)

ISBN 978-7-101-14421-5

Ⅰ.遼… Ⅱ.苗… Ⅲ.①中國歷史-遼代-紀傳體②《遼史》-研究 Ⅳ.K246.104.2

中國版本圖書館 CIP 數據核字(2020)第 033806 號

書　　名	《遼史》探源
著　　者	苗潤博
叢 書 名	二十四史校訂研究叢刊
責任編輯	胡　珂
封面設計	周　玉
責任印製	管　斌
出版發行	中華書局
	(北京市豐臺區太平橋西里 38 號　100073)
	http://www.zhbc.com.cn
	E-mail:zhbc@zhbc.com.cn
印　　刷	三河市宏盛印務有限公司
版　　次	2020 年 6 月第 1 版
	2025 年 4 月第 5 次印刷
規　　格	開本/850×1168 毫米　1/32
	印張 15½　字數 376 千字
印　　數	5101-5900 冊
國際書號	ISBN 978-7-101-14421-5
定　　價	78.00 元

目　録

緒　言

　　元修《遼史》一百一十六卷，記載從耶律阿保機即契丹可汗位至遼朝滅亡（公元 907—1125 年）的歷史，兼及遼末耶律大石所建西遼，總約三十八萬字，始撰於順帝至正三年（1343）四月，成於次年三月，是有關契丹王朝歷史最基本、最權威的文獻。本書的核心工作即在於探索這部重要典籍的文本來源與生成過程。

　　在傳統的斷代史格局中，遼史研究素以資料匱乏著稱。有遼一代歷二百餘年，而現存相關資料充其量不足三百萬字：遼朝文獻傳世者寥若星鳳，且幾乎全屬釋典，難爲史家所用；石刻文獻除房山石經這類幢記塔銘數量稍多外，目前公佈的世俗碑碣未逾三百方，其中還包括數十種解讀率極低的契丹文墓誌；唐、五代、宋、夏、金、元、明、清、高麗、日本歷代文獻中的遼史資料，雖有一定發掘餘地，但多失之零散細碎，蒐羅爬梳殊爲不易，所得成果往往又只能是局部細節的補充。如此窘迫的狀況，使得元修《遼史》這部惟一具有遼朝官方文獻背景的大宗史籍，在遼史研究資料體系中居於無可撼動的統攝地位，同時也導致遼史研究者對於所謂“正史”的依賴程度遠遠超過了其他斷代。

　　單一的史料結構帶來了必須正視的現實問題：元修《遼史》獨自鑄成當今學界有關契丹王朝歷史的主體認知框架，也從根本上形塑了既往研究的主要學術取徑。研究者一方面批評《遼史》太過簡陋粗率，另一方面又常常在不自覺間將"《遼史》的記載"等同於"遼時的記載"，繼而循着書中的敘述脉絡去講述契丹的故事，試圖藉此"還原"出當時歷史的真相。這樣的學術取向在史料搜集、整理方面表現爲，訪舉世之遺文，補《遼史》之未備；在史實研究方面則表現爲，幾乎所有問題都要以《遼史》的記載作爲起點和骨架，繼而徵引各類文獻填充血肉，連綴成看似完整的歷史圖景。在此過程中，能否"補正《遼史》"也成爲衡量其他史料價值大小的首要標尺，似乎史料多一分，我們對《遼史》的理解、對遼代問題的認識就豐富、深刻一點。

　　然而，以上慣常研究理路的立論前提卻值得重新審視。作爲不斷累加、補充的基礎，元修《遼史》本身是否存在系統性的缺陷？該書中的記載，從具體史料到整體敘述脉絡，哪些源自遼人自身的記錄，哪些出於後世史官的拼湊和創造？形形色色的權威文本與遼朝當時的歷史實態間究竟有多大距離？在我看來，這些都應是利用《遼史》之前需要首先釐清的問題，而其中關鍵正在於對該書各具體部分的文本來源和生成過程進行切實的批判性研究。因此就遼金史研究而言，追索《遼史》的史源，除了具備廓清文獻基礎、明確史料價值這樣尋常文獻學、史料學的題中應有之義外，或許還包括另一層意義，那就是在對《遼史》做"加法"之前，先嘗試"減法"，對以往被奉爲圭臬的文本加以層層剥離，對現成的歷史敘述與研究範式加以全面反思。

　　關於元修《遼史》的史源問題，既有研究以上世紀三十年代初馮家昇所著《遼史源流考》最具代表性。該書從"歷代纂修遼史概況"與"今本遼史之取材"兩個方面對該書的源流作過系統梳理，明晰了諸多基本問題，其中提出的"《遼史》三源説"，即元修《遼史》

的主要史源爲遼耶律儼《皇朝實録》、金陳大任《遼史》及《契丹國志》三書①，迄已成爲遼金史研究者的共識②。可以説，馮氏此書事實上奠定了學界關於《遼史》史源的認知基礎，此後的研究者涉及相關問題時多直接引據其説，零星出現的有關《遼史》具體部分史源的探討，也大都是在馮書框架内的局部修補。

作爲自覺運用史源學方法探討正史文本來源的第一部著作，《遼史源流考》無疑具有重要的學術史意義，其開創性值得充分肯定。不過，以今天的眼光看來，自該書以降學界關於《遼史》史源的總體認識和研究取向至少在三方面亟待深化：

其一，元朝史官當時所能引據資料來源的複雜性。由於所謂"《遼史》三源"中，耶律儼、陳大任二書已佚，僅《契丹國志》原書尚存、可資比對，故研究者習慣於將此書視作《遼史》所見遼金文獻以外史料的主要甚至惟一來源，這就在事實上造成了以下弊端：首先，對《遼史》與《契丹國志》文字類似的部分，研究者往往會徑直論定二者存在直接的、前後繼承的源流關係，而忽視了兩書爲同源文獻，即源出一個共同原始文本的可能性；其次，對《遼史》中不見於《契丹國志》的部分，則會在有意無意間默認爲遼金舊史的原文，對其來源疏於考辨，從而忽略了其他可能構成元人修史依據的宋代文獻。此外，關於遼金兩部舊史的記載斷限、編排形式、具體内容，特别是其與今本《遼史》相應部分的源流關係，既有成果多失之籠統，在宏觀脉絡把握與文本細節挖掘方面皆存可議之處。

其二，元末三史同修的總體文獻背景。遼、宋、金史同時纂修，

① 馮家昇：《遼史源流考與遼史初校》，《燕京學報》1933 年第 5 期，收入氏著《遼史證誤三種》，中華書局，1959 年，第 1—70 頁。
② 對於此説最新的概括和總結，參見《點校本〈遼史〉修訂前言》，《遼史》，中華書局點校本修訂本，2016 年，第 3—8 頁。

雖分局設館，各有專攻，但在實際資料使用過程中則時常互通有無、不分彼此，元代翰林院藏書實構成三史分修的共同資料來源。以往述及三史各具體部分之史源者，對此重要文獻背景關注不足，往往僅就《遼史》談《遼史》，就《金史》談《金史》，故所論時有未安之處。例如《宋史》多襲宋朝《國史》之舊已爲常識，然而人們很少關注的是，宋朝多部《國史》皆設《契丹傳》及《女真傳》，這些文獻在原始材料相對缺乏的遼、金二史纂修過程中發揮過怎樣的作用？又如遼末本朝記載闕如，而金代實録則述滅遼過程甚詳，後者與今本《遼史》所記鼎革之事存在何種關聯？反之，《遼史》的原始材料是否又會對《金史》某些具體文本的出現産生影響？諸如此類的問題都值得系統追索。

其三，元朝史官的編纂、創作因素。紀傳體正史雖多成於易代以後，但其主要依據的史源仍是所記對象當時或臨近時代的官方記載，執筆史官的主要工作是對原有舊史加以删削、編排。然至正修史之時，上去遼亡已逾二百餘年，所可憑據之遼金舊籍其實十分有限，且多殘闕，遠不足以成一代之典；而爲求表面光鮮、形式整完，特別是須與同時纂修的金宋二史協調一致，元朝史官不得不臨時拼湊、敷衍出諸多文字以充篇帙，這也是《遼史》與其他正史的一個重要區別。研究者對此如不抱以足夠的警惕，很容易將元人製造的二手文本混同於遼人自身的看法甚或歷史發展的真實，不但會在具體問題的開拓、局部史實的豐富方面被束住手脚，更會在整體的認識層面爲既有陳説所左右。

鑒於以上諸端，本書希望重新對元修《遼史》的史源問題加以全面檢討。其中的學術旨趣主要有三：其一，系統深入地考證《遼史》各部分的文本來源、生成過程、存在問題及史料價值，力圖呈現《遼史》本身的生命歷程，尤其注重對元朝史官編纂建構的敘述框

架加以離析，開闢出全新的問題空間；其二，將《遼史》放置在整個
中國古代正史文本生成、流變的大背景下，凸顯其所具有的普遍性
與特殊性意義，推動正史史源研究走向精耕細作；其三，透過《遼
史》這一典型個案，對傳統的史源學研究作方法論層面的反思，探
索歷史學視野下文本批判的可能路徑。始於《遼史》，而不止於《遼
史》，是書中一以貫之的追求。

　　全書採用通論與專論相結合的形式，以通貫研究爲經，專題研
究爲緯，力求點面結合、體系整完。前兩章爲通論，首先探討遼朝
當時歷史敘述的衍變與特點及金朝纂修《遼史》的若干問題，繼而
從總體上對元修《遼史》各部分文本來源情況作一總括；三至八章
爲專論，主要選取元朝史官編纂因素較多而前人研究不够充分的
若干典型個案加以深入研究，以問題爲導向，深化對《遼史》文本生
成過程的認識；第九章對《遼史》中一個特殊文本“西遼事迹”的來
龍去脉加以考察，從史源學的角度揭示這篇用漢字書寫的中亞史
的價值。附録四篇分爲兩組，先是關於汪藻《裔夷謀夏録》、工上點
《禁扁》、武珪《燕北雜録》三部重要宋元文獻的考證，皆與《遼史》
的史源問題密切相關；最後一篇則是圍繞陳述《遼史補注》特別是
其編纂形式展開的一點思考，文中所論研究路徑之異同正是本書
的核心關切所在。

第一章 遼金兩朝的遼史編纂與流傳

　　元修《遼史》的主要來源是遼朝耶律儼《皇朝實錄》及金人陳大任所修《遼史》，前者根植於契丹王朝當時的本朝史編纂，而後者則是遼亡之後金朝官方所著前代正史。兩者幾經輾轉傳至元末，共同決定了今本《遼史》的基本樣態和内在特徵。本章首先論遼金兩朝與遼史編纂相關的若干問題，繼而考證元人所據遼金舊史之源流，以作爲後續文本分析的宏觀背景。

第一節 遼朝歷史撰述的衍變過程與自身特點

　　遼朝的歷史撰述情況，可以從記史與修史兩個角度去理解，其間的衍變過程與區別於其他王朝的特質是我們關注的重點。

　　遼初的記史制度，以往是一個不甚明晰的問題。趙翼《廿二史劄記》在簡單梳理遼朝的修史情況後，認爲"聖宗以前事"皆興宗朝所追記①。馮家昇即已指出趙翼之説存在明顯謬誤，特別是忽略了遼聖宗統和年間已修實録的史實②。不過抛開這一具體錯訛，趙氏

---

① 趙翼：《廿二史劄記》卷二七"遼史"條，王樹民校證：《廿二史劄記校證》，中華書局，2013 年，第 583 頁。

② 馮家昇：《遼史源流考》，收入氏著《遼史證誤三種》，中華書局，1959 年，第 7 頁。

所謂“建國初年事乃事後追記”的説法，還是産生了很大的影響。有學者在解釋《遼史》爲何會將 907 年阿保機即契丹可汗記作即皇帝位時稱：“已知遼朝的第一部國史是成書於統和九年的室昉《實録》，即便此書包含遼朝開國史的内容，其成書之時上距開平元年也已有八九十年之久，屬事後追述。由於遼朝的修史制度很不完備，恐怕很難指望建國初期的歷史會有什麼文字記載保存下來，僅憑口耳相傳，自然難免疏漏。”①類似的判斷在點校本《遼史》的修訂前言中亦有所體現②。

　　從趙翼到《遼史》修訂本，似乎都認定遼朝初年很難有像樣的記史制度。不過如果仔細搜尋，我們還是能够找到一些與此印象相左的蛛絲馬跡。據《遼史·耶律魯不古傳》載：“太祖制契丹國字，魯不古以贊成功授林牙，監修國史。”③所謂“監修國史”云云或有後人文飾之嫌，但這條材料至少表明阿保機時代確已設立了專人記史的制度。近年來考古發現的遼祖陵龜趺山“太祖紀功碑”④，是現存時代最早的遼代官方歷史敘述，此碑僅遺殘片若干，但經過綴合仍可知其梗概。最新的研究成果表明，此碑當立於太宗初即位之天顯二年（927），内容大體按年代順序記録遼太祖耶律阿保機的功績，内容多與今本《遼史》相契合，堪稱精華版的《遼

① 劉浦江：《契丹開國年代問題——立足於史源學的考察》，原刊《中華文史論叢》2009 年第 4 期，收入氏著《宋遼金史論集》，中華書局，2017 年，第 31 頁。
② 《點校本〈遼史〉修訂前言》（下簡稱“修訂本前言”），《遼史》，中華書局點校本修訂本，2016 年，第 10 頁。
③ 《遼史》卷七六《耶律魯不古傳》，第 1375 頁。
④ 董新林、塔拉、康立君：《内蒙古巴林左旗遼代祖陵龜趺山建築基址》，《考古》2011 年第 8 期。

史·太祖紀》①。這一情況似可説明遼初的記史制度已較爲成熟，今本所見相關史事並非後世追記②。

　　不過從總體背景看，遼朝初年的記史制度恐怕主要還停留在官方檔案的層面，即對國家大事、皇帝行止的逐次記録，當與中原王朝的規範制度還有相當大的距離。同樣屬於這一性質的記史制度，在遼朝還有日曆與起居注。日曆僅見於聖宗朝，統和二十一年"三月壬辰，詔修日曆官毋書細事"，二十九年"五月甲戌朔，詔已奏之事送所司附日曆"③，從中可見這項制度在當時似尚屬草創，處於逐步摸索規範之中，後世是否延續則未可知。相較而言，漢式的起居注制度似曾貫穿聖宗至天祚歷朝，當更爲完備、周詳④。

　　遼代真正意義上的本朝史還應數四部"實録"的編纂，作爲當時最權威、最核心的官方歷史譜系，它們是決定今天所見《遼史》面貌的最初源頭。從乾嘉學人到馮家昇《遼史源流考》，再到近年來的遼史及史學史研究者，都曾對這一文獻系統的發展過程

①　董新林、汪盈、康鵬：《遼太祖紀功碑的綴合、復原與研究》，《中世紀都城和草原絲路與契丹遼文化國際學術研討會——紀念遼上京建城 1100 周年》會議論文集，赤峰，2018 年 8 月，第 42 頁。

②　前賢所論契丹開國年代問題，亦不當歸咎於事後追記致誤，而與整個遼朝歷史敘述的改寫有關。參見苗潤博《被改寫的政治時間：再論契丹開國年代問題》，《文史哲》2019 年第 6 期，第 79—91 頁。

③　《遼史》卷一四《聖宗紀五》，第 172、185 頁。

④　統和二十六年路振使遼後所著《乘軺録》有"起居郎邢祐"（賈敬顔《五代宋金元人邊疆行記十三種疏證稿》，中華書局，2004 年，第 61 頁）；耶律良曾於重熙中"遷修起居注"（《遼史》卷九六，第 1538 頁），耶律敵烈"重熙末，補牌印郎君，兼知起居注"（卷九六，第 1542 頁），大康二年"十一月甲戌，上欲觀起居注，修注郎不撾及忽突堇等不進，各杖二百，罷之，流林牙蕭岩壽於烏隗部"（卷二三《道宗紀三》，第 316 頁），天祚朝則見虞仲文任起居郎、史館修撰（《金史》卷七五《虞仲文傳》，中華書局，1975 年，第 1724 頁）。

作過梳理①，依次爲聖宗統和九年（991）室昉、邢抱朴修成《實録》二十卷，興宗重熙十三年（1044）耶律庶成、蕭韓家奴、耶律谷欲修《遥輦可汗至重熙以來事迹》（又名"遼國上世事迹及諸帝實録"及《國朝上世以來事迹》）二十卷，道宗大安三年（1085）纂太祖以下七帝實録，道宗壽昌至天祚帝乾統年間成耶律儼《皇朝實録》七十卷。關於這四部"實録"的體例，修訂本前言根據今本《遼史》所引耶律儼《皇朝實録》有"紀"、"志"及"后妃傳"這樣的稱謂②，指出此書雖名爲"實録"，實爲紀傳體國史；並就此推斷其他幾部"實録"從内容斷限判斷亦當爲紀傳體，進而結合遼朝有所謂"沿名之風"的現象，認爲此係遼朝在接受漢文化過程中機械效仿，沿用"實録"之名而未得其實的結果。

　　按耶律儼書之體裁有今本《遼史》引文爲證，當無疑義；有遼一代四部"實録"皆非限於一朝一代，與中原制度迥異，確有名實不符之嫌，不過就此論定四者皆同爲紀傳體，則還須斟酌。據《耶律孟簡傳》載："大康中，始得歸鄉里。詣闕上表曰：'本朝之興，幾二百年，宜有國史以垂後世。'乃編耶律曷魯、屋質、休哥三人行事以進。上命置局編修。"③知晚至道宗大康年間，遼朝尚無紀傳體國史，自孟簡始將太祖、世宗及聖宗時最重要的三位功臣事迹編纂進呈。由此看來，聖宗、興宗兩朝所修"實録"，雖不限於一朝之事，但仍當爲編年之體，而道宗大安三年所修者正在孟簡進言、"上置局編修"

---

① 參見趙翼《廿二史劄記》卷二七"遼史"，第 583—584 頁；馮家昇《遼史源流考》，第 7—10 頁；謝貴安《中國已佚實録研究》，中華書局，2013 年，第 351—357 頁；《點校本〈遼史〉修訂前言》，第 3—5 頁。
② 參見《遼史》卷四四《曆象志下·朔考序》（第 649 頁）、卷四九《禮志序》（第 928 頁）、卷六三《世表》（第 1051、1058 頁）、卷七一《后妃傳序》（第 1318 頁）。
③ 《遼史》卷一〇四《耶律孟簡傳》，第 1605 頁。

之後,或即就此改編年爲紀傳,最終爲耶律儼《皇朝實録》所承襲①。可見遼朝四部"實録"雖皆與中原規制不同,然其内部亦當存在由編年體到紀傳體的衍變過程。

由於史料的限制,既往遼代史學史研究所討論過的基本問題已如上述。在此基礎上,我們希望能提出些許新的問題:遼朝的歷史撰述是否有區别於其他王朝的特質? 這些特質對於我們今天所見到的《遼史》文本産生了怎樣的影響? 反之,我們是否有可能通過分析今本《遼史》的某些細節去窺見遼朝當時歷史撰述的最初樣態? 以下即從三個側面稍作嘗試。

(一)國字與漢字

上文提到遼興宗重熙十三年,耶律谷欲、耶律庶成、蕭韓家奴曾纂修《國朝上世以來事迹》,又稱"遼國上世事迹及諸帝實録""遥輦可汗至重熙以來事迹"。近年來公佈的考古資料顯示,這部實録不僅有漢字文本,很可能還有契丹字文本。俄羅斯科學院東方寫本研究所(IOM)Nova 中國藏書中的 H176 契丹大字手抄本,凡127 頁,約 1.5 萬字,由八個不同時期完成的抄本組成,主要部分爲二號、三號兩個文本,超過一百頁。其中二號文本包括序言及第一章,三次出現同一個標題,可釋讀爲"大中央遼契丹國諸可汗之記",而其序文落款恰爲"重熙十四年二月",由此推斷二號文本極有可能就是重熙十三年六月下詔修撰、於次年二月成書的《實録》

---

① 《王師儒墓誌》(拓本見《北京圖書館藏中國歷代石刻拓本彙編》,中州古籍出版社,1989 年,第 45 册,第 142 頁)云:"(壽昌六年)任宣政殿太學士判史館,編修所申,國史已絶筆。宰相耶律儼奏,國史非經大手刊定,不能信後,擬公再加筆削,上從之。"此"國史"當指耶律儼在道宗末年所修的《皇朝實録》主體部分,可知在當時遼人的語境中,"國史"與"實録"本無分别。

（即《國朝上世以來事迹》）契丹文殘卷①。

雖然這部契丹大字史書迄今只公佈了三頁，但它很可能是目前所知最早的草原政權用本族文字撰寫的官方史書，它的存在本身就刺激我們重新審視《遼史》中司空見慣的一些記載，重新思考遼朝當時的記史、修史制度。本節開首曾提到遼朝最早見諸記載的史官是耶律魯不古，"太祖制契丹國字，魯不古以贊成功授林牙，監修國史"，此所謂"契丹國字"當指契丹大字，可見遼代首位史官正是創製契丹大字之人，也就是説，契丹王朝的記史制度從一開始就和本族文字緊密地聯繫在一起。以"太祖紀功碑"、帝后哀册爲代表的具有遼朝官方記載性質的石刻，皆以契漢雙語寫成，且多由不同詞臣單獨撰寫，記載内容亦非完全一致。現在看來，這些幸存的碑碣絶不會是契丹字的主要應用範圍，而應視作整個契丹文歷史記述體制之下的自然延伸，它們共同反映出契丹王朝自有本族文字起，即可能建立了並長期保有一套獨立而悠久的契丹文字記史傳統。而俄藏契丹大字實録的發現則表明至晚在重熙年間，本族文字的書寫傳統已經完成了由記史（"記載之史"）到修史（"修纂之史"）的制度轉變。

綜合以上綫索判斷，遼朝當時應曾實行過一套契丹字與漢字

---

① 參見 Зайцев В. П. Рукописная книга большого киданьского письма из коллекции Института восточных рукописей РАН // Письменные памятники Востока，№ 2（15），осень—зима 2011. М.：Наука, Издательская фирма Восточная литература，2011. С. 130—150，任震寰中譯本見《俄羅斯科學院東方文獻研究所所藏的契丹大字手稿書》，《隋唐遼宋金元史論叢》第 3 輯，上海古籍出版社，2013 年，第 242—261頁；Зайцев В. П. Идентификация киданьского исторического сочинения в составе рукописной книги-кодекса Nova Н 176 из коллекции ИВР РАН и сопутствующие проблемы // Acta linguistica Petropolitana：Труды Института лингвистических исследований. Том XI, часть 3. СПб.：Наука, 2015. С. 167—208，821—822（аннотация），850—851（summary）.

雙軌並行、彼此獨立運轉的史官制度。這種制度雖然在現存漢文遼史資料中沒有直接記録，卻在易代之後的金源文獻中有所體現。遼皇族後裔耶律履曾任金世宗朝史官，自稱"臣以小字爲史掾，（張）景仁以漢文爲史官，予奪之際，意多不相叶"①，此所謂"小字"即契丹小字，可知金代中前期仍然延續了遼朝契漢雙軌的史官制度，只不過在俄藏契丹大字史書發現之前，這樣孤立的史料碎片並未得到應有的重視。

明乎上述制度背景，元修《遼史》中某些特異的文本現象方能得到相對合理的解釋。我們注意到，《遼史》所記他國使節之名往往是聽音記字，如統和十五年七月高麗遣"韓彦敬奉幣弔越國公主之喪"②，此"韓彦敬"在《高麗史》中作"韓彦卿"③；乾統五年十二月"宋遣林洙來議與夏約和"④，此"林洙"實即林攄，《宋史》有傳⑤；乾統六年十月"宋與夏通好，遣劉正符、曹穆來告"⑥，此"劉正符"實即《宋史》有傳之劉正夫⑦。使節朝聘，必納名帖，倘由漢字檔案系統直接迻録，斷不致有此疏誤；惟有這些漢人名氏最初用契丹字記録下來，後來轉譯爲漢字，方可能出現上述問題。類似的情況在《遼史》中並不鮮見，這裏還可以舉兩個比較著名的人物。其一，《耶律休哥傳》載"統和四年，宋復來侵，其將范密、楊繼業出雲

① 元好問：《故金尚書右丞耶律公神道碑》，見蘇天爵：《國朝文類》卷五七，《四庫提要著録叢書》影印元西湖書院刻明修本，北京出版社，2010 年，集部第 142 册，第 630 頁下欄。

② 《遼史》卷一三《聖宗紀四》，第 162 頁。

③ 《高麗史》卷三成宗十五年三月，朝鮮科學院古典研究室排印本，1957 年，第 46 頁。

④ 《遼史》卷二七《天祚皇帝紀一》，第 360 頁。

⑤ 《宋史》卷三五一《林攄傳》，中華書局，1985 年，第 11110 頁。

⑥ 《遼史》卷二七《天祚皇帝紀一》，第 361 頁。

⑦ 《宋史》卷三五一《劉正夫傳》，第 11099 頁。

州"①,此"范密"即潘美,潘、范二字,分屬滂母、並母,中古音可以通轉,而"密"字本爲入聲,至遼時韻尾已經脱落,正可與"美"字對譯。其二,《天祚皇帝紀》附《耶律淳傳》記保大二年"宰相李純等潛納宋兵"②,其中"李純"即李處温,今本《遼史》所見此人之名多作"處温",然細審其史源,皆出自宋代文獻;而此僅見之"李純",源頭當爲遼方自身記載(元人纂修之直接史源爲金人陳大任《遼史·皇族傳》),亦屬因音連讀之記録。透過這些文本細節,我們依稀可以窺見一幅以往不爲人知的圖景:遼朝契漢雙軌的記史制度互有融通,且有主次先後之别,今天所能看到的部分遼朝官方漢文記載最初存在經由契丹文記録轉譯而來的可能性。這樣的視角對於我們重新認識《遼史》的文本面貌及其最初史源的性質具有重要意義。

(二)記言與記事

與以上所論息息相關的是《遼史》中的記言問題。所謂記言,包括書面、口頭兩部分,前者是指詔令奏疏之類的文書,後者則指君主臣庶之間的談話。中原史家自先秦時代即有"左史記言,右史記事"的傳統,言談文辭構成了歷代正史的重要内容,即便如《魏書》《金史》《元史》這類源出北族王朝官修史書者亦别無二致。相形之下,《遼史》着實是一個例外。遍檢全書,絕少記言,即便偶有記録亦極爲簡短。兹以本紀爲例,將其中記言情況列表如下。

---

① 《遼史》卷八三《耶律休哥傳》,第1432頁。
② 《遼史》卷三〇《天祚皇帝紀》附《耶律淳傳》,第399頁。

表 1-1：《遼史》本紀記言情況統計表

皇帝	文書	談話
太祖	2	6
太宗	0	8+10
世宗	0	0
穆宗	2	0
景宗	0	2
聖宗	5	4
興宗	1	1
道宗	4	2
天祚	0+3	0+18
總計	14+3	23+28

　　觀上表可知，《遼史》本紀所記文書、談話總量實在少得可憐，與其他正史連篇累牘的記錄完全不可同日而語。需要稍加解釋的是表中太宗、天祚兩朝的情況：《太宗紀》錄太宗君臣談話稍多，然多涉伐晉之事，覈其史源，一半以上（即表中"+"後之數目）皆出自中原文獻如《舊五代史》《資治通鑑》等，乃金元史官所增入（詳見本書第二章第一節），而非遼朝當時之記錄；同理，《天祚紀》記言爲數不少，然細審之下，竟無一不出自金朝實錄或宋代文獻，亦係後人所增（詳見本書第三章）。倘若不考慮此類後增之辭，《遼史》本紀在記言數量方面呈現出高度一致的面貌。

　　不惟本紀如此，遍檢全書志、傳，詔令奏疏之類的文書亦十分稀見，僅《刑法志》所載詔令相對集中，疑與其最初史源或爲條法編敕這類特殊文書的彙編有關；列傳部分記言略夥，然亦多屬隻言片語，僅蕭韓家奴、耶律羽之、郭襲等極少數人的傳記中存有大段奏疏。這樣總體上只記事而不記言的乾癟面貌,事實上是《遼史》簡陋不堪的重要表徵,其中所折射出的遼朝漢文記史制度可能存在某些系統性的問題值得深思。

(三)官史與私著

《遼史》列傳所涉人物,有私家碑誌資料傳世者目前所知凡十數人,如韓知古、耶律羽之、韓匡嗣、蕭常哥、耶律合住、耶律仁先、耶律撻不也、韓德威、韓滌魯、張儉等,其中既包括遼朝的皇族、后族,亦包括漢人官僚,且時段貫穿整個遼代。全面對比這些人物的《遼史》本傳與私家碑傳,可以發現兩種文獻存在着系統性差異,不僅文本結構、具體文辭頗有不同,所記生平事迹、授官情況亦多齟齬。茲以耶律羽之、韓匡嗣二人爲例列表如下。

表 1-2:《遼史》列傳與私家碑誌對照舉例

傳主	《遼史》列傳	墓誌
耶律羽之	小字兀里,字寅底哂。幼豪爽不群,長嗜學,通諸部語。太祖經營之初,多預軍謀。天顯元年,渤海平,立皇太子爲東丹王,以羽之爲中臺省右次相。時人心未安,左大相迭剌不踰月薨,羽之蒞事勤恪,威信並行。太宗即位,上表曰:"我大聖天皇始有東土,擇賢輔以撫斯民,不以臣愚而任之。國家利害,敢不以聞。渤海昔畏南朝,阻險自衞,居忽汗城。今去上京遼邈,既不爲用,又不罷戍,果何爲哉? 先帝因彼離心,乘釁而動,故不戰而克。天	公諱羽之……幼勤事業,長負才能。儒、釋、莊、老之文,盡窮旨趣;書、筭、射、御之藝,無不該通。咸謂生知,亦曰天性。事有寓目歷耳者,終身不忘;言有可記堪録者,一覽無遺。博辯洽聞,光前絶後。比及大聖大明昇天皇帝收伏渤海,革号東丹,册皇太子爲人皇王,乃授公中臺右平章事。雖居四輔之末班,獨承一人之顧命。尋授鉞專討,克致大功,旋加太尉,招撫邊城。比至班師倒載,又加太傅、判鹽鐵,封東平郡開國公,食邑一千户。天顯二年丁亥歲,遷昇左相,及總統百揆,庶績咸熙。以天顯四年己丑歲,人皇王乃下詔曰:"朕以孝理天下,慮遠晨昏,欲效盤庚,卿宜進

續表

傳主	《遼史》列傳	墓誌
	授人與,彼一時也。遺種浸以蕃息,今居遠境,恐爲後患。梁水之地乃其故鄉,地衍土沃,有木鐵鹽魚之利。乘其微弱,徙還其民,萬世長策也。彼得故鄉,又獲木鐵鹽魚之饒,必安居樂業。然後選徒以翼吾左,突厥、党項、室韋夾輔吾右,可以坐制南邦,混一天下,成聖祖未集之功,貽後世無疆之福。"表奏,帝嘉納之。是歲,詔徙東丹國民於梁水,時稱其善。人皇王奔唐,羽之鎮撫國人,一切如故。以功加守太傅,遷中臺省左相。**會同初,以册禮赴闕,加特進**。表奏左次相渤海蘇貪墨不法事,卒。子和里,終東京留守。①	表。"公即陳:"遼地形便,可建邦家。"於是允協帝心,爰興基構。公夙夜勤恪,退食在公。民既樂於子來,國亦茸年成矣。天顯十三年戊戌歲,**嗣聖皇帝受大晉之册禮也**,即表公通敏博達啟運功臣,加特進,階上柱國,食邑二千五百户。身爲冢宰,手執國鈞。於輔政之餘,養民之暇,留心佛法,耽味儒書。入簫寺則蕩滌六塵,退廟堂則討論五典。而又爲政尚於激濁舉士,不濫掄材,朝推正人,國賴良相。無何,禍罹夢奠,晝起涉洹。人之云亡,邦國殄瘁。以會同四年歲次辛丑八月十一日戊戌薨於官,春秋五十有二……夫人生子一十人,諸夫人生子四人。嫡子佛奴,幼年謝世。其餘諸子,並有仁孝,俱懷器能。女四人,二人早亡,二女皆幼……②
韓匡嗣	匡嗣以善醫,直長樂宮,皇后視之猶子。應曆十年,爲太祖廟詳穩。後宋王喜隱謀叛,辭引匡嗣,上置不問。**初,景宗在藩邸,善匡嗣**。即位,拜上京留守。頃之,王燕,改南京留守。保寧末,以留守攝樞密使。時耶律虎古使宋還,言宋人必取河東,合	公則中令之第三子也,諱匡嗣。風神傑出,襟抱豁如。善騎射而敦詩書,尊德義而重然諾。馬良志異,人謂寓於五常;王允時來,自當致於千里。**嗣聖皇帝**以勳舊之胤,有幹濟之材,乃議襃昇,罔循資級,特授右驍衛將軍。在公既彰於勤瘁,進秩宜處於深嚴。改授二儀殿將軍,此官之置,自公始也。雖道無適莫,而運有窮通。

① 《遼史》卷七五《耶律羽之傳》,第1366頁。
② 拓片見劉鳳翥、唐彩蘭、青格勒編:《遼上京地區出土的遼代碑刻彙輯》,社會科學文獻出版社,2009年,第86頁。

傳主	《遼史》列傳	墓誌
	先事以爲備。匡嗣祇之曰："寧有是!"已而宋人果取太原，乘勝逼燕。匡嗣與南府宰相沙、惕隱休哥侵宋，軍于滿城，方陣，宋人請降。匡嗣欲納之，休哥曰："彼軍氣甚銳，疑誘我也。可整頓士卒以禦。"匡嗣不聽。俄而宋軍鼓譟薄我，衆蹙踐，塵起漲天。匡嗣倉卒諭諸將，無當其鋒。衆既奔，遇伏兵扼要路，匡嗣棄旗鼓遁，其衆走易州山，獨休哥收所棄兵械，全軍還。帝怒匡嗣，數之曰："爾違衆謀，深入敵境，爾罪一也；號令不肅，行伍不整，爾罪二也；棄我師旅，挺身鼠竄，爾罪三也；偵候失機，守禦弗備，爾罪四也；捐棄旗鼓，損威辱國，爾罪五也。"促令誅之。皇后引諸內戚徐爲開解，上重違其請。良久，威稍霽，乃杖而免之。既而遥授晉昌軍節度使。**乾亨三年，改西南面招討使，卒。**睿智皇后聞之，遣使臨弔，賻贈甚厚，後追贈尚書令。五子：德源、德讓——後賜名隆運，德威、德崇、德凝。德源、德凝附傳，餘各有傳。①	三年不鳴，久棲於散地；七日來復，果驗于連山。**屬孝成皇帝續紹宗祧，振拔淹滯，一見奇表，便錫徽章。**授始平軍節度使、特進、太尉，封昌黎郡開國公，尋加推誠奉上宣力功臣。靈鶴飛來，暫留華表；仙查上去，須泛明河。**俄授上京留守、同政事門下平章事、臨潢尹。**方進葅官，先繩豪右；袁安爲政，止務公平。就加開府儀同三司、政事令。雄燕之地，皇朝所都。宗九服而表則諸侯，屯萬旅而控制南夏，非威武不可以統率，非仁惠不可以保釐。**授南面行營都統、燕京留守、盧龍軍節度使、幽都尹，封燕王，**加匡運協贊功臣。下車之後，致理唯新。獄訟無冤，載闡坐棠之化；英髦效用，重高市駿之風。加食邑五千戶，賞功也。東井分野，西漢山河。將啟真封，允歸元輔。授晉昌軍節度使，加尚父、京兆尹，進封秦王。國家以天下方理，河西未平，資其定遠之謀，委以專征之柄，授兼西南面招討使。羊荆州之安邊，吳人敬慕；馬伏波之珍寇，蠻徼平寧。無何，以乾亨五年，孝成皇帝登遐，公思鳳翼之早依，痛龍髯之遽謝，因懷永歎，旋遘沉痾，以當年十二月八日薨於神山之行帳，享年六十六……有子九人：長曰德源，始平軍節度使、太尉；次曰德慶，左監門衛將軍、司徒，早亡；次曰

---

① 《遼史》卷七四《韓匡嗣傳》，第1360—1361頁。

續表

傳主	《遼史》列傳	墓誌
		德彰，氊毬使、左散騎常侍，早亡;次曰德讓，樞密使、太師、兼侍中;次曰德威，西南面招討使、兼五押、彰武軍節度使、太師;次曰德沖，户部使、威勝軍節度使、太尉;次曰德顒，右神武大將軍、太尉;次曰德晟，未仕而終;次曰德昌，任盧龍軍節院使，後公一年而終。①

　　上表中除粗體部分本傳與墓誌稍有相合之處外，其餘文字皆大相徑庭，二者在文本傳承方面可謂毫無淵源可言，類似情況普遍存在於上面提到的十個人物傳記中。這些列傳文本的最初源頭，應該可以追溯至遼朝當時所修本朝史中的人物傳記。目前看來，遼朝官方歷史編纂與私家傳記系統似乎處於相對獨立與隔絕的狀態，私家誌狀並未直接進入官修列傳，與隋唐以降中原修史制度背景下產生的列傳文本迥然有別②。

---

① 拓片見劉鳳翥、唐彩蘭、青格勒編:《遼上京地區出土的遼代碑刻彙輯》，第 2 頁。

② 與上述普遍情況不同的是，《遼史》中的個別列傳與私家碑誌存在明顯淵源。最典型者當屬劉景—劉六符的祖孫連傳及《趙思温傳》。卷八六《劉景》《劉六符傳》開首述其父祖事迹，與尋常列傳頗不相同(第 1456—1457 頁):"劉景，字可大，河間人。四世祖怦，即朱滔之甥，唐右僕射、盧龍軍節度使。父守敬，南京副留守……子慎行，孫一德、二玄、三瑕、四端、五常、六符，皆具六符傳。劉六符，父慎行，由膳部員外郎累遷至北府宰相、監修國史……子六人:一德、二玄、三瑕、四端、五常、六符。德早世。玄終上京留守。常歷三司使、武定軍節度使。瑕、端、符皆第進士。瑕、端俱尚主，爲駙馬都尉……六符有志操，能文……"顧炎武即已指出:"六符傳，似本其家誌狀，與其祖同爲一傳，而有重文。"(《日知録》卷二六"遼史"，黄汝成集釋:《日知録集釋》，欒保羣、吕宗力點校，上海古籍出版社，2006 年，第 1471 頁。)而《趙思温傳》則與王惲所著《盧龍趙氏家傳》(楊亮、鍾彦飛點校:《王惲全集彙校》卷四八《盧龍趙氏家傳》，中華書局，2013 年，第 2262—2263 頁)的文本關(轉下頁注)

　　以上三方面文本現象,共同指向遼朝歷史撰述制度所可能具有的特質,也啟發我們重新審視《遼史》所見遼代歷史資料的性質。然而遺憾的是,由於材料的極度匱乏,我們很難在文本樣態與歷史現場之間建立確切的聯繫,只能藉助比較的視角和背景的分析做一點很不成熟的推想。

　　現在看來,遼朝的歷史撰述或許是北族王朝兼容"蕃"、漢兩種修史制度的首次嘗試。在此前入主中原的草原政權如十六國、北朝並無本族文字,完全承用漢式史官制度,而與此相對之突厥、回鶻等,則未見採行漢字記史之制。契丹自建國之初即創製本族文字,同時又兼採漢制,逐漸形成了契漢雙軌的記史—修史制度,這與著名的南北面官、蕃漢分治完全契合,共同植根於遼朝兼跨草原、中原的歷史基盤。這一記史—修史體制無疑具有不可忽視的開創性,此後之北族如女真、蒙古與滿洲的記史制度都可以看作在此基礎上不同程度的繼承和發展。

　　然而,遼朝的這種契漢雙軌體制又具有明顯的過渡性、嘗試性和不完備性。首先,相較於蒙古與滿洲"蕃"漢雙軌皆較健全的記史制度,遼朝漢字記史系統的完整性似乎要大打折扣。在雙軌體制的實際運作中,漢人史官與遼朝政治中樞可能存在的生疏與隔膜,使得他們可以接觸到的信息來源本身即受到限制(此處或許可

(接上頁注)係密切,二者結構、記事、文辭皆大同小異,僅在個別細節方面稍有層次,顯有共同史源,換句話說,今本《趙思溫傳》亦出於家傳系統。這類特例的產生,當與金元史官的增纂有關。金章宗朝敕修《遼史》,詔"凡民間遼時碑銘墓誌及諸家文集,或記憶遼舊事,悉上送官"(《金史》卷一二五《党懷英傳》,第2727頁),而蘇天爵則在至正修史之前更明確提示云:"遼金大族,如劉、韓、馬、趙、時、左、張、呂,其墳墓多在京畿,可模碑文,以備採擇(見蘇天爵:《滋溪文稿》卷二五《三史質疑》,陳高華、孟繁清點校,中華書局,1997年,第423頁)。"其中所謂"劉""趙"即指劉六符與趙思溫家族,由此可知,以上兩人傳記恐爲後世史官據家傳碑誌資料所增入,故不能反映遼朝當時官方史書傳記編纂的情況。

以參照蒙元時期漢文史料與蒙文、波斯文史料關於同一重要政治事件的豐簡和準確程度差異），同時很多時候還存在需要由契丹文資料翻譯的過程，具體環節雖不可考，但從留存的結果來看，其間應該存在系統性的缺陷。其次，修史活動與配套制度的脱節。文書行政、行狀考功、檔案保存、史館報送等制度，事實上是漢式修史制度得以順暢運行的前提和保障，而從上文所述文本情況來看，這些制度在遼朝的行用狀況恐怕是有很大疑問的：契丹有文字以前，行政多憑口傳，創立文字以後，是否即能建立完備的文書制度尚無確證，且當時的行政文書是否皆有漢文譯本亦未可知；行狀考功是融通官私傳記資料系統的管道，契丹人是否使用行狀，遼朝有無考功報送制度，都要打上大大的問號；契丹始終實行捺鉢制度，統治中心在於皇帝隨時遷徙之行朝，文書檔案在不斷移動中如何保存也是一個謎團。在這樣的背景下，遼朝官方修史，恐怕很難與實際政務運作機構發生聯動，而更像是一項相對孤立、封閉的制度。今本《遼史》本紀與“大事記”相類而絶少記言，傳記則多似就官方檔案摘錄簡單編排而與私家碑傳迥異，或許正源於此。如果懷揣以上思考再回頭來看前人關於《遼史》“最爲簡陋”的批評，我們應該會多一份別樣的理解與同情。

第二節　金修《遼史》考辨

金朝前後兩次纂修《遼史》。第一次成於熙宗皇統八年[1]，由遼朝故老耶律固始修，其弟子蕭永祺續成之。《金史·蕭永祺傳》曰：“廣寧尹耶律固奉詔譯書，辟置門下，因盡傳其業。固卒，永祺率門弟子服齊衰喪。固作《遼史》未成，永祺繼之，作紀三十卷、志

---

[1]　《金史》卷四《熙宗紀》皇統八年四月（第84頁）：“甲寅，《遼史》成。”

五卷、傳四十卷,上之。"①知此書凡七十五卷,僅較耶律儼《皇朝實錄》多五卷,或即就儼書稍加續補而成;今本《遼史》本紀亦爲三十卷,志三十一卷,表八卷,傳四十五卷,國語解一卷,將此與蕭永祺之書對比可知,卷數變化最大者乃志、表兩部分,這也正是後來金元史官增纂工作的重心所在。此外,以往研究並未注意到的是,此次修史活動中産生的一些文本很可能輾轉流傳至元末,而爲今本《遼史》所採摭(詳見本書第七章)。

關於此次修史的目的,有一種比較流行的説法是爲熙宗課讀之用。是説始於馮家昇將此次修史與熙宗皇統元年的一段談話聯繫起來:"上親祭孔子廟,北面再拜。謂侍臣曰:'朕幼年游佚,不知志學,歲月逾邁,深以爲悔。孔子雖無位,其道可尊,使萬世景仰。大凡爲善,不可不勉。'自是頗讀《尚書》《論語》及五代、遼史諸書,或以夜繼焉。"②其中"遼史"當指耶律儼《皇朝實錄》,馮氏稱"蓋儼史乃實錄,必較繁瑣,未便初學,故有命重修之舉",並根據卷數差別不大懷疑耶律固、蕭永祺《遼史》即"就儼書編排,俾易於誦讀耳"③。按此恐係强加關聯,如前所述,《皇朝實錄》原本即爲紀傳體,無須改編,且熙宗之論乃皇統元年所發,而蕭永祺書則係八年方成,倘其果爲課讀而作,又僅僅是就儼書改編,斷不會遷延如此之久,故馮説並不可信。

金朝的第二次修《遼史》即所謂陳大任《遼史》。金章宗大定二十九年(1189)十一月乙亥,"命參知政事移剌履提控刊修《遼史》"④,《党懷英傳》稱"大定二十九年,與鳳翔府治中郝俁充《遼

① 《金史》卷一二五《蕭永祺傳》,第 2720 頁。
② 《金史》卷四《熙宗紀》,第 76—77 頁。
③ 馮家昇:《遼史源流考》,第 11—12 頁。
④ 《金史》卷九《章宗紀》,第 212—213 頁。

史》刊修官,應奉翰林文字移剌益、趙渢等七人爲編修官,凡民間遼時碑銘墓誌及諸家文集,或記憶遼舊事,悉上送官","泰和元年(1201),增修《遼史》編修官三員,詔分紀、志、列傳刊修官,有改除者以書自隨"①。馮家昇據此認爲"修史官初爲十人,後增三人,共十三人"②,這恐怕也是一種誤解。是書纂修歷經十數載,其間時斷時續,撰者多有更迭,絕非簡單累加。《金史·百官志》國史院條下專記"修《遼史》刊修官一員,編修官三員"③,參照《党懷英傳》可知,此處所記當爲泰和元年增加人數後的制度,換句話説,在增派人手之前的某段時間内,實際始終參與纂修者可能僅有党懷英一人,這或許也是《金史》將修史之事悉數收入該傳的主要原因。

　　章宗朝修《遼史》,党懷英用力最勤,然直至其致仕,該書仍未告竣,最終總收其成的是陳大任。泰和六年七月丁亥,"敕翰林直學士陳大任妨本職專修《遼史》",七年十二月壬寅朔,"《遼史》成"④。關於陳氏其人,《金史》所載惟修成《遼史》一事,以往治遼史者所知亦僅限於此。今檢得《正統道藏》木丘處機《磻溪集》卷首有陳大任序言一篇,落款作"泰和戊辰閏四月望日,翰林學士、中順大夫、知制誥兼國子司業、輕車都尉、潁川縣開國伯,食邑七百户,賜紫金魚袋安東陳大任序"⑤,戊辰即泰和八年,從時間、官職判斷,此人當即纂成《遼史》之陳大任。然《金史·章宗紀》記其泰和六年七月職事官爲翰林直學士,《党懷英傳》同,而此序則記其八年閏四月爲翰林學士。據《金史·百官志》,翰林學士爲正三品,而翰林直

①　《金史》卷一二五《党懷英傳》,第2726—2727頁。
②　馮家昇:《遼史源流考》,第12頁。
③　《金史》卷五五《百官志一》,第1245頁。
④　《金史》卷一二《章宗紀四》,第277、282頁。
⑤　丘處機:《磻溪集》,《正統道藏》本,文物出版社,1994年,第25册,第809頁。

學士爲從四品①,二者相差懸殊,不足兩年内急劇升遷的可能性微乎其微,《道藏》本《磻溪集》出於手抄,頗疑此序文結銜脱一"直"字②。此外還可稍加分析者是陳氏的籍貫"安東",據《遼史·地理志》載:"咸州,安東軍……咸平縣。唐安東都護,天寶中治營、平二州間,即此。太祖滅渤海,復置安東軍。開泰中置縣。"③金人王寂《遼東行部志》稱:"唐高宗命李勣東征高麗,置爲安東都護府。其後爲渤海大氏所有。契丹時,既滅大氏,卒入於遼,遂爲咸州,以安東軍節度治之。本朝撫定,置咸州詳穩司,後升爲咸平府,兼總管本路兵馬事。"④知此"安東"當爲唐安東都護府、遼咸州安東軍之舊稱,地在今遼寧省開原市東北,金人多引之以爲籍貫⑤。

　　章宗朝這次纂修《遼史》,自大定二十九年至泰和七年,歷時十八載,以往討論最多的是它與金代正統之爭的糾葛。金末元初脩端《辨遼宋金正統》聲言:"泰和初……選官置院,創修《遼史》,刑期榜狀元張楠預焉。後因南宋獻馘告和,臣下奏言靖康間宋祚已絶,當承宋統,上乃罷修《遼史》。緣此中州士大夫間不知遼、金之興本末各異者。向使泰和間遼史盡成,天下自有定論,何待余言。"⑥是謂章宗因南宋函韓侂胄首以求和,朝臣謂當尊北宋統緒,

① 《金史》卷五五《百官志一》,第1246頁。

② 《磻溪集》之金刻本今存(見《中華再造善本》影印本),然並無陳氏序文。

③ 《遼史》卷三八《地理志二》,第532頁。

④ 王寂:《遼東行部志》,賈敬顏:《五代宋金元邊疆行記十三種疏證稿》,中華書局,2004年,第302頁。

⑤ 畢沅、阮元《山左金石志》卷二〇《濟陽縣創建宣聖廟碑》(《山東文獻集成》影印嘉慶二年儀徵阮氏小琅嬛館刻本,山東大學出版社,2011年,第4輯第23册,第376頁上下欄)有題銜及落款曰:"朝散大夫、行太常寺□、騎都尉、潁川縣開國男,食邑三百户,賜紫金魚袋陳大舉撰……承安三年(1198)六月既望安東陳大舉記。"從封爵、籍貫、年代及名字判斷,此陳大舉當與陳大任爲兄弟行。

⑥ 王惲:《玉堂嘉話》卷八,楊曉春點校,中華書局,2006年,第173頁。

故"罷修《遼史》"。馮家昇據此認爲,陳大任《遼史》其實並未真正完成,並結合明昌四年至泰和二年章宗君臣經過爭論最終確定改尊宋統的史實,指出德運之爭是《遼史》遲遲未成,最終"不了了之"的根由所在①。這一觀點一度得到多數研究者的讚同和發揮②,然新近出版的《修訂本前言》對此提出質疑:"既然泰和二年已經確定承宋統而不承遼統,當時爲何不罷修《遼史》,反倒在泰和六年又命陳大任專修《遼史》? 直至南宋開禧北伐失敗後向金求和,經臣下提醒本朝'當承宋統',這纔想起來罷修《遼史》,其間周折似不合情理。如此看來,上述説法很難讓人相信,大概是金末士人的某種傳聞和附會罷了。"③按此質疑方向並無問題,但仍基本限於情理推定,未能從具體史實的角度加以考量。

其實,脩端之説存在一個明顯的破綻,那就是所謂"南宋函韓侂胄首以求和"的發生時間在《遼史》成書之後,自然無法構成罷修之動因。以往論者每以脩端所謂"南宋獻馘告和"事對應於《金史·章宗紀》泰和七年十一月戊戌(二十七日)"詔完顏匡樾宋,函侂胄首以贖淮南故地"一事④,而僅三日後之十二月壬寅朔即有"《遼史》成"之記載,乍看來似與"罷修《遼史》""不了了之"相合。事實上,其間曲折遠非如此。古松崇志在對脩端《辨遼宋金正統》加以注釋時即已指出南宋獻首實在泰和八年,脩端之説純屬牽強

① 馮家昇:《遼史源流考》,第13—15頁。
② 如愛宕松男:《遼金宋二史的編纂と北族王朝的立場》,東北大學《文化》15卷4號,1951年;陳芳明:《宋遼金史的纂修與正統之爭》,《食貨月刊》復刊2卷8期,1972年;劉浦江:《德運之爭與遼金王朝的正統性問題》,收入《松漠之間——遼金契丹女真史研究》,中華書局,2008年,第14頁。
③ 《點校本〈遼史〉修訂前言》,第7頁。
④ 《金史》卷一二《章宗紀四》,第282頁。

附會①,惜限於體例,未及展開,故而這一真知灼見並未引起學界的
注意。關於宋廷獻韓侂冑首級一事之原委,李心傳曾有過詳細記
録,兹節引如下:

> 開禧三年十一月二日甲戌御筆:"韓侂冑久任國柄,靡罄
> 勤勞,但輕信妄爲,輒啟兵端,使南北生靈枉罹凶害。今敵勢
> 叵測,專以首謀爲言,不令退避,無以繼好息民。可罷平章軍
> 國事,與在外宫觀。陳自强阿附充位,不恤國事,可罷右丞相,
> 日下出國門。"……三日乙亥,侂冑入朝,至太廟前,震呵止之,
> 其從者皆散。護聖步軍準備將夏挺以帳下親隨三十四人擁侂
> 冑車以出,中軍正將鄭發、王斌引所部三百執弓鎗刀斧護送至
> 玉津園側,殛殺之。宰執至漏舍,震報侂冑已押出。錢參政探
> 懷中堂帖授自强曰:"有旨,丞相罷政。"自强即上馬。二參政
> 赴延和奏事,遂以竄殛侂冑事牒報對境……嘉定元年正月十
> 二日壬午,監登聞檢院王枬自河南通書回,持北行省牒,赴三
> 省、樞密院求函首……二十四日癸巳,宰執容目諭諸路安撫、
> 制置等以函首事。二十六日乙未,臨安府遣東南第三副將尹
> 明斲侂冑棺,取其首送江、准制置大使司。②

李心傳於此段末稱"凡誅侂冑、和戎二事,所關甚大,而廟謨雄斷,
四方有不得知,今姑識其月日",足見此據實逐日記録之珍貴。綜
合此段及《金史》之記載可知,開禧三年(金泰和七年,1207)十一月

① 古松崇志:《脩端〈辨遼宋金正統論〉をめぐって——元代における〈遼史〉〈金史〉
〈宋史〉三史編纂の過程》,《東方學報》第75册,2003年,第146頁。
② 李心傳:《建炎以來朝野雜記》乙集卷七"開禧去凶和戎日記",徐規點校,中華書局,
2000年,第619—622頁。

二日宋廷因迫於金方追責，罷韓侂胄宰相之職，三日韓侂胄被殺，宋廷通報北境。金方獲悉後於是月二十七日"詔完顏匡檄宋，函侂胄首以贖淮南故地"，這在當時僅僅是得知韓氏死訊後的一個外交訴求，能否真正實現尚不可知。宋廷收到檄書已至嘉定元年（1208）正月十二日，二十六日方發棺取首。《金史·完顏匡傳》云："泰和八年閏四月乙未，宋獻韓侂胄、蘇師旦首函至元帥府，匡遣平南撫軍上將軍紇石烈貞以侂胄、師旦首函露布以聞。"[1]可見侂胄首級真正抵達金朝（即脩端所謂"南宋獻馘告和"之事）已在《遼史》告成近半年以後，倘當時果有所謂"臣下奏言"云云，更當在此後，自然不可能影響到《遼史》的纂成，故所謂章宗罷修云云顯係事後強加關聯。按脩端《辨遼宋金正統》作於蒙古太宗六年（1234）[2]，上去泰和間已三十餘年，該文末題"燕山脩端謹記"，而未詳所官，此外再不見諸其他記載，推測脩氏當係燕山民間士人，恐難獲知準確的朝政信息，章宗朝修成《遼史》後當未刊行於世，外界難窺詳情而有所異議，亦在情理之中。

　　至此，我們終於澄清了泰和七年陳大任《遼史》成書與否的謎團。不過，問題到此似乎並未完全結束。既然金章宗在泰和二年即已確定尊宋統、用土德，那麼爲何又要在六年令陳大任專修《遼史》，並於次年成書？在"某個王朝纂修前朝的歷史，就無異於承認本朝是前朝法統的繼承"的傳統觀念中，如此舉動似乎難以理解，這也正是"罷修《遼史》"之說爲學者所接受的根源所在。但如果我們嘗試回到歷史現場，或許可以換個角度提出新的思考：所謂修史即等同於承統的觀念在金朝是否已經成爲固定的傳統，對於當時

① 《金史》卷九八《完顏匡傳》，第 2172 頁。
② 參見李治安：《脩端〈辯遼宋金正統〉的撰寫年代及正統觀考述》，《內陸亞洲歷史文化研究——韓儒林先生紀念文集》，南京大學出版社，1996 年。

的章宗君臣究竟具有多大的約束力？有唐以前，紀傳體史書多出私家之手，未獲得獨尊地位，修史與否往往無關王朝統緒之繼承；唐初確立官修前朝紀傳體正史之制度，當時雖尊北朝正統，然南北史通修，終成煌煌八部，可見官修正史制度在一開始並未將是否修史與正統抉擇直接掛鉤。直至宋初官修《舊五代史》，以五代爲正統，而置十國於“世襲”“僭僞”列傳，歐公修《新五代史》，則以十國爲“世家”，這些大概可以算作金代以前將修史與承統捆綁在一起的僅有例證。可見，章宗君臣修《遼史》之時所面對的“傳統”並没有我們想象的那樣久遠、那樣不可抗拒。北宋開始奉行的修史觀念是否能立竿見影地影響金源一朝？章宗即位之初就開始推動、持續近二十年的國家工程，是否會因尚存爭議的正統論説而遽然放棄？這些問題顯然都值得再作斟酌。事實上，修史與正統的糾葛在蒙古亡金滅宋、混一南北以後方纔逐漸突顯出來，研究者所認定的“傳統觀念”恐怕也是在元朝的爭議之中方得以深入人心，形成現實的約束力。倘懸此“後見之明”觀察金朝當時的實際抉擇，難免會產生諸多困惑。

第三節　元末所據遼金舊史之來歷

如學界所熟知，遼耶律儼《皇朝實録》與金陳大任《遼史》是元末纂修《遼史》的主要史源。但是，關於這兩部舊史流傳到元末的過程，文獻所記未詳，尚有進一步察考之必要。

《遼史·禮志序》云：“今國史院有金陳大任遼禮儀志，皆其國俗之故……別得宣文閣所藏耶律儼志，視大任爲加詳。”[1]所謂“陳

----

① 《遼史》卷四九《禮志一》，第 928 頁。

大任遼禮儀志”當指陳大任《遼史》之《禮儀志》，而“耶律儼志”則指《皇朝實錄》的相應部分，可知元末修史之時，陳氏《遼史》原本即藏於翰林國史院，而耶律儼書則係新獲於宣文閣。這段記載構成了我們追索史官所見遼金舊史來歷的基礎。

關於《皇朝實錄》的流傳經過，蘇天爵《三史質疑》提示了一條關鍵信息：“遼人之書有耶律儼《實錄》，故中書耶律楚材所藏，天曆間進入奎章閣。”①按奎章閣設於天曆二年（1329）三月，乃元文宗開講經筵、收藏圖書字畫之所②，至元六年（1340）改爲宣文閣，即《遼史·禮志序》所稱者。據此可知，該書曾藏於耶律楚材之家，後由此進入元廷官藏。楚材一門乃遼皇室之後，對收羅漆水文獻尤爲究心，其父耶律履在金世宗時長期供職史館，曾因“藏匿遼史”而遭到同僚彈劾③，彼時陳大任《遼史》尚未成書，此所謂“遼史”很可能即是後來在其家族内部流傳的耶律儼《實錄》。由此推斷，這部流傳後世的《皇朝實錄》出自金代史館，而究其最初源頭當係易代之際得自遼朝内府④。要之，耶律儼書在金大定年間自遼金官藏系統流入耶律履、耶律楚材家族，至天曆年間進獻奎章閣，聊供元帝私人賞玩，逮及至正修史之時方徵入翰苑，爲纂修《遼史》者所採摭。

與耶律儼書相比，有關陳大任《遼史》流傳過程的直接記載並

①　蘇天爵：《滋溪文稿》卷二五《三史質疑》，第 421 頁。
②　參見姜一涵《元代奎章閣及奎章人物》，臺北：聯經出版事業公司，1981 年，第 35—76 頁。
③　元好問《故金尚書右丞耶律公（履）神道碑》（《國朝文類》卷五七，第 630 頁下欄）記載世宗與耶律履的一段對話：“世宗曰：‘景仁與卿何如？’曰：‘臣以小字爲史掾，景仁以漢文爲史官，予奪之際，意多不相叶，且謂臣藏匿遼史，秩滿移文選部，使不得調，此私隙也。’”
④　如前所述，金熙宗皇統元年所舉課讀之書已有“遼史”之名，當亦指耶律儼書。

不十分清晰,考索起來頗須一番周折。是書纂成於金章宗泰和七年(1207),其後並未付梓,恐僅有稿抄本藏於宮廷,以致後人如脩端之輩甚至誤以其終未告竣。關於該書後來的下落,元好問《耶律貞墓誌銘》曾言:"泰和中詔修《遼史》,書成尋有南遷之變,簡冊散失,世復不見,今人語遼事,至不知起滅凡幾主,下者不論也……正大初,予爲史院編修官,當時九朝實錄已具,正書藏秘閣,副在史院,壬辰喋血以後,又復與遼書等矣。"①遺山爲哀宗朝史官且曾檢視翰苑典籍,據其所記,陳大任《遼史》在貞祐南遷以後即不見於金廷;此銘作於天興三年(1234)金源亡國之初,知時人多以陳氏之書已經亡佚②。這樣的認識一直持續到中統二年(1261)五六月間王鶚奏請修遼、金二史之時:"金實錄尚存,善政頗多;遼史散逸,尤爲未備。寧可亡人之國,不可亡人之史。若史館不立,後世亦不知有今日。"③是年二月,張柔進獻亡金《實錄》至大都④,旋即有修史之議。不過從王鶚奏言可知,當時隨《實錄》一同進呈的金代汴京官藏文獻中並不包含陳氏《遼史》⑤,益證元好問所言不虛。

　　那麼,這部金修《遼史》究竟是何時進入元代官方藏書系統的

---

① 蘇天爵:《國朝文類》卷五一《故金漆水郡侯耶律公墓誌銘》,第 554 頁下欄。
② 繫年參狄寶心:《元好問文編年校注》卷四《故金漆水郡侯耶律公墓誌銘》,中華書局,2012 年,第 346 頁。
③ 蘇天爵:《元朝名臣事略》卷一二"內翰王文康公",姚景安點校,中華書局,1996 年,第 239 頁。
④ 《元史·張柔傳》僅稱其獻書在中統二年(中華書局,1976 年,第 3476 頁),王惲《中堂事記》則詳記具體日期云(《金元日記叢編》,顧宏義、李文整理標校,上海書店出版社,2013 年,第 104 頁):"(二月八日)遇張國公於中店,説見賫亡金實錄赴省呈進。省官時繕寫進讀大定政要,得此遂更爲補益之。"所謂"張國公"即張柔。
⑤ 汴京城破,張柔"獨入史館,取《金實錄》、秘府圖書"(《元朝名臣事略》卷六《萬户張忠武王》引王鶚撰《張柔墓誌》,第 98 頁),則其後來所進金代官藏文獻當不止實錄。參見任文彪:《大金集禮流傳史探繹》,《大金集禮》點校本附錄四《大金集禮研究》,浙江大學出版社,2019 年,第 518 頁。

呢？既往研究皆未獲頭緒①。其實，從當時人對該書的引用情況以及有關遼代歷史的知識流變中還是可以找到一些綫索。元人明確徵引陳大任《遼史》者僅見蘇天爵《三史質疑》②，至順間（1330—1332）王士點"在史館暇日所編"《禁扁》一書開首引用書目列有《遼史》之名，亦指陳氏書而言③。相比這些元朝後期的引用情況，真正能夠説明問題的是世祖至元二十二年（1285）始撰至成宗大德七年（1303）告成的《大元一統志》。該書所記遼代地理知識主要即源自陳大任《遼史·地理志》，故與今本《遼史·地理志》一一契合，現存《一統志》佚文所稱《契丹地理志》或《契丹地志》，實皆指陳史地志④，這表明至晚在該書編纂時期，金修《遼史》已經進入元朝官方藏書系統並爲史官所利用。

可與上述徵引情況差相印合的是，早在至元初年，儒臣關於遼朝歷史的認知和敍述較之上引元好問、王鶚所述實已有很大不同。許衡至元三年上書言時務，其中曾述及遼朝歷史："遼耶律改劉氏，都臨潢，徙無常處，九帝二百一十八年。"⑤其中所記遼朝國姓、首都、活動特點、皇帝總數及總年數幾與今本《遼史》完全吻合。至元八年，時任集賢大學士兼國子祭酒的許衡"欲以蒙古生習學算術，遂自唐堯戊辰距至元壬申，凡三千六百五年，編其世代歷年爲一

①　馮家昇《遼史源流考》云："元世祖初年已不見大任《遼史》，蓋曾轉落私人之手也。其後歷朝累修三史，搜訪遼金遺書，於是復出（中華書局，1959 年，第 29 頁）。"金毓黻《中國史學史》認爲"元修《遼史》，得陳大任《遼史》甚晚（商務印書館，1999 年，第 148 頁），《點校本〈遼史〉修訂前言》則稱此書"後來何時入藏翰林國史院，今已不可考"（第 8 頁）。

②　蘇天爵：《滋溪文稿》卷二五《三史質疑》，第 425 頁。

③　參見本書附録二《遼代帝王簡謚鈎沉——以王士點〈禁扁〉爲中心》。

④　參見本書第六章《地理志》。

⑤　許衡：《許衡集》卷七《時務五事·立國規摹》，許紅霞點校，中華書局，2019 年，第 265 頁。

書,令諸生誦其年數而加減之"①。許氏爲蒙古國子學生所編年表的部分内容保留在《編年歌括》一文中,其中關於"大遼"的記録如下:"九傳耶律之遼,二百一十九數,祖宗世穆景宗,聖興及夫道豫。"②這種以歌謠形式準確地講述、普及遼史知識,正與元好問所稱"今人語遼事,至不知起滅凡幾主,下者不論"的情況形成了鮮明的反差。從中可以窺見,金末至元初士人關於遼代歷史的認知發生了較大變化,背後的緣由當與相關典籍的流傳密不可分。許衡身爲國子祭酒,翰苑典籍構成了其著書傳道的重要知識來源,具體到遼代歷史,可取資者十分有限,當時遼人《皇朝實録》尚藏於耶律楚材之家,恐不爲外人所輕見,引發上述變化的關鍵當在於陳大任《遼史》的重現。一個重要的文本細節可以佐證這一判斷,《編年歌括》中稱遼朝末帝爲"豫"而非"天祚皇帝",無獨有偶,王士點《禁扁》引陳大任《遼史》提及天祚帝耶律延禧時亦作"豫王"③。按"豫王"乃是金朝皇統元年(1141)給予遼朝末帝的最終封號,可見許衡上述遼史知識的直接來源當爲金代文獻,最有可能的就是陳大任《遼史》。

如果説許衡所記遼代歷史還略顯簡單的話,至元前期來朝的異國使臣所留下的珍貴記録可以更好地反映當時人遼史知識的豐富程度。高麗人李承休曾於至元十年、十一年先後兩次出使元朝,歸國後著《賓王録》,詳細記録出使行程見聞④,又於至元二十四年上《帝王韻紀》兩卷,以韻文形式略記歷代中原王朝及朝鮮半島之

---

① 許衡:《許衡集》附録《國學事蹟》,第482頁。
② 許衡:《許衡集》卷一〇《編年歌括》"大遼",第354頁。
③ 王士點:《禁扁》卷甲"宫·遼",《楝亭十二種》本,葉8b。
④ 參見陳得芝:《讀高麗李承休〈賓王録〉——域外元史史料札記之一》,《中華文史論叢》2008年第2期,第49—69頁。

史事,其中有一段涉及遼朝:

> 契丹興自朱梁初,統領諸戎相扇熾。名阿保機姓耶律,此祖與華驅並轡(原注:一名億,以前唐天祐四年即位,群臣上尊號曰天皇帝,后曰地皇后,元年丁卯,在位十九年)。除都庵山遷木葉,毳幕氊車陳旖旎。遼祖德光本耶律,改姓爲劉是丹嗣(原注:元年丙戌,我太祖九年也。阿保機次子,自太宗至豫王凡九主,合二百一十八年)。都於臨漢(按當爲"潢"之誤)不須臾,居無一定常遷徙。兵强國富制中朝,絡野籠山千萬騎。豫王荒於色與禽,偶至鴨江聊自躓(原注:爲金兵所敗,徒步得脱)[1]。

《帝王韻紀》所記中原歷代之史,乃李承休根據前代經史典籍及出使時見聞所寫。將上引文中所記遼代史事與今本《遼史》對勘可知,二者絕大部分内容皆相契合。如阿保機的姓氏、名諱、即位時間(包括唐朝年號與干支)、在位年限,群臣所上帝后尊號,耶律德光與阿保機之關係等等,皆與《遼史·太祖紀》《太宗紀》精確對應;至於稱遼之先祖居於都庵山,耶律氏亦姓劉氏,更屬於不爲宋人所道而僅見於遼金舊史系統的冷僻知識。可以斷定,李承休所記遼朝歷史的文本源頭與元修《遼史》所據史源並無二致,共同指向陳大任《遼史》。

撱諸情理,李承休乃異國使節,恐無緣直接獲見元代館閣秘藏,其所記内容當得自他人轉述。值得注意的是,上引許衡奏言、

---

[1] 李承休:《帝王韻紀》,亦樂圖書出版影印本,1999年,第289—290頁。蒙張良博士提示此重要記載並惠贈資料複印件,謹申謝忱。

歌謠涉及的遼史知識在《帝王韻紀》的記載中皆可找到對應記載，如耶律改劉氏、都臨潢、徙無常處、九帝二百一十八年、稱天祚爲豫王等，不僅内容完全一致，甚至行文用字亦多雷同，可見二者有着莫大的淵源，而這種知識淵源又能在當時的現實交遊中得到驗證。李承休《賓王録》記載，至元十年出使，元廷所委任之館伴使爲"翰林學士侯友賢顯忠"①，據陳得芝考證，此即《元史・禮樂志》所見之"侯祐賢"②。至元六年制朝儀，詔儒生、金朝故老與"國子祭酒許衡、太常卿徐世隆，稽諸古典，參以時宜，沿情定制，而肄習之，百日而畢"③，侯祐賢即當時所徵儒生之一。可知，侯氏作爲李承休初次使元期間主要的接觸對象，曾與許衡有所過從。許衡乃至元前期儒林領袖，又因國子祭酒之便，而將翰苑所見陳大任《遼史》中的遼史知識以各種形式加以流佈，作爲翰林學士的侯祐賢自然很可能耳濡目染並傳諸他人，《帝王韻紀》所記遼代簡史或許就是這一背景下的産物。

　　綜上所述，陳大任《遼史》自金人貞祐南遷後即隱而不彰，在元世祖至元初年即已進入元代官方藏書系統，極大改變了當時士人關於遼朝歷史的認知，並最終成爲元末修史時的主要依據。自中統時期王鶚奏請修史所稱"遼史散逸，尤爲未備"的狀況，到至元時期金修《遼史》的重新出現，歷年未久而情勢有變。從背景推斷，這可能正是中統二年詔修遼金二史之後蒐羅文獻的成果。史稱王鶚奏請"以右丞相史天澤監修國史，左丞相耶律鑄、平章政事王文統

<hr />

① 李承休：《動安居士集》卷四《賓王録》，杜宏剛、邱瑞中、崔昌源輯《韓國文集中的蒙元史料》影印本，廣西師範大學出版社，2004 年，第 99 頁上欄。
② 參見陳得芝：《讀高麗李承休〈賓王録〉——域外元史史料札記之一》，第 59 頁。
③ 《元史》卷六七《禮樂志一・制朝儀始末》，中華書局，1976 年，第 1665 頁。

監修遼、金史,仍採訪遺事",詔"並從之"①,從結果來看,當時的《遼史》纂修雖未真正開展,但"採訪遺事"的工作應該還是有所建樹的。

---

① 《元史》卷四《世祖紀一》,第 72 頁。

第二章　元修《遼史》史源通論

　　元修《遼史》之議，始於中統二年（1261）王鶚建言，此後歷朝皆有纂修，然久未成書，逮及順帝至正三年（1343）方真正啟動，並於次年最終告竣①。

　　此次纂修以脫脫爲都總裁，鐵睦爾達識、賀惟一、張起巖、歐陽玄、吕思誠、揭傒斯爲總裁官，負責掌控基本方向、確立體例原則，具體工作當由四位纂修官廉惠山海牙、王沂、徐昺、陳繹曾完成。由於史料的匱乏，當時的實際分工、操作情況已難詳考，我們惟有透過對文本本身的分析，來探索史官的撰作過程，呈現《遼史》的衍生史。

　　本章擬對元修《遼史》紀志表傳之取材與編纂狀況作一鳥瞰，以期從總體上對該書的文本來源與生成過程有所把握。籠統而言，《遼史》紀、傳多因遼金舊史，志、表多爲元人新撰，然每一具體部分又各有不同，兹以今本與舊史之關係及元人編纂創作過程爲主綫分述如下。

---

① 　關於累修三史直至最終成書的大致經過，前人多有討論，本書不擬重複。參見馮家昇：《遼史源流考》，收入氏著《遼史證誤三種》，中華書局，1959 年，第 15—24 頁；邱靖嘉：《〈金史〉纂修考》，中華書局，2017 年，第 112—130 頁。

第一節　紀

　　元修《遼史》本紀之主體部分，本於耶律儼、陳大任二書舊紀。關於二書在今本本紀的具體比重，馮家昇曾言"今觀脱脱本紀，蓋以大任書爲正，儼書爲輔也"，揆其前後文義，似以耶律儼《皇朝實錄》成於天祚初年，並非貫穿有遼一代，而陳大任《遼史》則首尾齊備，更易爲元人所取資。除此大概印象外，馮氏所舉具體例證有二：其一，《太祖紀贊》記阿保機七世祖作"雅里"，且稱"舊史扶餘之變"云云[①]；其二，蘇天爵《三史質疑》引陳大任《遼史》曰"周殿前都點檢趙匡胤廢其主自立"[②]，今本《穆宗紀》應曆十年正月有云"周殿前都點檢趙匡胤廢周自立"[③]。特別是第二點，馮氏認爲"不但史例相同，字句亦同，則今本《遼史》以大任書爲底本，於此可見"[④]。然此二例至多證明《太祖紀贊》及《穆宗紀》的相應條目出自陳大任《遼史》，遠不足以論定全部本紀之史源，故此説長久以來似乎並未引起太大的反響。

　　直至近年，邱靖嘉在研究《遼史·朔考》中的月朔記録時發現："儘管耶律儼月朔較陳大任爲多，但有一半以上不見於《遼史》本紀，而陳大任月朔數量雖少，卻大多見於本紀。《曆象志》中標注'大任'的朔閏很可能出自陳大任《遼史》本紀，故其記載雖零散而

① 　《遼史》卷二《太祖紀下》，中華書局點校本修訂本，2016 年，第 26、27 頁。
② 　蘇天爵：《滋溪文稿》卷二五《三史質疑》，陳高華、孟繁清點校，中華書局，1997 年，第 425 頁。
③ 　《遼史》卷六《穆宗紀上》，第 84 頁。
④ 　馮家昇：《遼史源流考》，第 29—30 頁。

無連續性,卻大多見於與之同源的今本《遼史》本紀。"①進而以此爲基礎提出"今本《遼史》本紀主要源自陳大任《遼史》"②。這一觀點爲中華書局點校本修訂本《遼史》前言所採納③,逐漸在學界流行開來。但現在看來,並非没有再加思量的餘地。

首先需要澄清的是《朔考》中月朔記録與舊史本紀的關係。元修《遼史·曆象志》設《閏考》《朔考》兩篇,爲歷代正史所無。《朔考序》稱:"耶律儼紀以大明法追正乙未月朔,又與陳大任紀時或牴牾。稽古君子,往往惑之。用《五代·職方考》志契丹州軍例,作《朔考》⋯⋯遼史不書國,儼、大任偏見並見各名;他史以國冠朔。並見注于後。"④從中可知,《朔考》乃元朝史官仿照《新五代史·職方考》之例所作,將耶律儼《皇朝實録》、陳大任《遼史》二書本紀所記朔日及與遼同時代諸政權的朔日匯集排比,以解讀史者之惑。與此類似,《閏考序》稱:"曆法不齊,故定朔置閏,時有不同,覽者惑焉。作《閏考》。"⑤則《閏考》亦爲元人所新作,從形式和内容判斷,其編纂方法實與《朔考》相同。據此看來,《閏考》《朔考》中所標"儼""大任"這樣的朔閏記録,應該出自舊史本紀。

不過,邱靖嘉在仔細研究這些記録後提出了不同的看法。他注意到《朔考》所記部分耶律儼月朔連續完整無缺,如天顯三年(928)至八年,會同元年(938)至四年、六年至九年等,不大可能出自《皇朝實録》本紀;同時,《閏考》個别年份下有"首缺五閏""缺一

---

① 邱靖嘉:《〈遼史·曆象志〉溯源——兼評晚清以來傳統曆譜的系統性缺陷》,《中華文史論叢》2012 年第 4 期,第 259 頁。
② 邱靖嘉:《遼道宗"壽隆"年號探源——金代避諱之新證》,《中華文史論叢》2014 年第 4 期,第 225—226 頁。
③ 《點校本〈遼史〉修訂前言》,第 8 頁。
④ 《遼史》卷四四《曆象志下》,第 649—650 頁。
⑤ 《遼史》卷四三《曆象志中》,第 620 頁。

閏”“缺再閏”之類的注文，似乎是對元人製表所據藍本殘闕情況的說明，且《閏考》出現了全書惟一一處未經金人改動的“壽昌”年號，當爲《皇朝實錄》原文。邱文就此對《曆象志》朔閏記錄的來源作出推測：“凡注明‘大任’的朔閏皆應出自陳大任遼史本紀，而標注‘儼’之朔閏當主要來源於耶律儼《皇朝實錄》朔閏表。”①這一立足於文本細節的考察無疑有裨於問題的深化，但在我看來，上述論據並不足以撼動元朝史官在《朔考序》中的明確表述。

其一，《皇朝實錄》恐無設置《朔閏表》的可能與必要。邱文推測，《皇朝實錄》“朔閏表”不僅記錄了遼朝朔閏，還可能包含少量的五代朔閏以及高麗的閏月，一併爲元人修史時所取。按耶律儼《皇朝實錄》作爲遼朝官修史書，自應專記本朝朔閏，五代多係敵國，高麗乃其藩屬，史書朔閏涉及王朝正統之類的重要問題，很難想象遼朝史官會將諸曆並舉，統加編排。正如元朝史官所說，將同一時期不同政權的朔閏情況匯於一表，實爲解決後人讀史“覽者惑焉”的問題，與當時之人專奉本朝正朔即可的狀況全然不同。

其二，倘若《皇朝實錄》果有《朔閏表》，爲何僅極少數年份相對完整而其他部分皆爲零星記載？除邱文所舉天顯三年至八年，會同元年至四年、六年至九年這三段連續朔日外，其實《朔考》在天顯三年正月至大同元年(947)四月，即整個太宗一朝幾乎每月皆注有“儼”書之朔日，二十年間凡著233朔，約佔《朔考》所標注“儼”字總數的36%，而今本《遼史·太宗紀》所見朔日一共只有39個。這一極其特殊的現象顯然不能用來反映《皇朝實錄》總體的情況，更不能證明《朔考》所著“儼”字不出自本紀而出自《朔閏表》。據我

---

① 邱靖嘉：《〈遼史·曆象志〉溯源——兼評晚清以來傳統曆譜的系統性缺陷》，第259—260頁。

推測,這一情況恐與太宗朝的記史制度有關,當時史官或曾於每月之首皆書朔日,無論是否有其他實際記事。這些記載在後來編纂的《皇朝實錄》中得到保留,最終在元末所修《朔考》中有所體現。

其三,《閏考》所注闕閏情況應係史官對本紀所見閏月與其推算情況加以校對的結果。此類注文往往存在兩種錯誤:一方面史官推算有誤,如太祖神册五年首欄著"首缺五閏"(第620頁),修訂本校勘記已指出,本紀於太祖元年至神册四年實缺四閏,此注推算不確。另一方面,史官漏抄本紀原有閏月,而誤以其爲闕,如太宗天顯三年欄著"缺一閏"(第621頁),實因漏抄本紀天贊四年閏十二月;穆宗應曆三年欄著"缺再閏"(第623頁),本紀實僅缺一閏,此處蓋因元人漏抄本紀應曆三年閏正月的記録而致誤。可見,《閏考》所注缺閏情況並不能證明元人作此表有現成藍本。至於其中出現的"壽昌"年號,自亦可解釋爲得自儼書本紀而未加改動。

綜上所述,耶律儼《皇朝實錄》恐無《朔閏表》之體例,元朝史官纂修《閏考》《朔考》之史源仍當以其序文所述情況爲準,即摘録耶律儼、陳大任兩書本紀關於閏、朔的記録編排而成。如此看來,這兩份閏朔記録的確爲反映元人所見舊史本紀情況的寶貴資料,對於我們考察今本本紀的史源具有重要意義。相比此前對今本本紀的個別字句進行單一、碎片式的溯源,邱文通過《曆象志》所記朔閏考察《遼史》諸紀史源的總體情況,無疑是一種更爲正確的研究取向。只不過究竟應該如何使用這份資料進行推求,既有論説似乎還有再斟酌的餘地:舊史本紀所見朔閏有多少不見於今本,多與舊紀不同的記載體例及元人删削、漏抄有關,很難以此來判斷今本本紀的史源。與此相對,考察今本本紀中的朔閏,有多少只見於耶律儼書,有多少只見於陳大任書,或許更有助於説明問題。

我們首先以每朝帝紀爲單位,將記録樣本數量較多的《朔考》

與本紀進行對比、統計,結果如下表。

表 2-1:《遼史》本紀所見月朔與《朔考》對照表

篇目	月朔總數	僅見儼書	僅見大任書	兩書並見	《朔考》失載
太祖紀	23	16	0	5	2
太宗紀	38	17	2	18	1
世宗紀	10	0	0	10	0
穆宗紀	32	1	1	30	0
景宗紀	15	1	0	13	1
聖宗紀	119	28	8	64	19
興宗紀	43	26	0	0	17
道宗紀	51	15	2	27	7
天祚紀	17	2	2	9	4

上表中"月朔總數"一欄表示今本本紀所見月朔,"僅見儼書"表示本紀之具體朔日在《朔考》對應年月中僅標注"儼"之字樣("僅見大任書"義同),"兩書並見"表示本紀朔日《朔考》同時標注"儼、大任",《朔考》失載"則表示本紀朔日在《朔考》中並無相應條目或其中未標注"儼""大任"字樣。透過此表,我們首先可以看到,每朝帝紀之朔日,耶律儼、陳大任二書並見者最多,這一部分數據對於我們判定史源並無太多幫助。而在單獨見於兩書之一者,可確定今本本紀相應條目之來源,而在這一部分中,沒有哪一朝帝紀,出自大任書者多於出自儼書者;除世宗、穆宗、天祚三朝兩書持平外,在太祖、太宗、聖宗、興宗、道宗諸朝,儼書均佔有壓倒性優勢。

進一步細審《朔考》,可以發現有兩段時間全然不見陳大任書的蹤跡：其一，太祖元年至神册三年（内容起止正當今本卷一《太祖紀上》），今本本紀共十五個朔日，見於儼書者十三，不見朔考者二，大任書全無；其二，興宗重熙元年（1032）至道宗清寧十年（1064），三十餘年間全無“大任”字樣，今本本紀此段所見月朔共四十八個，三十個見於儼書。由此判斷，元末修史時所見陳大任《遼史》本紀在這兩個時段恐有殘闕，故史官無從採摭。這一情況還可以得到《閏考》的證實，今本本紀所見閏月凡四十九，兩書並見者二十四，不見於《閏考》者八，僅見儼書者十三，僅見大任書者四，其中太祖元年至神册三年《閏考》未記兩書閏月，而重熙元年至清寧十年，本紀凡見九閏，《閏考》相應條目皆僅著“儼”字，而未見“大任”字樣，正與《朔考》相合。

綜上，就《曆象志》的情況看，今本本紀所記朔閏明確出自耶律儼《皇朝實録》者較出自陳大任《遼史》者爲多，且元人所見陳書如太祖紀首卷、興宗紀及道宗紀首卷恐有大幅殘闕，似未可貿然判定本紀乃以陳氏書爲藍本。

除了前人已經注意到的月朔記録外，其實我們還可以依據另外一類系統性的材料，來考察今本本紀與遼金舊紀的關係，那就是改元當年的紀年方式。遼朝每位皇帝皆不止使用過一個年號，故而同一皇帝在位期間必有改元之舉，惟改元時機前後有所變化。自太祖至興宗，皆行當年改元之制，即改元之詔多於年中某月發佈，隨即啟用新年號；至道宗、天祚兩朝，則改行次年改元制，即於歲首之日宣告改元，舊年號皆用滿整年方被取代。對於後者，史書在記録時比較簡便，因而不致出現分歧；而對於前面一種情況，即同一皇帝、同一年內會出現兩個年號，史書在編年記録時就存在一個選擇的問題，究竟用新還是襲舊，歷代史書所主各有不同。今本《遼史》本紀採用的是改元當年開首即著新年號，但有跡象表明，元人所據兩部舊史耶律儼《皇朝實録》與陳大任《遼史》在此問題上的選擇並不一致。

首先引起我們注意的是,今本《遼史》中某些由元人據舊史本紀抄撮而成的志、表内容,偶爾會在改元之年出現年號不同而記事重疊的記録。如《儀衛志・儀仗》"漢杖"條下稱乾亨五年"六月聖宗至上京,留守具法駕迎導",緊隨其後的就是"聖宗統和元年,車駕還上京,迎導儀衛如式"①,乾亨五年即統和元年(983),兩者顯爲一事之重出,惟年號與具體文辭不同。按《儀衛志》乃元人雜抄而新作(參見本書第七章第三節),此二條顯即分别抄自兩部舊史之本紀,而今本本紀統和元年六月有"丙戌,還上京"一事②,即與後者相合。由此推斷,耶律儼《皇朝實録》和陳大任《遼史》兩書的本紀在聖宗即位之年的紀年方式上很可能有所不同,一作乾亨五年,一作統和元年,元人在倉促抄撮之際未及詳辨,因有此誤。類似的例子尚見於同爲元人新撰的《遊幸表》中,該表體例爲每年一欄,欄内摘取遼金舊紀所記該年遼帝行幸捺鉢活動(具體分析參見本章第三節),然其中將本爲同一年的統和三十年與開泰元年分列兩欄,且各有記事③,這一文本細節顯然也是由於史官所據材料的紀年不同所致。不難看出,遼金舊史在改元之年開首所用年號的差異並非孤例,而很可能具有系統性。

受到以上兩例之啓發,進一步考索《遼史》全書,我們發現志、傳中尚殘存多條與今本本紀改元紀年不同的記事,詳見下表。

---

① 《遼史》卷五八《儀衛志四》,第1022頁。
② 《遼史》卷一〇《聖宗紀一》,第119頁。
③ 《遼史》卷六八《遊幸表》,第1167頁。按諸本皆分二欄,今點校本將其合二爲一,參見該卷校勘記一八,第1187頁。

表2-2:《遼史》本紀與志、傳紀年差異對照表

本紀		志、傳所見不同紀年
會同元年十一月:詔以皇都爲上京,府曰臨潢。升幽州爲南京,南京爲東京。		《地理志》"上京道"總敘:天顯十三年,更名上京,府曰臨潢。 《地理志》"東京道"總敘:天顯十三年,改南京爲東京,府曰遼陽。 《兵衛志》"五京鄉丁":天顯十三年,太宗改爲東京。
大同元年六月:次南京,五院夷離菫安端、詳穩劉哥遣人馳報,請爲前鋒。		《耶律劉哥傳》:會同十年,叔父安端從帝伐晉,以病先歸,與劉哥鄰居,世宗立於軍中,安端議所往,劉哥首建附世宗之策,以本部兵助之。
統和元年	六月:詔有司,册皇太后曰,給三品以上法服。	《儀衛志》"漢服·朝服":乾亨五年,聖宗册承天太后,給三品以上法服。
	九月:以東京、平州旱、蝗,詔振之。	《食貨志》:聖宗乾亨五年詔曰:"五稼不登,開帑藏而代民税;螟蝗爲災,罷徭役以恤饑貧。"
	十月:將征高麗,親閱東京留守耶律末只所總兵馬。	《儀衛志》"渤海仗":乾亨五年,聖宗東巡,東京留守具儀衛迎車駕。
開泰元年	正月:長白山三十部女直酋長來貢,乞授爵秩。	《百官志》"北面屬國官·長白山女直國大王府":聖宗統和三十年,長白山三十部女直乞授爵秩。
	三月:樞密使、司空邢抱質督有司具儀物。	《百官志》"南面朝官·司空":聖宗統和三十年見司空邢抱質。
太平元年	七月:遣骨里取石晉所上玉璽于中京。	《儀衛志》"符印·傳國寶":聖宗開泰十年,馳驛取石晉所上玉璽于中京。
	十月:升玉輅,自内三門入萬壽殿,奠酒七廟御容。	《儀衛志》"漢輿·玉輅":聖宗開泰十年,上升玉輅,自内三門入萬壽殿,進七廟御容酒。

　　上表所舉例證，不僅可以説明元人所據遼金兩部舊史在紀年方式上存在普遍性差異，還有助於進一步判定耶律儼、陳大任二書在改元當年，究竟何者用舊年號，何者用新年號。表中右欄所列諸志，《儀衛志》《食貨志》《百官志》諸條係元朝史官雜抄舊紀而成，其間不見於今本之内容乃纂修本紀史官所删落。僅憑這部分内容，我們無法判定究竟是哪部舊史於改元當年採用了與今本本紀不同的紀年方式。值得注意的是第一欄所引《地理志》與《兵衛志》的記録，本書第五、六章的考證結果表明，元修今本《地理志》實以陳大任《遼史·地理志》爲藍本，其中諸京道總敍多取陳志舊文，《兵衛志》“五京鄉丁”一門亦係據陳氏《地理志》改編而來，此二志中出現的三處“天顯十三年”紀年可以斷定出自陳大任《遼史》。由此可知，陳氏此書以舊年號指稱改元之年，上表中今本《儀衛》《食貨》《百官》三志之條目當摘自陳史本紀，《耶律劉哥傳》則出自陳史列傳部分，再加上《地理志》《兵衛志》之共同史源爲舊本《地理志》，可以考見陳史全書紀、志、傳在改元紀年方面具有内在的一致性。

　　前引《儀衛志》與《遊幸表》的紀年重出現象顯示，元人所據兩部舊史存在的系統性差異，圍繞表2-2的考證則表明陳大任《遼史》的改元紀年乃襲用舊年號，則知耶律儼《皇朝實録》應在改元當年即啟用新年號。元朝史官編纂今本《遼史》時，全面採納了《皇朝實録》的做法，不僅在本紀部分予以貫徹，同時應該也曾在志、表、傳各部分對陳大任舊文的改元紀年進行過調整，但難免疏漏，最終留下了上文提到的蛛絲馬跡。

　　今本本紀在紀年系統方面承襲耶律儼而非陳大任，這一情況與上文所論朔閏問題相印合，至少可以表明元朝史官編纂時絶非簡單地“以大任書爲正，儼書爲輔”。不過，僅僅依據以上例證即貿然得出完全相反的結論,似又略顯單薄。目前看來,將《遼史》本紀視作元朝史官雜採耶律儼、陳大任二書舊紀的結果,仍是較爲穩妥的意見。

除了取材於遼金舊紀的主體部分之外,今本《遼史》本紀尚有少量内容明顯出自五代、北宋以降的南朝文獻系統。如學界所熟知,元末史官曾在《天祚皇帝紀》中大量抄入《契丹國志》之類的材料(按此説實不確,詳細討論見本書第三章);此外,馮家昇還曾指出,《太祖紀》《太宗紀》有襲取《通鑑》《舊五代史》的痕跡①。可知,《遼史》本紀首尾兩部分皆曾採摭南朝文獻。不過在既往的討論中,研究者似乎皆默認這類南朝文獻均爲元末修史時所增入,但實際情況卻可能更爲複雜。以《太宗紀》爲例,其中所記遼與後唐、後晉戰事,多爲詳載對話及事件情節的大段描述性文字,與遼朝文獻逐條記録的簡明風格不符,而又每與中原文獻相合,當爲後人所增纂,但具體又可分爲兩種不同情況。其一,情節雖與中原文獻合,然時序、用詞多有不同,與原本遼朝系統的記載融合度較高,審其史源多爲《舊五代史》,如天顯十一年九月至十一月、會同五年七月、會同九年十一月至大同元年正月等條。其二,大段抄襲,生硬删節,致使文義不暢,且多與遼人敘述立場不諧,所據史源多出《資治通鑑》,如會同七年正月至三月、會同八年正月及三月等。我們認爲前者或係金修《遼史》舊紀原文已然如此,即陳大任書很可能已經摻入了一部分南朝記載,只是因爲編纂手法比較成熟、不同系統史料的融合度相對較高,一直没有引起研究者的注意罷了;而後者則當爲元朝史官所增,因成書倉促,未加打磨,使得抄襲痕跡過於明顯。這種金元史官據南朝文獻次第增修的情況並不限於本紀,值得引起我們的充分重視。

① 馮家昇:《遼史源流考》,第45、49—50頁。

第二節　志

　　元修《遼史》有志十種，凡三十二卷。關於這部分的史源，馮家昇曾做過初步分析，並根據《遼史》的文本綫索，概括出元人所據耶律儼《皇朝實録》當有《部族志》《百官志》《禮志》《儀衛志》，陳大任《遼史》當有《兵志》《禮儀志》《刑法志》，今本《遼史》相應志書當主要源出於舊史[①]。不過經過我們的逐一考索，馮氏的研究結論可以大幅更正與深化。目前看來，耶律儼《皇朝實録》所含舊志，可確知者僅《部族志》《禮(儀)志》兩篇，而陳大任《遼史》則當有《兵志》《地理志》《禮儀志》《刑法志》四篇。元末修史時所可利用之舊志十分有限，遠不足以支撐一代正史之規摹，故而史官不得不加以大量擴充、敷衍。這些志書的史源問題，在全書四種體裁中最爲複雜，元人的編纂創作因素也最多，需作具體考證分析，亦爲本書重點所在，此處不擬過多展開，僅將後續各章考證結論列表於下，個别取資前人研究者出注説明。

表 2-3:《遼史》諸志史源簡表

篇目	門類	文本來源與編纂過程
《營衛志》	宫衛	疑出陳大任《遼史·兵志》。
	行營	以趙至忠《陰山雜録》爲主體框架，補以陳大任《遼史·地理志》及宋人語録。
	部族	《部族上》，雜抄歷代正史契丹傳爲主要脉絡，綴以遼金系統之零星記載；《部族下》，以耶律儼《皇朝實録·部族志》爲主幹，增加"遼内四部族"及"遼國外十部"。

續表

篇目	門類	文本來源與編纂過程
《兵衛志》	兵制	陳大任《遼史·兵志》+《兩朝國史》《四朝國史》之《契丹傳》及《新五代史·四夷附録》《宋會要·蕃夷·遼》。
	御帳親軍	《宋會要·蕃夷·遼》。
	宮衛騎軍	陳大任《遼史·兵志》。
	大首領部族軍	《宋會要·蕃夷·遼》。
	衆部族軍	耶律儼《皇朝實録·部族志》。
	五京鄉丁	陳大任《遼史·地理志》。
	屬國軍	耶律儼、陳大任二書本紀。
	邊境戍兵	高麗《大遼事迹》。
《地理志》		以陳大任《遼史·地理志》爲主幹,益以《宋會要·蕃夷·遼》所記使遼語録、趙至忠《陰山雜録》、《契丹國志》等書。
《曆象志》	曆	《宋書·律曆志》所載祖沖之《大明曆》。
	閏考	遼朔閏當出耶律儼、陳大任二書本紀,五代朔閏當出新舊《五代史》及《通鑑》,宋代朔閏或出宋代曆書,高麗朔閏出自高麗所進《大遼事迹》①。
	朔考	
《百官志》		摘取舊史紀傳爲主體框架,補以《遼朝雜禮》《亡遼録》《契丹國志》(或宋國史《契丹傳》)《舊唐書·職官志》等書②。
《禮志》		五禮框架爲元人所設,主要内容取陳大任《禮儀志》、耶律儼《禮儀志》及《遼朝雜禮》;"歲時雜儀"出自《契丹國志》。

---

① 參見邱靖嘉《〈遼史·曆象志〉溯源——兼評晚清以來傳統曆譜的系統性缺陷》,具體觀點有所損益。
② 參見林鵠:《〈遼史·百官志〉考訂》,中華書局,2015年。

續表

篇目	門類	文本來源與編纂過程
《樂志》		"國樂""諸國樂"雜抄舊紀與南朝文獻,"雅樂"以下五門以唐宋禮樂典籍爲主體框架,以舊史紀、志及《遼朝雜禮》之零星記載加以點綴、附會。
《儀衛志》		唐宋禮樂典籍爲主體框架,以舊史紀、志、《遼朝雜禮》及《契丹國志》之零星記載加以點綴、附會。
《食貨志》		抄撮舊史紀、傳及《新五代史》《亡遼録》《契丹國志》。
《刑法志》		以陳大任舊志爲主體,文末補以《亡遼録》①。

第三節　表

　　元修《遼史》凡八表,即《世表》《皇子表》《公主表》《皇族表》《外戚表》《遊幸表》《部族表》《屬國表》。如前所述,據遼《皇朝實録》稍加改補的耶律固、蕭永祺《遼史》"紀三十卷、志五卷、傳四十卷"②,並無"表"之體例,而泰和間再修《遼史》,僅"詔分紀、志、列傳刊修官"③,則陳大任書亦未設表。由此可見,遼金舊史並無現成表文,今本《遼史》八表皆爲元末史官所新創,而根據其史料來源和編纂過程的不同,又可大致分爲以下兩種情況。

　　第一種是具有獨立史源的一手文獻。《遼史》八表之中,惟《皇

---

① 馮家昇《遼史源流考》已指出《刑法志》"内容非僅抽取紀傳而已,紀傳不見者甚多"(第31頁),當出陳大任書,其説可從。惟志末尾"遼之先代"以下三段當係元人所增(《遼史》卷六二《刑法志下》,第1049頁),其中雜糅舊史與《亡遼録》之記載。

② 《金史》卷一二五《蕭永祺傳》,中華書局,1975年,第2720頁。

③ 《金史》卷一二五《党懷英傳》,第2726—2727頁。

子表》《公主表》所記內容大都不見於其他卷帙，應具有獨立的史源。關於二者的具體史源，在《遼史》中可以找到明確的證據。

據《皇子表》，世宗三子，吼阿不排行第一，其下有元朝史官小注云："舊史《皇族傳》書在第三，且云未詳所出。按《景宗本紀》云，景宗皇帝，世宗第二子。又按舊史本傳云，景宗立，親祭于墓，追冊爲皇太子。當是世宗嫡長子也。"據此可知，吼阿不在舊史《皇族傳》中列於第三，在今本《遼史·皇子表》中則排行第一，可能是因爲前者按年齒排行，而後者改以嫡庶爲序的緣故。世宗另一子只没，在《皇子表》中排行第三，其下有小注云："舊史《皇族傳》書在第一。"①只没當爲世宗庶長子，故在舊史《皇族傳》中排行第一。由此看來，元修《遼史·皇子表》與所謂"舊史《皇族傳》"存在密切關聯。這種關聯還體現在以下兩點：其一，《皇子表》所記部分皇子，亦見於今本列傳，兩部分文本明顯同出一源。如卷三〇《天祚皇帝紀》附《耶律雅里傳》、卷七二《宗室傳》之《義宗倍傳》《章肅皇帝李胡傳》《順宗濬傳》《晉王敖盧斡傳》及卷一一二《逆臣傳》之《耶律重元傳》，仔細對比諸傳與《皇子表》相應部分可知，敘述脉絡與具體文辭皆大同小異，總體而言傳詳而表略，然亦偶有表文溢出傳文者，當屬同源異流。其二，《皇子表》所記人物生平多較爲完整，記事亦甚詳細，與一般表文簡明扼要的特點極不相符，甚至屢屢出現人物對話及"性敏給""性沉默""明敏善射"之類的描述性文辭，顯然都是直接照搬相關列傳原文的結果。綜上可知，今本《皇子表》實際上是根據舊史《皇族傳》改編而成，該表序文所謂"今摘其功罪傑然者列諸傳；敍親親之恩，敬長之義，而無他可書者，略表見之，爲皇子表"，其實正反映了表文與傳文同源而又有所側重、區分的關

---

① 《遼史》卷六四《皇子表》，第1086—1087頁。

係，只不過在表文的實際編纂過程中未能嚴格遵循。

與《皇子表》類似，《公主表》的内容和記述風格亦有脱胎於列傳的痕跡，如景宗公主延壽女"性沉默"、聖宗公主槊古"資質秀麗，禮法自將"。元人所作《公主表序》曰："古者，婦諱不出門，内言不出梱。公主悉列于傳，非禮也。然遼國專任外戚，公主多見紀、傳間，不得不表見之。禮，男女異長，不當與皇子同列，别爲公主附表。"①這裏所説的"公主悉列於傳"、"不當與皇子同列"，自然應該是針對舊史《皇族傳》而言。可見舊史應該是將皇子和公主均列入《皇族傳》，而元人所修《遼史》則在此基礎上加以直接照搬、改編，分别創立了《皇子表》和《公主表》②。

那麽，元人所據《皇族傳》所在的"舊史"究竟是指陳大任《遼史》還是耶律儼《皇朝實録》？綜合以上二表的内容判斷，當係前者，理由有四。其一，記述風格相對一致，而所記内容迄於遼亡，非《皇朝實録》所能含括。其二，文字多避金諱。如李胡諡號"恭順皇帝"，《皇子表》及本傳皆記爲章順皇帝，乃避金章宗父允恭諱改；道宗咸雍年號，《公主表》作"咸和"，乃避金世宗名"雍"字所改，元人修史時曾予回改，而偶有遺漏。其三，《皇子表》《公主表》各有一處以"文帝"指稱遼道宗③，此套諡號系統爲陳大任《遼史》之獨特標識，元人修史時一律改稱廟號，此二處當係漏改④。其四，所謂"皇

①　《遼史》卷六五《公主表》，第 1105 頁。
②　不過元人對《皇族傳》也並非全然不加改動，如舊史以諸皇子年齒排行，而今本改以嫡庶。參見卷六四《皇子表》校勘記九、二三，第 1100、1101 頁。
③　《皇子表》（第 1095 頁）記耶律濬事迹曰："幼能言，好學，知書。文帝屢曰：'此子聰慧，殆天授。'"《公主表》（第 1117 頁）記其女事迹亦有"文帝感悟，召還宫"云云。前者《順宗濬傳》中有對應記載："幼而能言，好學知書。道宗嘗曰：'此子聰慧，殆天授歟！'"當係元人抄録舊史時易"文帝"爲"道宗"。
④　參見本書附録二《遼代帝王簡諡鈎沉——以王士點〈禁扁〉爲中心》。

族傳"之内容實對應歷代正史之《宗室傳》,然以"皇族"名之則屬首見。按金朝於明昌以後避其睿宗"宗堯"諱,改"宗室"爲"内族"①,疑修於章宗朝的陳大任《遼史》亦因之而改創《皇族傳》。總之,今本《皇子表》與《公主表》之直接史源當爲陳大任《遼史·皇族傳》,具有較高的史料價值。

第二種是拼湊成文的二手史料,《遼史》八表中的《世表》《皇族表》《外戚表》《遊幸表》《部族表》《屬國表》等六表皆屬於這種情況。

《世表》專記契丹先世歷史,主要是抄撮《魏書》《隋書》《新唐書》《新五代史》等前代正史《契丹傳》的相關内容,對此學界早有共識,無需贅述②,該表主要的史料價值僅在於序文及正文所引耶律儼《皇朝實録》的三則佚文。《皇族》《外戚》二表,乃雜抄耶律儼《實録》與陳大任《遼史》二書舊有列傳而成,内容鮮有溢出今本列傳者③,而且元人在抄撮過程中出現了諸多謬誤,由此搭建起的關於遼朝皇族、外戚的整體敘述舛亂尤多,不可信據④。

至於《遊幸》《部族》《屬國》二表,則皆係摘取遼金舊史本紀中的相關條目編排成篇,只不過在操作流程及史料價值方面有較大差異。《遊幸表》九成以上的條目不見於今本本紀,疑元人纂修之初即有明確分工,因舊史所見大量關於遼帝行蹤的記録獨立性較強,可以集中摘取,列諸表中,而纂修本紀時則大量删節,這就使得

①　《金史》卷五九《宗室表一》,第 1359 頁。
②　參見王吉林《遼史世表探源》,《大陸雜誌》33 卷 5 期,1966 年 9 月 15 日;楊家駱《遼史世表長箋》,收入《遼史彙編》,臺北,鼎文書局,1973 年,第 1 册;吉本道雅《遼史世表疏證》,見氏著《新出契丹史料的研究》,松香堂,2012 年,第 1—36 頁。
③　遍檢此二表,僅極個别人物及少量官職不見於今本列傳,當係元朝史官纂修列傳時有所删削所致。
④　關於《外戚表》的個案分析,參見苗潤博《契丹國舅别部世系再檢討》,《史學月刊》2014 年第 4 期。

《遊幸表》在還原舊本本紀條目方面具有極其重要的價值。與此相對,《部族表》《屬國表》九成以上的内容皆見於今本本紀,可見關於部族、屬國的内容與本紀其他文字關聯性較强無法截然區分,故纂修紀、表之史官不過是依託舊紀同時開工、各取所需,故有大量重複。就史料價值而言,此二表自不可與《遊幸表》相提並論,不過除了其中約一成不見於今本本紀的内容(當爲纂修本紀史官所删落)外,二者對考察元人增纂以前的舊紀文本面貌亦有重要參照作用,這一點將在本書第三章關於《天祚皇帝紀》的討論中得到進一步説明。尤須警惕的是,所謂"部族""屬國"之分,純屬元末史官新立之名目,不僅與遼朝之實際情況相去懸遠,其内部亦多矛盾,並無定見,切不可以此爲基礎討論遼代史事。

　　總之,今本《遼史》八表均係元朝史官根據耶律儼《皇朝實録》、陳大任《遼史》紀傳直接改編或拼凑雜糅而成。由於纂修方法的不同,其史料價值也迥然有别:前者是對原始材料的直接照搬,且因所據舊史《皇族傳》内容多已不存,故其性質實爲具有獨立史源的第一手史料;後者内容大都見於今本《遼史》紀傳,其性質屬於拼凑成文的第二手史料,且在抄撮過程中錯謬叢生,其間隱含的關於遼朝歷史的整體敘述框架更屬貽誤後人。

第四節　傳

　　元人作列傳多襲《皇朝實録》與金修《遼史》舊本,故其中史官的編纂因素相對較少,且除少部分有明確文本標識者可以判明直接史源外,其餘大部分因缺乏參照文本,目前尚難以考實。兹僅就可知者大略言之。

（一）與舊史之關係

卷七一《后妃傳序》曰：“耶律儼、陳大任《遼史·后妃傳》，大同小異，酌取其當著于篇。”知遼金舊史皆有《后妃傳》，構成今本之藍本，元人編纂過程中復取《契丹國志·后妃傳》加以增補，詳見下文。

卷七二《宗室傳》乃自陳大任《遼史·皇族傳》摘取而成，多有删削。關於陳史《皇族傳》的大致收録範圍，可由今本《皇子表》《宗室傳》及《遼史》其他部分的綫索略作推定。《皇子表》收録阿保機四世祖肅祖以下諸帝之子，而諸子之後人則於最末“子孫”一欄稍作交代，多僅具其名，這些人散見於今本《遼史》各處，如釋魯之子滑哥入《逆臣傳》，耶律倍之子隆先、道隱見於《宗室傳》，婁國見於《逆臣傳》，李胡之子喜隱見《宗室傳》，重元子涅魯古見《逆臣傳》，和魯斡子淳見《天祚皇帝紀》附録等，這些內容的直接史源應該均爲陳史《皇族傳》。換句話説，舊史《皇族傳》原本很可能是包括諸帝之子及其再傳子孫的，元人纂修《皇子表》僅取“皇子”，《宗室傳》則僅選擇個別功罪突出者，且皆限於太祖一系。如此一來，在今本表、傳所録內容之外，舊本《皇族傳》應該有不少內容爲元末史官所删削①。

卷七三至七五所記主要爲太祖創業功臣及其後人。《國語解》列傳部分曾有“諸功臣傳”一名目，其下列“龍錫金佩”“撒剌”“遥輦紀”“吐里”諸條②，分別出自今本卷七三《釋魯傳》《耶律斜涅赤

---

① 如元朝史官所作《國語解》“龍錫金佩”條（第1705頁）云：“太祖從兄鐸骨札以本帳下蛇鳴，命知蛇語者神速姑解之，知蛇謂穴傍樹中有金，往取之，果得金，以爲帶，名‘龍錫金’。”鐸骨札之名及其事迹不見於他處，所謂“太祖從兄”當即太祖父德祖之兄（麻魯、巖木、釋魯）子，原本或繫於舊史《皇族傳》，而爲今本《皇子表》《宗室傳》所删落。

② 《遼史》卷一一六《國語解》，第1705頁。

傳》《耶律海里傳》及卷七四《耶律敵刺傳》，按今本無"功臣傳"之名，然不宜以此斷定此三卷出自舊史的現成整體文本。有跡象表明，此三卷當爲元人綜合不同史源加工而成。《耶律曷魯傳》記阿保機先祖之名爲"夷离堇雅里"，當出陳大任《遼史》①，而同卷之《頗德傳》則有"舊制，肅祖以下宗室稱院，德祖宗室號三父房"之記載②，其中"宗室"不避金諱，當出耶律儼《皇朝實録》。可見今本諸功臣傳採自舊史的不同列傳，且在拼合過程中元人曾混入原本不應屬於該傳的内容，其中最典型者當屬卷七五所記耶律圖魯窘。此人主要功績在太宗立晉之役，顯非太祖時開國元勛，亦非其他功臣之子孫，恐原本不屬功臣傳而爲元人闌入。值得注意的是，該卷末尾"論曰"將此前三卷的内容概括爲神册初元之佐命功臣，然其中卻提到"圖盧窘料敵制勝"云云③，自相矛盾，亦可見元人粗糙新作之痕跡。

　　自卷七六以下至卷一〇二，皆爲普通列傳，大體按照時間先後排序，同一卷内主要人物時代基本相同，輔以其家族後裔，然亦時有明顯與同卷内其他人所處時代不合之人闌入，恐亦因元人雜糅耶律儼、陳大任二書舊有列傳時粗率所致。此外，某些列傳所涉之人跨越多個時代，而又圍繞相對一致的主題，如卷八六所記似爲歷朝出使之使者，卷九〇似皆爲各朝之忠臣，卷九二至九五雜録聖宗至天祚朝諸將才，每卷似稍有側重，然内部時序頗爲混亂，亦係元人重新編排的產物。由此可見，《遼史》列傳的纂修標準並不統一，與其他正史相較，尤其顯得雜亂無章。

----

① 據《遼史·世表》稱阿保機七世祖之名，"耶律儼遼史書爲涅里，陳大任書爲雅里"（第1057頁），成爲判斷書中各具體文本來源的重要依據。
② 《遼史》卷七三《耶律頗德傳》，第1351頁。
③ 《遼史》卷七五，第1371頁。

　　與普通列傳情況相仿,類傳恐亦多有元人重新編排之痕跡。如《文學》《能吏》《方技》《逆臣》諸傳,皆有時序混亂的情況,當非舊史原貌。以《逆臣傳》爲例,上文已述,該傳多採自陳大任舊史《皇族傳》,當係元人新作,且遼叛逆之臣遠不止該傳所列二十一人,如李胡子喜隱在景宗朝叛亂失利後被賜死,當屬典型逆臣,今本卻入《宗室傳》,足見史官編纂《逆臣傳》之粗疏①。

　　殿於列傳最末之《二國外記》,記載高麗、西夏之史事,主體內容乃就舊史本紀摘錄編排,並無獨立史源。其中《西夏外記》開首稍摻以南朝文獻,詳見下文。

　　(二)採摭南朝文獻之情況

　　一、取材於《契丹國志》。卷七一《后妃傳》之《太祖淳欽皇后述律氏傳》《世宗妃甄氏傳》《穆宗皇后蕭氏傳》《天祚皇后蕭氏傳》《天祚文妃蕭氏傳》的部分乃至全部文字與《契丹國志》高度一致(參見表2-4)。《契丹國志》這些列傳的史源當爲《資治通鑑》《虜廷雜記》及《亡遼錄》之書,頗爲分散,元朝商賈將其抄摭匯集於一傳,纂修《后妃傳》與《宗室傳》之元朝史官無暇博採,正可以此現成文本補充舊史《后妃傳》,拼合成新的文本,類似情況應該還包括卷七二《義宗倍傳》。此外,馮家昇曾指出《張礪傳》亦源出於《契丹國志》,然仔細比對可知,《遼史》此傳之文字亦有不見於《國志》者,如"從趙德鈞援張敬達于河東,及敬達敗,礪入契丹,後太宗見

①　拙文《〈遼史·姦臣傳〉〈逆臣傳〉傳目辨析》(《中國史研究》2013年第2期)曾指出《姦臣》《逆臣》二傳均存在序文與傳目不符的情況,原因在於今本《姦臣傳》末之《蕭圖古辭傳》原當在《逆臣傳》中,後被移至目前之位置,而序文未作調整。現在看來,遼金舊史恐未必設有《逆臣》《姦臣》二傳,今本序文當出元朝史官之手;《蕭圖古辭傳》在元人所作初稿中曾被列於《逆臣傳》,後在修改定稿時改置於《姦臣傳》,而未遑同步調整兩傳序文。

礪剛直,有文彩,擢翰林學士"一句①,《國志》僅稱"礪隨德鈞入契丹,太宗復以爲翰林學士"②,則元人於《國志》外尚可能有其他史源。

二、遼末諸臣傳取材於《亡遼録》而非《契丹國志》。馮家昇曾指出《遼史》所記天祚朝臣如蕭奉先、耶律余覩、張琳諸人傳記亦當出自《契丹國志》③。然而經過仔細比對,這三篇列傳與《國志》的相關文本亦屬詳略互見、同源異流,並非直接的傳抄關係,《遼史》的直接史源亦應爲史愿《亡遼録》(《北遼遺事》)原書(參見表2-4)。更值得注意的是,這三篇傳記皆在《遼史》卷一〇二中,同卷内尚有《李處温傳》,該傳與遼金舊史的記述風格、具體史事相差甚大,而與出自《亡遼録》系統的文獻則完全契合,可知《遼史》卷一〇二整卷實皆抄自史愿之書;同時,該書卷一〇〇《耶律章奴傳》内亦有大段明顯出自《亡遼録》系統的文字,亦係元人雜糅南北不同文獻的產物。李處温、耶律章奴二人在《契丹國志》中並無專傳,《遼史》所抄録下來的正是史愿原書的大段佚文,彌足珍貴。關於《遼史》與《亡遼録》的關係,本書第三章將有進一步的展開。

三、與《舊五代史》之關係。(1)《趙延壽傳》。馮家昇曾指出此傳前半段採自《舊五代史·趙延壽傳》,而後半段則有取自《新五代史·四夷附録》者④。今按馮氏所謂取自歐史者,實亦見於薛史《趙延壽傳》⑤,二者並無實質性差異;從實際的操作流程考慮,前文既採薛史本傳,似無須別覓歐史之《四夷附録》以纂成之。(2)

---

① 《遼史》卷七六《張礪傳》,第1380頁。
② 《契丹國志》卷一六《張礪傳》,賈敬顏、林榮貴點校,中華書局,2014年,第183頁。
③ 馮家昇:《遼史源流考》,第36—37頁。
④ 馮家昇:《遼史源流考》,第36—37頁。
⑤ 《舊五代史》卷九八《趙延壽傳》,中華書局點校本修訂本,2015年,第1531—1534頁。

《王郁傳》。馮家昇謂此傳多採《新五代史·王處直傳》，然其中亦有個別文字如"常恐失父心"云云不見於歐史，馮説不確。按《舊五代史》曾專設《王郁傳》，歐史相關文字即本於此，疑《遼史》此傳所參考者亦爲薛史，惜今輯本此傳闕佚泰半①，無從比對。是知《遼史》所收五代時期由中原入遼之人物列傳，多有拼糅《舊五代史》與遼方記載者。從文本的融合程度較高及錯謬較少這些特徵推斷，此類工作或許在陳大任《遼史》中即已完成，正與前文所論今本《太宗紀》徵引薛史的情況相合。

四、採自宋朝《國史》。以往學者已注意到，《遼史·西夏外記》開首記載西夏世系風俗物產等總體情況的文本與《續資治通鑑長編》《宋史·夏國傳》及《隆平集·夏國傳》的部分段落高度雷同，但對於這種文本現象的解釋卻皆未中鵠的。排比以上四書相關文本可知，諸書詳略互見，内容多有參差，《遼史》並非直接抄自其他三者中的一部，而是與諸書有共同史源。基於《隆平集》《長編》及《宋史》當有宋代官方文獻背景，陳曉偉認爲這一共同史源當爲宋朝《仁宗實録·元昊傳》，元修《遼史·西夏外記》曾直接取材於是書②，然此説恐與當時修史之實際情況存在相當的差距。《遼史》成於倉促之間，很難想象史官會於煌煌宋人編年體實録中尋覓一西夏記事，相較而言，宋朝《國史》則是一個更爲簡易、便捷的途徑。如所周知，元修《宋史》多就國史舊文删削而成，其實以往關注不足的是，《遼史》的纂修亦屢屢取資於此，《西夏外記》只是其中一例而已。

---

① 參見陳尚君：《舊五代史新輯會證》卷五四，復旦大學出版社，2005 年，第 1769、1776 頁。
② 陳曉偉：《〈遼史·西夏外紀〉"西夏紀事"探源》，《西夏學》第 8 輯，上海古籍出版社，2011 年，第 294—301 頁。

表 2-4:《遼史》《契丹國志》列傳對照表

傳主	《遼史》	《契丹國志》
太祖淳欽皇后述律氏	……行兵御衆,后嘗與謀。太祖嘗渡磧擊党項,黃頭、臭泊二室韋乘虛襲之;后知,勒兵以待,奮擊,大破之,名震諸夷。時晉王李存勖欲結援,以叔母事后。幽州劉守光遣韓延徽求援,不拜,太祖怒,留之,使牧馬。后曰:"守節不屈,賢者也。宜禮用之。"太祖乃召延徽與語,大悦,以爲謀主。吳主李昇獻猛火油,以水沃之愈熾。太祖選三萬騎以攻幽州。后曰:"豈有試油而攻人國者?"指帳前樹曰:"無皮可以生乎?"太祖曰:"不可。"后曰:"幽州之有土有民,亦由是耳。吾以三千騎掠其四野,不過數年,困而歸我矣,何必爲此? 萬一不勝,爲中國笑,吾部落不亦解體乎!"其平渤海,后與有謀。太祖崩,后稱制,攝軍國事。及葬,欲以身殉,親戚百官力諫,因斷右腕納于樞。	……太祖行兵御衆,后嘗預其謀。太祖嘗度磧擊党項,留后守其帳。黃頭、臭泊二室韋乘虛合兵掠之,后知之,勒兵以待其至,奮擊,大破之。由是名震諸夷……晉王方經營河北,欲結契丹爲援,常以叔父事太祖,以叔母事后。劉守光末年衰困,遣參軍韓延徽求援,太祖怒其不拜,留之,使牧馬于野。后言于太祖曰:"延徽能守節不屈,此今之賢者,奈何辱以牧圉? 宜禮用之。"太祖召延徽語,悦之,用爲謀主,後爲名相。吳王遣使遺太祖以猛火油,曰:"攻城以油然火,焚樓櫓,敵以水沃之,火愈熾。"太祖大喜,即選騎三萬,欲攻幽州。后哂之曰:"豈有試油而攻一國乎?"因指帳前樹,謂太祖曰:"此樹無皮可以生乎?"太祖曰:"不可。"后曰:"幽州城亦猶是耳。吾但以三千騎伏其傍,掠其四野,使城中無食,不過數年,城自困矣,何必如此躁動輕舉? 萬一不勝,爲中國笑,吾部落亦解體矣。"太祖乃止。太祖之崩也,后屢欲以身爲殉,諸子泣告,惟截其右腕,置太祖樞中。
世宗妃甄氏	後唐宮人,有姿色。帝從太宗南征得之,寵遇甚厚,生寧王只没。及即位,立爲皇后。嚴明端重,風神閑雅。内治有法,莫干以私。劉知遠、郭威稱帝,世宗承强盛之資,奄奄歲時,后與參帷幄,密贊	世宗皇后甄氏,漢地人,後唐潞王時爲宮人。世宗從太宗入大梁,得之宮中……世宗既登位,册爲皇后。后少而端重,風神閑雅;暨正椒宮,繩治有法……后性嚴明,宮庭之内不干以毫髮私。中朝喪亂,

傳主	《遼史》	《契丹國志》
	大謀,不果用。察割作亂,遇害。景宗立,葬二后于醫巫閭山,建廟陵寢側。	劉知遠、郭威代興,自稱爲帝。帝承强盛之餘,憒憒無立志。后與參帷幄,密贊大謀,然奄奄歲時,既而有火神淀之弒,后并害焉。其後,后之子明記復爲部衆推立。葬于豎巫閭山,立陵其側,建廟樹碑。
穆宗皇后蕭氏	父知璠,内供奉翰林承旨。后生,有雲氣馥郁久之。幼有儀則。帝居藩,納爲妃。及正位中宮,性柔婉,不能規正。無子。	幽州厭次人,父知璠,内供奉翰林承旨。后初產之日,有雲氣馥郁久之。幼有儀觀,進趨軌則,帝居藩時納爲妃。暨即位,后正中宮……后性柔婉,不能規正……后無子……
天祚皇后蕭氏	……性閑淑,有儀則。兄弟奉先、保先等緣后寵柄任。女直亂,從天祚西狩,以疾崩。	奉先、保先兄弟皆緣后寵,柄任當朝。后性閑淑有則度,遭女真之亂,天祚荒淫,后不能違,以至禍敗焉。
天祚文妃蕭氏	……善歌詩。女直亂作,日見侵迫。帝畋遊不恤,忠臣多被疏斥。妃作歌諷諫,其詞曰:"勿嗟塞上兮暗紅塵,勿傷多難兮畏夷人;不如塞姦邪之路兮,選取賢臣。直須臥薪嘗膽兮,激壯士之捐身;可以朝清漠北兮,夕枕燕雲。"又歌曰:"丞相來朝兮劍佩鳴,千官側目兮寂無聲。養成外患兮嗟何及! 禍盡忠臣兮罰不明。親戚並居兮藩屏位,私門潛畜兮爪牙兵。可憐往代兮秦天子,猶向宮中兮望太平。"天祚見而銜之。播遷以來,郡縣所失幾半,上頗有倦勤之意。諸皇子敖盧斡最賢,素有人望。元后兄蕭奉先深忌之,誣南	文妃自少時工文墨,善歌詩,見女真之禍日日侵迫,而天祚醉心畋遊,不以爲意,一時忠臣多所疎斥,時作歌詩以諷諫,曾有歌云:"莫嗟塞上暗紅塵,莫傷多難畏女真。不如塞卻姦邪路,選取好人。直是臥薪而嘗膽,激壯士之捐身。便可以朝清漠北,夕枕燕雲。"詞多不備載,其諷切不避權貴如此。又曾作詠史詩云:"丞相朝來劍佩鳴,千官側目寂無聲。養成外患嗟何及,禍盡忠臣罰不明。親戚並居藩翰位,私門潛蓄爪牙兵。可憐昔代秦天子,猶向宮中望太平。"其詩之感烈有如此者,天祚見而銜之。是時,契丹緣金人之禍,喪郡縣幾盡,天

傳主	《遼史》	《契丹國志》
	軍都統余覩謀立晉王,以妃與聞,賜死。	祚遊畋不輟,嘗有倦勤意。諸子中惟晉王最賢,蕭奉先乃元妃兄,深忌之。會文妃之姊適耶律撻曷里,妹適耶律余覩,奉先誣告余覩欲立晉王,尊天祚爲太上皇。帝於是戮撻曷里并其妻,文妃與晉王相繼受誅。
義宗倍	……至汴,見明宗。明宗以莊宗后夏氏妻之,賜姓東丹,名之曰慕華。改瑞州爲懷化軍,拜懷化軍節度使、瑞慎等州觀察使。復賜姓李,名贊華。移鎮滑州,遙領虔州節度使……倍初市書至萬卷,藏於醫巫閭絕頂之望海堂。……性刻急好殺,婢妾微過,常加刲灼。夏氏懼而求削髮爲尼。	明宗賜姓東丹,名慕華,以爲懷化節度使、瑞慎等州觀察使……次年,明宗更賜東丹慕華姓名曰李贊華……以莊宗後宮夏氏妻之。贊華好飲人血,姬妾多刺臂以吮之。婢僕小過,或抉目,或刀剔、火灼。夏氏不忍其殘,奏離婚爲尼……贊華性好讀書,不喜射獵。初在東丹時,令人賚金寶私入幽州市書,載以自隨,凡數萬卷,置書堂於醫巫閭山上,扁曰望海堂……
	以上列傳所據當爲《契丹國志》,以下則出《亡遼錄》	
蕭奉先	蕭奉先,天祚元妃之兄也。**外寬內忌**。因元妃爲上眷倚,累官樞密使,封蘭陵郡王。	蕭奉先,天祚后族也。嗣先、保先,皆其弟。奉先在道宗朝爲内侍供奉,又承旨,歷吏部尚書。緣恩宮掖,專尚諂諛,朋結中人,互爲黨與。至天祚朝,毬獵聲色,日蠱其心,防微不早,女真始亂。奉先是爲政事令、同平章事,又兼樞密使。方混同江諸蕃大會之時,天祚已疑阿骨打,密謂奉先曰:"阿骨打意氣雄豪,顧視不常,當以事誅之,不然恐貽後患。"奉先曰:"阿骨打,小人何知,殺之傷向化心;設有異志,蕞爾小國,何能爲"? 天祚乃止。
	天慶二年,上幸混同江鈎魚。故事,生女直酋長在千里内者皆朝行在。適頭魚宴,上使諸酋次第歌舞爲樂,至阿骨打,但端立直視,辭以不能。再三旨諭,不從。上密謂奉先曰:"阿骨打跋扈若此!可託以邊事誅之。"奉先曰:	

傳主	《遼史》	《契丹國志》
	"彼麤人,不知禮義,且無大過,殺之傷向化心。設有異志,蕞爾小國,亦何能爲!"上乃止。	
	四年,阿骨打起兵犯寧江州,**東北路統軍使蕭撻不也戰失利**。上命奉先弟嗣先爲都統,將番、漢兵往討,屯出河店。女直乃潛渡混同江,乘我師未備襲之。嗣先敗績,軍將往往遁去。奉先懼弟被誅,乃奏"東征潰軍逃罪,所至劫掠,若不肆赦,將嘯聚爲患",從之。嗣先詣闕待罪,止免官而已。由是士無鬬志,遇敵輒潰,郡縣所失日多。	天慶四年,阿骨打興師屠寧江州。次年,阿骨打又至。弟嗣先,以殿前都點檢充東北路招討使,蕭撻勃也副之,未陣而潰。既而出河店之戰,嗣先又敗。詣闕待罪,但免官而已。由此士無鬬志,望風奔潰……
	初,奉先誣耶律余覩**結駙馬蕭昱**謀立其甥晉王,事覺,殺昱。余覩在軍中聞之懼,奔女直。保大二年,余覩爲女直監軍,引兵奄至,上憂甚。奉先曰:"余覩乃王子班之苗裔,此來實無亡遼心,欲立晉王耳。若以社稷計,不惜一子,誅之,可不戰而退。"遂賜晉王死。中外莫不流涕,人心益解體。	又誣告耶律余覩欲立晉王。余覩叛,奉先曰:"余覩宗枝,非欲亡遼者,不過求立晉王耳。"天祚惑之,賜晉王死。聞者揮涕,衆心益離。
	當女直之兵未至也,奉先逢迎天祚,言:"女直雖能攻我上京,終不能遠離巢穴。"	
	而一旦越三千里直擣雲中,計無所出,惟請播遷夾山。天祚方悟,顧謂奉先曰:"汝父子誤我至此,殺之何益! 汝去,毋從我行。恐軍心忿怒,禍必及我。"奉先父子慟哭而去,爲左右執送女直兵。女直兵斬其長子昂,送奉先及次	奉先柄國垂二十年,以至國亡。天祚奔夾山,謂奉先曰:"誤我至此,皆汝之罪,宜亟去,不然恐汝及禍,并累我。"行未十里,左右執而殺之。

續表

傳主	《遼史》	《契丹國志》
	子昱於其國主。道遇我兵，奪歸，天祚並賜死。	
張琳	張琳，瀋州人。幼有大志。**壽隆末**，爲秘書中允。天祚即位，累遷戶部使。頃之，**擢南府宰相**。 初，天祚之敗於女直也，意謂蕭奉先不知兵，乃召琳付以東征事。琳以舊制，凡軍國大計，漢人不與，辭之。上不允，琳奏："前日之敗，失於輕舉。若用漢兵二十萬分道進討，無不克者。"上許其半，仍詔中京、上京、長春、遼西四路計户產出軍。時有起至二百軍者，生業蕩散，民甚苦之。四路軍甫集，尋復遁去。 及中京陷，天祚幸雲中，留琳與李處溫佐魏國王淳守南京。處溫父子召琳，欲立淳爲帝，琳曰："王雖帝胄，初無上命，攝政則可，即真則不可。"處溫曰："今日之事，天人所與，豈可易也！"琳雖有難色，亦勉從之。 淳既稱帝，諸將咸居權要，琳獨守太師，十日一朝，平章軍國大事。淳陽以元老尊之，實則不使與政。琳由是鬱悒而卒。	張琳，瀋州人也。爲人忠義，慷慨有大志。在道宗朝爲祕書中允。天祚立，兩爲户部使，負東京人望。女真日熾，高永昌繼叛於渤海，時天慶六年也。永昌叛，遼東五十餘州盡没，獨瀋州未下，琳痛念鄉枌，欲自討之。契丹屢敗，精兵銳卒十無一存。琳討永昌，搏手無策，始招所謂"轉户軍"。蓋遼東渤海，乃夙所讎；若其轉户，則使從良，庶幾捐軀奮命。命下，得兵二萬餘。琳自顯州進兵，渤海止備遼河三叉口。琳遣羸卒數千，陽爲來攻，間道以精騎渡河，直趨瀋州，渤海始覺。經三十餘戰，渤海乃走保東京。其後女真援至，師自驚恐，望風而潰，失亡不可勝計。琳遁入遼州，謫授遼興軍節度使，乃平州也。其後，授燕京副留守，與燕王淳同守燕。 淳僭位改元，命琳守太師，十日一朝，平章軍國大事，實疎之也。琳竟鬱鬱而卒。

續表

傳主	《遼史》	《契丹國志》
耶律余覩	耶律余覩，一名余都姑，國族之近者也。慷慨尚氣義。保大初，歷官副都統。	耶律余覩，一名余覩姑，國主族人。
	其妻天祚文妃之妹；文妃生晉王，最賢，國人皆屬望。時蕭奉先之妹亦爲天祚元妃，生秦王。奉先恐秦王不得立，深忌余覩，將潛圖之。適耶律撻葛里之妻會余覩之妻於軍中，奉先諷人誣余覩結駙馬蕭昱、撻葛里，謀立晉王，尊天祚爲太上皇。事覺，殺昱及撻葛里妻，賜文妃死。余覩在軍中聞之，懼不能自明被誅，即引兵千餘并骨肉軍帳叛歸女直。	其妻，天祚文妃之妹也。文妃生晉王，最賢，蕭奉先忌之，誣告余覩謀立晉王。
	會大霖雨，道途留阻。天祚遣知奚王府蕭遐買、北宰相蕭德恭、大常袞耶律諦里姑、歸州觀察使蕭和尚奴、四軍太師蕭幹追捕甚急。至閭山，及之。諸將議曰："蕭奉先恃寵，蔑害官兵。余覩乃宗室雄才，素不肯爲其下。若擒之，則他日吾輩皆余覩矣。不如縱之。"還，紿云追襲不及。余覩既入女直，爲其國前鋒，引婁室字童兵攻陷州郡，不測而至。天祚聞之大驚，知不能敵，率衛兵入夾山。	
	余覩在女直爲監軍，久不調，意不自安，乃假遊獵，遁西夏。夏人問："汝來有兵幾何？"余覩以二三百對，夏人不納，卒。	余覩奔歸女真，女真以爲西軍大監軍。久不遷，常鞅鞅有異志……父子以遊獵爲名，遁入夏國。夏人問："有兵幾何？"云："親兵三二百。"遂不納……

第三章 《天祚皇帝紀》

紀傳體正史本紀述及王朝末世,每因鼎革喪亂,前朝官方史乘闕不足徵,雖廣蒐群籍以拼綴成篇,終難掩左支右絀、捉襟見肘之迹,此類問題在元修《遼史》中表現得尤爲突出。該書帝紀主體部分多有遼金舊本可供因襲,故元末史官的主要工作在於採摭、删潤,而非增纂、填充。不過,這樣的普遍情形並不適用於記載遼末史事的《天祚皇帝紀》(下簡稱《天祚紀》)。因舊史所記過於簡陋,元人修撰此紀時不得不雜採其他文獻加以附益,使得該文本呈現出區別於其他幾朝帝紀的複雜面貌,自然很容易引起研究者的注意。甚至可以説,近代以來關於《遼史》具體某一部分文本來源的深入探討,就是以研究《天祚紀》爲發端的。

最早關注《天祚紀》史源問題的是馮家昇。他在大致對比該紀與《契丹國志》的相關内容後指出:"《大祚紀》自天慶二年以後,凡與金有關之事,完全由《國志》逐段摘入。蓋大任《遼史》,修於最重忌避之章宗朝,於《天祚紀》不能暢所欲言而最略,故元人除以大任書爲底本外,復採自《國志》也。"①結合此説之上下文,可知其間要

---

① 馮家昇:《遼史源流考》,《燕京學報》1933 年第 5 期,收入氏著《遼史證誤三種》,中華書局,1959 年,第 34—35 頁。

點有三：其一，遼耶律儼《皇朝實錄》成於天祚初年，必不及本朝事，《天祚紀》可依據之舊史僅金人陳大任所著《遼史》一書；其二，陳史成於金章宗朝，因重忌避而於遼末涉金史事語焉不詳，致使元人所據舊紀原本簡陋不堪；其三，元末修史時曾逐段抄録《契丹國志》以敷衍成篇，即爲今本《天祚紀》的另一重要史源。按天祚播遷，簡册散佚，金時本已無太多史料可用，馮説第二點將舊史簡陋僅歸咎於忌諱，顯然有失偏頗，故此點鮮爲後人所認可。至於一、三兩點，則構成了學界研究《天祚紀》史源問題的基本出發點，事實上也是馮氏提出所謂"《遼史》三源説"的最主要依據。

在馮説的基礎上，傅樂焕曾作《論遼史天祚帝紀來源》一篇，對此問題有過更爲細緻的考察。該文列舉《天祚紀》自天慶三年（1113）至保大四年（1124）間凡十五段記載，認定皆屬"《遼史》《國志》雷同，亦即《遼史》抄襲《國志》者"，還進一步指出《國志》所記遼末史事的最主要來源當爲遼朝進士史愿歸宋後所著《金人亡遼録》（下簡稱《亡遼録》），並對史氏其人其書作了初步考察①。這一"正本清源"式的探索使得學界對上述記載的最初來歷有了相對清楚的認知，似乎更夯實了馮氏的論斷。自此以後，《天祚紀》以《契丹國志》爲直接史源的觀點逐漸成爲治《遼史》者的共識，其中可能存在的問題也一併隱伏下來。

除馮、傅二文之外，民國時期其實還曾發表過一篇重要的研究成果，長期以來並未進入遼金史研究者的視野，那就是唐長孺早年

---

① 傅樂焕：《遼代四時捺鉢考五篇》第五《論遼史天祚帝紀來源》，《國立中央研究院歷史語言研究所集刊》第十本二分，1942 年，收入氏著《遼史叢考》，中華書局，1984年，第 159—172 頁。

所著《遼史天祚紀證釋》①。該文以"阿鶻產與阿疎""蕭奉先與蕭
得里底""耶律章奴與耶律張家奴""天慶五年親征諸將辨"四宗個
案切入,考察紀文中因拼接不同史源而造成的重複錯亂。其中除
指出《天祚帝紀》與《契丹國志》可能存在的文本源流關係外,還有
兩點爲他人所未及:其一,並未否認元末修史時直接徵引《亡遼録》
的可能性。文中有三宗個案涉及《天祚紀》與《國志》的文本雷同,
對此唐氏提出的解釋分別爲"蕭奉先事則本之史愿《亡遼録》等書,
故多與《契丹國志》合","《遼史》之記章奴事,全出於宋人書,故與
《契丹國志》合","《遼史》(關於天慶五年親征)之記載不過沿襲雜
抄諸書的《契丹國志》而已",其中雖不乏前後齟齬之處,但總體而
言唐氏並未將文本的雷同簡單認定爲綫性的傳抄,而提出了《天祚
紀》與《國志》具有共同史源的可能性。其二,指出除遼方記載與南
朝文獻外,《天祚紀》尚有陳大任《遼史》摘自《金太祖實録》的條
目,故每與《金史》相合。換句話説,今本《遼史·天祚皇帝紀》事實
上是遼、宋、金三個文獻系統雜糅的結果。對此,唐氏曾有總結曰:
"《遼史》如但承用舊史,或但採《契丹國志》及《亡遼録》,或但録
《金太祖實録》,均無不可,其失未至甚謬,今乃兼收並蓄,遂如屋上
架屋,重複乖忤而不可理。"

　　三位前賢的研究取徑大致相同,然仔細品讀不難發現,唐文
所論實較馮、傅二家更爲高明、通達,具有不可忽視的學術史價
值。它提示我們:在全面考察文獻源流之前,對於現存材料的文
本雷同,不可貿然斷定其間的直接傳抄關係,而應充分考慮同源
異流的情況;同時,論《天祚紀》史源,應充分考慮金朝文獻系統

---

① 唐長孺:《遼史天祚紀證釋》,原載國立師範學院史地系編《史地教育特刊》,1942
　年,收入氏著《山居存稿》,中華書局,2011年,第468—486頁。

的影響，不能僅就《遼史》談《遼史》。不過，囿於當時的資料狀況，唐氏對《天祚紀》是否直接源出《亡遼錄》尚無法論定，只是憑藉良好的文獻感覺作出了謹慎的推測；關於《天祚紀》取資《金太祖實錄》的內容也僅舉出兩條例證，點到爲止，對此類記載的規模，特別是究係何人增入的問題，未遑深究。此外，以上三者皆認定遼人官修《皇朝實錄》不記天祚朝事，故元末史官纂修《天祚紀》的直接史源僅有陳大任《遼史》與《契丹國志》兩種，細審之下，這一立論前提本身亦不無可議之處。本章即就以上三方面依次展開，由淺入深，層層剝離，以期更爲透徹地認識《遼史·天祚紀》的文本生成過程。

第一節　取資《契丹國志》說質疑

早先關於《遼史·天祚紀》史源的探討都注意到該紀存在諸多不繫干支的大段敘述，與遼金舊史的記載風格迥然有別，而與《契丹國志》多有雷同。對於這樣的文本面貌，研究者多傾向於將《契丹國志》視作《天祚帝紀》之直接史源，究其原因大致有二：其一，相信《契丹國志》一書確如舊題所示，乃南宋葉隆禮所著，認定其中引書多有歷經宋季喪亂而不傳於元世者，史愿《亡遼錄》即屬此類，故元末史臣只能輾轉因襲。其二，因缺乏其他大宗同源文本作爲參照，對兩書相似文字缺乏細緻分析，對其間具體差異難以作出合理解釋，只得忽略或作籠統判斷。以今天的眼光看來，二者都有必要重新檢討。

關於第一方面，早有學者指出，《契丹國志》實乃元朝前期書坊抄撮宋代文獻而製作的僞書，與《大金國志》屬於同一時代背景下、同一批作者的產物，其成書時間當在元成宗大德十年

（1306）以前①。有元一代僅百餘年，其間書籍流傳存藏情況並未出現明顯斷裂，既然《亡遼錄》一書可爲元前期建陽書坊所獲見、抄撮，自然完全可能進入官藏系統並最終成爲至正間修史諸公的原始資料。關於第二方面，傳世文獻所引《亡遼錄》佚文以往多未被納入比較研究的視野，特別值得注意的是，近年來重新發現的宋代文獻爲問題的解決提供了重要綫索。題名劉忠恕的《裔夷謀夏錄》（下簡稱《謀夏錄》）一書實乃南宋史家汪藻所著，成於紹興九年（1139），係汪氏奉敕爲官修《日曆》所備素材的一部分，書中大量抄取史愿《亡遼錄》②，正可與《遼史》《契丹國志》及《三朝北盟會編》（下簡稱《會編》）等書的相關文本作一對比。

基於以上兩點，我們重新對《遼史·天祚紀》與《契丹國志》的雷同文本作了系統排查，結果發現《遼史》所記雖總體較《國志》更爲簡省，但亦時有關鍵的文本細節不見於《國志》，而這些內容又多可得到《謀夏錄》《會編》等書所引《亡遼錄》的印證。鑒於此類情況十分普遍，已選取其中較爲典型者列於章末附表3-2，兹僅就個別例證稍事展開。

首先，《天祚紀》所記史事多有不見於《契丹國志》而與《謀夏錄》相合者。如天慶五年九月條（詳見表3-2第5欄）記天祚親征，下詔威嚇女真，阿骨打聚衆應對："女直主聚衆，剺面仰天慟哭曰：'始與汝等起兵，蓋苦契丹殘忍，欲自立國。今主上親征，奈何？非

---

① 參見劉浦江：《關於〈契丹國志〉的若干問題》，《遼金史論》，遼寧大學出版社，1999年，第323—324頁；《〈契丹國志〉與〈大金國志〉關係試探》，《遼金史論》，第357—372頁。

② 參見本書附錄一《有關〈裔夷謀夏錄〉諸問題的新考索》。文中已論證，該書與《契丹國志》內容雷同者，皆出自《亡遼錄》一書。

人死戰，莫能當也。不若殺我一族，汝等迎降，轉禍爲福。'"①此段
大體内容亦見於《契丹國志》："阿骨打聚諸酋曰：'始與汝輩起兵，
蓋苦遼國殘虐。今吾爲若卑哀請降，庶幾紓禍，乃欲盡行翦除，爲
之奈何？不若殺我一族，衆共迎降，可以轉禍爲福。'"②其中並無
"劖面仰天慟哭"、"欲自立國"這樣的重要細節，但類似敘述卻見於
《謀夏録》："阿骨打會酋豪，以刀劖面，仰天而哭曰：'吾與若輩起
兵，苦契丹之殘，欲自立國耳。吾今爲若輩哀請降，庶幾紓禍，乃欲
盡剪除我，爲之奈何！不若殺我一族而降，可轉禍爲福。'"③對比
可知，《遼史》與《謀夏録》所記顯然更接近史源的原貌。再如保大
元年正月條，"（蕭）奉先諷人誣駙馬蕭昱及余覩等謀立晉王，事覺，
昱、撻曷里等伏誅（第 383 頁，詳見表 3-2 第 8 欄）"，《契丹國志》則
記作："會撻曷里妻嘗過余覩家，蕭奉先密遣人誣告其結余覩，將立
晉王，尊天祚爲太上皇帝。事發，撻曷里妻等皆伏誅（第 135 頁）。"
似謂蕭奉先所誣告之對象爲撻曷里妻，而全未提及蕭昱其人，然按
《謀夏録》云："撻曷里妻嘗過余覩家，蕭奉先密遣人告駙馬都尉蕭
昱遣晉王之姊結余覩，立晉王，尊天祚爲太上皇帝。于是蕭昱、撻
曷里妻等皆誅（第 93 頁）。"與《遼史》略合（《遼史》末句"撻曷里"
下當奪"妻"字），知《國志》蓋因節略過當而致誤。又如保大二年
三月條記耶律淳即位後授官情況曰："以處温守太尉，左企弓守司
徒，曹勇義知樞密院事，虞仲文參知政事，張琳守太師，李處能直樞

① 《遼史》卷二八《天祚皇帝紀二》，中華書局點校本修訂本，2016 年，第 372 頁。以下
　 引此紀僅隨文括注頁碼。
② 《契丹國志》卷一〇《天祚皇帝上》，賈敬顏、林榮貴點校，中華書局，2014 年，第 118
　 頁。以下引此書僅隨文括注頁碼。
③ 《裔夷謀夏録》卷一，黄寶華點校，《全宋筆記》第五編第 1 册，大象出版社，2012 年，
　 第 81 頁。以下引此書僅隨文括注頁碼。

密院，李奭爲少府少監、提舉翰林醫官。李爽、陳祕十餘人曾與大計，並賜進士及第，授官有差。蕭幹爲北樞密使，駙馬都尉蕭旦知樞密院事（第 386 頁，表 3－2 第 11 欄）。"此段在《契丹國志》中作："以李處溫守太尉，左企弓守司徒，曹勇義知樞密院，虞仲文知參政。張琳守太師，十日一朝，平章軍國大事外，雖以元老尊之，其實不欲其位在己上也。李處能、奭等數十人，各以定策功補官（第 137 頁）。"是將李處能、李奭、李爽、陳祕、蕭幹、蕭旦諸人官職一概省略，《謀夏録》相應部分作："李處能、李奭數十人以定策並賜進士及第，授官有差；蕭幹樞密使，駙馬都尉蕭旦知樞密院事（第 95 頁）。"較《國志》多保留蕭幹、蕭旦二人官職，然於其餘四人亦有簡省。

其次，《遼史》所記有不見於《契丹國志》《裔夷謀夏録》，而與《三朝北盟會編》節引《亡遼録》相合者。如天慶四年七月條，女真攻寧江州，"東北路統軍司以聞，時上在慶州射鹿，聞之略不介意，遣海州刺史高仙壽統渤海軍應援（第 366—367 頁，表 3－2 第 2 欄）"。其中"東北路統軍司以聞"這一情節，《國志》與《謀夏録》皆無，然《會編》卷二一引《亡遼録》曰："（阿骨打）首犯混同江之寧江州，東北路統軍司遽具狀以聞。時天祚方慶州秋山射鹿，聞之不介意，仰北樞密院劄付東京兵馬都部署司，量遣渤海子弟一千人，以海州刺史高仙壽充統領官，應援寧江州。"①與《遼史》吻合。又如天慶五年八月條，記天祚親征所派將領稱"蕭奉先充御營都統，諸行營都部署耶律章奴爲副（第 372 頁，表 3－2 第 4 欄）"，後者在《國志》《謀夏録》中僅作"耶律章奴副之"，而《會編》卷二一引《亡遼

---

① 《三朝北盟會編》卷二一宣和七年正月二十四日，上海古籍出版社影印許涵度刻本，2008 年，第 150 頁上欄。

録》則作“樞密使蕭奉先充御營都統，同知南面諸行營都部署司事耶律章奴副之（第 150 頁下欄）”，諸書徵引時皆有刪略，而《遼史》保留信息相對完整。尤能説明問題的是，《會編》引《亡遼録》記李安弼、高黨遊説王安中之辭曰：“平州自古形勝之地，地方百餘里，帶甲十萬餘，張毂文武全材，足以禦金人、制藥師，幸招致之，不然則復恐西迎天祚，北合蕭幹，並爲我患，燕山豈得安？”①此段文字全不見於《國志》，而《遼史·天祚紀》保大四年六月條則有保留，惟文辭稍作簡省：“平州帶甲萬餘，毂有文武材，可用爲屏翰；不然，將爲肘腋之患（第 391 頁，見表 3-2 第 15 欄）。”

　　其三，《遼史》所記較《國志》爲詳，雖不見於現存其他文獻，但可確定係原始資料之大段佚文。如《天祚紀》保大二年三月條：“（天祚帝）入夾山，方悟奉先之不忠。怒曰：‘汝父子誤我至此，今欲誅汝，何益于事！恐軍心忿怨，爾曹避敵苟安，禍必及我，其勿從行。’奉先下馬，哭拜而去。行未數里，左右執其父子，縛送金兵。金人斬其長子昂，以奉先及其次子昱械送金主。道遇遼軍，奪以歸國，遂並賜死（第 385 頁，表 3-2 第 10 欄）。”此段亦略見於同書《蕭奉先傳》②，而在《契丹國志·天祚皇帝中》中則僅作：“入夾山，因謂蕭奉先曰：‘使我至此，皆汝之由。汝急去，人不汝容。’奉先慟哭辭去，行二十里，爲左右所殺（第 136 頁）。”同書卷一九《蕭奉先傳》所記天祚之言略同，而末句作“行未十里，左右執而殺之”（第 206 頁）。從前段文辭判斷，兩書所記顯然同出一源，但《國志》紀、傳於蕭奉先結局刪略過甚，且完全不及其二子，其他文獻亦未見記載，端賴《遼史》方得以保存史源之概貌。

---

① 　《三朝北盟會編》卷一八宣和五年六月五日，第 126 頁上一下欄。
② 　《遼史》卷一〇二《蕭奉先傳》，第 1586 頁。

綜合以上例證及表 3-2 中的其他文本,我們可以清楚地看到,元修《遼史·天祚紀》與《契丹國志》內容相近的段落,並非如前人所言直接抄自《國志》,二者應爲同源異流的關係。與上引諸書類似,元朝史官纂修該紀時所依據的直接史源應爲史愿《金人亡遼錄》,故而在去取之間與他書各有參差,詳略互見。這樣基於文本細部對比得出的結論還可以在整體的文獻流傳過程中得到印證。

史愿,燕山人,遼末進士,宣和四年(1122)歸宋,歷任中山府司錄、衢州通判、建康府通判、嚴州通判、平江府通判、淮西宣撫司參議官、知鼎州等職,至紹興十五年(1145)被遣返回金①,歸宋初期嘗著書記遼亡史事②。關於該書之名,《三朝北盟會編》卷首引用書目作《亡遼錄》,書內正文所引略同(其中一處作"亡遼遺錄"),《長編紀事本末》(當出李燾《長編》原文)及《建炎以來繫年要錄》亦引作此名③,《遂初堂書目》著錄《亡遼錄》一部④,《直齋書錄解題》則記曰:"《金人亡遼錄》,燕山史愿撰,或稱《遼國遺事》。"⑤可

① 史愿入宋後履歷,主要散見於《宋會要輯稿》兵一七、職官四一(中華書局影印本,1957 年,第 7407 頁下欄、第 3182 頁下欄)及李心傳《建炎以來繫年要錄》卷一三七紹興十年八月壬申、卷一四四紹興十二年正月癸亥、卷一五三紹興十五年三月甲子諸條(胡坤點校,中華書局,2013 年,第 2207、2308—2309、2467 頁)。
② 按《亡遼錄》所記內容迄於遼亡,書中記天祚被擒在保大四年,實在保大五年,即宋宣和七年(1125),此爲該書成書時間之上限。又《繫年要錄》卷四三(第 789 頁)紹興元年(1131)四月庚辰曰:"朝議大夫、添差通判衢州史愿直秘閣。愿燕山人,有學問,上召見而命之,愿嘗著《金人亡遼錄》,行於世。"所謂"有學問",或即指其所著《亡遼錄》而言。知是書約作於靖康、建炎間,並很快在世間流傳。
③ 楊仲良:《資治通鑑長編紀事本末》卷一四四"徽宗皇帝·金寇",《宋史資料萃編》第二輯影印廣雅書局本,文海出版社,1967 年,第 4351、4361、4366 頁;李心傳:《建炎以來繫年要錄》卷一、二,第 2、9、60 頁。
④ 尤袤:《遂初堂書目·本朝雜史》,《叢書集成初編》本,中華書局,1985 年,第 9 頁。
⑤ 陳振孫:《直齋書錄解題》卷五"僞史類",徐小蠻、顧美華點校,上海古籍出版社,1987 年,第 140 頁。

見,"亡遼録"乃此書在南宋時期較爲通行之名,全稱爲《金人亡遼録》。不過,正如陳振孫所記,該書在當時還有另外一套名稱系統,即《遼國遺事》或《北遼遺事》。《宋史·藝文志》著録"史愿《北遼遺事》二卷"①,從作品寫作時間推斷,宋志此條當出自理宗寶祐年間成書之《中興四朝國史·藝文志》,反映了南宋中期館閣的實藏情況;《郡齋讀書志》亦著録《北遼遺事》二卷,"不題撰人,蓋遼人也,記女真滅遼事"②,當屬偶佚撰人,岳珂《桯史》中亦有"余讀《北遼遺事》"云云③,可知此書題作《北遼遺事》者雖不若題《亡遼録》者流傳之廣,但在南宋官、私系統中亦均有收藏,正是這一在南宋當時不甚顯赫的書名,在宋亡以後產生了重要影響。

　　元代以降,史愿之書再不見於實藏書目④,亦未有直接引録者。不過從上引《契丹國志》與《遼史》的情況看,至少在元代,該書仍然較爲流行。不惟如此,我們還可以透過一些獨特的文本信息,來確定元末修史時所據史愿此書的題名。

　　《遼史·天祚紀》附《耶律淳傳》開首稱:"耶律淳者,世號爲北遼。"⑤是謂保大二年耶律淳在燕京所建政權,世人稱作"北遼"。然遍檢宋金以降各類典籍,並未發現有以"北遼"一詞專指耶律淳政權者,此句顯爲元末史官所概括。揆諸歷史情境,該政權立於遼之南京,與天祚皇帝分庭抗禮之時位處南方,更在耶律雅里、耶律

---

①　《宋史》卷二〇三《藝文志二》,中華書局,1985年,第5123頁。

②　晁公武:衢本《郡齋讀書志》卷七,孫猛《郡齋讀書志校證》,上海古籍出版社,1990年,第285頁。

③　岳珂:《桯史》卷五《趙良嗣隨軍詩》,吳企明點校,中華書局,1981年,第63頁。

④　明陳第《世善堂藏書目録》(《叢書集成初編》本,中華書局,1985年,第25頁)著録"《北遼遺事》二卷,記女真滅遼"。按陳第此目傳世之本經後人竄亂,疑點衆多,未可以此斷言《北遼遺事》至明時尚存。

⑤　《遼史》卷三〇《天祚皇帝紀四》附《耶律淳傳》,第398頁。

大石等其他流亡政權之南，絕無稱"北遼"之理，《遼史》此説顯誤。那麽，元朝史官爲何會出現這樣的錯誤呢？這應該與他們修史時所依據的文獻狀況有關。遼宋南北對峙時期，宋人每稱契丹政權爲"北遼"①，而遼人亦稱天水一朝爲"南宋"②，皆係基於方位的泛稱。這樣的稱謂方法一直延續到遼朝滅亡前後，史愿《北遼遺事》之名即由此而來。《北遼遺事》，上引《直齋書録解題》作"遼國遺事"，即可見其所謂"北遼"與宋人尋常用例並無二致，皆泛指契丹遼政權，而從《郡齋讀書志》引録的該書序文益可窺見其内容範圍："遼國自阿保機創業於其初，德光恢廓於其後，吞併諸蕃，割據漢界，南北開疆五千里，東西四千里。戎器之備，戰馬之多，前古未有。子孫繼統二百三十餘年，迨至天祚失御，女真稱兵，十三年間舉國土崩，古人謂得之難失之易，非虛言耳。"③將此序文與各書引文合觀，再參以"金人亡遼録"這一別稱，我們可以清楚地判定，史愿撰作該書之主旨在於追記、反思整個遼朝滅亡的全過程。不過，在保大二年天祚西狩、耶律淳稱帝之後，史愿身在燕京，周邊見聞自以耶律淳政權爲核心，故而該書中有大量篇幅記載該政權之始末。如上所述，元末史官曾在纂修《遼史》時大量徵引史愿之書，據我推斷，其所據之本很可能即題作"北遼遺事"。在南北混一、時過境遷以後，元人對於書名"北遼"之實際所指早已不甚

---

① 龐元英《文昌雜録》一書九次出現此詞，如稱"奉使北遼""北遼使者"云云，陳襄《古靈集》，《宋大詔令集》《續資治通鑑長編》《三朝北盟會編》等書皆有類似記載。

② 此詞備見遼朝後期之漢文墓誌，如咸雍八年（1072）《特建葬舍利幢記》、大康四年（1078）《秦德昌墓誌》、大康七年《義豐縣趴如院碑記》、大安六年（1090）《陳頵妻曹氏墓誌》、壽昌三年（1097）《張忠恪墓誌》、乾統五年（1105）《劉文用墓誌》、乾統十年《寧鑑墓誌》、天慶四年《王師儒墓誌》、天慶七年《姚璹墓誌》《孟初墓誌》、天慶八年《鄭士安實録銘記》、天慶十年《杜念墓誌》等。

③ 晁公武：衢本《郡齋讀書志》卷七，孫猛《郡齋讀書志校證》，第285頁。

了了,又因其中多記耶律淳政權之事,這纔產生了"世號爲北遼"的誤解①。

綜合文本細部比對與史書編纂流程兩方面的考察,我們可以確定,《亡遼録》(《北遼遺事》)確實構成了《天祚紀》的重要史源,前人所舉該紀出於《契丹國志》的條目很可能都是直接抄自《亡遼録》。通檢《天祚紀》之内容,自乾統元年末至保大四年七月,共有二十一段文字出自《亡遼録》,總數達四千餘字,應該是現存文獻中保留該書佚文較多的一種,價值不容小覷。

除《天祚紀》外,馮家昇還曾指出《遼史》所記天祚朝臣如蕭奉先、耶律余覩、張琳諸人傳記亦當出自《契丹國志》②。然而經過仔細比對,這三篇列傳與《國志》的相關文本亦屬詳略互見、同源異流,並非直接的傳抄關係(詳見本書第二章末附表),《遼史》的直接史源亦應爲《亡遼録》(《北遼遺事》)原書。更值得注意的是,這三篇傳記皆在《遼史》卷一〇二中,同卷内尚有《李處温傳》,該傳與遼金舊史的記述風格、具體史事相差甚大,而與出自《亡遼録》系統的文獻則完全契合,可知《遼史》卷一〇二整卷實皆抄自史愿之書;同時,該書卷一〇〇《耶律章奴傳》内亦有大段明顯出自《亡遼録》系統的文字,亦係元人雜糅南北不同文獻的產物。李處温、耶律章奴二人在《契丹國志》中並無專傳,《遼史》所抄録者正是史愿原書的大段佚文,彌足珍貴。

至此,我們有必要對馮家昇所謂"《遼史》三源説"作一重新檢討。馮氏將《契丹國志》列爲元修《遼史》除耶律儼《皇朝實録》、陳

---

① 葛華廷、高雅輝《耶律淳政權"世號爲北遼"説質疑》(《遼金歷史與考古》第4輯,遼寧教育出版社,2013年,第115—119頁)曾通過考辨史實對《遼史》之説提出質疑,惜未能從文獻源流的角度對其致誤之由作出合理解釋。

② 馮家昇:《遼史源流考》,第36—37頁。

大任《遼史》外最重要的史源，主要依據即在於所謂"天祚一朝紀傳，採自《國志》者十之七八"。不過，上述考證已經清楚地表明，這一依據並不可靠。前人推斷出自《國志》的遼末紀傳，絕大部分實皆係元人直接採自史愿《亡遼錄》（《北遼遺事》），因此將《契丹國志》作爲編纂《遼史》過程中在遼金舊史之外最重要的素材，當與元末修史的實際情形相去懸遠。全面考索《遼史》可知，《亡遼錄》除被大段抄入上述天祚朝紀、傳外，還見引於《百官志》《食貨志》《刑法志》等；而《契丹國志》則散見於《后妃傳》《百官志》《禮志》《樂志》《儀衛志》諸篇，主要涉及《國志》中《后妃傳》《兵馬制度》《建官制度》《衣服制度》《歲時雜記》這類專門的現成條目。兩者相較，元人對《亡遼錄》多屬大段抄錄，構成書中的骨幹材料，而對《契丹國志》則多爲零星地雜糅、引用，只是對舊史的局部豐富和填充。

第二節　採摭金朝實録考實

上節所論元人取資《契丹國志》抑或《亡遼錄》問題，某種意義上講只是《遼史·天祚紀》文本生成過程中最爲明顯、最爲淺表的一個層次。在此之下，該紀文與遼金文獻系統的關係實亦有深入挖掘的可能。本節先論其中源出金朝實録的部分。

唐長孺曾指出《天祚紀》襲用金代實録之例證有二：其一，天慶四年所記阿疎奔遼之事"實隱括金史所載也"，與出於南朝文獻之"阿鶻産"本爲一人。其二，天慶五年十一月"遣駙馬蕭特末、林牙蕭察刺等將騎兵五萬、步卒四十萬、親軍七十萬至駝門"一條，實出自《金太祖實録》，類似記載見於《金史·太祖紀》："十一月，遼主聞取黃龍府，大懼，自將七十萬至駝門。駙馬蕭特末、林牙蕭查刺等將騎五萬、步四十萬至榦鄰濼。"①《遼史》改"自將"爲"親軍"，致使文義費解；又删去"至榦鄰濼"云云，似爲諸軍皆至駞門。對於該紀採録金方史料的現象，唐氏認爲當係陳大任修《遼史》時所爲："陳大任金人也，則採金史以補之，其所關涉，止及兵戈，治亂之跡，度難博贍。"②

　　唐文所點出的上述現象的確值得重視，不過對於這一現象的考證似乎還須再進一步。首先，《天祚紀》摘録金代實録的數量遠不止以上兩例，有待全面考索。其次，抄撮金方史料的文本是否全部出自金修《遼史》？元朝史官有無增纂？判斷係金人舊文還是元人新增究竟有何標準？

　　我們注意到，《遼史·屬國表》中保留了大量關於天祚朝遼金交聘、作戰的記録。前章已述，遼金舊史本無"表"這一體例，今本《遼史》八表皆爲元人新設，其中《屬國表》實乃其根據遼金舊史本紀部分涉及"屬國"的條目抄撮而成。前人利用此表，多僅着眼於其中有多少史事不見於今本本紀，以爲拾遺補闕之用。其實如果轉換視角，表文與今本本紀相合的事目，同樣具有重要價值。由於《遼史》紀、表之纂修乃分工進行，同時展開，最終亦未暇統稿，因此《屬國表》並未參考元末新修之本紀，而完全依照舊紀原本摘録，這就使得該表成爲判斷哪些屬於遼金舊史原文的一個很好的參照系：凡今本本紀條目與表文相合者，皆可斷定其爲舊史原文，而非元人新增。這一參照系對於元人新增成分較多、編纂情況較爲複雜的《天祚紀》而言，顯得尤其珍貴。我們完全可以通過分析今本本紀與《屬國表》相合之史文，看看其中有哪些與《金史》紀、傳存在

---

① 《金史》卷一《太祖紀》，中華書局，1975 年，第 28 頁。
② 參見唐長孺：《遼史天祚紀證釋》，《山居存稿》，第 468—471、481—484 頁。

明顯關聯,藉以考察陳大任《遼史》中採摭金方史料的情況。兹舉
較爲典型之例證製成下表。

表3-1:陳大任《遼史》天祚帝紀取資金朝實録舉例

	《遼史·天祚紀》	《遼史·屬國表》	《金史》
1	(天慶四年正月)初,女直起兵,以紇石烈部人阿疎不從,遣其部撒改討之。阿疎弟狄故保來告,詔諭使勿討,不聽,阿疎來奔。至是女直遣使來索,不發。	女直國遣使索叛人阿疎,不發。	《阿疎傳》:穆宗嗣節度,聞阿疎有異志……復召之,阿疎不來,遂與同部毛覩禄勃菫等起兵。穆宗自馬紀嶺出兵攻之,撒改自胡論嶺往略……阿疎聞穆宗來,與其弟狄故保往訴于遼。遼人來止勿攻。
2	(天慶四年)秋七月,女直復遣使取阿疎,不發,乃遣侍御阿息保問境上多建城堡之故。女直以慢語答曰:"若還阿疎,朝貢如故;不然,城未能已。"	女直國復遣使來取阿疎,不發,即遣侍御阿息保往問境上建城堡之故。	《太祖紀》:復遣宗室習古迺、完顏銀术可往索阿疎。習古迺等還,具言遼主驕肆廢弛之狀。於是召官僚耆舊,以伐遼告之,使備衝要,建城堡,修戎器,以聽後命……遼復遣阿息保來詰之。太祖謂之曰:"……若以阿疎與我,請事朝貢。苟不獲已,豈能束手受制也。"
3	(天慶)五年春正月,下詔親征,遣僧家奴持書約和,斥阿骨打名。阿骨打遣賽剌復書,若歸叛人阿疏,遷黄龍府於别地,然後	遣僧家奴持書約和,斥女直國主名。女直國主遣塞剌復書,若歸叛人阿疏,遷黄龍府於别地,然後圖之。	《太祖紀》:(收國元年正月)遼使僧家奴來議和,國書斥上名,且使爲屬國。《耨盌温敦思忠傳》:收國元年正月,遼人遣僧家

續表

《遼史·天祚紀》	《遼史·屬國表》	《金史》
議之。		奴來,使者三往反,議不決。使者賽剌至遼,遼人殺之。
4　（天慶五年六月）壬子,張家奴等還,阿骨打復書,亦斥名諭之使降。	女直國主復書,亦指其名,諭之使降。	《太祖紀》:六月己亥朔,遼耶律張奴復以國書來,猶斥上名。上亦斥遼主名以復之,且諭之使降。
5　（六月）是月,遣蕭辭剌使女直,以書辭不屈見留。	遣蕭辭剌使女直國,以書辭不屈,見留。	《太祖紀》:（七月）甲戌,遼使辭剌以書來,留之不遣。
6　（天慶八年）二月,耶律奴哥還自金,金主復書曰:"能以兄事朕,歲貢方物,歸我上、中京、興中府三路州縣;以親王、公主、駙馬、大臣子孫爲質;還我行人及元給信符,并宋、夏、高麗往復書詔、表牒,則可以如約。"	耶律奴哥還,金主復書,大略言,如以兄事朕,歲貢方物,歸上、中京、興中府三路州縣,以親王、公主、駙馬、大臣子孫爲質,及還我行人與元給信牌,并宋、夏、高麗往復書詔、表牒,可以如約。	《太祖紀》:（天輔二年）二月癸丑朔,遼使耶律奴哥等來議和。
7　（天慶九年七月）金復遣烏林答贊謨來,責册文無"兄事"之語,不言"大金"而云"東懷"……殊乖體式。如依前書所定,然後可從。	金復遣烏林答贊謨持書來,責册文無兄事之語,不言"大金",而云"東懷",及乖體式。如依前書所定,然後可從。	《耨盌溫敦思忠傳》:天輔三年六月,遼大册使太傅習泥烈以册璽至上京一舍,先取册文副録閲視,文不稱兄,不稱大金,稱東懷國。

續表

	《遼史·天祚紀》	《遼史·屬國表》	《金史》
8	(天慶十年)五月,金主親攻上京,克外郛,留守撻不也率衆出降。	金主親師攻上京,已攻外郛,留守撻不也出降。	《太祖紀》:(天輔四年五月甲寅)上親臨城,督將士諸軍鼓譟而進。自旦及巳,闍母以麾下先登,克其外城,留守撻不野以城降。
9	(保大三年)二月乙酉朔,興中府降金。來州歸德軍節度使田顥、權隰州刺史杜師回、權遷州刺史高永昌、權潤州刺史張成,皆籍所管户降金。	興中府降金。歸德軍及隰、遷、潤三州款附金。	《太祖紀》:(天輔七年)二月乙酉朔,命撒八詔諭興中府,降之。遼來州節度使田顥、隰州刺史杜師回、遷州刺史高永福、潤州刺史張成皆降。
10	(保大四年十月)金攻興中府,降之。	興中府降金。	《太宗紀》:(天會二年十月)興中府降。

上表絕大部分内容皆屬《天祚紀》《屬國表》與《金史》並見,所記史事略同,且具體文辭多所吻合,可以確定當係金修《遼史》時已據金代實録增入者。此類條目所記内容多爲金方國書或遼人降金之事,民族語譯名用字與《金史》基本一致,而記述傾向亦皆在於展現金人初興之時已勢不可當。具體又可分爲三種形式:其一,僅記月份,而無干支,照抄金方記載或稍加概括,這種形式最爲多見,如上表第2、5、8、10等欄。其二,照抄金方記載之干支及具體内容,如第9欄。其三,在遼方舊有記録的干支記事中加入金方記載,如第4欄。按照這樣的綫索,應該還可在《天祚紀》中發現更多的例證。

就總體而言,舊史中這類由金朝史官增入的記録經過了一定的打磨,因而錯誤較少,與遼朝系統的原本記載融合度較高,但仍有一些文本細節會暴露出他們機械抄書的馬腳。如第4欄，《金史》記"六月己亥朔，遼耶律張奴復以國書來"，此爲遼使抵達女真的具體日期（一日），當出《金太祖實錄》，而《遼史·天祚紀》所記"壬子，張家奴等還"則是使節返回遼廷的日期（十四日），當出遼朝當時的官方記錄，雙方記載各得其宜。然而，《天祚紀》後面的文字就顯得不倫不類，顯當抄自金方文獻。《金太祖實錄》記阿骨打"斥遼主名以復之，且諭之使降"，是謂阿骨打斥令天祚帝歸降，綜合今本《遼史》紀、表的文字看，此句被金朝史官抄入《遼史》後的大概面貌應爲"女直國主阿骨打復書，亦斥其名，諭之使降"，所謂"其"、"之"字所指仍爲天祚帝，這顯然與《遼史》的敘述立場格格不入；且金朝實錄原稱"亦斥"云云，實因此前遼方國書斥阿骨打之名，金方予以回應，而此"亦"字被原樣抄入《遼史》，則前後無着，頗爲突兀。可見原本遼方文獻應該僅有關於張家奴出使返回的簡單記錄，而金人據本朝《實錄》增纂時未加變通。

　　另外值得一提的是，《天祚紀》中這些由金朝史官抄入《遼史》的記載還可能保留了金代實錄的佚文。如上表第6欄記耶律奴哥使金還所攜阿骨打國書，《金史》僅記"遼使耶律奴哥等來議和"一事，而未載金方回書。通檢《遼史》本紀，絕少記錄書面文書，知遼朝當時文書行政、檔案存藏與官方修史諸項制度的對接始終難稱健全，遑論天祚流離之際；從《天祚紀》所記國書內容看，文辭跋扈，頗顯金方威勢，絕非遼人所記；再觀其記載形式，僅及月份而無干支，且不載遼方之反應，與遼人自身記載不符。總之，該國書當出自金方文獻，疑係陳大任書據《金太祖實錄》增入，而元修《金史》時刪落此段。

　　與上述情況相對，《天祚紀》有部分涉及金方史事的條目，明顯源出金方文獻，但又不見於《屬國表》，當非陳大任舊文，而是元末修史時所新增。比較典型者包括以下幾條：

（一）乾統元年末稱："是歲楊割死，傳于兄之子烏雅束。束死，其弟阿骨打襲。"《金史·世紀》曰："母弟穆宗，諱盈歌，字烏魯完，景祖第五子也。南人稱揚割太師……兄子康宗諱烏雅束，字毛路完，世祖長子也……"《太祖紀》開首記阿骨打爲"世祖第二子"[①]。據《金史》可知，盈歌實卒於乾統三年，《遼史·天祚紀》稱之爲楊割，且記其卒於乾統元年，乃襲《亡遼録》舊文；然其後所記烏雅束、阿骨打與楊割之關係則異於《亡遼録》而與《金史》同。由此可知，此段記載實乃元人雜糅《亡遼録》與金代實録而成。

（二）"（保大二年）夏四月辛卯，西南面招討使耶律佛頂降金，雲内、寧邊、東勝等州皆降，阿疎爲金兵所擒。金已取西京，沙漠以南部族皆降，上遂遁於訛莎烈。"其中"金已取西京"一句，語義似有不諧，《屬國表》作"金師取西京"，《部族表》作"金師取西京，沙漠以南部族皆降之，帝遁於訛莎烈"，知紀文"已取"云云當非舊史原文；又按《金史·太祖紀》，天輔六年四月辛卯"復取西京"，戊戌"都統杲自西京趨白水濼"，"耶律坦招徠西南諸部"，耶律佛頂及諸州降金、阿疎被擒等事當在此後，《遼史》所記時間有誤。疑舊史原本此處僅作"夏四月辛卯，金師取西京，沙漠以南部族皆降，上遂遁於訛莎烈"云云，元人據金朝實録插入佛頂降金等事時，錯置干支，强改原文爲"已取西京"，因有此誤。

（三）保大二年七月乙丑，"上京毛八十率二千户降金"，《金史·太祖紀》天輔六年七月乙丑"上京漢人毛八十率二千餘户降"，然據《金史》毛氏本傳及《盧彦倫傳》，毛氏降金在天輔四年五月以前，《遼史》此處所記或係元人因襲金代文獻致誤。

---

① 《金史》卷一《世紀》，第 12、16 頁；卷二《太祖紀》，第 19 頁。

（四）保大四年八月末稱"是月，金主阿骨打死"，然據《金史》可知，阿骨打實卒於天輔七年（遼保大三年）八月，《天祚紀》之誤當係元人據金方文獻加以增補時錯置一年。

綜觀以上諸條，可以看出元末史官據金朝實錄補入《天祚紀》文本的特徵：强行將零星記載插入原本的文本中，導致繫年多有舛誤；擅改原文，導致行文生硬、邏輯不暢。這當與全書纂修倉促，史官顢頇敷衍的總體背景密不可分。以此觀察本節開首唐長孺所舉第二條例證，《天祚紀》稱天慶五年十一月"遣駙馬蕭特末、林牙蕭察剌等將騎兵五萬、步卒四十萬、親軍七十萬至駝門"（第 373 頁），《金史》作："十一月，遼主聞取黃龍府，大懼，自將七十萬至駞門。駙馬蕭特末、林牙蕭查剌等將騎五萬、步四十萬至斡鄰濼。"《遼史》擅改《金太祖實錄》之"自將"爲"親軍"，刪去"至斡鄰濼"這一重要信息，致使文義模糊不暢①，當亦非肇自陳氏《遼史》，實拜元人所賜。

本節的討論表明，金、元兩代史官曾先後根據金朝實錄對《天祚帝紀》做過增補，二者既有相通之處，又存在顯著區別，與上節所論抄錄《亡遼錄》的問題交織在一起，愈發使得這篇文本呈現出層累疊加的複雜面貌，治史者尤須慎之又慎。

第三節　遼《皇朝實錄》所記天祚朝史事鉤沉

既往有關《天祚紀》史源的討論皆集中於陳大任《遼史》與南朝文獻兩部分，其間默認的前提是遼人所著《皇朝實錄》成書於乾統初

---

①　按上引《天祚紀》文或可重新標點爲："遣駙馬蕭特末、林牙蕭察剌等將騎兵五萬、步卒四十萬，親軍七十萬至駝門。""親軍"作動詞解，則與《金史》原義不甚衝突，然即便如此點斷，表義亦不完整，元人刪削之咎仍未可免。

年,記載下限僅至道宗朝而未及天祚朝事,故不可能構成元人修此紀時所依據的史源。然而,這一預設本身可能就有再斟酌的餘地。

關於耶律儼《皇朝實錄》的成書時間與記載下限,學界多有討論。《遼史·耶律儼傳》記其於壽隆末年"修《皇朝實錄》七十卷"①,而《天祚紀》乾統三年(1103)十一月又有"召監修國史耶律儼纂太祖諸帝實錄"②,馮家昇推測"道宗朝成七十卷後,天祚朝復續修之",然未明確該書的最終纂成時間。《修訂本前言》則注意到《天祚紀》乾統六年十二月有"封耶律儼爲漆水郡王,餘官進爵有差"的記載,認爲這很可能與《皇朝實錄》的成書進呈有關,由此得出耶律儼書最終成書時間當在乾統六年,而其記事下限當在道宗朝的判斷。這一結論基本可從,但前賢都無法對一個看似蹊蹺的反證作出解釋,那就是《遼史·曆象志》閏考、朔考兩部分一直到保大年間仍標有耶律儼《皇朝實錄》的閏朔。對於這樣明顯的矛盾,馮家昇推測《曆象志》所記"蓋刊本之誤",並稱"保大四年中,天祚顛沛流離,已至末運,無實錄可言"③;《修訂本前言》則相對審慎地指出"《皇朝實錄》的下限究竟止於何時,仍是一個有待考究的問題"④。不過依我之見,耶律儼所著實錄成於乾統六年,與元朝史官所引儼書內容下限延至保大年間,二者可能並不矛盾。

元修《遼史·曆象志》設《閏考》《朔考》,爲歷代正史所無。《朔考序》稱:"耶律儼紀以大明法追正乙未月朔,又與陳大任紀時或牴牾。稽古君子,往往惑之。用《五代·職方考》志契丹州軍例,作《朔考》……遼史不書國,儼、大任偏見並見各名;他史以國冠朔。

①　《遼史》卷九八《耶律儼傳》,第1558頁。
②　《遼史》卷二七《天祚皇帝紀一》,第358頁。
③　馮家昇:《遼史源流考》,第26頁。
④　《點校本〈遼史〉修訂前言》,第5頁。

並見注于後。"①從中可知，《朔考》乃元朝史官仿照《新五代史·職方考》之例所作，將耶律儼《皇朝實録》、陳大任《遼史》二書本紀所記朔日及與遼同時代諸政權的朔日匯集排比，以解讀史者之惑。與此類似，《閏考序》稱："曆法不齊，故定朔置閏，時有不同，覽者惑焉。作《閏考》。"②則《閏考》亦爲元人所新作，從形式和内容判斷，其編纂方法實與《朔考》相同。由此看來，我們可以通過《閏考》《朔考》的記録來考察元朝史官所據耶律儼、陳大任二書本紀的範圍③。具體到此處的論述，《閏考》《朔考》所標注"儼"字，從太祖元年一直持續到亡國前的保大年間④，貫穿有遼一代之始終。如果抛卻先入之見，這樣的閏朔記録給予我們最直觀的提示在於，元朝史官所據《皇朝實録》文本的本紀部分並非截至道宗朝，而是下及天祚一朝。換句話説，當時史官所見記載天祚朝史事的原始資料，不僅包括陳大任《遼史》和《亡遼録》，還有遼朝當時的官方記載，三者都可能構成今本《天祚皇帝紀》的史源。如果深入考索該紀史文，不難發現支持這一判斷的内證，姑舉兩例。

其一，耶律張家奴與耶律章奴。《天祚紀》天慶五年八月："甲子，罷獵，趨軍中。以斡里朵等軍敗，免官。丙寅，以圍場使阿不爲中軍都統，耶律張家奴爲都監，率番、漢兵十萬，蕭奉先充御營都統，諸行營都部署耶律章奴爲副，以精兵二萬爲先鋒（第372頁）。"唐長孺、傅樂焕均已指出，其中耶律張家奴實即耶律章奴，前者見

---

① 《遼史》卷四四《曆象志下》，第649—650頁。
② 《遼史》卷四三《曆象志中》，第620頁。
③ 關於《閏考》《朔考》與耶律儼、陳大任二書本紀關係的考證，參見本書第二章第一節。
④ 標有耶律儼字樣的閏朔最晚見於《遼史》卷四三《曆象志中·閏考》保大四年三月（第644頁）、卷四四《曆象志下·朔考》保大三年五月（第758頁）。

於舊史,而後者則出自南朝文獻,此段紀文實乃元人雜抄不同史源而造成的一事重出,這一問題在《天祚紀》中屢有出現。以上觀點誠爲的論,不過問題並未就此終結:即便去除元人根據《亡遼録》系統所記耶律章奴之事,剩餘所謂舊史關於此人名字的記載仍不一致。

檢"張家奴"一名全見於本紀及源出舊史本紀的《屬國表》中,凡十五次,而"章奴"一名在本紀中僅出現一次(不包括出於《亡遼録》的部分),卻廣泛分佈於列傳之中,除耶律章奴本傳外,還包括《耶律淳傳》《蕭兀納傳》《耶律尤者傳》《蕭陶蘇斡傳》《耶律阿息保傳》。這樣的分佈規律反映出,今本《遼史》紀、傳兩部分在記載此人姓名方面存在系統性的差異,應該是出自不同史源所致。結合《朔考》《閏考》的情況,我們認爲元人纂修天祚一朝史事,除《亡遼録》外,所據舊史仍可能包括《皇朝實録》與陳大任《遼史》兩種,一記作"張家奴",另一個則作"章奴",史官未審其爲一人,故而留下了追索史源的綫索。

從總體情況來看,元人所據《皇朝實録》所記天祚朝事,當局限於本紀部分的編年記録,而陳大任《遼史》則是經過系統編纂的一代正史,自然包括天祚朝臣列傳。值得注意的是,《金史》六次出現"耶律張奴"之名,説明金代文獻系統之譯名並無"家"字,而《遼史·皇族表》在"季父房不知世次"卜亦列有"先鋒都監張奴",此表乃摘取舊史列傳而成,説明列傳舊本當有類似譯名。就此判斷,主要見於今本列傳部分的"章奴"當出自金修《遼史》,而完全限於本紀的"張家奴"一名當出自元人所據《皇朝實録》文本的本紀部分。

其二,金朝的開國年代與始建年號。《天祚紀》天慶七年(1117)末云:"是歲,女直阿骨打用鐵州楊朴策,即皇帝位,建元天輔,國號金。楊朴又言,自古英雄開國或受禪,必先求大國封册,遂遣使議和,以求封册(第 376 頁)。"《裔夷謀夏録》天慶八年:"是歲,阿骨打用楊朴策,稱皇帝,改元天輔,以王爲姓,以旻爲名,國號大金,以其國產金故也……楊朴既爲女真建號,因説自古英雄開國須受禪或求大國封册(第 85 頁)。"《契丹國志》天慶八年五月稱:"是時有楊朴者,遼東鐵州人也……勸阿骨打稱皇帝,改元天輔,以王爲姓,以旻爲名,以其國產金,號大金。又陳説阿骨打曰:'自古英雄開國受禪,先求大國封册(第 126 頁)。'"從具體内容和文辭看,三者似乎共同源出於史愿《亡遼録》。不過值得特別關注的是,《謀夏録》《契丹國志》以及其他與之同源的諸多宋元文獻皆記此事於天慶八年①,説明《亡遼録》原本應該是將此事繫於是年,然而《遼史·天祚紀》所記時間卻提前了一年。這樣的差異又該如何解釋呢?

我們注意到《遼史·屬國表》天慶七年欄有這樣一條關鍵的記載:"是歲,女直國主即皇帝位,建元天輔,國號金。"②上文已述,《屬國表》乃元朝史官抄撮遼金舊史本紀中的零散記載而成,從中可以約略窺見元人增入南朝文獻之前舊史本紀的模樣。具體到這一條目,《屬國表》正保留了舊紀所記金朝開國年代與年號的信息,其中時間、年號、國號皆與《天祚皇帝紀》相合。這表明上引《天祚紀》天慶七年末的記載,實際上是元朝史官以舊史帝紀原本相對簡明的記録爲骨架,增入《亡遼録》所記具體細節的結果。質言之,金朝天慶七年建號天輔之説源自於遼金舊史的原本記載。如所周

---

① 此説尚見於《東都事略》《皇朝編年綱目備要》《皇宋十朝綱要》《建炎以來繫年要録》《建炎以來朝野雜記》《宋史全文》《續宋編年資治通鑑》《大金國志》諸書,揆其最初源頭,當皆出自《亡遼録》。

② 《遼史》卷七〇《屬國表》,第 1301 頁。

知，自《金太祖實錄》以降，金代官方文獻系統皆記本朝開國於1115年，建號收國，至1117年改元天輔①。此説存在諸多漏洞，其真實性遭到研究者的質疑②，不過可以肯定的是，這種權威的官方論調在金人的歷史敘述中具有無可撼動的統攝力，很難想象金章宗朝敕修的陳大任《遼史》會在如此重大問題上有所差池。由此看來，《天祚紀》所記天慶七年建元天輔説，當非出自陳史，而只能指向遼朝自身的文獻系統，即元人所據《皇朝實錄》文本的本紀部分。

　　倘若以上所論不虛，《遼史》關於金朝開國年代和始建年號的記載，無疑具有十分珍貴的史料價值。作爲遼朝官方檔案的遺存，它們很可能源出於當時史官的即時記録，相對於金代官方文獻系統存在的篡改、文飾，更爲獨立和客觀；相對於史愿《亡遼録》這樣基於個人聞見、記憶的書寫，更爲權威和準確。依託這條關鍵材料，我們有望對前人未能定案的金朝開國史真實性問題作出更爲明確的判斷。

　　綜合考慮上述兩個典型例證與《曆象志》的標注情況，我們認爲元末修史時所見《皇朝實錄》的本紀部分並非耶律儼乾統六年纂成的原本，而很可能經過了後人的續補，所續內容亦出自遼朝當時的官方記録。回顧有遼一代官方歷史編纂的衍變，可以看到這樣依託前史加以續補的情況似爲通例。遼朝曾四修"實錄"，除第一部聖宗統和間所修者斷限不詳外，其餘三部興宗重熙間所修《遙輦可汗至重熙以來事迹》（又名"遼國上世事迹及諸帝實録"）、道宗大安間所修太祖以下七帝實録及天祚乾統間之《皇朝實録》存在明顯的前後繼承關係，從書名判斷，三者皆非局限於某一位皇帝，而

① 　參見《金史》卷二《太祖紀》，第26頁。
② 　劉浦江：《關於金朝開國史的真實性質疑》，《遼金史論》，遼寧大學出版社，1999年，第1—22頁。

是通記遼代歷朝史事,晚出者的主要工作應是在前者基礎上加以續修。由此觀之,《皇朝實録》成書後,天祚末期史家將其作爲續補之藍本亦在情理之中。

有一個前人忽略的文本細節或許有助於進一步説明問題。《天祚紀》乾統六年"十二月己巳,封耶律儼爲漆水郡王,餘官進爵有差"(第361頁),《修訂本前言》已經指出,這是《皇朝實録》成書的標誌①。值得注意的是,此條實爲該年的最後一則記事,緊隨其後的乾統七年記曰:"七年春正月,鈎魚于鴨子河。二月,駐蹕大魚濼。夏六月,次散水原。秋七月,如黑嶺。冬十月,謁乾陵,獵醫巫閭山。是年,放進士李石等百人。"②全年居然無一干支繫日,所有記事皆爲對該月、該年史事的籠統概括,這樣的情況在《遼史》本紀自太祖元年以下的全部文本中尚屬首見。《皇朝實録》修成於六年十二月,次年即出現如此奇怪現象,其間關聯頗堪玩味。從文本面貌推測,隨着耶律儼《皇朝實録》的成書進呈,遼朝官方記史系統在乾統六年末至七年間似曾出現過一次斷裂,直至乾統八年方纔恢復正常。倘若此説全非臆解,我們或可對《皇朝實録》的記載下限及其與遼末官方記史的文本關係產生一點新認識:耶律儼纂修《皇朝實録》,恐與中原實録截至前朝末年的時間斷限不同,除記載太祖至道宗朝歷史外,尚兼具當朝大事記的性質,故其内容下限有可能已下延至乾統六年成書之時;該書進呈後之次年,遼朝或因故未能及時跟進逐日記録皇帝行止的制度,或曾有所記録而未得保存,致使今本本紀乾統七年之記事全屬後來追記。《天祚紀》乾統八年四月至保大三年五月,每年皆有干支記日,可見至少在這段時間遼

---

① 《點校本〈遼史〉修訂前言》,第4頁。
② 《遼史》卷二七《天祚皇帝紀一》,第361頁。

朝官方一直保有史官跟隨皇帝逐日記事的制度。從《曆象志》的標注情況與上文的舉證來看,這些編年記錄或曾被抄錄在乾統六年耶律儼所進《皇朝實錄》的本紀之後,並伴隨該書一同流傳下來,最終被元末史官視作整體加以徵引。只不過,這部分文本在今本之中與金修《遼史》所引遼方記錄混雜在一起,除少數特徵鮮明的例證外,恐已難以一一辨識。

以上由表及裹的層層剥離已經基本梳理出《遼史・天祚皇帝紀》的文本生成過程:遼《皇朝實錄》成書之後,曾有後繼史官在其本紀部分續補天祚朝編年記錄,此本輾轉流傳至元末,是爲《天祚紀》最原始之史源;金章宗朝敕修《遼史》,除據遼人原有記載外,復援引金朝實錄以補其闕;元末修史時,將遼、金舊紀合二爲一,再次增入金朝實錄,又大段抄錄史愿《亡遼錄》(題名《北遼遺事》)以敷衍篇幅,最終形成了今天所看到的文本面貌。

表 3-2:《遼史・天祚紀》與《契丹國志》異文舉例

	《遼史》	《契丹國志》	參照文本	備註
1	(天慶二年九月)初,阿骨打混同江宴歸,疑上知其異志,遂稱兵,先併旁近部族。女直趙三、阿鶻産拒之,阿骨打虜其屬。二人走訴咸州詳穩院,送北樞密院,樞密使蕭奉先作常事以聞上,仍送咸州詰責,欲	阿骨打會釣魚而歸,疑天祚知其意,即欲稱兵。是年秋,遂併吞諸鄰近部族,有趙三、阿鶻産大王者,拒之不從,阿骨打虜其家。二人來訴於咸州詳穩司,送北樞密院。時樞密使蕭奉先,本戚里庸才,懼其生事,	《謀夏錄》:阿骨打會釣魚而歸也,疑契丹知其意,即欲稱兵叛。其秋益併吞鄰近部族,有趙三、阿鶻産大王者拒之不從,阿骨打虜其家。二人訴咸州詳穩司,送北樞密院,樞密使蕭奉先庸人也,懼其生事,久之乃聞。	《遼史》"數召"不見於《國志》,而與《謀夏錄》"數呼"同源,當出《亡遼錄》原文。

《遼史》	《契丹國志》	參照文本	備注
使自新。後數召，阿骨打竟稱疾不至。	但作常事以聞。天祚指揮就送咸州取勘，欲使自新，阿骨打竟托病不至。	天祚命咸州追勘，**數呼阿骨打不至**。	
２　（天慶四年七月）阿骨打乃與弟粘罕、胡舍等謀，以銀尤割、移烈、婁室、闍母等爲帥，集女直諸部兵，**擒遼障鷹官**。及攻寧江州，**東北路統軍司**以聞。時上在慶州射鹿，聞之略不介意，遣海州刺史高仙壽統渤海軍應援。	秋八月，女真阿骨打始叛，用粘罕、胡舍爲謀主，銀尤割、移列、婁宿、闍母等爲將帥，會集女真諸部甲馬二千，首犯混同江之東，名寧江州。時天祚射鹿慶州秋山，聞之，不以介意，遣海州刺史高仙壽，統渤海子弟軍三千人，應寧江援。	《謀夏録》：天慶四年秋八月，阿骨打叛，用粘罕、胡拾等爲謀主，寧术割、移列、婁宿、闍母等爲將帥，集女真諸部甲馬二千八百，犯混同江東之寧江州。時天祚射鹿慶州秋山，聞之不介意，遣海州刺史高仙壽統渤海子弟軍人千人討之。《會編》卷二一引《亡遼録》：天慶四年阿骨打會集女真諸部，全裝軍馬二千餘騎，首犯混同江之寧江州，**東北路統軍司遽具狀以聞**。時天祚方慶州秋山射鹿，聞之不介意，仰北樞密院劄付東京兵馬都部署司，量遣渤海子弟一千	《遼史》"擒遼障鷹官"不見於他書所引，然《金史》寧江州戰前有云："實不迭往完覩路執遼障鷹官達魯古部副使辭列、寧江州渤海大家奴。"知《遼史》所記當有所據，或即《亡遼録》佚文。"東北路統軍司"與《會編》節引《亡遼録》合。

續表

《遼史》	《契丹國志》	參照文本	備注
		人,以海州刺史高仙壽充統領官,應援寧江州。	
3 (十月)女直軍潛渡混同江,掩擊遼衆。蕭嗣先軍潰,崔公義、邢穎、耶律佛留、蕭葛十等死之,其獲免者十有七人。蕭奉先懼其弟嗣先獲罪,輒奏東征潰軍所至劫掠,若不肆赦,恐聚爲患。上從之,嗣先但免官而已。諸軍相謂曰:"戰則有死而無功,退則有生而無罪。"故士無鬭志,望風奔潰。	(十月)是月,女真潛渡混同江,掩其不備,未陣擊之。嗣先軍潰……管押官崔公義、邢穎等死之,又獲去甲馬三千。……蕭奉先懼弟嗣先獲罪,輒奏天祚云:"東征潰兵,懼所至劫掠,若不從權肆赦,將嘯聚爲腹心患。"天祚從之……嗣先遂詣闕待罪,但免官而已。自是出征之兵皆謂"戰則有死而無功,退則有生而無罪"。由是各無鬭志,累年用兵,每遇女真,望風奔潰。	《謀夏錄》:(十月)女真潛渡混同江,掩契丹,未陣擊之,嗣先軍敗……都押崔公義、邢穎等死之,又獲甲馬四千……蕭奉先懼嗣先且得罪,奏云:"潰兵恐誅,所至劫掠,若不一赦,將爲腹心患。"天祚從之,應出河店潰兵勿治,其遺棄官器甲亦不問。嗣先詣闕自歸,免官而已。自是出征之兵皆謂:"戰則死而無功,退則生而無罪。"由是士無鬭志,遇敵輒奔。	《遼史》所記"耶律佛留、蕭葛十"二名及"獲免者十有七人",不見《國志》及《謀夏錄》,或係《亡遼錄》佚文。
4 (天慶五年八月)率蕃、漢兵十萬,蕭奉先充御營都統,諸行營都部署耶律章奴爲副,以精兵二萬爲先鋒。	八月,天祚下詔親征女真,率蕃漢兵十餘萬出長春路,命樞密使蕭奉先爲御營都統,耶律章奴副之,以精兵二萬爲先鋒。	《謀夏錄》:八月,率番、漢兵十五萬出長春路,命蕭奉先爲御營都統,耶律章奴副之,以精兵二萬爲先峰。《會編》卷二一引	《遼史》所記章奴任"諸行營都部署"不見《國志》《謀夏錄》,然與《會編》

	《遼史》	《契丹國志》	參照文本	備注
			《亡遼録》:天慶五年春,天祚下詔親征,率番漢兵十餘萬,出長春路。樞密使蕭奉先充御營都統,同知南面諸行營都部署司事耶律章奴副之,以精兵二萬爲先鋒。	引《亡遼録》合。
5	(五年九月己巳條)上親征,粘罕、兀尤等以書來上,陽爲卑哀之辭,實欲求戰。書上,上怒,下詔有"女直作過,大軍蕩除"之語。女直主聚衆,剺面仰天慟哭曰:"始與汝等起兵,蓋苦契丹殘忍,欲自立國。今主上親征,奈何?非人死戰,莫能當也。不若殺我一族,汝等迎降,轉禍爲福。"諸軍皆曰:"事已至此,惟命是從。"	初,天祚親征,女真甚懼,粘罕、兀尤僞請爲卑哀求生者,陽以示衆,實以求戰嫚書上之。天祚大怒,下詔有"女真作過,大軍蕩除"之語。阿骨打聚諸酋曰:"始與汝輩起兵,蓋苦遼國殘虐。今吾爲若卑哀請降,庶幾紓禍,乃欲盡行蕩除,爲之奈何?不若殺我一族,衆共迎降,可以轉禍爲福。"諸酋皆羅拜曰:"事至此,當誓死一戰。"	《謀夏録》:初,天祚親征,女真亦甚懼,粘罕、兀室請僞卑哀乞降者,既示衆,反以求戰嫚書上之,天祚大怒,下詔有"女真作過,大軍剪除"之語。阿骨打會酋豪,以刀剺面,仰天而哭曰:"吾與若輩起兵,苦契丹之殘,欲自立國耳。吾今爲若輩哀請降,庶幾紓禍,乃欲盡剪除我,爲之奈何!不若殺我一族而降,可轉禍爲福。"諸酋羅拜曰:"事已爾,唯命之從,誓死以求生。"	《遼史》所述多處不見於《國志》,其中"剺面仰天慟哭"、"欲自立國"可得到《謀夏録》之印證,當係《亡遼録》原文。

《遼史》	《契丹國志》	參照文本	備注
6	(同上月)乙巳,耶律章奴反,奔上京,謀迎立魏國王淳。上遣駙馬蕭昱領兵詣廣平淀護后妃,行宮小底乙信持書馳報魏國王。……章奴知魏國王不聽,率麾下掠慶、饒、懷、祖等州,結渤海群盜,衆至數萬,趨廣平淀犯行宮。順國女直阿鶻産以三百騎一戰而勝,擒其貴族二百餘人,並斬首以徇。其妻子配役繡院,或散諸近侍爲婢,餘得脱者皆奔女直。章奴詐爲使者,欲奔女直,爲邏者所獲,縛送行在,腰斬于市,剖其心以獻祖廟,支解以徇五路。	(十一月以後)章奴與同謀人二千餘騎,夜半奔上京,迎立燕王。是日,有燕王妃父蕭唐骨德告其事。天祚詔遣長公主駙馬蕭昱,領精騎千餘詣廣平甸,防護后妃諸王行宮,別遣帳前親信乙信賫御札馳報燕王。……章奴知燕王不聽,領麾下掠慶、饒、懷、祖等州,嘯聚渤海盜衆數萬,直趨廣平甸,犯天祚行闕索戰。賴順國女真阿鶻産等三百餘騎一戰而勝,擒其貴族二百餘人,並斬以徇。妻女配役繡院,或給散近幸爲婢,餘得脱者奔女真。章奴僞作使人,帶牌走馬奔女真近境泰州,爲識者所獲,以送天祚。天祚命腰斬於市,剖其心獻祖廟,分送五路號令。	《謀夏録》:天祚聞章奴奔上京,立燕王,即遣帳前乙信賫御札馳報燕王……章奴知燕王不聽,領麾下掠慶、饒、懷、祖等州,嘯聚漢人渤海數萬,直趨鹽山甸,求天祚。賴順國女真阿骨産等三百餘騎,一戰而勝,擒貴族二百餘人。章奴奔女真,道爲邏者所獲,送天祚,命腰折之,剖其心,獻宗廟。	《遼史》之"行宮小底"較《國志》之"帳前親信"、《謀夏録》之"帳前"更爲具體、準確;《遼史》"爲邏者所獲"與《謀夏録》同,而與《國志》稍異。

	《遼史》	《契丹國志》	參照文本	備注
7	六年春正月丙寅朔，東京夜有惡少年十餘人，乘酒執刃，踰垣入留守府，問留守蕭保先所在："今軍變，請爲備。"蕭保先出，刺殺之。户部使大公鼎聞亂，即攝留守事，與副留守高清明集奚、漢兵千人，盡捕其衆，斬之，撫定其民。東京故渤海地，太祖力戰二十餘年乃得之。而蕭保先嚴酷，渤海苦之，故有是變。其裨將渤海高永昌僭號。	天慶六年春正月朔夜，渤海人高永昌率兇徒十數人，乘酒恃勇，持刃踰垣入府衙，登廳，問留守所在，紿云："外軍變，請爲備。"保先纔出，刺殺之。是夜，有户部使大公鼎……權行留守事，與副守高清臣集諸營奚、漢兵千餘人，次日搜索元作亂渤海人，得數十人，並斬首，即撫安民。……高永昌自殺留守蕭保先後，自據東京，稱大渤海皇帝。	《謀夏録》：（天慶六年）正月朔，渤海十數人逾垣入，問留守所在，稱軍變，請爲備，保先出，刺殺之。是夜，有户部使太公鼎者，本渤海人，頗剛明，聞亂，權行留守事，與副留守渤海高清臣集諸營奚、漢兵捕渤海爲亂者……渤海衆推東京高永昌爲主，號大渤海國皇帝。	《遼史》所記正月朔日入留守府作亂者乃"惡少年十餘人"，與《謀夏録》略同，而《國志》則稱首亂者爲高永昌。蓋《亡遼録》所記首亂者非高永昌，而事成後方立之爲主。
8	（保大元年正月）初，金人興兵，郡縣所失幾半。上有四子：長趙王，母趙昭容；次晉王，母文妃；次秦王、許王，皆元妃生。國人知晉王之賢，深所屬望。元妃之兄樞密使蕭奉先恐秦王不得立，潛圖之。文	遼自金人侵犯以來，天下郡縣所失幾半，生靈塗炭，宗廟丘墟。天祚尚以四時遊畋爲樂，工作之費，未嘗少輟，遂失内外人心，嘗有倦處萬機之意。有四子：長曰趙王，昭容所出；次曰晉王，文妃所出；次曰秦	《謀夏録》：契丹緣金人之禍，喪郡縣幾半，宗社爲墟，然天祚遊畋之樂、技巧之費不少衰，嘗有倦勤之意。有子四人：長曰趙王，母曰趙昭容；次曰晉王，母文妃；次曰秦王、許王，王母元妃。晉王賢而有人望。	"趙昭容"、"蕭昱"不見於《國志》，而與《謀夏録》同。

續表

	《遼史》	《契丹國志》	參照文本	備注
	妃姊妹三人:長適耶律撻曷里,次文妃,次適余覩。一日,其姊若妹俱會軍前,奉先諷人誣駙馬蕭昱及余覩等謀立晉王。事覺,昱、撻曷里等伏誅,文妃亦賜死,獨晉王未忍加罪。	王、魯王,並元妃所出。國人皆知晉王賢而屬望焉。元妃兄樞密使蕭奉先慮秦王不得立,密圖之,未有以發。晉王母文妃娣妹三人,長適耶律撻曷里,次適余覩,會撻曷里妻嘗過余覩家,蕭奉先密遣人誣告其結余覩,將立晉王,尊天祚爲太上皇帝。事發,撻曷里妻等皆伏誅,文妃亦賜死,獨留晉王。	元妃兄蕭奉先慮秦王不能立,密圖之,未有以發。會元妃姊適耶律撻曷里,妹適余覩,撻曷里妻嘗過余覩家,蕭奉先密遣人告駙馬都尉蕭昱遣晉王之姊結余覩,立晉王,尊天祚爲太上皇帝。於是蕭昱、撻曷里妻等皆誅,文妃亦賜死,獨留晉王。	
9	(保大)二年春正月乙亥,金克中京,進下澤州。上出居庸關,至鴛鴦濼。聞余覩引金人婁室字菫奄至。	保大二年春,金人陷中京。……用遼降人余覩爲前鋒……天祚在燕京,聞報甚懼,即日出居庸關;又聞余覩爲前鋒,導兵奄至。	《謀夏錄》:是歲天祚在燕,聞報懼及,即日出居庸關,就鴛鴦泊飛放,實引避也。尋聞余覩爲前鋒。	《遼史》所記"鴛鴦濼"不見《國志》而與《謀夏錄》合,當出《亡遼錄》原文。

	《遼史》	《契丹國志》	參照文本	備注
10	（保大二年三月）聞金兵將近，計不知所出，乘輕騎入夾山，方悟奉先之不忠。怒曰："汝父子誤我至此，今欲誅汝，何益于事！恐軍心忿怨，爾曹避敵苟安，禍必及我，其勿從行。"奉先下馬，哭拜而去。行未數里，左右執其父子，縛送金兵。金人斬其長子昂，以奉先及其次子昱械送金主。道遇遼軍，奪以歸國，遂並賜死。	三月，報余覩兵至，天祚率騎兵五千……入夾山，因謂蕭奉先曰："使我至此，皆汝之由。汝急去，人不汝容。"奉先慟哭辭去，行二十里，爲左右所殺。	《遼史・蕭奉先傳》：當女直之兵未至也，奉先逢迎天祚，言："女直雖能攻我上京，終不能遠離巢穴。"而一旦越三千里直擣雲中，計無所出，惟請播遷夾山。天祚方悟，顧謂奉先曰："汝父子誤我至此，殺之何益！汝去，毋從我行。恐軍心忿怨，禍必及我。"奉先父子慟哭而去，爲左右執送女直兵。女直兵斬其長子昂，送奉先及次子昱於其國主。道遇我兵，奪歸，天祚並賜死。	《國志》記蕭奉先結局甚爲簡略，且未及其子，《遼史》紀傳所載相關内容當出《亡遼録》。
11	（三月）初，詔留宰相張琳、李處温與秦晉國王淳守燕。處温聞上入夾山，數日命令不通，即與弟處能、子奭，外假怨軍，内結都統蕭幹，謀立淳。遂與諸大臣耶律大石、左企弓、虞	（三月）留宰相張琳、李處温等與燕王同守燕……天祚自奔夾山，命令不通。燕王守燕，深得人心。李處温與族弟處能及其子奭、都統蕭幹，挾怨軍謀立燕王，告報在府百	《謀夏録》：初，天祚留宰相張琳、李處温與燕王守燕。天祚入夾山，數日命令不通，處温與其弟處能、子奭幸非常，與蕭幹挾怨軍謀立燕王……三月十七日處温等率燕京數萬人	《遼史》所記請命、受封官員名較《國志》爲詳，且後者可得到《謀夏録》之印證。

《遼史》	《契丹國志》	參照文本	備註
仲文、曹勇義、康公弼集蕃漢百官、諸軍及父老數萬人詣淳府。處溫邀張琳至，白其事。琳曰："攝政則可。"處溫曰："天意人心已定，請立班耳。"處溫等請淳受禮，淳方出，李奭持赭袍被之，令百官拜舞山呼。淳驚駭，再三辭，不獲已而從之。以處溫守太尉，左企弓守司徒，曹勇義知樞密院事，虞仲文參知政事，張琳守太師，李處能直樞密院，李奭爲少府少監、提舉翰林醫官。李奭、陳秘十餘人曾與大計，並賜進士及第，授官有差。蕭幹爲北樞密使，駙馬都尉蕭旦知樞密院事。改怨軍爲常勝軍。於是肆赦，自稱天錫皇帝，改元建福，降封天祚爲湘	官、諸軍、僧道、父老數萬人，於三月十七日詣燕王府，方邀張琳告其事。琳曰："攝政則可，未可即真。"處溫曰："天意人心已定，豈可易也？"百官班立，獨琳有難色。既而王出，李奭以赭袍被之，百官軍民拜舞山呼。王驚泣，辭不獲免而即位，僭號天錫皇帝，改元建福。改怨軍爲常勝軍，以李處溫守太尉，左企弓守司徒，曹勇義知樞密院，虞仲文知參政。張琳守太師，十日一朝，平章軍國大事外，雖以元老尊之，其實不欲其位在己上也。李處能、奭等數十人，各以定策功補官。……燕王廢天祚爲湘陰王……燕王自稱帝後，以燕、雲、平、中京、上京、遼	入燕府勸進，惟張琳有難色，曰："居攝可矣，何必爲真？"處溫曰："天意人心如此，尚可易耶？"淳出，李處溫以赭衣被之，淳慟哭再三力辭，不得已即位，以處溫守太尉，左企弓守司徒，三司使曹勇義知樞密院，虞仲文參知政事。張琳守太師，十日一朝，平章軍國大事，雖外以元老尊之，實處溫不欲其在上也。李處能、李奭數十人以定策並賜進士及第，授官有差；蕭幹樞密使，駙馬都尉蕭旦知樞密院事。改怨軍爲常勝軍……淳號天賜皇帝，以保大三年爲建福元年……以燕、雲、平、中京、上京、遼西六路燕王主之，沙漠以北，西南、西北、兩都招討府諸蕃	

續表

	《遼史》	《契丹國志》	參照文本	備注
	陰王,遂據有燕、雲、平及上京、遼西六路。天祚所有,沙漠已北,西南、西北路兩都招討府、諸蕃部族而已。	西六路,奄爲己有,而沙漠以北西南面、西北路招討府諸番部族,天祚主之,猶稱保大二年,遼國自此分矣。	部族,天祚主之,猶稱保大二年。遼國自此分矣。	
12	六月,淳寢疾,聞上傳檄天德、雲內、朔、武、應、蔚等州,合諸蕃精兵五萬騎,約以八月入燕,并遣人問勞,索衣裘、茗藥。淳甚驚,命南、北面大臣議。而李處温、蕭幹等有迎秦拒湘之説,集蕃漢百官議之。從其議者東立,惟南面行營都部署耶律寧西立。處温等問故,寧曰:"天祚果能以諸蕃兵大舉奪燕,則是天數未盡,豈能拒之? 否則,秦、湘,父子也,拒則皆拒,自古安有迎子而拒其父者?"處温等相顧微笑,以寧扇亂軍心,欲殺	(六月)是月,燕王病,聞天祚自夾山傳檄至天德軍、雲內、朔、武、應、蔚等州,已會合諸蕃精兵五萬騎,約秋八月入燕,并遣近侍小底查剌馳馬問勞燕王,并索衣裘茗藥。王甚懼,會南北大臣會議,如李處温、蕭幹謂莫若迎秦而拒湘,湘者,天祚降封爲湘陰王;秦者,乃天祚次子秦王也。召百官共議,有從吾議者東立。獨有南面諸行都部署耶律寧處西,謂:"天祚果能復興,何名拒之? 迎子拒父,亦無是理。"處温以寧摇衆,欲誅之。淳撫	《謀夏録》:六月,淳病,聞天祚自來山傳檄天德、雲內等州,會諸蕃五萬騎,約八月入燕,並遣帳前馳驛勞淳,索衣求樂茗。淳懼,會大臣議。李處温、蕭幹等計:莫若迎秦拒湘。湘,天祚;而秦者,天祚次子也。令百官:"從吾議者,東立。"獨南面諸行營都部署耶律寧趨西,處温問其故,對曰:"若天祚果能興復,力足舉燕,是天數未盡,何名拒之? 如其不然,秦、湘父子也,迎子而拒其父,豈理也哉?"處温奏寧摇衆,請誅之。淳	《遼史》所記耶律寧之言較《國志》爲詳,且可得《謀夏録》之印證;而"處温等相顧微笑"之細節不見於他書,當係《亡遼録》佚文。

續表

《遼史》	《契丹國志》	參照文本	備注
之。淳歆枕長歎曰："彼忠臣也，焉可殺？天祚果來，吾有死耳，復何面目相見耶！"	枕歎曰："此忠臣也。天祚果來，吾有死而已，將何辭以見？"	撫枕歎曰："此忠臣也。天祚果來，我有死而已，將何辭以見？"	
13　處溫父子懼禍，南通童貫，欲挾蕭太后納土于宋，北通于金，欲爲内應，外以援立大功自陳。蕭太后罵曰："誤秦晉國王者，皆汝父子！"悉數其過數十，賜死，臠其子奭而磔之；籍其家，得錢七萬緡，金玉寶器稱是，爲宰相數月之間所取也。	或告云處溫父子潛通童貫，欲挾后歸宋朝。后引問之，處溫曰："臣父子於宣宗有定策功，宜數世宥，不當以讒獲罪。"太后曰："向使燕王如周公，終享親賢重名於後世，豈不勝太寧王述軋、楚國王涅里耶？皆遼親幹謀反誅者；誤燕王者，皆汝父子。"併數他罪數十條。處溫無以對，遂賜死，其子奭凌遲處斬。命籍其家貲，得見錢十萬餘貫，金銀珠玉稱是；皆自爲宰相數月之間，四方賄賂公行所得。……初，處溫聞天祚播遷，勸立燕王僭號，以圖恩倖。及燕王死後，	《會編》卷九：永休縣進納人傅遵說隨藥師入燕被擒，告說李處溫父子嘗遣易州富户趙履仁、劉耀賣文字通童貫，欲挾蕭后納土大宋。履仁授朝散大夫，劉耀均州團練使，見充宣撫使司，準備差使。蕭后引問處溫等，示其前後罪犯，遂無以對，處溫賜以自盡，子奭凌遲處斬，籍其家貲，得見錢七萬餘貫，金銀珠玉稱之，自爲宰相數月之間，四方賄賂公行。初處溫父子聞天祚播遷，勸立燕王僭號，以圖恩倖。及燕王死後，恐契丹亡失其所依，一遣人北通金國，俟其大軍之來，	《遼史》所記李處溫父子行爲不見於《國志》，抄沒其家財總數與《國志》異，然可得《會編》之印證，亦當出自《亡遼録》。

	《遼史》	《契丹國志》	參照文本	備註
		恐遼國將亡，失其所依，北通金國，南結童貫，願挾蕭后以納土……	期以内應；一南結童貫，願挾蕭后納土以歸，皆非至誠，蓋所以宛轉欲爲身謀，而至此反爲身害。	
14	（保大四年）夏五月，金人既克燕，驅燕之大家東徙，以燕空城及涿、易、檀、順、景、薊州與宋以塞盟。左企弓、康公弼、曹勇義、虞仲文皆東遷。燕民流離道路，不勝其苦，入平州，言於留守張毅曰：“宰相左企弓不謀守燕，使吾民流離，無所安集。公今臨巨鎮，握强兵，盡忠於遼，必能使我復歸鄉土，人心亦惟公是望。”毅遂召諸將領議……乃遣張謙率五百餘騎，傳留守令，召宰相左企弓、曹勇義、樞密使虞仲文、參知政事康公弼至灤河西岸，遣議事	五月，金主阿骨打歸燕山，……遣燕相左企弓等文武百官并被攜燕民由平州歸國。燕民入平州境，有私訴於毅者曰：“左企弓不謀守燕而使吾民遷徙流離，不勝其苦。今明公臨巨鎮，握强兵，盡忠大遼，必能使我復歸故土，而人心亦有望於公也。”毅召諸將議……陰遣將官張謙領五百騎，傳留守令，召燕相左企弓、曹勇義、樞密使虞仲文、參知政事康公弼至於灤州西岸聽候。差議事官趙能就往，疏其十罪……皆無辭以對，遂縊殺之。	《會編》卷一七：五月初，燕民入平州境私有號訴於張毅者，具言：“宰相左企弓等更不謀守燕城，使吾民遷徙流離，不勝其苦。今相公臨巨鎮，擁强兵，盡忠於遼國，必使我復歸鄉土，而人心亦望於公也。”毅遂招諸官員將領會議……陰遣將官張謙領軍馬五百騎，傳留守令，强招宰相左企弓、曹勇義、樞密使盧仲文、參知政事康公弼至灤河西岸聽候，差議事官趙秘校就去面疏企弓等十罪……遂無以對，縊殺之……稱保大二年，契丹官秩，畫天祚像，	《遼史》所記“灤河西岸”“趙秘校”“朝夕謁”與《國志》異而與《會編》同；所記燕民東遷過程最詳，或亦爲《亡遼録》佚文。

《遼史》	《契丹國志》	參照文本	備註
官趙祕校往數十罪……左企弓等無以對,皆縊殺之。仍稱保大三年,畫天祚象,朝夕謁,事必告而後行,稱遼官秩。	張慤之拒金人也,外則納款於大宋,通好於蕭幹,而緩急求救;内則奉安天祚畫像,凡舉事,先白而後行,仍用遼國官秩,稱保大三年,遣人奉迎天祚,以圖興復。	朝夕朝謁,事無大小,皆告而後行。《會編》卷一八引《亡遼録》曰:張慤之拒金人也,外則送款於大宋,通好於蕭幹,而緩急求援;内則奉天祚畫像,舉事白而後行,詐遣人奉迎以圖興復。	
15	(保大四年六月)翰林學士李石更名安弼,偕故三司使高黨往燕山,説宋王安中曰:"平州帶甲萬餘,慤有文武材,可用爲屏翰;不然,將爲肘腋之患。"安中深然之,令安弼與黨詣宋。	是時,有燕人李汝弼者,乃翰林學士李石也。高黨者,三司使高履也。二人先嘗被擄,後緣張慤放歸,往見宣撫王安中,勸朝廷密納之。	《會編》卷一八引《亡遼録》:有燕人李安弼者,翰林學士李石也。有高黨者,乃三司使高履也。二人者皆先嘗被虜,後緣張慤放歸,恐金人來捕,意欲大宋與金人變盟,則雖後來取之不發,纔見王安中,共爲游説曰:"平州自古形勝之地,地方百餘里,帶甲十萬餘,張慤文武全材,足以禦金人、制藥師,幸招致之,不然則復恐西迎天祚,北合蕭幹,並爲我患,燕山豈得	《遼史》所記李安弼之名,與《國志》異,所記二人説王安中之辭不見於《國志》,而可得到《會編》引《亡遼録》之印證。

續表

	《遼史》	《契丹國志》	參照文本	備注
			安？"而安中入其語，深以爲然，勸朝廷納之。有臣身任其責，事關軍國利害大計，不敢不言，差官伴送李安弼等賫奏赴闕。	

第四章 《營衛志》

元修《遼史》設《營衛志》，在二十四史中獨樹一幟。該志凡三卷（卷三一至三三），包括宮衛、行營、部族三門，分別記載斡魯朵、捺鉢、部族三項特色鮮明且舉足輕重的政治軍事制度，素爲治契丹史及北方民族史者所重。不過關於此志的文本來源問題，既有研究關注不足，特別是對其中元末史官的編纂成分，更是罕有涉及，而這正是本章所要討論的重點。

第一節　宮衛門：斡魯朵制度文本來源蠡測

《營衛志》宮衛一門，縷敘遼朝歷代帝后斡魯朵（十二宮一府）之建置沿革，自上世紀初以來即成爲遼史學界的一大熱點話題。研究者發現，該門所記遼帝陵寢多與近代以來考古發現的實際地點不合，而所記斡魯朵多位於相互隔离、罕見其他記載的偏遠之地，與其扈從捺鉢、禁軍護衛之職全然不符，諸多爭論皆由此展開。不過，這些爭論多着眼於史實層面的考證，真正涉及《營衛志·宮衛》文本來源者並不多。就管見所及，僅北川房治郎、楊若薇、高井康典行三人曾對此有過專門論說。

北川房治郎在七十多年前发表的一篇論文中曾提出，今本《營衛志》全篇當皆出耶律儼之手,主要依據有二:其一,耶律儼《皇朝實録》有《部族志》,即今本《營衛志·部族》;其二,《營衛志序》抬高軒轅黄帝之思想與《世表》引儼書謂遼爲軒轅後合。該志之所以誤記斡魯朵、陵寢所在地,是因爲契丹王朝對外一直保有神秘主義傾向,耶律儼修史時國家破敗之象已現,女真崛興,爲防止盜掘破壞而故意採用了曲筆①。此説的論證基礎在於,《營衛志》有部分内容出自《皇朝實録》,且序文表義傾向亦與是書相合,故整篇志文當皆出於耶律儼之手。這樣的邏輯未免失之簡單片面,且無實據。首先,耶律儼《皇朝實録》確有《部族志》,且與今本《營衛志·部族》有所重合,但這僅表明元人修史時曾引用過儼書《部族志》的内容,並不能證明該書原本就有《營衛志》,更不意味着今本《營衛志》全篇皆出遼人之手。其次,《營衛志》序文所述軒轅黄帝“以師兵爲營衛”云云,實出自《史記·五帝本紀》,係漢人文士尋常用典,更看不出與《皇朝實録》“遼爲軒轅後”有何瓜葛。因此,北川氏將宫衛門所記斡魯朵、陵寢所在地歸咎於耶律儼之有意曲筆,恐與史實相去甚遠。

　　上世紀八九十年代,楊若薇曾對遼代斡魯朵制度作過深入研究,關於《營衛志·宫衛》這一文本,她的態度幾近於全盤否定。楊氏認爲,耶律儼《實録》中並無《營衛志》,只有《部族志》,今本《遼史·營衛志》中“部族”一項即源於此;而陳大任之《遼史》既無《部族志》,更無《營衛志》。今本《營衛志》中的“宫衛”部分在耶律儼、陳大任書中均没有,完全出於元朝史官之手。元人修此部分時,既因無所本,又因其時間倉促,無暇旁搜資料,比定史實,且對遼朝斡魯朵内情況幾於無知,便將元朝斡魯朵的一些情形比附於遼朝,造

---

① 北川房治郎:《遼史營衛志に於ける耶律儼の曲筆について》,《歷史學研究》13 卷 8 號,1943 年 9 月。

出了一紙斡魯朵所在地的史文①。楊氏論耶律儼、陳大任兩書皆無《營衛志》之名，在今天看來仍然是正確的，但這並不能推導出今本《營衛志》宮衛門的實際内容亦不見於二書，而全出於元人之手。按宮衛門所記斡魯朵、陵寢所在，皆爲具體而微的地名，如"游古河"、"紇雅里山"、"女混活直"、"好水濼"等等雖罕見於《遼史》他處，但卻往往在陸續出土的遼代墓誌及《金史》等其他文獻中得到印證，很難想象皆爲元人之臆造②。更爲重要的是，這些有關遼帝斡魯朵的記載，在遼金舊史中並不一定要以"營衛志"這樣的名目出現，而完全有可能見於其他部分。除《營衛志》外，《遼史·兵衛志》"宮衛騎軍"亦記載了諸斡魯朵之名，其中談到諸宮提轄司情況時稱："十二宮一府，自上京至南京總要之地，各置提轄司。重地每宮皆置，内地一二而已。太和、永昌二宮宜與興聖、延慶同，舊史不見提轄司，蓋闕文也。"③這裏所稱"舊史"云云顯然是針對耶律儼或陳大任書中有關諸宮的記載所發，由此看來，今本《營衛志·宮衛》的内容當源於遼金舊史，只不過此"舊史"之具體所指，還須再加斟酌。

與以上二家不同，高井康典行注意到了《兵衛志》"宮衛騎軍"引"舊史"的綫索，並結合其中涉及天祚皇帝的内容，推斷此"舊史"可能指陳大任《遼史》中關於宮衛的記載，構成了今本《營衛志·宮衛》的史源。同時又稱：不能排除該文本的淵源爲金初蕭永祺《遼

---

① 楊若薇：《契丹王朝政治軍事制度研究》，中國社會科學出版社，1991年，第25頁。

② 如太宗斡魯朵所在地遊古河，見於《金史》卷九〇《移剌斡里朵傳》（第2002頁）："正隆間，轉同知北京留守事。會遊古河、闌子山等猛安安契丹謀亂，時方發兵討之，別遣斡里朵押軍南下。"知時至金代此地仍爲契丹人聚居之所。又道宗斡魯朵所在地好水濼，見於重熙十四年《晉國王妃秦國太妃耶律氏墓誌》（錄文見向南、張國慶、李宇峰編：《遼代石刻文續編》，遼寧教育出版社，2010年，第91頁）："閏五月十二日薨於潢河北好水泊之行帳。"

③ 《遼史》卷三五《兵衛志中》，中華書局點校本修訂本，2016年，第462頁。

史》甚或耶律儼《皇朝實録》這樣遼朝當時資料的可能,因此不宜貿
然否定其價值,並在此基礎上對《遼史》所記斡魯朵所在地問題提
出了新的解釋,認爲諸宫使及宫分兵扈從捺鉢與宫分户分地居守
並不矛盾①。高井氏的基本判斷方向無疑是正確的,但並没有找到
具體的材料來支撐其説;此外,對於宫衛門文本的史料,他只是解
釋了斡魯朵所在地,對於陵寢所在地與考古發現存在的明顯矛盾
亦未作出解釋,無疑都削弱了其論證的説服力。

　　綜上看來,關於《營衛志・宫衛》的文本來源,既有研究基本還停
留在情理推測的層面,所論皆難稱確當。我們希望在此基礎上,繼續探
討以下三個層次的問題:其一,這一文本能否完全看作是遼朝當時的敘
述? 其二,關於元人此處所據"舊史"所指,能否找到其他相關文本作
爲參證? 其三,此段文本的直接來源究竟在"舊史"之中屬於哪一部分?

　　首先不容回避的是,宫衛門所記興宗朝以前遼朝帝后陵寢所
在地確與實際的考古發現無法對應,這一系統性的錯誤反映出該
文本的直接史源當非出自遼人之手。兹依最新考古進展情況將二
者列表對比如下:

表 4-1:《遼史・營衛志》所記帝后陵寢所在地與考古發現對照表

	《營衛志・宫衛》	其他紀、志、傳	考古發現
太祖	祖州東南二十里	祖州西五里	巴林左旗查干哈达蘇木石房子嘎查西北(祖州西北五里)

①　高井康典行:《遼の斡魯朵の存在形態》,《内陸亞細亞史研究》14 號,1999 年 3 月。
　　此文有何天明中譯本,《蒙古學信息》2001 年第 4 期。林鵠《斡魯朵横帳補説——兼
　　論遼朝部族制度》亦取此説,見氏著《南望:遼前期政治史》附録,生活・讀書・新知
　　三聯書店,2018 年,第 339 頁。

續表

	《營衛志·宮衛》	其他紀、志、傳	考古發現
太宗	懷州南三十里	懷州西山（鳳山）	巴林右旗床金溝（懷州東北二十里）
世宗	長寧宮（高州）北	顯州西山	遼寧北鎮二道溝、三道溝
應天后	龍化州東一百里	祔葬祖陵	
穆宗	京南	祔葬懷陵側	巴林右旗床金溝
景宗	祖州南	乾州	遼寧北鎮二道溝、三道溝
承天后	陵祔景宗皇帝		
聖宗	慶州南安	慶州北	慶州北三十里
興宗	上京慶州	同上	同上
道宗	上京慶州	同上	同上

　　由上表可知,《營衛志·宮衛》所記帝后陵寢地,除承天皇后、興宗、道宗外,其餘皆與《遼史》其他部分及實際考古發現存在或多或少的偏差。具體説來,聖宗以前諸帝后陵寢與實際情況相差懸殊,往往是方向性的錯誤;聖宗以後則基本無誤,僅有個別文字問題。由此看來,《營衛志·宮衛》大部分所謂陵寢恐怕並非真正的陵寢,而應該是另外一種與陵寢相關的制度。此項制度在聖宗以前當獨立於陵寢之外,而在聖興之際或曾出現轉型,後與陵寢漸趨合流,只不過其具體情形尚難確言①。宮衛門的記載之所以出現這樣的偏差,很可能是該文本最初形成之際,負責編纂之史官誤解了其所見原始資料的内容,將其他制度混爲陵寢所在。揆諸情理,遼

---

① 　近來有學者提出,《營衛志》所記陵寢可能爲"陵寢廟"的簡稱,或爲"陵廟"之誤(楊軍:《遼代斡魯朵研究》,《學習與探索》2015 年第 5 期,第 156—157 頁),此説雖在論證上稍顯薄弱,但不失爲一個新的思考方向。

朝當時史官不致有此失誤,而元朝史官則很難接觸到如此原始之資料,故可推斷該文本當形成於金修《遼史》。

　　長期以來《營衛志·宮衛》的史源之所以難以確定,很大程度上是由於未能找到可資對比的同源文本。幸運的是,我們近年在元人王士點(?—1359)所著《禁扁》一書中發現了珍貴的綫索。

　　王氏此書係抄取歷代典籍所見宮殿、城池、苑囿等名,匯爲一編。此書正文前有至順元年(1330)歐陽玄序及至順四年虞集序,又有王士點自撰凡例、叙目及引用書目,叙目下有"至順壬申十月望書於教忠坊"一語(壬申即至順三年)。由此可知,此書當撰成於至順年間。又虞集序稱此書乃王氏"在史館暇日所編",則其著書時當任翰林修撰,供職於翰林國史院①。該書卷甲"宮"字門列遼代宮殿曰:

　　　　日月;温泉(會同元年幸);洪義(國語算斡朵,太祖作);永興(國阿輦斡朵,武帝作);積慶(耶魯盌斡朵,和帝作);延昌(朵里本斡朵,宣帝作);章敏(監母斡朵,重熙中作);長寧(蒲盌斡朵,安帝作);崇德(孤穩斡朵,成帝作);興聖(女古斡朵,成帝作);敦睦(赤石得本斡朵,文帝作);永昌(阿魯盌斡朵,豫王作);延慶(窩篤盌斡朵,章帝作);長春(聖宗御);太和;延和(述律太后);龍眉(即臨潢);興平(慶州,即大安)。②

儘管其中存在諸多由於抄撮拼合產生的文本錯訛,但這段記載仍

---

① 按王士點始任翰林修撰之時間無考,據《秘書監志》卷九"題名·管勾"(高榮盛點校,浙江古籍出版社,1992年,第185頁)稱其於至正二年(1342)四月自翰林撰修遷秘書監勾管,知王氏至此時方離開翰林國史院。
② 《禁扁》卷甲"宮·遼",《楝亭十二種》本,葉8b。

然是目前所僅見的可與《遼史》相關記載進行參照的元代文獻,具有重要價值①。

《禁扁》卷首有《引用書目》一篇,共列書籍三十七種,其中即包括《遼史》一部。按元修《遼史》成書於至正四年(1344),王氏編纂《禁扁》時顯然不可能徵引此書,其所謂"遼史"當指遼金時所修之史。如本書第一章所論,耶律儼《皇朝實錄》長期爲耶律楚材家族所私藏,天曆年間進呈奎章閣,直至至正修史之時方進入翰林國史院。王士點編纂《禁扁》時,耶律儼《實錄》尚在奎章閣,無法爲其所用,可知《引用書目》所列《遼史》當指陳大任書,《禁扁》所記遼代諸帝斡魯朵當即源出於此。

宮衛門一些關鍵細節所透露出的史源信息亦與陳大任書相合。除十二宮一府的主體內容外,該文本末尾尚有"著帳郎君""著帳户"兩條,其中前者云:"初,遥輦痕德菫可汗以蒲古只等三族害于越釋魯,籍没家屬入瓦里。淳欽皇后宥之,以爲著帳郎君。世宗悉免。後族、戚、世官犯罪者没入。"②與此類似的記載尚見於《百官志》"著帳郎君院"條:"遥輦痕德菫可汗以蒲古只等三族害于越室魯,家屬没入瓦里。應天皇太后**知國政,析出之**,以爲著帳郎君、**娘子,每加矜恤**。世宗悉免**之。其後内族、外戚**及世官之家犯罪者,皆没入瓦里。**人户益衆,因復故名。皇太后、皇太妃帳,皆有著帳諸局**。"③對比可知,二者當同出一源,而《百官志》在細節方面所記稍詳(加粗部分),更能反映原始資料的舊貌。值得注意的是《營衛志》段末"後族、戚、世官犯罪者没入"一語,《百官志》中作"其後

①　關於《禁扁》一書及其所記遼代史料的詳細考證,參見本書附録二《遼代帝王簡謚鉤沉——以王士點〈禁扁〉爲中心》。
②　《遼史》卷三一《營衛志上》,第419頁。
③　《遼史》卷四五《百官志一》,第790—791頁。

内族、外戚及世官之家犯罪者", 當係舊史原文。所謂"内族"顯指遼朝皇族或曰宗室, 但此稱法又並非遼時用語。《金史・宗室表序》曰: "大定以前稱'宗室', 明昌以後避睿宗諱稱'内族', 其實一而已。"①《金史・宗室表》爲元末史官新作, 此序亦出元人之手, 其中所稱"睿宗"指金世宗之父宗堯, 知章宗時嘗爲避其名諱而改"宗室"爲"内族", 然元人將此改動繫於明昌以後則未免失之籠統。按《金史・地理志》"瑞州"條云: "本來州, 天德三年更爲宗州, 泰和六年以避睿宗諱, 謂本唐瑞州地, 故更今名。"②《百官志》"大宗正府"條: "泰和六年避睿宗諱, 改爲大睦親府。"③由此判斷, 金朝因避宗堯諱對涉及"宗"字的專用名稱所作一系列改易工作, 始於章宗泰和六年, 改"宗室"爲"内族"應該也是同一時期所爲。陳大任於泰和六年七月"妨本職專修《遼史》", 次年十二月書成, 其間自當遵行當時的避諱改字規定, 元修《遼史》中屢屢出現的"内族"之稱即源於此④。宫衛門"著帳郎君"條與此門所記諸宫情況在表義方面密不可分, 共同構成一套關於斡魯朵制度的完整敘述, 應該出自一共同的文本來源。其間既稱"内族", 益可證當係陳史無疑。

　　以上分别從記載錯誤、同源文本及具體細節三個方面進行了考察, 結合既有研究成果, 我們可以作出一基本判斷: 陳大任《遼史》中應該系統記載了遼朝諸帝斡魯朵情況, 這一文本很可能就是元修《遼史》的直接史源, 構成了今天看到的《營衛志》宫衛門的主體内容。前引《兵衛志・宫衛騎軍》所謂"太和、永昌二宫, 宜與興

---

① 《金史》卷五九《宗室表一》, 中華書局, 1975 年, 第 1359 頁。
② 《金史》卷二四《地理志上》, 第 559 頁。
③ 《金史》卷五五《百官志一》, 第 1240 頁。
④ 除上引《百官志》"著帳郎君院"外, 《遼史》中稱"内族"者尚有卷一七《聖宗紀八》太平六年十二月辛巳(第 236 頁)、卷一九《興宗紀二》重熙十年十月壬辰(第 258 頁)、卷六一《刑法志上》(第 1042 頁)等, 當皆襲陳大任書之舊文。

聖、延慶同，舊史不見提轄司，蓋闕文也"，當即指陳大任《遼史》而言。接下來的問題是，《營衛志·宮衛》之文本在陳氏舊史中究竟屬於哪一部分？元朝史官在迻錄過程中是否曾有所增纂？

就目前的材料看，陳大任《遼史》所設諸志皆用前代正史常見之名，其中並没有"宮衛志"、"營衛志"這樣的新奇名目，換句話説，今本《遼史·營衛志》宮衛門的内容恐係元朝史官自陳史其他志書中轉錄而來，只不過對其題名稍加改換罷了。前文已述，同樣摘録"宮衛"這部分内容的還有《兵衛志·宮衛騎軍》，且明確稱引"舊史"云云，而如本書第五章所論，今本《兵衛志》實際上是對陳大任《遼史·兵志》加以改編、大幅擴充的結果，這就提示我們，在陳氏舊史中"宮衛"的内容有可能是記載在《兵志》之中的。循此思路細審"宮衛門"之具體内容，其中雖然涉及斡魯朵、陵寢、民户等不同方面，但最終落腳實爲"出騎軍"數，可見舊史原本對於斡魯朵的核心定位正是一項基本的軍事制度。

從斡魯朵設置的初衷及其在遼代的實際行用情況看，陳大任舊史的定位較爲允當。阿保機任可汗之時，"制度未講，國用未充，扈從未備，而諸弟刺葛等往往覬非望，太祖宫行營始置腹心部，選諸部豪健二千餘充之，以曷魯及蕭敵魯總焉"[1]，此即後世斡魯朵制度之源頭，太祖弘義宫名算斡魯朵，"算"即腹心之義。由此可知，斡魯朵制度草創時的本質屬性即爲扈從親兵、私屬營帳，至於收納民户、統轄州縣、居守陵寢等實爲後續發展之職責，並未改變其核心内涵。長期以來，學界對於遼代斡魯朵的核心職能界定不甚清晰，直到近來余蔚指出：有遼一代，斡魯朵始終是獨立於南北樞密院體系之外直屬於皇帝的力量，包括斡魯朵軍（宫分軍）和提供斡魯朵

---

① 《遼史》卷七三《耶律曷魯傳》，第 1347 頁。

軍的斡魯朵户(宫分户)兩部分,契丹皇帝對斡魯朵主要徵索軍事方面的服務;以聖宗朝爲界,遼代斡魯朵分佈範圍出現了由内向外、由北向南的變化趨勢,顯示出隨着皇權的鞏固,斡魯朵的主要軍事職能由保護皇帝的地位和個人安全,轉向對外作戰,從中可以窺測遼朝始終以宋朝爲首要防範對象的基本國策①。此論堪稱洞見,抓住其核心軍事屬性是理解遼代斡魯朵制度的關鍵,也是其區別於蒙古斡耳朵制度的重要特質。這一屬性在陳大任《遼史》中原本十分清晰,只是經過了元朝史官的改弦更張纔被遮蔽起來。

《兵衛志·宫衛騎軍》小序云:

> 太祖以迭刺部受禪,分本部爲五院、六院,統以皇族,而親衛缺然。乃立斡魯朵法,裂州縣,割户丁,以彊幹弱支。詒謀嗣續,世建宫衛。入則居守,出則扈從,葬則因以守陵。有兵事,則五京、二州各提轄司傳檄而集,不待調發州縣、部族,十萬騎軍已立具矣。恩意親洽,兵甲犀利,教練完習。簡天下精鋭,聚之腹心之中。懷舊者歲深,增新者世盛。此軍制之良者也。②

此段開首將斡魯朵創製時間繫於分析迭刺部之後,於史有乖③,所謂"入則居守,出則扈從,葬則因以守陵"顯出元人之手,不過其中"恩意親洽,兵甲犀利,教練完習,簡天下精鋭,聚之腹心之中,懷舊

---

① 余蔚:《遼代斡魯朵管理體制研究》,《歷史研究》2015 年第 1 期,第 54—69 頁。
② 《遼史》卷三五《兵衛志中》,第 458 頁。
③ 腹心部之設早在諸弟之亂(911—913)以前,而析分迭刺部則在天贊元年(922)。楊迭《遼代斡魯朵及相關問題辨析》(《内蒙古社會科學》2018 年第 6 期,第 66—67 頁)曾明確指出這一問題,但並不能因此否定整段史料的價值。

者歲深,增新者世盛"云云,對於斡魯朵制度的總體把握卻相對準確,可謂得其精要,頗疑此乃元人抄取陳氏《兵志》關於宮衛騎兵的總括之語。相比之下,《營衛志·宮衛》開首小序就顯得很是含混:

> 遼國之法:天子踐位,置宮衛,分州縣,析部族,設官府,籍戶口,備兵馬。崩則扈從后妃宮帳,以奉陵寢。有調發,則丁壯從戎事,老弱居守。①

所謂"分州縣,析部族,設官府,籍戶口,備兵馬",將斡魯朵政治、經濟、軍事等各項職能平攤、混雜在一起,讓人難得要領,學界以往對於斡魯朵的軍事屬性重視不足,很大程度上與此有關。再者,其中稱"崩則扈從后妃宮帳,以奉陵寢",更與遼代斡魯朵的實際形態存在巨大的差距:諸斡魯朵核心力量(如行宮都部署、諸宮使及部分宮分軍)扈從當朝皇帝四時遊徙,而其餘部分則在諸提轄司治下分守四方,以備軍役②。值得注意的是,諸多不同功能的混雜並舉、難分主次,以及扈從后妃奉陵寢,正是蒙元時期斡耳朵的基本形態③。由此看來,上引宮衛門小序很可能是元朝史官將陳大任《兵志》所記宮衛部分改置於《營衛志》後所新作,在寫作過程中因受當時見聞之影響,將蒙古斡耳朵的情況比附到契丹斡魯朵制度頭上,從而對後世產生了誤導。

　　除了概念的比附與功能性質的混淆,元人還曾對陳史舊文的

---

① 《遼史》卷三一《營衛志上》,第 410 頁。
② 參見楊若薇《契丹王朝政治軍事制度研究》,第 4—15 頁;余蔚《遼代斡魯朵管理體制研究》,第 65 頁。
③ 參見張廣達《蒙元時期大汗的斡耳朵》,收入氏著《西域史地叢稿初編》,上海古籍出版社,1995 年,第 347—371 頁。

具體内容做過少量增纂。宫衛門關於十二宫一府的建置情况,所記多較爲簡潔,特别是關於諸宫主人之生平,鮮有涉及,僅有的一處例外見於最末之文忠王府條:"大丞相晉國王耶律隆運,本韓氏,名德讓。以功賜國姓,出宫籍,隸横帳季父房。贈尚書令,謚文忠。無子,以皇族魏王貼不子耶魯爲嗣,早卒;天祚皇帝又以皇子敖魯斡繼之。官給葬具,建廟乾陵側。擬諸宫例,建文忠王府。正户五千,蕃漢轉户八千,出騎軍一萬。"①此段所述多爲與斡魯朵建置無關的人物事迹,較其他諸宫所記頗顯違和,當爲元人增纂。按此段中加粗部分要皆見於今本《遼史·耶律隆運傳》:"耶律隆運,本姓韓,名德讓,西南面招討使匡嗣之子也。統和十九年,賜名德昌;二十二年,賜姓耶律……徙王晉,賜姓,出宫籍,隸横帳季父房後,乃改賜今名……薨,年七十一。贈尚書令,謚文忠,官給葬具,建廟乾陵側。無子。清寧三年,以魏王貼不子耶魯爲嗣。天祚立,以皇子敖盧斡繼之。"②對比可知,二者無論具體内容抑或行文用字皆頗爲一致,而宫衛門尚有一文本細節不見於本傳(即嗣子耶魯"早卒"),則二者乃同源異流,負責纂修《營衛志》之史官當曾摭取據舊史《耶律隆運傳》之事迹對陳大任書所載宫衛部分加以填充。倘若將此段元人所補内容删去,"文忠王府"一條之剩餘文字正與此前之十二宫的簡約風格相合,足見陳史原本志文的體例頗爲整飭劃一。

與增纂相伴隨的還有局部内容的微調。宫衛門開首序文所記諸宫順序爲太祖弘義宫——應天皇后長寧宫——太宗永興宫——世宗積慶宫,而正文則依次爲太祖弘義宫——太宗永興宫——世

---

① 《遼史》卷三一《營衛志上》,第419頁。
② 《遼史》卷八二《耶律隆運傳》,第1422—1423頁。

宗積慶宮——應天皇太后長寧宮，長寧宮的順序與主人稱謂皆有
不同①。檢《兵衛志》"宮衛騎軍"條所列諸宮順序，亦作弘義
宮——長寧宮——永興宮——積慶宮②，如上所述，此條內容與《營
衛志·宮衛》共同出自陳大任舊志，而其排布順序與宮衛門序相
合，反映出舊志原本的面貌。由此推斷，負責纂修《營衛志·宮衛》
的史官當是先據舊志順序撰作序文，而後在編纂正文過程中又將
長寧宮移至積慶宮後，且改"應天皇后"爲"應天皇太后"。值得注
意的是，宮衛門正文調整後的排布順序正與《續資治通鑑長編》引
《兩朝國史》所記興宗以前契丹諸宮順序相合。無獨有偶，敦睦宮
之主名耶律隆慶，遼代石刻皆記其謚號作"孝貞"③，而《營衛志·
宮衛》文本則稱其爲"孝文皇太弟"，如此稱謂又見於《契丹國志》
的隆慶小傳④。按《國志》以抄撮宋代文獻而著稱，此傳稱"孝貞"
爲"孝文"，疑當係其來源文獻避宋仁宗諱所改，《遼史·營衛志》宮
衛門所見"孝文皇太弟"之稱恐亦與此有關。綜合以上兩處文本細
節，我們推測元朝史官在纂修此門時除以陳大任《遼史·兵志》的
現成記載作爲藍本外，還可能參考過某部宋代文獻⑤。

　　綜上所述，儘管材料極度匱乏，我們還是能夠大致推定《遼

---

① 此承徐陽君提示，謹致謝忱。

② 《遼史》卷三五《兵衛志中》，第458—459頁。

③ 參見重熙十五年《秦晉國大長公主墓誌》、重熙二十二年《耶律宗教墓誌》、咸雍元年
　《耶律宗允墓誌》、咸雍五年《秦晉國妃墓誌》、清寧八年《耶律宗政墓誌》等。

④ 《契丹國志》卷一四《諸王傳·孝文皇太弟》，賈敬顏、林榮貴點校，中華書局，2014
　年，第173頁。

⑤ 本章第二節將考證《續資治通鑑長編》引《兩朝國史》有關契丹斡魯朵的記載最初源
　頭當爲趙至忠之著述，而元末修《遼史》時曾參考趙氏《陰山雜錄》一書。細審《契
　丹國志》所謂"諸王傳"，收錄人物下限截至遼興宗初年，疑其主幹史源亦爲趙至忠
　（遼興宗重熙十年，即宋仁宗慶曆元年歸宋）書。如此看來，《營衛志·宮衛》的纂修
　者所據宋代文獻或即《陰山雜錄》。

史·營衛志·宮衛》的生成過程。遼金舊史本無"營衛志"之設,此志宮衛、行營、部族三門實皆爲元朝史官自耶律儼、陳大任二書以及南朝文獻系統的不同部分拼湊而成。具體到"宮衛"一門,當係元人將陳大任《遼史·兵志》所記宮衛騎軍部分從原來所屬的文本中抽離出來,整體搬遷至此,並根據舊史列傳及宋代文獻稍加改補。在此過程中,史官不僅因襲了陳志本已存在的問題,而且增加了新的誤解,最終導致宮衛門文本疑竇叢生。如果着眼於總體的編纂背景,今本《遼史》設《營衛志》《兵衛志》,本身就是將陳大任舊史《兵志》一分爲二,加以擴充的産物。關於具體的拆分、填充過程以及由此產生的系統性問題,我們將在對《營衛志》《兵衛志》各部分史源全部考證完畢之後,再作進一步的論述和總結。

第二節　行營門:契丹捺鉢研究基礎文獻重審

自傅樂煥《遼代四時捺鉢考》以降,學界關於契丹捺鉢制度已經有了相當豐富的積累[1],這些成果的基本取向是以《遼史·營衛志·行營》所記爲總綱,鉤稽《遼史》其他相關記載,佐以遼代石刻、宋人記載以及考古、圖像資料,力圖對上述記載進行補充、修正,以得到更爲全面、深入的認知。這一研究路徑的前提性預設在於,《遼史·營衛志》行營門文本具有獨立的、現成的、鐵板一塊的原始資料作爲史源,其中關於契丹捺鉢的敘述框架也基本如實反映了

---

[1]　代表性論著包括傅樂煥:《遼代四時捺鉢考五篇》,《遼史叢考》,中華書局,1984年,第36—172頁;李錫厚:《遼中期以後的捺鉢及其與斡魯朵、中京的關係》,《臨潢集》,河北大學出版社,2001年,第73—85頁;陳曉偉:《捺鉢與行國政治中心論——遼初"四樓"問題真相發覆》,《歷史研究》2016年第6期;楊軍、王成名:《遼代捺鉢考》,《安徽史學》2017年第2期等。

遼朝當時(至少是一段時期內)對於捺鉢制度的認知。然而,如果仔細分析行營門文本的來源和結構就會發現,這一立論前提恐怕還有很大的斟酌餘地。

爲分析方便,先引《營衛志·行營》全文如下:

《周官》土圭之法:日東,景朝多風;日北,景長多寒。天地之間,風氣異宜,人生其間,各適其便。王者因三才而節制之。長城以南,多雨多暑,其人耕稼以食,桑麻以衣,宮室以居,城郭以治。大漠之間,多寒多風,畜牧畋漁以食,皮毛以衣,轉徙隨時,車馬爲家。此天時地利所以限南北也。遼國盡有大漠,浸包長城之境,因宜爲治。秋冬違寒,春夏避暑,隨水草就畋漁,歲以爲常。四時各有行在之所,謂之"捺鉢"。

春捺鉢:

曰鴨子河濼。皇帝正月上旬起牙帳,約六十日方至。天鵝未至,卓帳冰上,鑿冰取魚。冰泮,乃縱鷹鶻捕鵝雁。晨出暮歸,從事弋獵。鴨子河濼東西二十里,南北三十里,在長春州東北三十五里,四面皆沙埚,多榆柳杏林。皇帝每至,侍御皆服墨綠色衣,各備連鎚一柄,鷹食一器,刺鵝錐一枚,於濼周圍相去各五七步排立。皇帝冠巾,衣時服,繫玉束帶,於上風望之。有鵝之處舉旗,探騎馳報,遠泊鳴鼓。鵝驚騰起,左右圍騎皆舉幟麾之。五坊擎進海東青鶻,拜授皇帝放之。鶻擒鵝墜,勢力不加,排立近者,舉錐刺鵝,取腦以飼鶻。救鶻人例賞銀絹。皇帝得頭鵝,薦廟,群臣各獻酒果,舉樂。更相酬酢,致賀語,皆插鵝毛于首以爲樂。賜從人酒,遍散其毛。弋獵網釣,春盡乃還。

夏捺鉢：

無常所，多在吐兒山。道宗每歲先幸黑山，拜聖宗、興宗陵，賞金蓮，乃幸子河避暑。吐兒山在黑山東北三百里，近饅頭山。黑山在慶州北十三里，上有池，池中有金蓮。子河在吐兒山東北三百里。懷州西山有清涼殿，亦爲行幸避暑之所。四月中旬起牙帳，卜吉地爲納涼所，五月末旬、六月上旬至。居五旬。與北、南臣僚議國事，暇日遊獵。七月中旬乃去。

秋捺鉢：

曰伏虎林。七月中旬自納涼處起牙帳，入山射鹿及虎。林在永州西北五十里。嘗有虎據林，傷害居民畜牧。景宗領數騎獵焉，虎伏草際，戰慄不敢仰視，上舍之，因號“伏虎林”。每歲車駕至，皇族而下分布灤水側。伺夜將半，鹿飲鹽水，令獵人吹角效鹿鳴，既集而射之。謂之“舐鹼鹿”，又名“呼鹿”。

冬捺鉢：

曰廣平淀。在永州東南三十里，本名白馬淀。東西二十餘里，南北十餘里。地甚坦夷，四望皆沙磧，木多榆柳。其地饒沙，冬月稍暖，牙帳多於此坐冬，與北、南大臣會議國事，時出校獵講武，兼受南宋及諸國禮貢。皇帝牙帳以槍爲硬寨，用毛繩連繫。每槍下黑氈傘一，以芘衛士風雪。槍外小氈帳一層，每帳五人，各執兵仗爲禁圍。南有省方殿，殿北約二里曰壽寧殿，皆木柱竹榱，以氈爲蓋，彩繪韜柱，錦爲壁衣，加緋繡額。又以黃布繡龍爲地障，㮰、楣皆以氈爲之，傅以黃油絹。基高尺餘，兩廂廊廡亦以氈蓋，無門戶。省方殿北有鹿皮帳，帳次北有八方公用殿。壽寧殿北有長春帳，衛以硬寨。官用契丹兵四千人，每日輪番千人祗直。禁圍外卓槍爲寨，夜則拔槍移卓御寢帳。周圍拒馬，外設鋪，傳鈴宿衛。

每歲四時,周而復始。

皇帝四時巡守,契丹大小內外臣僚并應役次人,及漢人宣徽院所管百司皆從。漢人樞密院、中書省唯摘宰相一員,樞密院都副承旨二員,令史十人,中書令史一人,御史臺、大理寺選摘一人扈從。每歲正月上旬,車駕啟行。宰相以下,還於中京居守,行遣漢人一切公事。除拜官僚,止行堂帖權差,俟會議行在所取旨,出給誥敕。文官縣令、錄事以下更不奏聞,聽中書銓選;武官須奏聞。五月,納涼行在所,南、北臣僚會議。十月,坐冬行在所,亦如之。①

就現有材料看,作爲元修《遼史》的主要史源,遼耶律儼《皇朝實録》、金陳大任《遼史》都沒有關於捺鉢制度的集中記載,今本《營衛志·行營》實際上是元朝史官對三種不同來源、不同性質的材料加以拼接雜糅的產物。只不過由於元人所據史源今皆已不存,追索起來頗須一番周折,故而長期以來並未得到揭示。茲將三者一一考出,分述如下。

一、主體骨架——趙至忠《陰山雜録》

《營衛志·行營門》的主體敘述框架,出自宋仁宗朝歸明人趙至忠之手,元人所據直接史源當爲趙氏所著《陰山雜録》。主要考證綫索有二,一見於《續資治通鑑長編》(下簡稱《長編》),一見於《遼史·國語解》。

《長編》宋仁宗天聖九年(1031)六月己卯條,在記載遼聖宗耶律隆緒死事之後,有一段關於契丹各項制度的總體介紹,開首即記捺鉢之制:

①　《遼史》卷三二《營衛志中》,第423—426頁。

契丹每歲正月上旬出行射獵,凡六十日。然後並撻魯河鑿冰釣魚,冰泮,即縱鷹鶻以捕鵝雁。夏居炭山或上陘避暑。七月上旬,復入山射鹿,夜半,令獵人吹角,效鹿鳴,既集而射之。①

此段所記諸多細節乃至具體文辭,皆與上引行營門春、秋兩段頗爲接近,如"正月上旬"、"六十日"、"鑿冰釣(取)魚,冰泮,即(乃)縱鷹鶻以捕鵝雁"、"七月上(中)旬"、"入山射鹿"、"令獵人吹角效鹿鳴,既集而射之"等,二者顯然出自同一文本來源。因此,追溯《長編》這段記載的最初源頭就顯得尤爲關鍵。

欲考史源,首要之法並非對零散信息或史料作單一、碎片式追溯,而當求諸該文本的整體環境和傳承脉絡。《長編》在上引文後繼續記錄了契丹的其他制度,形成一段相對獨立的整體文本:

賤他姓,貴耶律、蕭氏。其官有契丹樞密院及行宫都總管司,謂之北面,以其在牙帳之北,以主蕃事;又有漢人樞密院、中書省、行宫都總管司,謂之南面,以其在牙帳之南,以主漢事。其惕隱,宗室也;夷離畢,參知政事也;林牙,翰林學士也;夷離巾,刺史也。内外官多倣中國者。其下佐吏則有敵史、木古(原注:"古"字疑作"直"字,更詳之)、思奴古、都奴古、徒奴古。分領兵馬,則有統軍、侍衛、控鶴司、南王、北王、奚王府五帳分提失哥、東西都省太師兵。又有國舅、鈐轄、遥輦、裳袞諸司,南北皮室、二十部族節度,頻必里、九克、漢人、渤海、女真

---

① 李燾:《續資治通鑑長編》(下簡稱《長編》)卷一一〇,中華書局,2004 年,第 2560頁。個別文字據《文獻通考》卷三四六《四裔考二十三・契丹下》(中華書局點校本,2011 年,第 9607 頁)校正。

五節度,五冶太師,一百、六百、九百家奚(原注:內外官至一百、六百、九百家奚,皆所增)。凡民年十五以上、五十以下,皆籍爲兵。將舉兵,必殺灰牛、白馬,祠天地日及木葉山神。鑄金魚符,調發軍馬。其捉馬及傳命有銀牌二百。軍所舍,有遠探攔子馬,以夜聽人馬之聲。每其主立,聚所剽人戶、馬牛、金帛及其下所獻生口或犯罪沒入者,別爲行宮領之。建州縣,置官屬。既死,則設大穹廬,鑄金爲像。朔望節辰忌日,輒致祭。築臺高丈餘,以盆焚酒食,謂之燒飯。十宮各有民戶,出兵馬,阿保機曰洪義宮,德光曰永興宮,兀欲曰積慶宮,述律曰延昌宮,明記曰章敏宮,突欲曰長寧宮,燕燕曰崇德宮,隆緒曰興聖宮,隆慶曰敦睦宮,隆運曰文忠王府。又有四樓,在上京者曰西樓,木葉山曰南樓,龍化州曰東樓,唐州曰北樓。凡受冊,積柴升其上,大會蕃夷其下,已,乃燔柴告天,而漢人不得預。有諢子部百人,夜以五十人番直。四鼓將盡,歌於帳前,號曰"聒帳"。每謁木葉山,即射柳枝,諢子唱番歌,前導彈胡琴和之,已事而罷。三歲一試進士,貢院以二寸紙書及第者姓名給之,號"喜帖"。明日,舉案而出,樂作;及門,擊鼓十二面,云以法雷震。[1]

關於上述兩段獨立引文的直接史源,李燾段末小注云:"《正史》載此段於《契丹傳》末,比《實錄》但增'內外官至六百五家奚'凡百餘字耳,今依《實錄》仍附隆緒沒後。"[2]其中所稱"實錄"當指《仁宗實錄》,而"正史"則指仁、英《兩朝國史》,據注文可知,李燾所著此段內容採自《兩朝國史·契丹傳》,而繫年則取《仁宗實錄》之說,並在

---

[1] 《長編》卷一一〇天聖九年(1031)六月己卯,第2560—2562頁。個別文字據《通考》校正。

[2] 中華書局點校本校勘記已指出此注作"六百五家奚"當有脫誤。

注文中注明《國史》較《實錄》所增加之部分（即上引文"内外官至一百、六百、九百家奚，皆所增"）。除《長編》外，此段正文全見於馬端臨《文獻通考·四裔考·契丹》，亦當出自《兩朝國史·契丹傳》①。那麼，《國史》這段記載的史源又是什麼呢？

我們注意到，引文所述捺鉢、南北面官、軍事、行宮、四樓、燒飯、柴册、拜山射柳等内容，幾乎涵蓋了遼朝社會最爲重要的制度、禮俗，就集中性、全面性和準確性而言，這段文字在現存宋代文獻有關契丹的記載中實屬罕觀，洵非尋常使者所記異域見聞可比，當有着獨特的史料來源，宜從總體脉絡中作一通盤考量。按此文本之主體部分最早見於《仁宗實錄》，是書始修於英宗初即位之嘉祐八年（1063）十二月，成於神宗熙寧二年（1069），所據史源應爲館藏仁宗朝之典籍。系統梳理宋人契丹認知的源流變化可知，仁宗朝正是宋代官方涉遼知識信息得到急劇更新和擴充的時期，其中關節即在於歸明人趙至忠的南來②。

趙至忠，又名趙志忠，仁宗慶曆元年（遼興宗重熙十年1041）自遼歸宋，《長編》稱其"嘗爲契丹中書舍人，得罪宗真，挺身來歸，言慶曆以前虜中事甚詳"③。趙氏歸宋後曾多次著書進獻，如嘉祐二年（1057）四月上書稱"陷蕃年深，異類之種皆耳目所覩，今偶録其事，纂成三册，并《北庭建國而來僭位之人子孫圖》一本"④，三年二

---

① 參見顧宏義、鄭明：《宋國史契丹傳考略》，《遼金史論集》第十三輯，中國社會科學出版社，2013年，第160—163頁。
② 關於此問題的詳細論述，參見苗潤博《趙至忠著述與宋人契丹認知的定型及更新》（待刊）。
③ 《長編》卷一三三慶曆元年八月乙未，第3169頁。"虜中"，點校本作"契丹"，文淵閣四庫全書本作"敵中"，皆四庫館臣所改，今據袁本《郡齋讀書志》"虜廷雜記"條改（晁公武：《郡齋讀書志》，孫猛校證：《郡齋讀書志校證》卷七，上海古籍出版社，2011年，第294頁）。
④ 《宋會要輯稿》崇儒五，中華書局影印本，1957年，第2258頁下欄。

月"又上《國俗官稱儀物録》"①,五年"獻《契丹蕃漢兵馬機密事》十册,并《契丹出獵圖》"②,以上三次嘉祐年間進呈之著述又被統稱爲"契丹地圖及《虜庭雜記》十卷"③。趙氏入宋之初的進言及仁宗朝的三次獻書,一舉奠定了這一時期及此後宋朝官方系統所記契丹史事的主體脉絡,前引《仁宗實録》及《兩朝國史·契丹傳》的文本正是此番背景之下的産物。

以上背景性判斷又可得到上引文本具體内容的支撑,其中所記契丹制度每與宋人所引趙至忠之説相合。據與修《仁宗實録》的范鎮記述:"契丹之先,有一男子乘白馬,一女子駕灰牛,相遇於遼水之上,遂爲夫婦。生八男子,則前史所謂迭爲君長者也。此事得於趙志忠。志忠嘗爲契丹史官,必其真也。前史雖載八男子,而不及白馬、灰牛事。契丹祀天,至今用灰牛、白馬。予嘗書其事於《實録·契丹傳》,王禹玉恐其非實,删去之。"④由此可知,在趙至忠入宋以前,中原文獻從未記載契丹灰牛白馬的祖源傳説,范鎮曾將此修入《仁宗實録》,後爲王珪(禹玉)所删。但范氏所稱"契丹祀天,至今用灰牛、白馬",卻保留在了《仁宗實録》及據此而成的《兩朝國史》之中,即上引文所謂"將舉兵,必殺灰牛、白馬,祠天地日及木葉山神"者,是爲其出於趙至忠記載之明證。

此外,該文本所記"四樓"問題亦可爲證。五代至仁宗以前,中

---

① 《長編》卷一八五嘉祐二年四月辛未小注,第4475頁。

② 《長編》卷一九一嘉祐五年五月戊申小注引《仁宗實録》,第4626頁。《宋會要輯稿》崇儒五同。

③ 王應麟:《玉海》卷一六"嘉祐契丹地圖",廣陵書社影印浙江書局本,2003年,第304頁丁欄。《長編》卷一八五嘉祐二年四月辛未條(第4475頁)同,惟今輯本删去"虜廷"二字,據李燾小注知,此當出自《兩朝國史·契丹傳》。蓋《實録》詳載歷次進書情况,《國史》則於首次進書時概而言之。

④ 范鎮:《東齋記事》卷五,汝沛點校,中華書局,1980年,第43頁。

原文士僅知遼有西樓，而至慶曆以後方出現關於契丹四樓的記載，這一變化的節點亦在趙至忠入宋。《通鑑考異》引趙氏《虜廷雜記》曰："於所居大部落置樓，謂之西樓，今謂之上京；又於其南木葉山置樓，謂之南樓，又於其東千里置樓，謂之東樓，又於其北三百里置樓，謂之北樓。太祖四季常游獵於四樓之間。"①《契丹國志》云："因於所居大部落置寺名曰天雄寺（今寺內有契丹太祖遺像）。又於木葉山置樓謂之南樓；大部落東一千里謂之東樓；大部落北三百里置樓，謂之北樓，後立唐州，今廢爲村；大部落之內置樓，謂之西樓，今上京是。其城與宮殿之正門，皆向東闢之。四季遊獵，往來四樓之間。"②此條顯與《通鑑考異》同源而更爲詳細，當亦出趙至忠之著述。類似的記載尚見於《武經總要·北蕃地理》《新五代史·四夷附錄》《資治通鑑》諸書，個別細節容有出入，皆係根據趙至忠不同時段所著、所進之書所成。上引《國史·契丹傳》所記"又有四樓，在上京者曰西樓，木葉山曰南樓，龍化州曰東樓，唐州曰北樓"同樣也是這一脉絡之下產生的。

　　綜合以上歷史背景和文本細節可知，《兩朝國史·契丹傳》所記契丹制度的最初源頭當出自趙至忠之手。《國史》此段主要直接取資《仁宗實錄》，而後者的史源則爲趙氏仁宗朝三次進書的成果，或即《虜廷雜記》一書。如上所述，此段文本所記捺鉢內容與《遼史·營衛志·行營》從記載細節到具體文字都十分類似，由此推斷《遼史》的文本亦當與趙至忠之著作存在某種淵源。同時也應注意到，這兩份文本同中有異，如《兩朝國史》之文僅記春、夏、秋三季，而《遼史》則更爲全面、深入，除四季遊獵之所外，更述及捺鉢行政體制。

---

① 《資治通鑑》卷二六九後梁紀四《考異》，中華書局，1956年，第8809頁。
② 《契丹國志》卷一《太祖大聖皇帝》，第8頁。

二者恐怕並非綫性的傳抄關係,而是有着共同的文本源頭。尚須追問的是,《遼史·營衛志》相關記載的直接史源究竟會是什麼呢?

問題的答案其實就隱藏在《遼史》本書之中。《國語解》列傳部分有"堂帖"一條:

> 遼制,宰相凡除拜,行頭子堂帖權差,俟再取旨,出給告敕。故官有知頭子事。見《陰山雜録》。①

《國語解》名義上是元朝史官對原始材料所見契丹語詞的解釋,但其實中間不乏漢語詞彙,引文所釋"堂帖"即屬此例。該詞見於今本《遼史·楊績傳》:"楊績,良鄉人。太平十一年進士及第,累遷南院樞密副使。與杜防、韓知白等擅給進士堂帖,降長寧軍節度使,徙知涿州。"②我們這裏所關心的不在於該詞的確切含義,而是元朝史官解釋此詞時所用到的文本"宰相凡除拜,行頭子堂帖權差,俟再取旨,出給告敕",與上引行營門末段"除拜官僚,止行堂帖權差,俟會議行在所,取旨、出給誥敕"一語高度類似,二者顯然同出一源,惟因採摭不同而稍有差異。難得的是,負責撰寫《國語解》這一詞條的史官記録下了其所據史源的確切名稱:《陰山雜録》,這就爲我們追蹤行營門文本的來源提供了關鍵依憑。

《陰山雜録》實爲趙至忠的另一著作。上文已述,趙氏歸宋後曾於仁宗朝多次獻書,成爲《仁宗實録》及《兩朝國史》之史源,不過這並非趙氏著述的全部内容。據《宋會要輯稿》載,神宗熙寧六年(1073)趙氏最後一次進書,方集其著作之大成:"上虞廷儁主宗族、

---

① 《遼史》卷一一六《國語解》,第 1706 頁。
② 《遼史》卷九七《楊績傳》,第 1550 頁。

蕃漢儀制、文物憲章、命將出師、攻城野戰次第、兵眾户口、州城錢粟、都數、四至鄰國遠近、地里山河、古迹等共十一册，并戎主閲習武藝於四季出獵、射虎等圖各二副，外有戎主登位儀制圖、拜木葉山圖并入國人使宴圖。"①此次進書内容較仁宗朝所進有明顯擴充，故後來趙氏著作單行於世者主要分繁簡兩個系統：一名《虜廷雜記》，全本十卷；一名《陰山雜録》，全本十六卷②。前者即仁宗朝所進，而後者當係神宗朝進書的大體内容③。

關於趙至忠著述在宋亡以後的留存情況，以往學界關注不多。目前看來，與北宋人多引《虜廷雜記》不同，元人所見趙氏之書似多出《陰山雜録》系統。如元朝前期商賈所作《契丹國志》曾大量徵引趙氏之書④，從記載細節看，又與宋人所引《虜廷雜記》往往有所出入；而上引《遼史·國語解》的條目更直接提示我們，元末史臣很可能仍能獲見《陰山雜録》並加以利用。

此判斷尚有一重要佐證。元末明初王禕著有《大事記續編》，乃續吕祖謙《大事記》而作，據説原書下限迄於宋末，而今本僅至五代後周恭帝顯德六年(959)⑤。或因書名之故，學界以往多以此書爲發明義理之作，而忽視了其所具有的重要史料價值。王氏於洪武年間與修《元史》，久居翰苑，故可大量利用宫廷藏書，《大事記續編》徵引大量唐宋典籍，其中有相當一部分今已亡佚。該書后唐同

① 《宋會要輯稿》崇儒五，第2259頁下欄。
② 晁公武：《郡齋讀書志》卷七，第294頁；陳振孫：《直齋書録解題》卷五，徐小蠻、顧美華點校，上海古籍出版社，1987年，第139頁。
③ 前人多以此二者爲同書異名(如李錫厚《〈虜廷雜記〉與契丹史學》，《史學史研究》1984年第4期，第58—62頁)，實際上忽略了趙至忠多次編纂、進呈的複雜過程。
④ 參見高宇《〈契丹國志〉研究》，北京大學博士學位論文，2012年，第52—79頁。
⑤ 參見《四庫全書總目》卷四七史部編年類，中華書局影印浙江書局本，1965年，第429頁中欄。

光二年(924)十二月"是歲契丹寇唐"條下有解題曰："按《陰山雜錄》:梁滅,阿保機(原注:本文作阿保謹)率兵直抵涿州,時幽州、安次、潞、三河、漁陽、懷柔、密雲等縣皆爲所陷,俘其民而歸,置州縣以居之,不改中國州縣之名。餘見《通鑑》。"①其中所引《陰山雜錄》之記載,未見於其他現存宋元史籍,且其中特別注明阿保機之名,原書作"阿保謹",正與宋人所述趙至忠所記名稱完全一致②,足見王氏當親見其書而非自他書轉引。將此與上引《遼史·國語解》所記合而觀之,知《陰山雜錄》一書,不僅在元末明初尚存翰苑,且曾不止一次爲史官所採用。

《陰山雜錄》之源流既已理清,現在回頭來看行營門之文本。其中"除拜官僚,止行堂帖權差,俟會議行在所,取旨、出給誥敕"既與《國語解·堂帖》同源,自當亦出《陰山雜錄》。更須留意的是,此句並非孤立的史料碎片,而是與上下文存在密切的語義關聯。上引文末段皆圍繞捺鉢期間的政務運作展開,環環相扣,所謂"止行堂帖權差"正是指南面官系統除宰相等少數官員扈從捺鉢外其餘人等回中京居守時的權宜之計,而"俟會議行在所取旨,出給誥敕"則是針對卜文五月、十月夏冬捺鉢時南北臣僚會議集中處理政務而言。由此看來,整個行營門文本的末段當皆出於《陰山雜錄》。進一步細繹全篇可知,末段所述又與前文四時捺鉢具體情況存在明顯的對應關係。如文末稱:"每歲正月上旬,車駕啟行……五月,

① 王褘:《大事記續編》卷七二,《四庫提要著錄叢書》影印明刻本,北京出版社,2010年,史部第 6 册,第 606 頁上欄。

② 《通鑑考異》引趙志忠《虜庭雜記》稱"太祖諱億,番名阿保謹"(卷二六六開平元年正月,第 8677 頁),歐陽脩《歸田錄》卷二(李偉國點校,中華書局,1981 年,第 22頁)記阿保機譯名之歧異時亦云:"趙志忠者,本華人也,自幼陷虜,爲人明敏,在虜中舉進士至顯官,既而脱身歸國,能述虜中君臣世次山川風物甚詳,又云阿保機,虜人實謂之阿保謹。"

納涼行在所，南、北臣僚會議。十月，坐冬行在所，亦如之。"而前文分述四季時則曰："正月上旬起牙帳……四月中旬起牙帳，卜吉地爲納涼所，五月末旬、六月上旬至。居五旬。與北、南臣僚議國事，暇日遊獵。七月中旬乃去。……坐冬，與北、南大臣會議國事，時出校獵講武，兼受南宋及諸國禮貢。"所述時間節點、具體内容多相契合。由此判斷，整個《營衛志·行營》所記契丹四時捺鉢之主體框架蓋皆由趙至忠《陰山雜録》化出。

　　循此思路，我們亦可對上引宋《兩朝國史》所記捺鉢文本與元修《遼史·營衛志》同中有異的關係作出合理解釋。兩者最初源頭雖皆出於趙至忠，但具體取材卻略有不同，當與趙氏著作之創作、流傳過程密切相關。宋朝《國史》所據《仁宗實録》纂修之時，趙至忠著述尚未全部完成、進呈，故當時所據僅爲趙氏前三次進書的成果（或即《虜廷雜記》），而元末史臣所據《陰山雜録》則應是神宗朝進書時趙氏擴充、整合之後的結果，故所述更爲完備。

　　通過考索宋代文獻殘存的同源文本以及《遼史》本身的内證，我們可以判定，《營衛志·行營》源出趙至忠《陰山雜録》的内容大概包含以下文字：

　　　　皇帝正月上旬起牙帳，約六十日方至。天鵝未至，卓帳冰上，鑿冰取魚。冰泮，乃縱鷹鶻捕鵝雁。晨出暮歸，從事弋獵……四月中旬起牙帳，卜吉地爲納涼所，五月末旬、六月上旬至。居五旬。與北、南臣僚議國事，暇日遊獵。七月中旬乃去……七月中旬自納涼處起牙帳，入山射鹿……每歲車駕至，皇族而下分布灤水側。伺夜將半，鹿飲鹽水，令獵人吹角效鹿鳴，既集而射之……坐冬，與北、南大臣會議國事，時出校獵講武，兼受南宋及諸國禮貢……皇帝四時巡守，契丹大小内外臣僚并應役次人,及漢人宣徽院所管百司皆從。漢人樞密院、中書省唯摘宰相一員,樞密院都副承旨二員,令史十人,中書令史一人,御史臺、大理寺選摘一人扈從。每歲正月上旬,車駕啟行。宰相以下,還於中京居守,行遣漢人一切公事。除拜官僚,止行堂帖權差,俟會議行在所取旨,出給誥敕。文官縣令、錄事以下更不奏聞,聽中書銓選;武官須奏聞。五月,納涼行在所,南、北臣僚會議。十月,坐冬行在所,亦如之。

不難看出,《陰山雜録》事實上構成了《營衛志·行營》敘述的基本骨架,包括捺鉢的時間、基本遊獵内容及處理政務的方式等;所不同者僅在於具體捺鉢的地點和遊獵活動的細節,或可視爲骨架上之血肉,這些内容即是下面兩節所要討論的問題。

二、具體地點——陳大任《遼史·地理志》

元朝史官纂修《遼史·營衛志》行營門,既襲用趙至忠所記四時捺鉢之主要框架,而每季捺鉢之具體地點却又與趙氏所記全然不同。如趙至忠記春捺鉢在撻魯河,《遼史》作鴨子河濼;夏捺鉢在炭山或上陘,《遼史》作"無常所,多在吐兒山";趙氏記秋捺鉢爲入山射鹿,《遼史》則作伏虎林。至於冬捺鉢,趙氏所記地點未詳,而《遼史》作廣平淀。考《遼史》本紀、《遊幸表》所記遼帝冬季活動地點,廣平淀(又名中會川、藕絲淀等)成爲主要坐冬地點,實已至遼興宗朝中期以後[1],重熙前期即已歸宋的趙至忠未必會將之作爲冬捺鉢要地。由此看來,元人所記具體捺鉢地點當另有來源。將行營門所見四時捺鉢地集中在一起,有助於我們觀察其史源所具有

---

① 參見傅樂焕《遼史遊幸表證補》,《遼史叢考》,第107—158頁。

的某些共同文本特徵：

> 春捺鉢：曰鴨子河濼……鴨子河濼東西二十里，南北三十里，在長春州東北三十五里，四面皆沙堝，多榆柳杏林。
>
> 夏捺鉢：無常所，多在吐兒山。道宗每歲先幸黑山，拜聖宗、興宗陵，賞金蓮，乃幸子河避暑。吐兒山在黑山東北三百里，近饅頭山。黑山在慶州北十三里，上有池，池中有金蓮。子河在吐兒山東北三百里。懷州西山有清涼殿，亦爲行幸避暑之所。
>
> 秋捺鉢：曰伏虎林……林在永州西北五十里。嘗有虎據林，傷害居民畜牧。景宗領數騎獵焉，虎伏草際，戰慄不敢仰視，上舍之，因號“伏虎林”。
>
> 冬捺鉢：曰廣平淀。在永州東南三十里，本名白馬淀。東西二十餘里，南北十餘里。地甚坦夷，四望皆沙磧，木多榆柳。其地饒沙，冬月稍暖，牙帳多於此坐冬。

此段中提到的捺鉢地依次爲鴨子河、吐兒山、黑山、子河、清涼殿、伏虎林、廣平淀，分屬長春州、慶州、懷州、永州，皆在遼朝上京道境內，幾乎每個地名都有相對於州城或其他捺鉢地的方位及道里，且多有該地具體情況的簡要介紹。從記載內容、文字風格及準確程度判斷，史官纂修這部分文本所據直接史源很可能是某種遼金地志文獻；如果考慮元末修史時所用文獻的整體情況，我們很容易會將目光聚焦於金人陳大任所著《遼史》之《地理志》。本書第六章的研究表明，陳大任《遼史·地理志》是元代官方文獻系統所記遼代地理知識的共同文本來源，更構成了元修《遼史·地理志》的主體內容和敘述框架。史官纂修《營衛志·行營》時所記遼代地理情況,亦最有可能出自該書,此可由以下二端發之。

　　其一,上引文本所記諸捺鉢地之名稱多數見於今本《遼史·地理志》。其中鴨子河見於"上京臨潢府"條下記所轄山川,又見於"長春州"條"本鴨子河春獵之地"①;吐兒山亦見"上京臨潢府"條,惟寫作"兔兒山";黑山見於"慶州"條,同條下文有饅頭山,亦與上引文合②;清涼殿見"懷州"條,"太宗崩,葬西山……有清涼殿,爲行幸避暑之所"③,引文則稱"懷州西山有清涼殿,亦爲行幸避暑之所",呈現出明顯的同源關係。

　　其二,陳大任《地理志》原本於所記各州境內具體地點、景觀下多有簡要解說,元人修今本《地理志》時,曾對陳志原文大加刪節。成書於元代前期的《元一統志》述及遼代沿革曾大量徵引陳志,就現存佚文看,其中多未言所據,然亦間有明注出處者,或稱"契丹地志",或稱"契丹地理志",皆指陳志。如《滿洲源流考》引《元一統志》曰:"明王山在遼陽縣東三十里。《契丹地志》云:'夫餘王東明葬於此,因以爲名。'"④按明王山之名,見於今本《遼史·地理志》"東京遼陽府"條所轄山川,然僅存此名,而未著得名之由。同書又引《元一統志》口:"《契丹地理志》云:'浿水,即古泥河也。自東逆流數百里至遼陽,瀦蓄不流,有蕲芋草生於泊中,故名蕲芋泊。'"⑤此條在今本《遼史·地理志》中作"浿水,亦曰泥河,又曰蕲芋灤,水多蕲芋之草"⑥,節略之跡十分明顯。此外,金元明地志文獻暗引陳

①　《遼史》卷三七《地理志一》,第 497、503 頁。
②　《遼史》卷三七《地理志一》,第 502 頁。
③　《遼史》卷三七《地理志一》,第 501 頁。
④　阿桂、于敏中等:《欽定滿洲源流考》卷一四,臺北:商務印書館影印《文淵閣四庫全書》本,1986 年,第 499 册,第 672 頁上欄。
⑤　阿桂、于敏中等:《欽定滿洲源流考》卷一○,第 572 頁下欄。
⑥　《遼史》卷三八《地理志二》,第 519 頁。

氏《遼史‧地理志》者尚多,全面對比可以發現,元末史官修《地理志》時的確多有刪汰。如今本《遼史‧地理志》中京道總敘載該京著名山川時僅稱“有七金山、馬盂山、雙山、松山、土河”,而《元一統志》佚文中則有如下解説:(1)“七金山在大寧縣北十五里,東西長十里,南北廣五里,山有七峰,因名,遼時嘗建三學寺於中。”(2)“馬盂山在大寧縣西六十里,中有一峰,形類馬盂,故云。”(3)“松山在富庶縣西五十里,南北長二十里,東西廣五里,地多松,因名。”①此三條當主要出自陳大任《地理志》舊文,個別地名易之以元代稱謂,如第一、二條之“大寧縣”,遼時稱“大定縣”,而第三條之“富庶縣”則因元代未改,保留了遼時舊稱。將此三條與上引《營衛志‧行營》關於捺鉢地點的描述對比可知,記載重點與行文風格完全契合,顯然同出一源②。

　　陳大任《遼史‧地理志》曾於每處名勝下詳記其道里遠近、地域廣狹及得名之由,而元末史官的刪削工作卻使得今本《地理志》在記述某府、州下所轄山川、地點時除少數附有具體解説外,大部分皆僅存其名,《營衛志‧行營門》所記各捺鉢地詳情不見於今本的原因正在於此。更有甚者,如子河、伏虎林、廣平淀這三個地名,在今本《地理志》中全無蹤跡,亦當係元人刪略所致。其中廣平淀一條還能隱約找到被刪節後留下的遺痕,上引冬捺鉢條“廣平淀,在永州東南三十里,本名白馬淀……牙帳多於此坐冬”,《地理志》“永州”條稱“冬月牙帳多駐此,謂之冬捺鉢……又有高淀山、柳林

① 　《元一統志》卷二,趙萬里校輯,中華書局,1966年,第198、199頁。
② 　《元一統志》佚文與《遼史‧地理志》所記諸京山川名稱相合(或與遼代建置相關)者,其解説内容每有“南北長(廣)……里,東西廣(長)……里”的表述,此類文字在《一統志》其他部分並多不見,或係陳大任舊志的固定體例,上引行營門鴨子河、廣平淀兩條正與此合。

淀,亦曰(白)馬淀"①,對比可知,《地理志》所記"亦曰白馬淀"原本當係對廣平淀的解説,史官在倉促抄書時,删去廣平淀之名,反存其別名,致使文義不相連屬。

綜上,《營衛志·行營》所記捺鉢具體地點及相關解説當出自陳大任《遼史·地理志》"上京道"部分。陳志原文當有關於各地曾爲捺鉢場所或遼帝行幸活動的描述,元朝史官將其分別嵌入趙至忠《陰山雜録》所述四時捺鉢的總體框架之中,取代了趙氏原本所記之地。由於這些地點在陳大任原書中分散各處,元人在對其加以整合時亦不免露出拼接失當的痕跡,這一點在夏捺鉢條中表現最爲明顯:開首稱"無常所,多在吐兒山",其下卻先記道宗幸黑山賞金蓮、又幸子河諸事,而後又次第記吐兒山、黑山、子河之方位,頗覺敘述混亂、邏輯不清。這些條目當皆出自陳志"慶州"之下,原本的排布順序當爲:"黑山在慶州北十三里,上有池,池中有金蓮"——"吐兒山在黑山東北三百里,近饅頭山"——"子河在吐兒山東北三百里"——"道宗每歲先幸黑山,拜聖宗、興宗陵,賞金蓮,乃幸子河避暑",如此則文義貫通,自然曉暢,今本的混亂局面當係元人倉促拼湊、未暇打磨所致。

三、細節描摹——宋人使遼語録

以上兩種文本來源已足以覆蓋《營衛志·行營》的絕大部分,但仍有兩段記載在内容和文字風格上與此二者不合:

> 皇帝每至,侍御皆服墨緑色衣,各備連鎚一柄,鷹食一器,刺鵝錐一枚,於濼周圍相去各五七步排立。皇帝冠巾,衣時

---

① 《遼史》卷三七《地理志一》,第504頁。

服,繫玉束帶,於上風望之。有鵝之處舉旗,探騎馳報,遠泊鳴鼓。鵝驚騰起,左右圍騎皆舉幟麾之。五坊擎進海東青鶻,拜授皇帝放之。鶻擒鵝墜,勢力不加,排立近者,舉錐刺鵝,取腦以飼鶻。救鶻人例賞銀絹。皇帝得頭鵝,薦廟,群臣各獻酒果,舉樂。更相酬酢,致賀語,皆插鵝毛于首以爲樂。賜從人酒,遍散其毛。弋獵網鈎,春盡乃還。

皇帝牙帳以槍爲硬寨,用毛繩連繫。每槍下黑氈傘一,以芘衛士風雪。槍外小氈帳一層,每帳五人,各執兵仗爲禁圍。南有省方殿,殿北約二里曰壽寧殿,皆木柱竹榱,以氈爲蓋,彩繪韜柱,錦爲壁衣,加緋繡額。又以黃布繡龍爲地障,總、楅皆以氈爲之,傳以黃油絹。基高尺餘,兩厢廊廡亦以氈蓋,無門户。省方殿北有鹿皮帳,帳次北有八方公用殿。壽寧殿北有長春帳,衛以硬寨。宮用契丹兵四千人,每日輪番千人祗直。禁圍外卓槍爲寨,夜則拔槍移卓御寢帳。周圍拒馬,外設鋪,傳鈴宿衛。

這兩段文字分別是對春、冬兩季捺鉢遼帝活動或居住場所的細緻描摹,從文本内容和記述風格判斷,最有可能出自宋人出使遼朝歸國後所上語録或曰行程録。

關於遼朝春捺鉢捕鵝的場景,《遼史》另有兩處記載。一見於《地理志·南京道》"漷陰縣"條:

漷陰縣。本漢泉山之霍村鎮。遼每季春,弋獵於延芳淀,居民成邑,就城故漷陰鎮,後改爲縣。在京東南九十里。延芳淀方數百里,春時鵝鶩所聚,夏秋多菱芡。國主春獵,衛士皆衣墨綠,各持連鎚、鷹食、刺鵝錐,列水次,相去五七步。上風

擊鼓,驚鵝稍離水面。國主親放海東青鶻擒之。鵝墜,恐鶻力
不勝,在列者以佩錐刺鵝,急取其腦飼鶻。得頭鵝者,例賞銀
絹。國主、皇族、群臣各有分地。①

此段以"國主春獵"爲界明顯分爲兩部分,前者當出自陳大任《遼
史·地理志》,而後者三次呼遼帝爲"國主",是站在南朝本位對北
族君長的蔑稱,自然不會出自遼金文獻系統,當係宋人之語。將此
文本後半部分與前引《營衛志·行營》所記春捺鉢詳情加以對比,
不難看出二者基本内容完全契合,具體文辭亦多一致,惟《營衛志》
所記更爲詳明,而《地理志》則多有概括簡省,當屬同源異流。《營
衛志》在引述時將"國主"改作"皇帝",頗顯生硬,且行文未脱異域
獵奇的色彩,終難掩其史源之痕跡。
　　第二條記載十分簡短,以往不甚爲人所注意,實則具有重要價
值。《遼史·樂志·國樂》云:"春飛放杏堝,皇帝射獲頭鵝,薦廟燕
飲,樂工數十人執小樂器侑酒。"②按《樂志》乃元朝史官以中原樂
志爲主體框架,雜採舊史本紀、《遼朝雜禮》及南朝文獻拼湊而成的
二手文獻,其中的具體條目都可各自溯清源頭(參見本書第七章第
二節)。將此條與上引《營衛志·行營》關於春捺鉢"皇帝得頭鵝,
薦廟,群臣各獻酒果,舉樂"一語相比勘,二者情節一致、文辭相近
而具體内容互有參差,可以看出明顯的同源關係,《營衛志》所謂
"舉樂"即是對《樂志》"樂工數十人執小樂器侑酒"的省略,其中的
"皇帝"當皆由"國主"改換而來。換句話説,《營衛志》《地理志》
《樂志》三者關於春捺鉢的描述,很可能出自同一段宋人語録。

① 《遼史》卷四〇《地理志》,第564頁。
② 《遼史》卷五四《樂志》,第980頁。

　　值得注意的是，關於同樣一次捺鉢活動的具體地點，《營衛志》記在上京道之鴨子河，《地理志》記在南京道之延芳淀，而《樂志》則在中京道之杏堝，三者相去甚遠。仔細分析可知，《營衛志·行營》所記捺鉢地採自陳大任舊史《地理志》，而所記情節卻採自宋人語錄，雜糅之跡十分明顯；再覈諸《遼史》本紀，以延芳淀爲春捺鉢始於聖宗統和七年（986），迄於統和二十年，凡六次，當時聖宗連年對宋作戰，捺鉢之地多在南境，在此期間，宋朝自然不會遣使遼朝，更不會留下關於此地春捺鉢的詳細描寫，《地理志》所記亦難憑信。可見，《營衛》《地理》二志之文本實皆爲元人拼合所致，反而是記載最爲簡單、直接的《樂志》保留了原始記載的面貌。按杏堝在遼似非顯要之地，據《地理志》載，"太祖俘漢民居木葉山下，因建城以遷之，號杏堝新城"，後改新州，又改武安州①。該地作爲遼帝捺鉢之所三見於本紀，分別在天顯三年十二月、應曆四年冬、開泰五年九月②，知其主要爲遼中前期冬季避寒之地，《樂志》所記"春飛放杏堝"表明其亦嘗於開春捕鵝，則遼帝歲末年初皆可能駐帳於此。由此看來，作爲上述三志的共同源頭，宋人所記捕天鵝之場景很可能只是對某次杏堝飛放的特定描寫，但這樣的生動記述到了元朝史官筆下則完全變成了另外一副模樣，不僅被多次利用、對接於不同的捺鉢地點，更被泛化爲契丹春捺鉢的一般形象，深刻地影響了後人的判斷與認知。

　　相比春捺鉢，關於冬捺鉢的描寫在現存文獻中暫難找到同源文本。其中最明顯的"他者"筆觸在於稱遼帝居所爲"牙帳"，此詞是中

---

① 關於杏堝—武安州的建置沿革，爭議頗多，最新研究參見葛華廷《〈遼史·地理志〉武安州條釋疑》，《遼金歷史與考古》第 9 輯，科學出版社，2018 年，第 125—133 頁。

② 《遼史》卷三《太宗紀上》，第 32 頁；卷六《穆宗紀上》，第 81 頁；卷一五《聖宗紀六》，第 195 頁。

原文獻對北族汗廷的習慣性稱謂,而在遼朝文獻中則稱"御帳"、"御寨"或"行帳"。除此之外,我們還可徵引相關宋人使遼記載作爲參照。真宗天禧四年(遼開泰九年,1020)冬,宋綬出使契丹,回朝后所上《虜中風俗》有云:"復度土河,至木葉山,本阿保機葬處,又云祭天地之所。東向設氈屋,署曰省方殿,無階,以氈藉地,後有二大帳。次北,又設氈屋,署曰慶壽殿,去山尚遠。國主帳在氈屋西北,望之不見。"①宋綬出使屬宋遼通和初期,其所記爲遼聖宗木葉山冬捺鉢,其中"省方殿"與上引《營衛志·行營》同,"慶壽殿"則與"壽寧殿"名稱相近,然宋氏"無階,以氈藉地"的描寫遠比《營衛志》所記簡陋,顯非同一時期之情形。至哲宗元祐六年(遼大安七年,1091)彭汝礪使遼,作《廣平甸詩》,其序曰:"廣平甸,謂虜地險,至此廣大而平易云。初至單于行在,其門以蘆泊爲藩垣,上不去其花以爲飾,其上謂之羊箔門。作山棚,以木爲牌,左曰紫府洞,右曰桃源洞,總謂之蓬萊宮。殿曰省方殿,其左金冠紫袍而立者數百人,間之多酋豪,其右青紫而立者數十人。山棚之前作花檻,有桃杏楊柳之類,前謂丹墀,自丹墀十步謂之龍墀,殿皆設青花氈,其垎高二三尺,闊三尋,縱殺其半,由垎而登,謂之御座。"②此亦有"省方殿",而其餘"羊箔門"、"紫府洞"、"桃源洞"、"蓬萊宮"、丹墀、龍墀云云,皆不見於《營衛志·行營》,裝飾設置似較其更加繁複;時近遼末,彭氏所記廣平甸冬捺鉢情形已與金初上京仿遼制所建冒離捺鉢頗相類

---

① 賈敬顏:《五代宋金元人邊疆行記十三種疏證稿》,中華書局,2004年,第116—117頁。此本題作《契丹風俗》,乃襲四庫館改後之名。

② 彭汝礪:《鄱陽先生文集》卷八《廣平甸詩序》,《宋集珍本叢刊》影印清抄本,綫裝書局,2004年,第24冊,第82頁上欄。

似①。以上記載皆表明,遼帝冬捺鉢營地恐非固定建築,所謂宮、殿云云皆係氈帳,可隨時移動、改更,這造成了不同時代宮殿的形制、榜題多有變化。由此言之,《營衛志》對冬捺鉢的描寫,與宋人相關記載在敘述風格、關注對象等方面完全一致,而其史源所處時代則當介於仁宗至哲宗之間,所記地點亦未必爲廣平淀。

綜上所述,《遼史・營衛志・行營》所記春、冬兩季捺鉢細節的文本源頭當爲宋人使遼語録,然元人修史倉促,自無暇翻檢諸書以求得此零散之資料,須有一相對集中、現成的史源供其利用。究竟是何來源,需要結合《遼史》全書的總體情況作一推斷。我們發現,作爲官方文獻中關於遼朝史事最爲權威的記載,宋代的《會要》與《國史》皆流傳至元末,曾爲修《遼史》者所利用,但現存狀況卻截然不同。《宋會要・蕃夷・遼》因被整體抄入《永樂大典》卷五二五七"遼"字韻下,故而相對完好地保留在《宋會要輯稿》之中。經仔細比對,《遼史・地理志》明確稱引薛映、王曾二人語録,直接的文本來源即爲《宋會要》(詳見本書第六章第三節),但《營衛志・行營》春、冬捺鉢兩則卻不見於《會要》,當另有來源。宋之國史亡佚久矣,今人端賴馬端臨、王應麟諸家援引方知其梗概。具體到《契丹傳》,《文獻通考・四裔考・契丹》宋代部分實即據《國史》本傳節略而成,將此與今本《遼史》對比可知,元修諸志(如《兵衛志》等)曾屢屢徵引宋《國史・契丹傳》而未著出處,所引内容、文字又往往較《通考》節本加詳。如此看來,《國史・契丹傳》事實上構成了元末史官採摭遼朝史事的重要來源,其中可能包含諸多不見於現存

① 鍾邦直《宣和乙巳奉使金國行程録》(崔文印箋證:《靖康稗史箋證》,中華書局,2010年,第39頁)記金初上京之制云:"其山棚左曰桃源洞,右曰紫極洞,中作大牌,題曰翠微宮……階高四尺許,階前土壇方闊數丈,名曰龍墀。"

其他文獻的記載,《營衛志·行營》春、冬捺鉢中兩段"語録體"内容或即藉此路徑流傳至今。

四、結語:《遼史》的文本問題與契丹捺鉢研究的再出發

通過以上三節的分析,我們基本釐清了《遼史·營衛志》行營門的文本來源和生成過程。這篇關於契丹捺鉢制度的經典文獻,實際上是元朝史官雜糅三種不同系統、不同性質史料的結果:以趙至忠《陰山雜録》爲主體框架,嵌入陳大任《遼史·地理志》所記具體捺鉢地點,再引宋人使遼語録作爲細節填充。如此拼湊而成的二手文獻自然存在着諸多問題,也對後人認識契丹捺鉢制度帶來了困擾和阻礙。

首先,以《陰山雜録》作爲主體框架隱含的問題。(一)趙至忠入宋在遼重熙十年,故其所記主要爲聖宗後期、興宗初年之制,此個人片段記載是否可視作有遼一代之通制?(二)趙至忠自遼入宋,然究係漢人,其所理解的捺鉢多大程度上可以等同於契丹人之認知?

其次,以陳大任《地理志》所記爲主要捺鉢地存在的問題。(一)元人所選捺鉢地皆爲遼後期之情況(興宗、道宗朝),而趙至忠所記主要爲遼中期即聖宗朝之制,二者似不可貿然對接。(二)元人在倉促之間僅翻檢《地理志》上京道之記載,而未及其他四京,故重要捺鉢地多有遺漏。(三)《遼史》本紀所見遼帝捺鉢之所頗多,且從中可以看出一段時間内的臨幸頻率,絶大部分未得元人修志所採,而《地理志》只是針對一時一地之説明,以此作爲遼帝常駐地,是否能夠説明長時段的問題,值得懷疑。最典型的是吐兒山、伏虎林,在本紀中完全未見遼帝臨幸之蹤跡,史官以偶然記録爲一代定制,實屬貽誤後人。

其三,元朝史官雜糅不同時代之文獻,使得此篇志文的時間信

息完全喪失，敘述綫索出現混亂，難稱一時之制，更非一代之制，對於了解契丹捺鉢制度的形成、衍變更無助益。

其四，對於遼朝契丹人而言，離開上京之行帳即是捺鉢，並非居於某些特定地點，而金元時人所謂捺鉢已趨於固定場所，性質已類似漢式行宮，元末修《遼史》所記契丹捺鉢恐受到此後來觀念之影響。

總體而言，元人所作《營衛志・行營》對契丹捺鉢概念的理解存在偏差，在時間、地點和内容三方面均有刻板化、簡單化、片面化的情況。契丹人頭腦中的捺鉢是否一定按照農業社會之四時觀念加以劃分？遼朝捺鉢地何時開始相對固定化，又存在怎樣的分佈規律？每季捺鉢的活動内容是否截然區分？這些都是值得我們在弄清文本源流後重新思考的問題。目前看來，想要揭橥契丹捺鉢制度的真相，必須突破或抛開元人所拼湊出的敘述框架，將《遼史》本紀、《遊幸表》所記遼朝諸帝捺鉢活動（源出遼金舊史的編年記録）與出土遼代漢文石刻及契丹字資料所記"行在"、"捺鉢"結合起來，參考民族學、人類學關於遊牧社會行國體制的前沿成果，重新加以全面系統的研究。循此軌轍，我們或許可以看到一幅更加豐富鮮活、與以往所知大不相同的歷史圖景。

第三節　部族門：《遼史》部族敘述框架的衍生

《營衛志》部族門分上下兩部分，"部族上"記載契丹建國以前的部落發展史，與行營門共同組成卷三二，"部族下"則專記建國以後的部族制度，獨居卷三三。因此門涵蓋自契丹初見史籍至遼朝統治全盛時期長達七百餘年的歷史，所記部族問題又爲北方民族史研究的核心議題，故其中内容向來爲學界所推重，得到頻繁徵引、廣泛利用。然而與此同時，這篇重要文獻的材料來源、編纂過程等基本問題却始終没有得到徹底解決，致使其中可能隱含的缺陷一直處於遮蔽狀態，並在不知不覺間對研究者產生了誤導。本節即希望在充分尊重、檢討前人成果的基礎之上，將史書編纂的整體感覺與文本細節的具體推敲結合起來，對這一問題再加申論。

一、以往學界對於《營衛志·部族》的認識分歧

迄今爲止，學界對於《營衛志》部族門的利用，主要集中在兩個方面。其一，關於契丹建國以前歷史（又稱"契丹早期史"）的研究。在這類爲數衆多的論著中，《營衛志·部族上》常常被看作最核心、最基礎的材料，其所述"古八部——隋十部——大賀氏八部——遥輦氏八部——阻午可汗二十部"的發展脈絡也構成了人們討論問題的基本出發點，無論遵從抑或修正，都未曾跳脱這一叙述框架①。其二，關於遼代部族制度的研究。《營衛志·部族下》所記"遼內四部族——太祖二十部——聖宗三十四部——遼國外十部"的架構規定了有遼一代部族的範圍和規模，相關討論亦皆圍繞此展開②。上述兩方面討論，一縱一橫，交織成迄今爲止契丹部族問題研究的

---

① 如松井等《契丹勃興史》，《滿鮮地理歷史研究報告》第 1 輯，1915 年；陳述：《契丹史論證稿》，國立北平研究院史學研究所，1948 年，後增訂爲《契丹政治史稿》，人民出版社，1986 年；蔡美彪：《契丹的部落組織和國家的產生》，《歷史研究》1964 年第 5、6 期合刊，收入氏著《遼金元史考索》，中華書局，2012 年；張正明：《契丹史略》，中華書局，1979 年；舒焚：《遼史稿》，湖北人民出版社，1984 年；趙振績：《契丹族系源流考》，臺北：文史哲出版社，1992 年；于寶林：《契丹古代史論稿》，黃山書社，1998 年；孫進己、孫泓：《契丹民族史》，廣西師範大學出版社，2010 年等。

② 楊若薇：《釋"遼內四部族"》，《民族研究》1987 年第 2 期，又見氏著《契丹王朝政治軍事制度研究》，第 74—90 頁；武玉環：《契丹部族制度初探》，《史學集刊》2000 年第 1 期；劉浦江：《遼朝"橫帳"考——兼論契丹部族制度》，收入氏著《松漠之間——遼金契丹女真史研究》，中華書局，2008 年，第 53—72 頁；張宏利：《遼朝部族制度研究——以行政區劃的部族爲中心》，吉林大學博士學位論文，2015 年等。

經緯,它們都基於一個重要前提:《遼史·營衛志》部族門的史源來自遼朝的權威記載,能夠直接反映當時的歷史叙述乃至歷史真實。那麽,這一立論前提是否已成定讞甚至可以不證自明了呢?

仔細爬梳學術史可知,有關《營衛志·部族》文本來源的正面探討其實並不多見。馮家昇曾大略提出,這部分内容當出自遼人耶律儼《皇朝實錄·部族志》(説詳下文)[1]。很長一段時間裏,此説似乎就成了以往研究者默認的常識,大家在討論相關問題時都或明或暗加以因循,却並未見對馮説有所推進。直到近年楊軍特撰專文,纔進一步論述了《皇朝實錄》與《遼史》之關係,力證《營衛志·部族》主體内容出於耶律儼書,實爲研究契丹早期史領域最重要的材料[2],並以此爲基礎發表了一系列論斷[3]。

上述觀點代表了目前學界關於部族門史源的主流看法,然而這並不意味着該問題已没有再加斟酌的餘地。事實上,早在上世紀四十年代,傅樂焕就曾對《營衛志·部族上》的文本做過較爲深入的研究[4]。通過逐一比對歷代正史契丹傳,傅氏指出“部族上”的内容實乃“元人雜糅舊史記録及南朝傳説”而成。换句話説,元朝史官修《遼史》時所掌握的契丹早期史資料並不豐富,只得將遼朝方面的零星記載與中原各朝正史契丹傳拼合、雜糅。令人遺憾的是,或許由於傅氏此文並非專論《營衛志》,而只是其所謂“複文”

① 馮家昇:《遼史源流考·今本遼史之取材》,《遼史證誤三種》,中華書局,1959年,第27—28頁。
② 楊軍:《耶律儼〈皇朝實録〉與〈遼史〉》,《史學史研究》2011年第3期,第78—82頁。
③ 楊軍:《契丹早期部族組織的變遷》,《絲瓷之路——古代中外關係史研究Ⅱ》,商務印書館,2012年,第102—120頁;《契丹始祖傳説與契丹族源》,《首都師範大學學報(社會科學版)》2014年第6期。
④ 傅樂焕:《遼史複文舉例》“耶律七部、審密五部、八部”,原刊《中央研究院歷史語言研究所集刊》第16本,1948年1月,收入氏著《遼史叢考》,第302—312頁。據文末落款,此文作於1945年末。

研究的一個部分,如此有分量的研究成果竟然未能引起後來人的充分重視,討論契丹部族者鮮少提及傅氏之説,遑論在此基礎上作更爲深入的回應與研究①。

以上二説,前者稱《營衞志·部族》係遼朝官修實録之舊文,後者則謂其多出元末史官之手,可謂判然有別、扞格不入。由此看來,部族門的文本來源仍是一個遠未達成共識的問題,實有必要作一徹底清算,這樣纔有可能真正夯實研究契丹早期史、遼代部族制度等重大問題的史料基礎。

二、遼朝舊文還是元人新作? ——既有成説再檢討

欲知《遼史·營衞志》部族門的材料來源,須首先明瞭其文本結構。如前所述,該門上下兩篇分居卷三二、卷三三,"部族上"開首爲總序,其下依次爲"古八部"、"隋契丹十部"、"唐大賀契丹八部"、"遙輦氏八部"、"遙輦阻午可汗二十部"諸條,每條先列諸部名稱,之後附以簡單解説;"部族下"開篇又有一段序文,隨後依次爲"遼内四部族"、"太祖二十部"、"聖宗三十四部"、"遼國外十部",其中"遼内四部族"僅列其名,人祖、聖宗諸部於每部之下則加以詳細介紹,而"遼國外十部"除列名外亦稍有解説。乍看之下,此門結構完備、脉絡清晰,似有渾然一體之勢,然細繹其文,就會發現實際情況並非如此。

"部族上"開首總序云:

---

① 就管見所及,惟肖愛民曾注意到傅氏此説,並在其基礎上有所推進,惜未能全面深入探討部族門之史源。參見肖愛民:《契丹遙輦氏阻午可汗二十部考辨》,(韓國)《宋遼金元史研究》第 11 號,2006 年 12 月;《"分三耶律爲七 二.審密爲五"辨析——契丹遙輦氏阻午可汗二十部研究之二》,《内蒙古社會科學》2005 年第 2 期;《遼朝大賀氏考辨——契丹遙輦氏阻午可汗二十部研究之四》,《内蒙古師範大學學報》2005 年第 4 期。

部落曰部，氏族曰族。契丹故俗，分地而居，合族而處。有族而部者，五院、六院之類是也；有部而族者，奚王、室韋之類是也；有部而不族者，特里特勉、稍瓦、曷朮之類是也；有族而不部者，遥輦九帳、皇族三父房是也。

奇首八部爲高麗、蠕蠕所侵，僅以萬口附于元魏。生聚未幾，北齊見侵，掠男女十萬餘口。繼爲突厥所逼，寄處高麗，不過萬家。部落離散，非復古八部矣。別部有臣附突厥者，内附於隋者，依紇臣水而居。部落漸衆，分爲十部，有地遼西五百餘里。唐世大賀氏仍爲八部，而松漠、玄州别出，亦十部也。遥輦氏承萬榮、可突于散敗之餘，更爲八部；然遥輦、迭剌别出，又十部也。阻午可汗析爲二十部，契丹始大。至于遼太祖，析九帳、三房之族，更列二十部。聖宗之世，分置十有六，增置十有八，并舊爲五十四部；内有拔里、乙室己國舅族，外有附庸十部，盛矣！

其氏族可知者，略具皇族、外戚二表。餘五院、六院、乙室部止見益古、撒里本，涅剌、烏古部止見撒里卜、涅勒，突吕不、突舉部止見塔古里、航幹，皆兄弟也。奚王府部時瑟、哲里，則臣主也。品部有拏女，楮特部有汪。其餘世繫名字，皆漫無所考矣。

《舊志》曰："契丹之初，草居野次，靡有定所。至涅里始制部族，各有分地。太祖之興，以迭剌部强熾，析爲五院、六院。奚六部以下，多因俘降而置。勝兵甲者即著軍籍，分隸諸路詳穩、統軍、招討司。番居内地者，歲時田牧平莽間。邊防紇户，生生之資，仰給畜牧，績毛飲湩，以爲衣食。各安舊風，狃習勞事，不見紛華異物而遷。故家給人足，戎備整完。卒之虎視四方，强朝弱附，東踰蟠木，西越流沙，莫不率服。部族寔爲之爪牙云。"①

　　以上文字在現存《遼史》的最早版本百衲本中原爲一段②,兹爲論
述方便,依點校本分爲四段。其中首段先論"部"、"族"之定義,並
以此爲標準將契丹部族劃分爲四類;次段簡要勾勒契丹部族發展
主綫,從最初的奇首八部(即古八部)到建國後太祖、聖宗諸部,總
括全門之内容;第三段交代所見部族材料中人名世系"可知"、"無
所考"的部分;第四段引"舊志"序文,以與上文相區別。將以上引
文合而觀之,不難看出此序當出自元朝史官之手,其中第三段特別
提到元人修史時所新作之《皇族表》與《外戚表》,可見此序文應該
是在統籌全書内容之後所寫。

　　對於上述序文的來源,以往的研究者似乎未有太多爭議,問題
的關鍵在於"舊志曰"以下文字的歸屬。元人引舊志序有"涅里始
制部族"一語,馮家昇根據《遼史·世表》中"泥禮,耶律儼遼史書爲
涅里,陳大任書爲雅里,蓋遼太祖之始祖"的記載③,率先指出此
"舊志"當指耶律儼《皇朝實録》,又據卷三三《營衛志·部族下》序
文所稱"舊史有《部族志》"④,推知元人所據乃耶律儼書之《部族
志》,進而認爲"今本《營衛志》分部族上、部族下,即係舊目",且此
二節獨有涅里,而無雅里,當即耶律儼志⑤。馮氏關於元人所引"舊
志"當指耶律儼《部族志》的判斷合情合理,可謂不刊之論,但其僅
據"有涅里而無雅里"徑直論定部族門上、下的全部内容皆出於儼

①　《遼史》卷三二《營衛志中》,第426—427頁。

②　《遼史》卷三二《營衛志中》,影印百衲本,臺灣商務印書館,1988年,葉4a—5a。

③　《遼史》卷六三《世表》,第1057頁。

④　《遼史》卷三三《營衛志下》,第435頁。

⑤　馮家昇:《遼史源流考·今本遼史之取材》,第27—28頁。

書,未免失之武斷。

　　大概是受到馮氏的啓發,楊軍近年著《耶律儼〈皇朝實録〉與〈遼史〉》一文進一步明確提出,《營衛志》部族門自上引"舊志曰"以下直至次卷部族下卷末,皆抄自耶律儼《皇朝實録·部族志》舊文,只有卷三三開頭之序文係元人重新分卷後所加。其主要論據有三:其一,部族上"古八部"條見"今永州木葉山有契丹始祖廟"一語,而金朝陳大任或元末史臣修《遼史》時木葉山所在之永州早已不存,故此段文字當出自耶律儼之書;其二,根據"古八部"條體例與之後諸條吻合,推定全篇當同出一源;其三,部族門序文與正文"隋契丹十部"條存在重複雷同,如果二者同出於元人之手,這種寫法就"無法理解了"①。

　　不難看出,第二、三條都屬於附加性、推導性論據,而第一條即"今永州"云云纔是楊文立論的基礎,但這一基礎其實並不穩固。試看古八部條之記載:

　　　　古八部:悉萬丹部。何大何部。伏弗郁部。羽陵部。日連部。匹絜部。黎部。吐六于部。　　契丹之先,曰奇首可汗,生八子。其後族屬漸盛,分爲八部,居松漠之間。今永州木葉山有契丹始祖廟,奇首可汗、可敦併八子像在焉。潢河之西,土河之北,奇首可汗故壤也。②

正如傅樂煥所述,此段乃合《魏書·契丹傳》記載及契丹民族固有傳説而成③。其中八部之名源出《魏書》,而奇首可汗八子傳説則

①　楊軍:《耶律儼〈皇朝實録〉與〈遼史〉》,第 79—80 頁。
②　《遼史》卷三二《營衛志中》,第 427—428 頁。
③　傅樂煥:《遼史複文舉例》,第 304 頁。

取自遼方文獻。楊文特別强調的"今永州"問題,亦可從文獻源流的角度重新加以審視。今本《遼史·地理志》永州條云:"有木葉山,上建契丹始祖廟,奇首可汗在南廟,可敦在北廟,繪塑二聖并八子神像。"①將此段與上引文中"今永州木葉山有契丹始祖廟,奇首可汗、可敦併八子像在焉"對比可知,二者當同出一源而詳略有別,《地理志》所記更爲具體(如提到可汗、可敦分居南、北兩廟),"古八部條"則概括性更强。很明顯,後者不會是原始記載的本來面目,而是剪裁加工之後的產物,只不過其中"今永州"一語保存了其所據史源的原文罷了。那麼,今本《遼史·地理志》與《營衛志·部族門》上述記載的共同史源又是什麼呢?結合全書情況判斷,它們很可能出自耶律儼《皇朝實錄·本紀》中的先祖事迹。馮家昇曾根據今本《遼史·世表》引"耶律儼《紀》"有關阿保機四世祖的記載指出,《皇朝實錄》原本在《太祖紀》前可能有類似《魏書·序紀》的先祖事迹②。新近的研究在此基礎上對《皇朝實錄》所記先祖事迹的佚文、體例和結構加以詳細考索後發現,這一部分內容構成了契丹王朝關於早期歷史的權威叙述,今本《遼史》的相關內容多取資於此③,此處所論兩則關於永州木葉山契丹始祖廟的記載即是典型的例證。二者蓋皆源自《皇朝實錄》先祖事迹中有關奇首可汗的叙述,惟因各自需要採摭有所不同:《地理志》以"永州"爲條目之名,其後叙該州風物,在行文中自然删去原本"今永州"字樣而徑稱"有木葉山"云云;《營衛志·部族上》則未作調整,照抄耶律儼舊文。今本《地理志》以陳大任舊志爲藍本(詳見本書第六章),上引內容

---

① 《遼史》卷三七《地理志一》,第504頁。
② 馮家昇:《遼史源流考》,第26頁。
③ 參見苗潤博《記憶·遺忘·書寫:基於史料批判的契丹早期史研究》,北京大學博士學位論文,2018年,第96—99頁。

由耶律儼書進入陳史舊志時當已遭改易，而元修《營衛志》“古八部”條“今永州”一語則直接摘録《皇朝實録》本紀所記先祖事迹，繼而將其與《魏書·契丹傳》相綴合。要之，上引“古八部”條並非遼人舊文，當係拼接雜糅後的二手文獻，以此爲基點推定部族門整篇文獻源出耶律儼《部族志》恐難成立，而此立論基礎一旦遭到瓦解，其他兩條論據自亦無所附麗。

　　從上面的分析可知，“遼朝舊文説”的主要論據在於對“涅里”、“今永州”等個別字眼進行溯源性研究，這樣的路徑可能存在着方法論層面的缺陷。**作爲孤立的、碎片的史料常常具有流動性和不穩定性，它們完全可能被史家從原本的文本環境中抽離出來，放入新的文本之中，從而形成全新的歷史叙述。**換句話説，常常存在這樣一種情況，後世史官雜抄原始材料時没有進行徹底的劃一統稿，因而保留了原本帶有時代標識的字樣，僅僅依靠這些局部特徵來推定整體文本，特别是其中叙述框架的來源，往往會冒較大風險。事實證明，對於倉促成書、以雜糅抄撮爲能事的《遼史》來説，此類風險尤甚。

　　不同於上述針對個別史料的碎片式溯源，傅樂焕更傾向於從文獻的整體感覺切入問題。在將“古八部”、“隋契丹十部”、“唐大賀契丹八部”、“遥輦氏八部”、“遥輦阻午可汗二十部”諸條與歷代正史契丹傳加以逐一對比之前，他首先注意到《營衛志·部族下》開首有一段稍顯奇怪的序文：

　　　　遼起松漠，經營撫納，竟有唐、晋帝王之器，典章文物施及瀚海之區，作史者尚可以故俗語耶？舊史有《部族志》，歷代之所無也。古者，巡守于方岳，五服之君各述其職，遼之部族實似之。故以部族置宮衛、行營之後云。①

從行文起勢、所述内容看，此段顯然不只是部族門下半部分的序文，而更似部族門之總序，末句"故以部族置宮衛、行營之後云"越發表明此文原本緊接今本《營衛志》宮衛、行營二門之後，如今的模樣應是經過再次調整的結果，不可能全出遼人之手。同時傅氏還指出，前引耶律儼《部族志序》謂"契丹之初，草居野次，靡有定所，至涅里始制部族，各有分地"，知舊志叙部族僅上溯至涅里。根據《遼史》的記載，涅里的生活年代約在唐開元天寶年間，因此今本《部族上》所謂"古八部"、"隋十部"、"唐大賀八部"、"遥輦氏八部"諸條皆非《皇朝實録・部族志》舊文，而是元人據前史契丹傳敷衍而成，至於最末之"遥輦阻午可汗二十部"一條則係合抄舊史契丹傳(八部之名)與《舊部族志》(有關涅里之事實)所致。

基於這些宏觀把握，傅氏認爲元朝史官纂修《營衛志》部族門經歷過兩個階段，起初僅據耶律儼《部族志》舊文完成今《部族下》之内容，爲第一次所修之全文，元人所加者僅上述"遼起松漠，經營撫納"至"故以部族置宮衛、行營之後云"一段序文而已；後來又雜抄前朝諸史《契丹傳》及零星遼人舊文匯成上卷，而以先成部分改爲下卷，又新作總序，且將舊史序文移置於前，這纔有了今天我們所看到的《營衛志・部族門》②。

以上分析可謂鞭辟入裹，寥寥數語就點出了問題的癥結所在。"部族下"開首序言在整體結構和行文用語上的格格不入正是元朝史官留下的最大破綻，而"部族上"開篇所引舊志序文則是我們還

① 《遼史》卷三三《營衛志下》，第435頁。
② 傅樂煥：《遼史複文舉例》，第303—304頁。

原《皇朝實錄‧部族志》本來面貌的關鍵綫索。依傅氏所言,今本《遼史‧營衛志》"部族上"除引舊志序文之外的主體内容皆爲元人所新作,其方法正是"雜糅舊史記錄及南朝傳説",而"部族下"除開首小序外皆屬耶律儼《部族志》之舊文。在我看來,傅氏的整體思路幾乎無懈可擊,對於"部族上"的基本判斷亦屬真知灼見①,惟其對"部族下"文本來源的甄别猶頗存未盡之義,實有待後來者展開更爲深入、細緻的探討。下節的分析將會表明,除了一手炮製"部族上"文本之外,元朝史官還對"部族下"的内容動過手脚,且他們所作的工作也絶非剪裁、雜糅史料這樣簡單,而是對契丹部族的概念和範圍加以全新定義,進而重構了整個契丹部族發展史。

三、充凑篇幅的急就章:元朝史官對契丹部族的概念重構與文本製造

上文提到,《營衛志‧部族下》自小序以下,分"遼内四部族"、"太祖二十部"、"聖宗三十四部"、"遼國外十部"四部分,竊以爲其中首尾兩條即"遼内四部族"與"遼國外十部"亦非《皇朝實錄》舊文,而係元朝史官所加。兹先引此二條原文,再述判斷依據:

> 遼内四部族:遥輦九帳族。横帳三父房族。國舅帳拔里、

① 傅文對於"部族上"史源的判斷結論大體無誤,稍可議者僅最後"遥輦阻午可汗二十部"一條。傅氏認爲其中"涅里相阻午可汗,分三耶律爲七,二審密爲五"一語當出耶律儼《皇朝實錄‧部族志》,而肖愛民指出"三耶律爲七,二審密爲五"實際上是元朝的修史者把遼朝建國後分皇族爲七個族帳、后族分爲五個帳族的事情誤置於遥輦阻午可汗之時(參見前揭氏著《"分三耶律爲七 二審密爲五"辨析——契丹遥輦氏阻午可汗二十部研究之二》)。肖氏所論基本在史實層面澄清了此處文本的致誤之由,不過最新的研究成果顯示,此誤實源於金朝陳大任所作《遼史》,元人只是因襲舊文罷了。參見苗潤博《記憶‧遺忘‧書寫:基於史料批判的契丹早期史研究》,第76—78頁。

乙室已族。國舅別部族。①

遼國外十部：烏古部。敵烈八部。隗古部。回跋部。崑
母部。吾禿婉部。迭剌葛部。回鶻部。長白山部。蒲盧毛朵
部。 右十部不能成國，附庸於遼，時叛時服，各有職貢，猶唐
人之有羈縻州也。②

之所以謂以上兩條斷非遼人舊文，理由有三。

其一，二者體例與《部族志》所記太祖、聖宗諸部不合。如上所
述，太祖二十部及聖宗三十四部皆爲每列一部之名，其後即附以解
說，無一例外，可見此爲《皇朝實錄·部族志》之固定體例。而"遼
內四部族"僅有名稱而無解說，"遼國外十部"則是羅列十部之名後
統一作一交代，後者體例恰與部族上"古八部"諸條完全一致，當皆
爲元人所作。

其二，二者統稱之名與遼朝當時用語不協。遼朝當時人自稱
本朝多作"大遼""皇遼""皇朝""大朝"等等，未見有直呼"遼"及
"遼國"者，作爲遼朝官修史書的《皇朝實錄》當然不會在這種問題
上稍有差池，此類名稱顯出自後世史官之手。

其三，二者所反映的是元朝史官對"部族"的定義，而與遼朝當
時文獻的用法特別是耶律儼《部族志》的記載標準大相徑庭。如果
說前面兩點尚屬形式上、相對淺表的破綻，那麼這第三點顯然更爲
深入、更能觸及問題的核心，實有必要稍加展開。

前引元人所作《部族門》總序開首即稱"部落曰部，氏族曰族"，

① 《遼史》點校本修訂本曾指出，此處百衲本作"國舅別部"，明鈔本、南監本、北監本、
殿本皆作"國舅部族"（參見《遼史》卷三三校勘記一，第 445 頁）。現在看來，原文
極有可能寫作"國舅別部族"，百衲本與其餘諸本恐各奪一字，判斷理由詳下。
② 《遼史》卷三三《營衛志下》，第 435—436、444—445 頁。

進而以此爲標準將其所定義的"部族"分爲有族而部者、有部而族者、有部而不族者、有族而不部者四類,其中第四類即以遥輦九帳、皇族三父房爲例。由此可見,在元朝史官看來,部族首先應該包括部落和氏族兩部分,像遥輦九帳、皇族三父房、國舅帳這樣僅有氏族而非部落的帳族亦可納入"部族"的範疇。同時,此總序第二段將古八部以下直至太祖二十部、聖宗三十四部、"外有附庸十部"等等都納入同一叙述脉絡中來,正與全門所記具體内容相合,知元人所謂"部族"除了作爲遼朝建立以後的部落、氏族的統稱外,還包括建國以前的契丹部族以及遼朝直接統治之外、與遼有過羈縻朝貢關係的外族。

那麽,元人對於部族的上述定義是否符合遼朝人當時的概念呢? 正如以往研究者所指出,阿保機建國前後,對契丹傳統的部族制度進行了重大改革,一方面將若干部落重新組合,將過去的部落聯盟改造成帝國體制下的行政、軍事組織,如太祖二十部,這種部落被稱作部族;另一方面,則是將若干氏族獨立出來,如遥輦九帳、横帳三父房、國舅帳、斡魯朵,統稱爲宫帳或帳族①。可以肯定的是,遼代"部族"與"帳族"有着嚴格的區分,在契丹小字石刻中,部族、部落寫作 ，大致拼讀作 no-u-ur②,而表示帳族、宫帳的詞則因標識對象不同而有所差異,寫作 、 等,但從未見有以 稱之者;與此相對應,通檢《遼史》及遼代漢文石刻,亦未發現一例遼朝

① 參見劉浦江《遼朝横帳考》,《松漠之間——遼金契丹女真史研究》,第54頁。
② 出現具體位置及頻率參見劉浦江、康鵬主編《契丹小字詞匯索引》,中華書局,2014年,第272頁;擬音參清格爾泰著《契丹小字釋讀問題》,東京外國語大學亞非語言文化研究所,2002年,第26—28頁。

當時人以部族指稱帳族者①。由此可見,在遼朝當時人看來,"部族"的範圍很明確,就是指普通的部落,而不包括帳族之屬。

最能反映遼朝官方意志者自然當屬前引《皇朝實録·部族志》的序文。此序開首云"契丹之初,草居野次,靡有定所,至涅里始制部族,各有分地",可見其所記部族從一開始就是指各個居地相對固定的部落。其後又云:"太祖之興,以迭剌部强熾,析爲五院、六院。奚六部以下,多因俘降而置。"這算是從縱向上對太祖、聖宗諸部的概括,而接下來"勝兵甲者"、"番居内地者"、"邊防糺户"云云,則是從橫向上將這些"部族"劃爲三類,有的部落歸於軍籍,有的在内地游牧田獵,而有的則在邊疆駐守,太祖、聖宗諸部皆可對號入座,其共同點在於都被納入契丹王朝的管理體制之内,因此序文末尾在總結"部族"對於遼朝虎視四方的作用時,形象地將其比作"爪牙"。要之,耶律儼《部族志》所記"部族"在定義上與其他遼代文獻並無二致,即指狹義之部落,同時此志所記僅爲遼朝直接統轄範圍内分守四方的各個部落,實爲記録遼代部族體制的專志,正符合耶律儼書作爲契丹王朝一代正史的内在要求。

明乎此,判定所謂"遼内四部族"和"遼國外十部"兩條並非《皇朝實録·部族志》原文就順理成章了。"遼内四部族"皆屬帳族,而非部落,且其並非各居分地,而是隨當朝皇帝斡魯朵四處捺鉢②,在遼人看來其爲王朝之"腹心"而非"爪牙",顯然不屬耶律儼志文所記範圍。也正因如此,部族下"太祖二十部"條纔會有如下

---

① 除上引元人所作《部族門》總序及"遼内四部族條"外,以"部族"指稱帳族者,遍檢《遼史》僅見《國語解》"常衮"所謂"官名,掌遥輦部族户籍等事"一條。按《國語解》整卷皆出於元朝史官之手,此條自不例外。
② 參見楊若薇《契丹王朝政治軍事制度研究》第一篇第四節《釋"遼内四部族"》,第74—90頁。

記載："太祖二十部。二國舅升帳分，止十八部。"①意謂太祖時期原有二十部，至太宗朝乙室己、拔里二部升爲國舅帳②，不再屬於部族，自不與《部族志》之列，故所謂的二十部其實在正文中只有十八部③。至於所謂"遼國外十部"這樣"時叛時服，各有職貢"的部族，始終游離於遼朝部族體制之外，顯然也不會被納入到《部族志》中。

　　綜上可知，《營衛志·部族下》"遼內四部族"、"遼國外十部"兩條實際上是元朝史官基於對契丹部族的重新定義所增加的內容，與遼人當時的概念相去甚遠④。抓住這一關鍵的概念差異，我們可以更加深入地剖析整個《遼史·營衛志》部族門的文本生成過程。

　　正如傅樂煥所指出，元朝史官曾先後兩次纂修《營衛志·部族門》，第一次僅僅簡單抄録舊志，開篇加一小序，而第二次則進行了大幅的擴充。以上討論可進一步證明，元人的後續增修不僅僅在篇幅上雜抄前史《契丹傳》以補充建國以前的部分，更從概念上對遼代部族作了重新定義，進而根據這一新的定義對全篇內容特別是建國以後的部分進行了重構。前引卷三三"部族下"開首保存的元人第一次纂修此門時所作小序云："古者，巡守於方岳，五服之君各述其職，遼之部族實似之。"其中"部族"所指尚局限於巡守四方

----

① 《遼史》卷三三《營衛志下》，第 436 頁。

② 《遼史》卷三《太宗紀》上，天顯十年(935)四月丙戌，第 39 頁。

③ 《遼史》卷三七《地理志上》上京道"泰州條"(第 503 頁)云："本契丹二十部族放牧之地。"同卷"靜邊城"(第 509 頁)條曰："本契丹二十部族水草地。"疑所謂"契丹二十部族"即太祖二十部之別稱，益可見遼人"部族"之所指。

④ 此外，在《遼史》其他部分及遼代石刻中，遙輦九帳、橫帳三父房、國舅帳拔里、乙室己及國舅別部雖可統稱"帳族"，但從未見其具體某一帳、房、部名稱之後直接著以"族"字，而《營衛志·部族門》所見"遼內四部族"每一名後皆有此字，顯然也是元人爲符合其對"部族"的定義(即所謂"族而不部"者)刻意所加，這正是前文"國舅別部族"一名的由來。

之部落,而未包含居於統治核心之帳族,亦與建國以前之部族無涉。與此類似,在整個《營衛志》的開頭部分也有一段總序,其文曰:"有遼始大,設制尤密。居有宮衛,謂之斡魯朵;出有行營,謂之捺鉢;分鎮邊圉,謂之部族。"①此序顯然亦爲元人操觚,其中對部族的定位與耶律儼《部族志》所謂"爪牙"之論及"部族下"開首小序"巡守於方岳"可謂一脉相承。由此判斷,史官在第一次纂修部族門時尚未萌生"部族"包含部落、氏族(帳族)兩部分的概念,僅因襲舊志撰寫小序、勒成一門,並完成了《營衛志》總序。可見直到整篇《營衛志》的初稿完成之時,元朝史官概念裏的"部族"還與遼人舊文一致,只是到第二次纂修時纔改弦更張。

這一觀點還可以得到《遼史》其他部分中元人相關叙述的佐證,《遼史·地理志》開首《總序》在概括遼朝的管轄範圍時云:"總京五,府六,州、軍、城百五十有六,縣二百有九,部族五十有二,屬國六十。"②此序爲元人所作,其中稱"部族五十有二",顯然是將太祖十八部和聖宗三十四部相加的結果,可見撰寫《地理志序》的史官所據原始材料僅見太祖、聖宗諸部,而無其他內容,正與上文所論若合符契。這樣的破綻正好反映出元修《遼史》之《地理志》與《營衛志·部族門》非出一人之手,亦非同時完成:《部族門》曾經先後兩次纂修,而《地理志》應該在《部族門》第二次纂修之前即已完成,全書最終告竣時也未及統籌劃一。

接下來的問題在於,元朝史官爲什麼要對本已完成的《營衛志·部族》再如此大費周折、加以補撰呢? 對比《營衛志》宮衛、行營、部族三門的現有篇幅,不難想像元人修史時的具體情景:宮衛、

---

① 《遼史》卷三一《營衛志一》,第409—410頁。
② 《遼史》卷三七《地理志一》,第496頁。

部族兩者因有遼、金舊志作爲依托，内容充實，篇幅適當，皆可各佔一卷，惟行營一門係其撮取《陰山雜録》、陳大任《遼史地理志》、宋人語録等零散材料而成，過於單薄，不足以獨立成卷，又不便與其他二門合併①。可以推知第一次纂修成稿時，三者篇幅過於懸殊，這纔有了部族門的第二次增修。可以説，正是這次不得已的增修工作，徹底改變了《遼史・營衛志・部族》的整體面貌，也極大地影響、塑造了後人對契丹部族發展史的認知。

　　明白了上述稍顯曲折的文本源流，我們再回頭來看以往備受推崇的《遼史・營衛志》部族門，態度自然會有很大的不同。該門内容除開首所引舊志序文及太祖二十部、聖宗三十四部出自耶律儼《皇朝實録・部族志》外，其餘文字當皆爲元朝史官所新作；而這些新增文字的本質，其實就是他們爲充湊篇幅而形成的急就章。在編纂過程中，元人增撰長篇序文，對契丹部族作了重新定義和曲解，完全改變了部族門的記載範圍；將部落與氏族（帳族）、外族皆混稱部族，並加以間架分類，不僅與遼朝當時人的看法相去甚遠，更給後來有關契丹部族制度的研究帶來了很大的干擾；同時，納入建國以前的部族，雜糅中原文獻系統和遼朝文獻系統，拼接出契丹自北魏至唐末的綫性發展框架，最終成爲有關契丹早期歷史的權威叙述——如此臨時炮製出的二手文本，究竟在多大程度上反映了遼朝當時的歷史記憶，又與歷史的本相有幾多距離，無疑都成爲擺在契丹史研究者們面前的嶄新議題。

---

① 據粗略統計，今本《營衛志》行營門全篇僅一千三百餘字，而宮衛一門約三千字，“部族下”除却元人增補的“遼内四部族”及“遼國外十部”兩條，加上部族上所引舊志序文，總數亦逾三千。

第五章 《兵衛志》

  《遼史·兵衛志》專記有遼一代軍事制度。此志分上中下三卷，卷上開首爲序言，後爲"兵制"一項；卷中列"御帳親軍""宮衛騎軍""大首領部族軍""衆部族軍"四項；卷下則係"五京鄉丁""屬國軍"和"邊境戍兵"三項，其中在"邊境戍兵"之前有一結語，收束全篇①。

  關於《兵衛志》的文本來源，前人曾有過一些分析和判斷。由於該志結語有"舊志言兵"云云，而序言又稱阿保機先祖爲"雅里"，馮家昇據此推斷，金人陳大任《遼史》中有相應志書，當爲元人修史時所本②。這一論斷基本無誤，但問題的關鍵在於，陳大任舊志的記載範圍是什麼？今本《遼史·兵衛志》中哪些是舊史原文，又有哪些爲元朝史官所新作？對此，鄧廣銘在20世紀50年代發表的一篇研究成果其實已爲我們指明了方向。據他考證，《兵衛志》卷中"御帳親軍""大首領部族軍"兩項最初的史料源頭實爲宋太宗時人宋琪所上"平燕薊十策"，後輾轉進入《契丹國志·兵馬制度》，元末修《遼史》時未明原委而據《國志》抄入《兵衛志》，

---

① 《遼史》卷三四、三五、三六，中華書局點校本修訂本，2016年，第449—491頁。
② 馮家昇：《遼史源流考》，《遼史證誤三種》，中華書局，1959年，第30—32頁。

平添了諸多謬誤①。由此可見，今本《兵衛志》多有元人增竄之文，遠非陳大任《遼史》之舊。近年來，王曾瑜在研究遼代軍制時談到："《兵衛志》説'《舊志》言兵，唯以敵宋爲務'，可知舊史兵衛志的記載，大致相當於《遼史》卷三四《兵衛志・兵制》的部分，至於御帳親軍等七個事目，乃是元人修《遼史》時所增添，謬誤甚多。"②此説謂《兵衛志》僅有卷上"兵制"部分爲舊史原文，而中、下兩卷皆爲元人新作，無疑是對鄧文的實質性拓展，惜其僅點到爲止，未遑深論。

　　上述研究對於我們深入認識、利用《兵衛志》的文本具有重要啓示意義，在此基礎上繼續挖掘，完全可望徹底解決這篇志文的史源問題③。本章擬就以下三個核心問題展開進一步討論：其一，歷代正史記載軍事制度之文皆名"兵志"，緣何《遼史》獨作《兵衛志》？與此前之《營衛志》有何文本關聯？其二，《兵衛志上》"兵制"部分是否如前人所説，全爲舊史原文？其三，《兵衛志》中、下兩卷倘果爲元人新作，其撰作依據及史料來源又是什麼？

---

① 署名鄺又銘：《遼史兵衛志"御帳親軍""大首領部族軍"兩事目考源辨誤》，《北京大學學報》1956 年第 2 期，第 69—80 頁。

② 王曾瑜：《遼金軍制》，河北大學出版社，2011 年，第 65 頁。

③ 拙著校樣修改階段，得見武文君《〈遼史・兵衛志〉的史源與史料價值》一文（《史學理論與史學史學刊》第 20 卷，社會科學文獻出版社，2019 年 9 月，第 105—121頁）。該文認爲《兵衛志》全篇以耶律儼《皇朝實録》及陳大任《遼史》爲底本，參考以《宋會要》爲代表的中原官方文獻，並未採用《文獻通考》《契丹國志》這樣的私家著述，具有重要的史料價值。按此説對於元人所據遼金舊史及《宋會要》《文獻通考》等文獻的總體把握有所偏差，細部文本的考辨方面亦欠詳明，故所論難以令人信服。

第一節 序文剖析

《兵衛志序》是考察該志文本來源與生成過程的重要綫索,其文曰:

> 軒轅氏合符東海,邑于涿鹿之阿,遷徙往來無常處,以兵爲營衛。飛狐以北,無慮以東,西曁流沙,四戰之地,聖人猶不免於兵衛,地勢然耳。
>
> 遼國左都遼海,右邑涿鹿,兵力莫彊焉。其在隋世,依紇臣水而居,分爲十部。兵多者三千,少者千餘。順寒暑,逐水草畜牧。侵伐則十部相與議,興兵致役,合契而後動。獵則部得自行。至唐,大賀氏勝兵四萬三千人,分爲八部。大賀氏中衰,僅存五部。有耶律雅里者,分五部爲八,立二府以總之,析三耶律氏爲七,二審密氏爲五,凡二十部;刻木爲契,政令大行,遜不有國,迺立遙輦氏代大賀氏,兵力益振,即太祖六世祖也。及太祖會李克用于雲中,以兵三十萬,盛矣。
>
> 遙輦耶瀾可汗十年,歲在辛酉,太祖授鉞專征,破室韋、于厥、奚三國,俘獲盧帳,不可勝紀。十月,授大迭烈府夷離菫,明賞罰,繕甲兵,休息民庶,滋蕃群牧,務在戢兵。十一年,總兵四十萬伐代北,克郡縣九,俘九萬五千口。十二年,德祖討奚,俘七千户。十五年,遙輦可汗卒,遺命遜位于太祖。
>
> 太祖即位五年,討西奚、東奚,悉平之,盡有奚、霫之衆。六年春,親征幽州,東西旌旗相望,亘數百里。所經郡縣,望風皆下,俘獲甚衆,振旅而還。秋,親征背陰國,俘獲數萬計。神

册元年，親征突厥、吐渾、党項、小蕃、沙陀諸部，俘户一萬五千六百。攻振武，乘勝而東，攻蔚、新、武、媯、儒五州，俘獲不可勝紀，斬不從命者萬四千七百級。盡有代北、河曲、陰山之衆，遂取山北八軍。四年，親征骨里國，俘獲一萬四千二百口。五年，征党項，俘獲二千六百口。攻天德軍，拔十有二柵，徙其民。六年，出居庸關，分兵掠檀、順等州，安遠軍、三河、良鄉、望都、潞、滿城、遂城等縣，俘其民徙内地。皇太子略定州，俘獲甚衆。天贊元年，以户口滋繁，紽轄疎遠，分北大濃兀爲二部，立兩節度以統之。三年，西征党項等國，俘獲不可勝紀。四年，又親征渤海。天顯元年，滅渤海國，地方五千里，兵數十萬，五京、十五府、六十二州，盡有其衆，契丹益大。

<u>會同初，太宗滅唐立晉，晉獻燕、代十六州，民衆兵强，莫之能禦矣。</u>

此段除劃綫部分外，其餘内容皆可找到史源或内容相近的文本，謹表列如下。

表5-1:《兵衛志序》史源分析表

	《兵衛志序》	參照文本
1	其在隋世，<u>依紽臣水而居</u>，分爲十部。兵多者三千，少者千餘。順寒暑，逐水草畜牧。侵伐則十部相與議，興兵致役，合契而後動。獵則部得自行。	《隋書·契丹傳》：<u>依託紽臣水而居</u>……分爲十部。兵多者三千，少者千餘，逐寒暑，隨水草畜牧。有征伐，則酋帥相與議之，興兵動衆合符契。 《新唐書·契丹傳》：凡調發攻戰，則諸部畢會；獵則部得自行。

續表

	《兵衛志序》	參照文本
2	至唐,大賀氏勝兵四萬三千人,分爲八部。	《舊唐書·契丹傳》:其君長姓大賀氏,勝兵四萬三千人,分爲八部。
3	及太祖會李克用于雲中,以兵三十萬,盛矣。	《新五代史·四夷附録·契丹》:阿保機以兵三十萬會克用於雲州東城。
4	遥輦耶瀾可汗十年,歲在辛酉,太祖授鉞專征,破室韋、于厥、奚三國,俘獲廬帳,不可勝紀。十月,授大迭烈府夷離堇,明賞罰,繕甲兵,休息民庶,滋蓄群牧,務在戢兵。 十一年,總兵四十萬伐代北,克郡縣九,俘九萬五千口。 十二年,德祖討奚,俘七千户。 十五年,遥輦可汗卒,遺命遜位于太祖。	《太祖紀》(此下至第7欄皆同):唐天復元年,歲辛酉,痕德堇可汗立,以太祖爲本部夷離堇,專征討,連破室韋、于厥及奚帥轄剌哥,俘獲甚衆。冬十月,授大迭烈府夷離堇。 明年秋七月,以兵四十萬伐河東代北,攻下九郡,獲生口九萬五千,駝、馬、牛、羊不可勝紀。 明年……冬十月,引軍略至薊北,俘獲以還。先是德祖俘奚七千户,徙饒樂之清河,至是創爲奚迭剌部,分十三縣。 明年……明年……明年……丨二月,痕德堇可汗殂,群臣奉遺命請立太祖。曷魯等勸進。太祖三讓,從之。
5	太祖即位五年,討西奚、東奚,悉平之,盡有奚、霤之衆。 六年春,親征幽州,東西旄旗相望,亘數百里。所經郡縣,望風皆下,俘獲甚衆,振旅而還。秋,親征背陰國,俘獲數萬計。	(五年春正月)丙申,上親征西部奚。奚阻險,叛服不常,數招諭弗聽。是役所向輒卜,遂分兵討東部奚,亦平之。於是盡有奚、霤之地。 二月戊午,親征劉守光。三月,至自幽州。……秋七月丙午,親征尤不姑,降之,俘獲以數萬計。

	《兵衛志序》	參照文本
6	神册元年,親征突厥、吐渾、党項、小蕃、沙陀諸部,俘户一萬五千六百。	(神册元年)秋七月壬申,親征突厥、吐渾、党項、小蕃、沙陀諸部,皆平之。俘其酋長及其户萬五千六百,鎧甲、兵仗、器服九十餘萬,寶貨、駝馬、牛羊不可勝算。
	攻振武,乘勝而東,攻蔚、新、武、媯、儒五州,俘獲不可勝紀,斬不從命者萬四千七百級。盡有代北、河曲、陰山之衆,遂取山北八軍。	八月,拔朔州,擒節度使李嗣本。勒石紀功於青塚南。冬十月癸未朔,乘勝而東。十一月,攻蔚、新、武、媯、儒五州,斬首萬四千七百餘級。自代北至河曲踰陰山,盡有其地……十二月,收山北八軍。
	四年,親征于骨里國,俘獲一萬四千二百口。	(四年)冬十月丙午,次烏古部……破之,俘獲生口萬四千二百,牛馬、車乘、廬帳、器物二十餘萬。自是舉部來附。
	五年,征党項,俘獲二千六百口;攻天德軍,拔十有二栅,徙其民。	(五年)秋八月己未朔,党項諸部叛。辛未,上親征……冬十月辛未,攻天德。
	六年,出居庸關,分兵掠檀、順等州,安遠軍、三河、良鄉、望都、潞、滿城、遂城等縣,俘其民徙内地;皇太子略定州,俘獲甚衆。	(六年十月)丙子,上率大軍入居庸關。十一月癸卯,下古北口。丁未,分兵略檀、順、安遠、三河、良鄉、望都、潞、滿城、遂城等十餘城,俘其民徙内地。……(十二月)庚申,皇太子率王郁略地定州。
7	天贊元年,以户口滋繁,糺轄疎遠,分北大濃兀爲二部,立兩節度以統之。三年,西征党項等國,俘獲不可勝紀。四年,又親征渤海。天顯元年,滅渤海國。	(天贊元年十月)詔分北大濃兀爲二部,立兩節度使以統之。 (三年六月)大舉征吐渾、党項、阻卜等部。 (四年十二月)舉兵親征渤海大諲譔。 (天顯元年正月)辛未,諲譔素服,稿索牽羊,率僚屬三百餘人出降。

	《兵衛志序》	參照文本
8	（渤海國）地方五千里，兵數十萬，五京、十五府、六十二州。	《新唐書·渤海傳》：地方五千里，户十餘萬，勝兵數萬……地有五京、十五府、六十二州

如前所述，馮家昇注意到序文第二段稱阿保機先祖爲"雅里"而非"涅里"，以此斷定元人纂修該志當以陳大任舊志爲本。按此判斷方向大致不誤，然論證環節尚須再加充實，因爲"雅里"一語，完全可能是從其他文本之中摘取出來置於此序文之中，僅憑這樣孤立的史料碎片，很難鑿實整體文本的來源。

我們注意到，上引序文中有諸多内容與今本本紀大體相合，但在關鍵細節上卻多有出入。如表5-1所示，這種差異可大致分爲兩種情況：其一，詳略不同，特別是志文多有溢出本紀者，如第4—7欄之劃綫部分。其二，二者所記皆爲同一史實，但具體用名卻呈現出系統性差異，如表5-1中第5欄，志作"親征幽州"，紀作"親征劉守光"，志之"背陰國"，紀作"尤不姑"；第6欄，志作"攻振武"，紀作"拔朔州"，志之"于骨里國"，紀作"烏古"。如果説前者或許還可歸因於史官採摭删潤標準有所出入的話，那麼後一種差異則無疑反映出紀、志兩種文本所據史源的不同。我們注意到，這些記載多屬於太祖初年之史事，而今本本紀此段文本的史源是相對確定的。本書第二章第一節考察《曆象志》所引耶律儼、陳大任二書本紀朔閏情況時已指出，元末史官所據陳書之本紀在太祖元年至神册三年、重熙元年至清寧十年兩段當有大量殘闕，導致《朔考》《閏考》於此時間段内皆未見"大任"字樣。换句話説，與本紀其他部分有完整的遼金兩部舊史可資參考不同，元人纂修這兩部分文本恐怕只能以耶律儼《皇朝實録》爲主要史源，而表中第5、6

兩欄記載正與第一時段大致相合。由此推定,《兵衛志序》與今本本紀的系統性差異,很可能反映了陳大任與耶律儼兩書在記載細節上的不同,今本《兵衛志序》的相應内容當出自陳氏志文之舊序。

　　將上述判斷與元人在《兵衛志》末尾所言"舊志言兵,唯以敵宋爲務"及馮家昇所舉"雅里"一名合觀,可以斷定元人纂修《兵衛志》確曾參考陳大任相應舊志,其序亦以陳氏舊文爲藍本。關於陳史中這部"舊志"的確切名稱,其實今本《遼史》其他部分曾有提及,只不過前人未及注意罷了。該書《禮志》軍儀門下有"出軍儀"一目,内容僅有"制見《兵志》"四字①,然遍檢今本《遼史·兵衛志》,未見有與"出軍儀"相關的禮制内容,知《禮志》所稱"兵志"實指陳大任《遼史·兵志》,即上引文所謂"舊志",只不過其中"出軍儀"這部分文字在元人將陳氏《兵志》改造爲今本《兵衛志》的過程中遭到了删削。由此亦可知曉,陳大任《遼史》體例一依歷代正史,僅稱"兵志",而"兵衛志"之名實乃元末史官所生造。

　　進一步考索不難發現,《兵衛志序》開首一段與今本《營衛志序》在内容上存在雷同之處,這對於分析《兵衛》《營衛》二志的關係至關重要。兹引《營衛志序》全文如下:

　　　　上古之世,草衣木食,巢居穴處,熙熙于于,不求不爭。爰自炎帝政衰,蚩尤作亂,始制干戈,以毒天下。軒轅氏作,戮之涿鹿之阿。處則象吻于宫,行則懸旌于纛,以爲天下萬世戒。於是師兵營衛,不得不設矣。

　　　　冀州以南,歷洪水之變,夏后始制城郭。其人土著而居綏

---

① 《遼史》卷五一《禮志三》,第942頁。

服之中,外奮武衛,內揆文教,守在四邊。營衛之設,以備非常而已。并、營以北,勁風多寒,隨陽遷徙,歲無寧居,曠土萬里,寇賊姦宄乘隙而作。營衛之設,以爲常然。其勢然也。

有遼始大,設制尤密。居有宮衛,謂之斡魯朵;出有行營,謂之捺鉢;分鎮邊圉,謂之部族。有事則以攻戰爲務,閒暇則以畋漁爲生。無日不營,無在不衛。立國規模,莫重於此。作《營衛志》。①

將此段劃綫部分與《兵衛志序》"軒轅氏合符東海,邑于涿鹿之阿,遷徙往來無常處,以兵爲營衛"、"聖人猶不免於兵衛,地勢然耳"這首尾兩句對比,其間明顯存在表義重複之處,而這一頭一尾剛好框定了兩篇序文的起點、落腳和敍述邏輯。換句話說,今本《營衛志序》與《兵衛志序》很可能是元朝史官從同一篇文字中化出,而這一共同的文本來源很可能就是陳大任《遼史·兵志序》。陳志舊序中應該有軒轅黃帝"以師兵爲營衛"之類的表述,元朝史官正是受此啟發方纔有了分設《營衛》《兵衛》二志的念頭。

關於"師兵營衛"的説法,最初源頭見於《史記·五帝本紀》:"軒轅之時,神農氏世衰。諸侯相侵伐,暴虐百姓,而神農氏弗能征。於是軒轅乃習用干戈……蚩尤作亂,不用帝命,於是黃帝乃徵師諸侯,與蚩尤戰於涿鹿之野,遂禽殺蚩尤……北逐葷粥,合符釜山,而邑于涿鹿之阿。遷徙往來無常處,以師兵爲營衛。"②張守節《正義》於末句曰:"環繞軍兵爲營以自衛,若轅門即其遺象。"可見"營衛"、"兵衛"皆指護衛軍兵,本無實質差別,陳氏舊序引此句蓋

① 《遼史》卷三一《營衛志上》,第409—410頁。
② 《史記》卷一《五帝本紀》,中華書局點校本修訂本,2014年,第4—7頁。

僅欲遠溯聖人用兵之淵源,至元修《遼史》時强行區分、巧立名目,但又難以自圓其説,最終導致行文重複、疊床架屋。

除了軒轅黄帝設師兵營衛外,《兵衛志序》所記雅里之事迹、上面所考證之太祖朝的大部分記事當可確定出自陳氏舊序,此外序文最末述及太宗功業,採用了"燕代十六州"這樣罕見於其他典籍的説法,疑亦出舊序。由此看來,今本《兵衛志序》的大體敘述框架應當脱胎於陳氏舊序:開首祖述軒轅設師兵營衛,進而簡單追溯遼先祖雅里事迹,繼記太祖戰功,終於太宗取燕雲。有趣的是,在同樣出於陳大任《遼史》的《禮志》和《地理志》舊序之中,亦皆以太宗朝作爲收束,而全然未及此後諸帝,這一定程度上反映出陳氏《遼史》對於遼朝制度演進節點的判斷和觀感。

還需要指出的是,元朝史官在因仍陳大任《兵志》舊序的敘述脉絡之外,也曾做過一定的增纂。首先,徵引前代正史契丹傳。表5-1第1欄所引《隋書》原本作"托紇臣水",而《兵衛志序》則作"紇臣水",上脱一字,同樣的訛誤還見於元人編纂的《營衛志·部族上》《世表》,可知元末修史時所據《隋書》的本子於此處已脱"托"字,導致其因襲成文的篇什皆有此誤,《兵衛志序》亦不例外。由此推測,表中源出中原正史的第2、3、8欄等內容皆可能包含元人增加的文字。其次,增加紀年。第4欄兩段文字記事基本相同而繫年有異,點校本與修訂本都以《世表》等處載耶瀾可汗年代在會昌間,而斷定《兵衛志序》紀年有誤,而《太祖紀》當是①。但在我

---

① 參見《遼史》點校本卷三四校勘記一,中華書局,1974年,第400頁;點校本修訂本卷三四校勘記三,第454頁。與此不同的是,吉本道雅認爲兩者皆不誤,耶瀾可汗十年就是痕德菫可汗元年,但却又無法解釋《兵衛志序》在既已易主的情况下爲何仍用耶瀾紀年,參見《遼史世表疏證》,收入《新出契丹史料の研究》,京都:松香堂書店,2012年,第29—30頁。

看來,這恐怕不是簡單的孰是孰非問題,而應從文獻生成的角度加以解釋。兩者記事同出一源,但結果却是紀年方式不同,一個以耶瀾可汗紀年,一個以痕德菫可汗紀年,説明在原始資料(無論是《皇朝實録》本紀還是陳大任《遼史·兵志序》)中很可能並没有出現可汗紀年的形式,而僅有干支紀年(如作唐天復元年,歲辛酉……明年……明年……明年……)。無論是今本《太祖紀》的痕德菫可汗還是《兵衛志序》的耶瀾可汗,都是元人抄録之時所增加,恐怕都没有太充分的證據,且皆與本書其他部分及中原文獻記載相矛盾①。其三,據舊史本紀加以增補。第4欄中《太祖紀》天復三年(903)記是年"創爲奚迭剌部"事,追溯其淵源曰"先是德祖俘奚七千户"云云,則德祖伐奚人實遠在該年以前,而《兵衛志序》則誤將德祖伐奚事徑繫於天復三年,顯係元人倉促之間機械抄録舊紀而未審其義所致。由此可見,《兵衛志序》與本紀完全相合之記事亦有部分乃元人所補入。

要之,今本《兵衛志序》乃元朝史官以陳大任《兵志》舊文爲藍本,稍加增纂而成。陳氏舊志不僅構成了今本《兵衛志》的重要來源,還對《營衛志》文本的衍生具有決定性影響。這一點將在以下關於正文的分析中得到進一步説明。

第二節　兵制門所見南北文獻系統之雜糅

《兵衛志》正文開首所記"兵制"一門,是現存文獻有關遼朝軍

---

① 種種跡象表明,元朝史官所據原始材料在遥輦可汗世系方面記載十分匱乏且記載很不明確,導致今本《遼史》所記遥輦時序錯亂尤多。參見苗潤博《記憶·遺忘·書寫:基於史料批判的契丹早期史研究》,北京大學博士學位論文,2018年,第84—87頁。

制最爲集中、系統的記載,歷來被看作相關研究的重要基石。然而奇怪的是,在加以利用、提取信息之前,對於這樣一篇重要文本的來源問題,卻似乎鮮有人關注,而這或許會從根本上影響和限制了研究的深度和準確度。全面檢核傳世文獻可知,《兵衛志·兵制》之泰半內容,在以《文獻通考·四裔考·契丹》《新五代史·四夷附錄》《契丹國志·兵馬制度》爲代表的宋元文獻中可以找到相似乃至完全相同的文字,其間存在密切的文本關聯。茲謹依《遼史》原文順序,將相關文本表列如下,繼而展開進一步分析:

表 5-2:《遼史·兵衛志·兵制》同源文本對照表

	《兵衛志·兵制》原文	參照文本①
1	遼國兵制,凡民年十五以上,五十以下,隸兵籍。	《通考》:凡民年十五以上,五十以下,皆籍爲兵(《長編》《國志·建官制度》同)。
2	每正軍一名,馬三疋,打草穀、守營鋪家丁各一人。人鐵甲九事,馬韉轡、馬甲皮鐵視其力,弓四、箭四百、長短鎗、錥錄、斧鉞、小旗、鎚錐、火刀石、馬盂、秒一斗、秒袋、搭鈺傘各一,縻馬繩二百尺,皆自備。	《通考》:每正兵一名,自備馬二匹,韉鞍、馬甲皮鐵視其力。人鐵甲九事,打草穀、守營鋪家丁各一,弓四、箭四百、長短鎗、錥錄、鉞斧、小旗、鎚錐、火刀石、馬盂、秒袋、搭鈎、氈傘各一,縻馬繩二百尺,秒一斗。

① 此欄所列主要參照文本見《文獻通考》卷三四六《四裔考二十三·契丹下》,中華書局,2011 年,第 9607 頁(簡稱《通考》);《續資治通鑑長編》卷一一〇天聖九年六月己卯條,中華書局,2004 年,第 2561 頁(簡稱《長編》);《契丹國志》卷二三《建官制度》,賈敬顏、林榮貴點校,中華書局,2014 年,第 251 頁(簡稱《國志》);《新五代史》卷七二《四夷附錄第一》,中華書局點校本修訂本,2015 年,第 1015 頁;《宋會要輯稿·蕃夷一》,中華書局,1957 年,第 7680 頁上欄。

續表

	《兵衛志·兵制》原文	參照文本
3	人馬不給糧草，日遣打草穀騎四出抄掠以供之。	《新五代史·四夷附錄》：胡兵人馬不給糧草，遣數千騎分出四野，劫掠人民，號爲"打草穀"。
4	鑄金魚符，調發軍馬。其捉馬及傳命有銀牌二百。軍所舍，有遠探攔子馬，以夜聽人馬之聲。	《通考》：鑄金魚符，調發兵馬。其捉馬及傳命有銀牌二百。軍所舍，有遠探攔子馬，以夜聽人馬之聲（《長編》《國志》同）。
5	凡舉兵，帝率蕃、漢文武臣僚，以青牛白馬祭告天地、日神，惟不拜月，分命近臣告太祖以下諸陵及木葉山神，乃詔諸道徵兵。	《通考》：將舉兵，必殺灰牛、白馬，祠天地日及木葉山神（《長編》《國志》同）。
6	惟南、北、奚王、東京渤海兵馬，燕京統軍兵馬，雖奉詔，未敢發兵，必以聞。<u>上遣大將持金魚符，合，然後行</u>。始聞詔，攢户丁，推户力，覈籍齊衆以待。<u>自十將以上</u>，次第點集軍馬、器仗。符至，兵馬本司自領，使者不得與。唯再共點軍馬訖，又以上聞。量兵馬多少，再命使充軍主，與本司互相監督。<u>又請引五方旗鼓</u>，然後皇帝親點將校。又選勳戚大臣，<u>充行營兵馬都統、副都統、都監各一人</u>。	
7	又選諸軍兵馬尤精銳者三萬人爲護駕軍。	《通考》：戎主則以精兵自隨，命曰護駕兵馬。
8	又選驍勇三千人爲先鋒軍，又選剽悍百人之上爲遠探攔子軍，以上各有將領。又於諸軍每部量衆寡，抽十人或五人，合爲一隊，別立將領，以備勾取兵馬，騰遞公事。	

續表

	《兵衞志・兵制》原文	參照文本
9	其南伐點兵，多在幽州北千里鴛鴦泊。及行，並取居庸關、曹王峪、白馬口、古北口、安達馬口、松亭關、榆關等路。將至平州、幽州境，又遣使分道催發，<u>不得久駐，恐踐禾稼</u>。	
10	出兵不過九月，還師不過十二月。	《通考》：以九月末南來，十二月退散。
11	在路不得見僧尼、喪服之人。	
12	皇帝親征，留親王一人在幽州，權知軍國大事。既入南界，分爲三路，廣信軍、雄州、霸州各一。駕必由中道，<u>兵馬都統、護駕等軍皆從。</u>各路軍馬遇縣鎮，即時攻擊。若大州軍，必先料其虛實，可攻次第而後進兵。	
13	沿途民居、園囿、桑柘，必夷伐焚蕩。	《通考》：伐桑柘園囿，焚燒室屋，虜掠老幼婦女。
14	至宋北京，三路兵皆會，以議攻取。及退亦然。<u>三路軍馬前後左右有先鋒。遠探攔子馬各十數人，在先鋒前後二十餘里，全副衣甲，夜中每行十里或五里少駐，下馬側聽無有人馬之聲。</u>有則擒之；力不可敵，飛報先鋒，齊力攻擊。如有大軍，走報主帥。<u>敵中虛實，動必知之。</u>	
15	軍行當道州城，防守堅固，不可攻擊，引兵過之。恐敵人出城邀阻，乃圍射鼓譟，詐爲攻擊。敵方閉城固守，前路無阻，引兵進，分兵抄截，使隨處州城隔絶不通，孤立無援。	《通考》：所過城邑，不可擊者，聲言治攻具，脅使自守不出。

	《兵衛志·兵制》原文	參照文本
16	所過大小州城,至夜,恐城中出兵突擊,及與鄰州計會軍馬,甲夜,每城以騎兵百人去城門左右百餘步,被甲執兵,立馬以待。兵出,力不能加,馳還勾集衆兵與戰。	《通考》:每城門輒以百餘人刺候,或城中突出,力不敵則走還,集衆兵往鬬,號簇門兵。
17	左右官道、斜徑、山路、河津,夜中並遣兵巡守。	《通考》:津濟徑路,皆巡視絞絡。
18	其打草穀家丁,各衣甲持兵,旋團爲隊,必先斫伐園林,然後驅掠老幼,運土木填壕壍,攻城之際,必使先登,矢石檑木併下,止傷老幼。	《通考》:若攻城,驅所掠老幼運薪土,塞池壕,引滿以居其後。
19	又於本國州縣起漢人鄉兵萬人,隨軍專伐園林,填道路。御寨及諸營壘,唯用桑柘梨栗,軍退,縱火焚之。	
20	敵軍既陣,料其陣勢小大、山川形勢、往回道路、救援捷徑、漕運所出,各有以制之。	《通考》:置陣必預度山水地闊狹。
21	然後於陣四面,列騎爲隊,每隊五七百人,十隊爲一道,十道當一面,各有主帥。最先一隊走馬大譟,衝突敵陣。得利,則諸隊齊進;若未利,引退,第二隊繼之,退者息馬飲水秒。諸道皆然。更退迭進,敵陣不動,亦不力戰。歷二三日,待其困憊,又令打草穀家丁馬施雙帚,因風疾馳,揚塵敵陣,更互往來。中既飢疲,目不相覩,可以取勝。	《通考》:馬五百或七百爲隊,每十隊次第更進,以一隊奔突哮噉,擾我軍疲困,則退而飲食休息,新羈者進,回環不已。又以草穀家丁揚塵助聲勢於其旁。官軍多步兵裹糧負甲,退而食息,又爲所乘,若累日不解,則困於賊。
22	若陣南獲勝,陣北失利,主將在中,無以知之,則以本國四方山川爲號,聲以相聞,得相救應。	

	《兵衛志·兵制》原文	參照文本
23	若帝不親征,重臣統兵不下十五萬衆,三路往還,北京會兵,進以九月,退以十二月,行事次第皆如之。若春以正月,秋以九月,<u>不命都統</u>,止遣騎兵六萬,不許深入,不攻城池,不伐林木,但於界外三百里内,耗蕩生聚,不令種養而已。	
24	軍入南界,步騎車帳不循阡陌。三道將領各一人,率攔子馬各萬騎,支散游弈百十里外,更迭覘邏。及暮,以吹角爲號,衆即頓舍,環繞御帳。自近及遠,折木稍屈,爲弓子鋪,不設鎗營塹柵之備。每軍行,鼓三伐,不問晝夜,大衆齊發。未遇大敵,不乘戰馬,<u>俟近敵師,乘新羈馬</u>,蹄有餘力。成列不戰,退則乘之。多伏兵斷糧道,冒夜舉火,上風曳柴。饋餉自賫,散而復聚。善戰,能寒。此兵之所以彊也。	《宋會要輯稿·蕃夷·遼》:虜主入界之時,步騎車帳不從阡陌,東(北)[西]一概而行,大帳前及東、西面,差大首領三人各率萬騎,支散遊奕,百十里外,交相伺邏,謂之攔子馬。戎主吹角爲號,衆即頓(合)[舍],環繞穹廬。以近及遠,只折木稍屈之,爲弓子鋪,不設(檢)[槍]營塹柵之備。或聞聲言斫寨之者,皆不實也。每軍行,聽鼓三伐,不問昏晝,一(布)[匝]。未逢大敵,不乘戰馬,俟近王師,即兢乘之,所以新羈戰[馬]蹄有餘力。其用軍之術,成列而不戰,俟退而乘之,多伏兵斷糧道,冒夜舉火,上風曳柴,饋餉自賫,退敗無(取)[恥],散而復聚,寒而益堅,蓋並氈裘騎士之故,此戎之所長也。(亦見《長編》《宋史·宋琪傳》《國志·兵馬制度》,個別文字有歧異,詳細考證見下節。)

　　通觀上表右欄所列文字,除第 3 條及最後一條外,皆見於馬端臨《文獻通考·四裔考·契丹》,而其中的絕大部分内容又不見於

其他集中記載契丹史事的宋代文獻如《長編》《宋會要輯稿》等書，足見《通考》所記實爲《遼史·兵衛志》"兵制"部分最爲重要的參照文本，需要首先予以重點討論。

對比《遼史》與《通考》之相近文本可知，二者除了總體敍述順序時有差別外，在具體文辭和内容上的異同主要分爲兩種情況：其一，内容基本相同，文字大同小異，如第1、2、4、10、13諸條；其二，所述梗概相似，《通考》較爲簡略，而《遼史》更爲具體、豐富，措辭多有改更，如5、15、16、17、18、20、21諸條。很顯然，《遼史》所記並非直接取自《通考》，而是與之共同源出於一個更爲原始的文本，只是在去取之際詳略不同，具体文字表述容有差異，正所謂"同源異流"。那麽，二者共同的史源又是什麽呢？

這一問題可從《文獻通考》文本的具體情況中得到解答。馬端臨此書始作於元至元二十二年（1285），成於大德十一年（1307），然所據材料多爲宋人舊籍，尤以保存宋朝國史的舊文而爲學界所重，具體到《四裔考·契丹》亦不例外。宋朝國史流傳至元者凡四：記太祖、太宗、真宗朝史事之《三朝國史》，記仁宗、英宗朝事之《兩朝國史》，記神、哲、徽、欽朝事之《四朝國史》以及高、孝、光、寧朝事之《中興四朝國史》，其中前三部當皆設有《契丹傳》。近來已有學者撰文指出，《四裔考·契丹》之中、下兩卷皆源出於宋朝《國史·契丹傳》，惟文字多有删節；根據所記内容的時間斷限及馬氏按語可知，其卷中部分出自《三朝國史·契丹傳》，卷下則依次採自《兩朝國史》及《四朝國史》的《契丹傳》①。此説允當，頗可信從。

上表右欄所見文字即出《通考·四裔考·契丹》卷下，分爲兩

① 顧宏義、鄭明：《宋國史契丹傳考略》，《遼金史論集》第十三輯，中國社會科學出版社，2013年，第160—163頁。

段,一段在該卷所引《兩朝國史》之末,而另一段則在《四朝國史》引文開首之處。其中第1、4、5欄所記即屬前者,亦見於《長編》天聖九年(1031)六月己卯契丹主隆緒卒條,是對契丹各項制度的一段總體介紹,其後有李燾小注云:"《正史》載此段於《契丹傳》末,比《實錄》但增'内外官至六百五家奚'凡百餘字耳,今依《實錄》仍附隆緒没後。"①其中所稱《實錄》即《仁宗實錄》,而《國史》顯指《兩朝國史》,考《通考》所記内容、位置正與李燾所述《國史》情況完全契合,知馬端臨此段所據爲神宗時所修《兩朝國史》。至於表中2、7、10、13、15—18、20、21諸欄則屬後者,其前有一段對遼朝的總體概括曰:"自阿保機相承二百餘年,盡有契丹、奚、渤海及幽、燕、雲、朔故地,四面與高麗、安定、女真、黑水、灰國、屋惹國、破古魯、阿里眉、鐵離、靺鞨、党項、突厥、土渾、于厥、哲不古、室韋、越離喜等諸國相鄰,高昌、龜兹、于闐、大小食、甘州人,時以物貨至其國,交易而去。土宜羊馬,馬庳而善走。人能寒苦而衆。故諸國憚之。"②之後即接上表第2欄所見"每正兵一名,自備馬二匹"云云,繼而縷敘表中各欄内容,最末者爲第7欄"戎主則以精兵自隨,命曰護駕兵馬",並著"其大略如此"一語作結。此後具體編年記事始自宋英宗駕崩,遼朝遣使賀神宗登基。從"自阿保機相承二百餘年"及後文的記事時限不難判斷,《通考》這段記載的直接史源成書已晚至遼亡以後,顯即南宋孝宗朝所修《四朝國史·契丹傳》。

　　上引《通考》記載的來歷既已釐清,與之同源異流的《遼史·兵衛志·兵制》文本的真實來歷也就一目瞭然了:這些文字並非遼金舊史原文,而是元朝史官自《兩朝國史》及《四朝國史》之《契丹傳》

---

① 《長編》卷一一〇天聖九年(1031)六月己卯,第2562頁。點校本校勘記已指出此注中"六百五家奚"當有脱誤,詳見下引文。
② 《文獻通考》卷三四六《四裔考二十三·契丹下》,第9606頁。

轉抄拼湊所得；就上表所示的詳略程度而言，《遼史》所保留的宋代《國史》原文尚較《通考》爲多，雖經元人調換次序、改寫文辭，但仍可約略窺見其原本的面貌。宋朝《國史·契丹傳》多本自舍遼南來的歸明人之記載以及宋人使遼歸朝後所上行程錄，一般具有明確的時間信息，因此對於上述兩部《國史》所記契丹兵制的最初史源和具體斷限仍可作進一步追索。

上表所引 1、4、5 欄，實際上出自《兩朝國史·契丹傳》中一段相對獨立的文本單元，本書第四章第二節已論，該文本的最初源頭當出自趙至忠之著述，或即《虜廷雜記》一書。至於出自《四朝國史》的部分，因缺乏旁證，我們暫難確定其具體來源，不過仍可從內容和背景上作出大致判斷。《四朝國史》列傳部分成書於淳熙十三年(1186)，主要執筆定稿者當爲洪邁①。具體到《契丹傳》，從上引《通考》節錄的文本可以看出，其開首係對契丹的總體介紹，之後爲具體的編年記事。這一總體介紹又可分爲兩段，首爲"自阿保機相承二百餘年"云云，次即行軍用兵之制，二者的最初史源顯然並非同一時代之產物，前者是對有遼一代疆域武功的總結，從記載內容和時限看，很可能出自史愿《亡遼錄》②；而後者所述則皆遼朝攻宋之事，其史料源頭當成於景德元年(統和二十二年，1004)宋遼澶淵之盟以前，從"以九月末南來"、"擾我軍疲困"、"困於賊"這樣的敘述立場及寫作傾向看，應是遼宋交戰時宋人的即時記錄。換句話說，這段關於契丹軍制的記載實際上出自北宋前期對遼作戰時產生的某部文獻，只不過在南渡以後方纔進入宋朝官方藏書系統，爲

① 參見蔡崇榜《宋代修史制度研究》，臺北：文津出版社，1991 年，第 134—135 頁。
② 從《三朝北盟會編》等書所引《亡遼錄》一書的佚文看，該書除記載遼亡史事外，多有對於遼朝總體情況的回顧和總結，《四朝國史》所引當屬此類。

史官纂修《四朝國史・契丹傳》時所取資①。

　　解決了上表中所見同源文本的主體部分,最後再來看其他剩餘內容即上表第 3、24 兩欄。其中第 3 欄比較直觀,《兵衛志》此條當抄自《新五代史》,只是删去了"劫掠人民"這樣明顯帶有貶抑色彩的字樣。至於第 24 欄則較爲複雜,該文本與《兵衛志中》"御帳親軍"、"大首領部族軍"兩條情況相似,亦見於《宋會要輯稿》《續資治通鑑長編》《宋史・宋琪傳》《契丹國志》諸書,其最初源頭皆爲宋琪《平燕薊十策》。本章第三節將對《兵衛志》所見該文的三段內容加以綜合考察、細緻比對,研究結果表明元末史官所據《平燕薊十策》的直接來源很可能並非前人所論之《契丹國志・兵馬制度》,而應爲《宋會要・蕃夷・遼》,此處暫不展開。

　　綜上所述,《遼史・兵衛志・兵制》有相當一部分內容是元朝史官根據《兩朝國史》《四朝國史》之《契丹傳》及《新五代史・四夷附録》《契丹國志・兵馬制度》所增纂。《國史》《會要》乃宋代官方史書,《新五代史》則爲歐公名著,故上述諸書實皆屬南朝文獻系統。《遼史》兵制門源出這一系統的文字,在記述內容上相對龐雜無序,既涉及遼代徵發派遣的總體制度,又涉及具體的軍隊組織和作戰方法等等。同時在具體文辭上,又對遼方時有貶抑,雖經元人删汰潤色,仍不免露出馬腳,如上表第 3 欄"人馬不給糧草,日遣打草穀騎四出抄掠以供之"及第 18 欄所記"驅掠老幼"云云即是典型。這樣帶有明顯"他者"眼光的筆調,脫胎於其最初原生的文本脈絡和文化環境,即便屢經輾轉,改頭換面,終難褪去印記。

　　與以上所論形成鮮明對比的是所謂舊志的內容。元人在《兵

---

① 宋廷南渡以後,文獻多有散佚,故高、孝兩朝掌史局者如汪藻、李燾等人曾大力搜求,部分原本未見於官方庋藏之北宋著述亦得以在此背景下進入史館。

衛志》末尾聲言:"舊志言兵,唯以敵宋爲務。踰三關,聚議北京,猶不敢輕進。豈不以大河在前,三鎮在後,臨事好謀之審,不容不然歟。"①由此可以看出,陳大任《遼史·兵志》(簡稱"陳志")的記載原本是緊緊圍繞對宋作戰展開的,而今本《兵衛志·兵制》如果去掉確定源出南朝文獻的文字,剩餘内容剛好與此主題完全契合,即集中記載"南伐"之事;上表第 14 欄"至宋北京,三路兵皆會,以議攻取"云云也正是元人所謂"踰三關,聚議北京,猶不敢輕進"之具體所指。這些剩餘内容雖然經過元朝史官的重新編排,次序已被打亂,但細察之下仍不難發現其中相對清晰的敘述脉絡:大致可分爲三個層次,其一爲南伐點兵之場景,其二爲皇帝親征時的情況,其三爲皇帝不親征的情況。同時,這一部分的具體文字前後亦多有照應,形成一個邏輯自洽的文本單元,如上表第 7、8 欄記點兵事時提到護駕軍、先鋒軍、遠探欄子軍,而在後文述皇帝親征時,又交代了此三類軍職的作用(見第 12、14 欄);又如第 6 欄記點兵事,特别述及任命兵馬都統,而第 12 欄皇帝親征時稱兵馬都統隨行,第23 欄又稱若皇帝不親征,則"不命都統"。再者,從這些文字的敘述傾向來看,多站在遼方立場,不乏揄揚之辭,如第 9 欄所謂"不得久駐,恐踐禾稼",第 14 欄"敵中虛實,動必知之"云云,知其最初史源當出自遼朝當時文獻。

經粗略統計,《遼史·兵衛志·兵制》全文一千六百餘字,其中確定源出南朝文獻者近九百字,剩餘文字大致可視爲陳志舊文(其中仍有少數可疑者,詳下),劃歸北朝文獻系統。換句話説,今本《兵衛志·兵制》實際上是元人對源出南北兩個不同文獻系統的原始資料加以拼接、雜糅的產物。由於元人修書倉促,文字打磨並不

---

① 《遼史》卷三六《兵衛志下》,第 489 頁。

完善,導致這種拼糅痕跡在整合后的《兵衛志·兵制》文本中斑斑可考,兹由整體和局部兩個層面稍作申説。

首先,該文本前後不同部分表義多有重複。如上表第 4 欄稱"有遠探攔子馬,以夜聽人馬之聲",此條出於南朝文獻,而與源自北朝文獻的第 14 欄所記遠探攔子馬"夜中每行十里或五里少駐,下馬側聽無有人馬之聲"完全重複。又如第 13 欄有"沿途民居、園囿、桑柘,必夷伐焚蕩",賴《通考》中的相似文本知其當出於南朝文獻,而第 19 欄又出現了"隨軍專伐園林,填道路","御寨及諸營壘,唯用桑柘梨栗,軍退,縱火焚之"這樣基本事實相同而表達更爲具體的文辭,當出自北朝文獻系統。

其次,同一敘述單元内部多有不諧。如上表第 6 欄述徵兵點將之事,前有"上遣大將持金魚符,合,然後行"一句,以"上"指稱遼朝皇帝,而後文不遠處又有"請引五方旗鼓,然後皇帝親點將校",復稱"皇帝",當因史源不同而致稱謂不一,前者所記"金魚符"云云與南朝文獻系統合,而後者則緊連選任兵馬都統之事,與北朝文獻系統所述一脉相承。同欄又稱"自十將以上,次第點集軍馬、器仗"云云,其中"十將以上"在上下文中均難找到對應文字,未知何指,恐亦係史臣拼接不同系統史料時剪裁失當所致。

元朝史官對南北不同文獻系統加以拼合,結果看似呈現出相對完整的歷史敘述,實際上卻會給後世讀史者帶來極大的干擾和誤導。它不僅體現在史料拼接帶來的齟齬不合、文本錯亂,更要緊的是,《遼史》作爲官修正史,在無形間將南朝異邦有關一時一地之記載,混同於遼金舊史的權威敘述,並拔高、固化爲有遼一代之常制。這對於當今的遼史研究而言,無疑具有全局性的影響。具體到《兵衛志》兵制一門,如上節所述,元人據以抄撮的南朝文獻所記契丹軍事實皆爲宋遼通和以前之情況。如《兩朝國史》的記載出自趙至忠之手,而趙氏於遼興宗初年即已歸宋,所記主要爲聖宗朝史事,軍制自當係澶淵之盟以前對宋作戰所用,如此戰時之制是否可以貫穿於其後近百年承平之世,頗須斟酌。又如前引鄧廣銘文所指出,宋琪《平燕薊十策》所記遼朝軍政實爲遼太宗伐晉時的情況①。最爲關鍵的是出自《四朝國史》的文本,其中"凡民年十五以上,五十以下,隸兵籍"、"每正軍一名,馬三(二)疋,打草穀、守營鋪家丁各一人"一段屢屢爲學者所稱引,然而通過上述分析可以看出,這段文字很可能也只是對宋遼交戰時情況的描述,究竟在多大程度上能夠反映遼代之通制? 其行用的時空範圍又是如何? 遼朝徵兵體制是否真的如此整齊劃一,對番漢全無分別? 這些恐怕都是學者在洞悉《兵衛志·兵制》的文本來源以後,不得不重新思考、深入挖掘的問題。

第三節　巧立名目:卷中、卷下的生成過程

《兵衛志上》兵制一門雖係元人拼合不同系統文獻所得,存在諸多問題,但畢竟有金人舊志作爲依託,内容不至過於簡陋乖謬,尚存史志之體。與之相較,本節所論中、下兩卷則完全是另外一番模樣:分七類雜抄,内容與書中其他部分多有重複,其空疏無狀在歷代正史兵志之中亦罕有其類,可以説集中體現了元修《遼史》諸志巧立名目、夯凑篇幅的特點。茲分別考辨如下。

(一)御帳親軍與大首領部族軍

前引鄧廣銘《遼史兵衛志"御帳親軍""大首領部族軍"兩事目考源辨誤》一文(下簡稱"鄧文")認爲,《兵衛志》此二項乃元末史

① 　署名鄺又銘:《遼史兵衛志"御帳親軍""大首領部族軍"兩事目考源辨誤》,第75頁。

官自《契丹國志·兵馬制度》抄取改寫而成,相關文本的最初源頭爲宋太宗時宋琪所上《平燕薊十策》。按此説所揭示的最初文本源頭誠爲確論,但其關於《遼史·兵衛志》直接史源的論斷尚須再加斟酌。

以往學界囿於所謂"《遼》三源説",傾向於將《契丹國志》視作元朝史官在遼金舊史之外的主要依據,故而常常在發現二書内容相近時,未及進行細部文本比對即認定《國志》爲《遼史》的直接來源,關於《兵衛志》上述文本的研究即存在這類問題。如前賢所指出,除《契丹國志》外,宋琪《平燕薊十策》尚見於《宋會要輯稿》《長編》《宋史·宋琪傳》諸處。此類文本大體内容雖然別無二致,但仍存在一些細節差異,而這正是我們判定元修《遼史》直接史源的關鍵所在。《遼史·兵衛志》共三次徵引宋氏此文,分別見於"兵制""御帳親軍""大首領部族軍",兹將相關同源文本對照情況列於下表。

表 5-3:《遼史·兵衛志》引《平燕薊十策》同源文本對照表①

《遼史》	《宋會要輯稿》	《長編》	《宋史·宋琪傳》	《契丹國志》
兵制:軍入南界,步騎車帳不循阡陌。三道將領各一人,率攔子	虜主入界之時,步騎車帳不從阡陌,東(北)[西]一概而行,大帳	虜主入界之時,步騎車帳不從阡陌,東西一概而行。大帳前及東	契丹入界之時,步騎車帳不從阡陌,東西一概而行。大帳前及東	國主入界之時,步騎車帳不從阡陌,東西一概而行。大帳前及東西

① 表中所列文本之出處:《遼史》卷三四《兵衛志上》、卷三五《兵衛志中》,第 453—454、457—458、465—466 頁;《宋會要輯稿·蕃夷·遼》,第 7679 頁下欄、7680 頁上欄;《長編》卷二七雍熙三年正月戊寅條,第 605—606 頁,個別文字據《中華再造善本》影印宋刻節本(卷二七,《中華再造善本》影印,國家圖書館出版社,2003 年,葉 3a—b)校改;《宋史》卷二六四《宋琪傳》,中華書局,1985 年,第 9125—9126 頁;《契丹國志》卷二三《兵馬制度》,第 249—250 頁。

《遼史》	《宋會要輯稿》	《長編》	《宋史·宋琪傳》	《契丹國志》
馬各萬騎，支散游弈百十里外，更迭覘邏。及暮，以吹角爲號，衆即頓舍，環繞御帳。自近及遠，折木稍屈，爲弓子鋪，不設鎗營塹柵之備。每軍行，鼓三伐，不問晝夜，大衆齊發。未遇大敵，不乘戰馬，**俟近敵師**，乘新羈馬，蹄有餘力。成列不戰，退則乘之。多伏兵斷糧道，冒夜舉火，上風曳柴，饋餉自齎，散而復聚。善戰，能寒。此兵之所以彊也。	前及東、西面，差大首領三人各率萬騎，支散遊奕，百十里外，交相伺邏，謂之欄子馬。戎主吹角爲號，衆即頓〔合〕〔舍〕，環繞穹廬。以近及遠，只折木稍屈之，爲弓子鋪，不設〔檢〕〔鎗〕營塹柵之備。或聞聲言研寨之者，皆不實也。每軍行，聽鼓三伐，不問昏晝，一〔布〕〔匝〕。未逢大敵，不乘戰馬，**俟近王師**，即競乘之，所以新羈戰〔馬〕蹄有餘力。其用軍之術，成列而不戰，俟退而乘之，多伏	西面，差大首領三人各率萬騎，支散游奕，百十里外，交相覘邏，謂之欄子馬。戎主吹角爲號，衆即頓舍，環繞穹廬。以近及遠，折木稍屈之，爲弓子鋪，不設槍營塹柵之備。每軍行，聽鼓三伐，不問昏晝，一匝便行。未逢大敵，不乘戰馬，**俟近王師**，即競乘之所，以新羈戰馬蹄有餘力也。其用軍之術，成列而不戰，俟退而乘之。多伏兵，斷糧道，冒夜舉火，上風曳柴，饋餉自齎，退敗無恥，散而復聚，	西面，差大首領三人，各率萬騎，支散遊奕，百十里外，亦交相偵邏，謂之欄子馬。契丹主吹角爲號，衆即頓舍，環繞穹廬，以近及遠。折木梢屈之爲弓子鋪，不設槍營壍柵之備。每軍行，聽鼓三伐，不問昏晝，一匝便行。未逢大敵，不乘戰馬，**俟近我師**，即競乘之，所以新羈戰蹄有餘力也。且用軍之術，成列而不戰，俟退而乘之，多伏兵斷糧道，冒夜舉火，土風曳柴，饋餉自齎，退敗無恥，散而復聚，	面，差大首領三人，各率萬騎，支散游奕，百十里外，交相覘邏，謂之欄子馬。戎主吹角爲號，衆即頓舍，環遶穹廬。以近及遠，折木稍屈之，爲弓子鋪，不設槍營塹柵之備。每軍行，聽鼓三伐，不問昏晝，一匝便行。未逢大敵，不乘戰馬，**俟近敵師**，即競乘之所，以新羈戰馬，蹄有餘力。其用軍之術，成列而不戰，俟退而乘之。多伏兵，斷糧道，冒夜舉火，上風曳柴，饋餉自齎，退敗無恥，散而復聚，

《遼史》	《宋會要輯稿》	《長編》	《宋史·宋琪傳》	《契丹國志》
	兵斷糧道，冒夜舉火，上風曳柴，饋餉自賫，退敗無(取)[恥]，散而復聚，寒而益堅，蓋並氈裘騎士之故，此戎之所長也。	寒而益堅。此其所長也。	寒而益堅，此其所長也。	寒而益堅。此其所長也。
御帳親軍:遼太祖宗室盛强，分迭刺部爲二，宮衛内虚，經營四方，未遑鳩集。皇后述律氏居守之際，摘蕃漢精鋭爲屬珊軍；太宗益選天下精甲，置諸爪牙爲皮室軍。合騎五十萬，國威壯矣。大帳皮室軍，太宗置，凡三十萬騎。屬珊軍，地皇后置，二十萬騎。	晉末，虜主投下兵謂之大帳，有皮室約三萬人騎，皆精甲也，爲其爪牙。國母述律氏頭下謂之屬(栅)[珊]，有衆二萬，是先戎主阿保機之牙將，當是時，年已老矣。	晉末虜主頭下兵，謂之大帳，有皮室兵約三萬人騎，皆精甲也，爲其爪牙。國母述律氏頭下，謂之屬珊，有衆二萬，是先戎主阿保機之牙將，當是時半已老矣。	晉末，契丹主頭下兵謂之大帳，有皮室兵約三萬，皆精甲也，爲其爪牙。國母述律氏頭下，謂之屬珊，屬珊有衆二萬，乃阿保機之牙將，當是時半已老矣。	晉末，契丹主投下兵，謂之"大帳"，有皮室兵約三萬人騎，皆精甲也，爲其爪牙。國母述律氏投下，謂之"屬珊"，有衆二萬，是先戎主阿保機牙將半已老矣。

續表

《遼史》	《宋會要輯稿》	《長編》	《宋史・宋琪傳》	《契丹國志》
大首領部族軍：遼親王大臣，體國如家，征伐之際，往往置私甲以從王事。大者千餘騎，小者數百人，著籍皇府。國有戎政，量借三五千騎，常留餘兵爲部族根本。太子軍。偉王軍。永康王軍。于越王軍。麻答軍。五押軍。	每南來時，量分借得三五千騎，述律常留餘兵爲部族根本。其諸大首領有太子、偉王、永康、南北王、(子)〔于〕越(謂國舅)、麻答、五押等，大者千餘騎，次者數百人，皆私甲也。	每南來時，量分借得三五千騎，述律常留餘兵爲部族根本。其諸大首領太子、偉王、永康、南北王、于越、麻答、五押等，大者千餘騎，次者數百人，皆私甲也。	南來時，量分借得三五千騎，述律常留餘兵爲部族根本。其諸大首領有太子、偉王、永康、南北王、于越、麻答、五押等。于越，謂其國舅也。大者千餘騎，次者數百騎，皆私甲也。	每南來時，量分借得三五千騎，述律常留數百兵爲部族根本。其諸大首領太子偉王、永康、南北王、于越、麻答、五押等，大者千餘騎，次者數百人，皆私甲也。

上表中最爲關鍵的一處文本細節見於“大首領部族軍”一欄，《遼史》與《宋會要輯稿》《長編》《宋史・宋琪傳》所記皆作“常留餘兵爲部族根本”，惟《契丹國志》作“常留數百兵爲部族根本”。按《契丹國志・兵馬制度》一門實抄自《長編》，此處文義頗有不同，恐非傳寫之誤，應係元朝商賈抄書時所妄改，倘若《遼史・兵衛志》之文本果真源出《國志》，這一歧異顯然就無法解釋了。由此觀之，元末史官所抄《平燕薊十策》的直接史源，首先可以排除的就是《契丹國志》①。通覽上表所列其餘三書與《遼史》之文字異同，並未發現足以判定

---

① 此處承郭洋辰君提示，謹致謝忱。

直接史源的具體細節，欲知其究竟爲何，還須結合宋琪此文的流傳過程以及元修《遼史》的總體編纂情況作進一步分析。

　　關於宋琪《平燕薊十策》在宋代文獻中的收錄情況，李燾《長編》在記載宋氏上書後有一段小注："本傳及《會要》《經武聖略》皆云端拱二年，時討幽薊，召群臣各言邊事，琪上此疏。"①其中提到李氏當時所見《平燕薊十策》的三個出處：一爲本傳，指《三朝國史·宋琪傳》，今本《宋史》本傳當即據此刪修而成；二爲《會要》，當指神宗熙寧年間所修《國朝會要》，又稱《五朝會要》或《元豐增修會要》，後經合訂，傳入元明官藏，今《宋會要輯稿》即出於此；三爲《經武聖略》，仁宗朝王洙所著，"始於議兵，終於蕃夷"②，據呂夷簡稱此書"特《會要》中'邊防'一門耳"③，知其實亦屬《會要》系統，關於是書最晚的實藏記錄爲《直齋書錄解題》④，入元以後亦未見人徵引，恐於宋元之際即已亡佚。由此可知，《平燕薊十策》在北宋集中於宋代《會要》及《三朝國史·宋琪傳》兩個系統，後經南宋李燾《長編》轉錄，三者共同流傳至後世；從中亦可看出，作爲收錄契丹史料較爲集中的《國史·契丹傳》系統並未重複採錄此文。

　　揆諸元代翰林院的藏書情況，史官所能利用到的收錄《平燕薊十策》的文獻當包括《會要》《長編》與《三朝國史·宋琪傳》三書；而結合《遼史》的纂修背景判斷，《會要·蕃夷·遼》當爲《兵衛志》所述條目的直接史源，理由有二：其一，從體裁看，取材《會要》最爲

①　李燾：《續資治通鑑長編》卷二七，第 608 頁。
②　王應麟：《玉海》卷一四一"慶曆三朝經武聖略"，廣陵書社影印浙江書局本，2003 年，第 2626 下欄—2627 頁上欄。
③　朱熹：《五朝名臣言行錄》卷六《丞相許國呂文靖公》引《南豐雜識》，《中華再造善本·唐宋編》影印淳熙刻本，國家圖書館出版社，2003 年，葉 15a。
④　陳振孫：《直齋書錄解題》卷一二"兵書類"，徐小蠻、顧美華點校，上海古籍出版社，1987 年，第 361 頁。

便捷。元人修史之前恐怕並不知曉宋琪曾撰有此文，倉促間更無暇披覽國史列傳而獨於《宋琪傳》覓得；同理《長編》爲編年記事，其中涉遼史事散居各處，不便翻檢。相比之下，《會要》記載更爲集中，對於時間短、任務重的元末史官而言，無疑是最切實際的選擇。其二，從編纂實例看，宋《會要》構成元末修史的重要來源。通覽《遼史》全書，未見有利用《長編》及宋朝《國史》人物列傳的實例，而本書第六章第三節考證結果表明，《遼史·地理志》所引薛映、王曾二人語録之直接史源即爲《會要》"遼"門，可知《遼史》纂修官確曾參考《會要》。只不過由於《會要》主要記載宋遼和戰的具體史事，而鮮有關於遼朝政情風物的總體説明①，可資史官利用者不多，故而以往並未被納入《遼史》史源研究的視野。

　　將以上判斷帶入表5-3中可以發現，《遼史》與今本《宋會要輯稿》間的文字差異，均可由以下兩方面得到解釋。其一，傳寫致誤。元末修史時所據《會要》文本當爲南宋淳熙年間形成的合訂本，即後來傳至明朝内閣、被收入《永樂大典》者；而今輯稿則經過明朝《大典》館臣及清嘉慶間徐松等人的多次傳抄，故文字每有錯訛。如表中第一欄《兵衛志》兵制門"及暮，以吹角爲號，衆即頓舍"一語，其餘諸書並同，惟《宋會要輯稿》作"吹角爲號，衆即頓合"，按"頓舍"乃古人習語，表停頓、歇息之義，與上下文語境更爲契合，知《遼史》所記乃《會要》原文，而今輯稿之"合"字恐係形訛②。其餘

①　參見孫昊：《〈宋會要·蕃夷類·遼門〉研究》，《文史》2018年第2輯，第71—86頁。
②　"衆即頓舍"一語，今點校本《長編》亦作"衆即頓合"（第605頁），乃襲清輯四庫本系統之誤（檢《長編》四庫底本已誤，參見《續資治通鑑長編四庫全書底本》卷二七，中華書局影印，2016年，第1499頁），然覈諸宋刻節本《長編》（卷二七，葉3b），此處正作"頓舍"，並無差誤，點校本失校。又點校本《宋史·宋琪傳》此處據清輯本《長編》與《宋會要輯稿》，將原文之"舍"改作"合"（見卷二六四校勘記六，第9133頁），更屬一誤再誤。

輯本文字顯誤處已在表中標出,兹不備舉。其二,有意改寫。宋琪《平燕薊十策》乃進呈御覽之奏疏,其中文辭自然站在宋方立場,對遼朝多有貶抑,元修《遼史》抄録時作過相應調整,如將原文"俟近王師"改作"俟近敵師","環繞穹廬"改作"環繞御帳"。同時,如鄧文所指出,"御帳親軍"條時將原本皮室、屬珊二軍之數由"三萬""二萬"妄改爲"三十萬""二十萬",以突顯遼朝武力之强盛,此類問題在上述條目中尚多,尤可見史官編纂之淺陋草率。總體而言,元人將《會要》中宋琪所記遼太宗時具體軍事配備泛化爲遼朝通制,並生造出"御帳親軍""大首領部族軍"兩個兵種,實與一代史志之宗旨相去甚遠。

　　另外值得附帶提及的是,有跡象表明,今本《兵衛志》此二條撰成後,又曾爲纂修《百官志》之史官所利用。上引"御帳親軍"條稱大帳皮室軍三十萬,屬珊軍二十萬,係元朝史官抄撮時所妄改。按《百官志·北面軍官》"南皮室詳穩司"條稱"太宗選天下精甲三十萬爲皮室軍","屬珊軍詳穩司"條稱"應天皇太后置,軍二十萬,選蕃漢精兵"云云①,所記兵數、具體文辭與《兵衛志》完全一致,存在明顯的因襲關係。以往認爲,《百官志》乃雜採舊史紀志傳及南朝文獻而成,而未參考元人新修諸志②,但實際情況並非如此簡單。從現有的文本綫索判斷,《百官志》應該是元修《遼史》諸志中定稿很晚的一種,其中不僅利用了新修的《兵衛志》,還包括舊史原本没有而爲元人新作的《營衛志》。有趣的是,《百官志》"南皮室詳穩司"下援引耶律室魯及老古之例,稱"皮室軍自太祖時已有,即腹心部是也,太宗增多至三十萬耳",事實上是對《兵衛志·御帳親軍》

---

① 《遼史》卷四六《百官志二·北面軍官》,第828頁。
② 林鵠:《〈遼史·百官志〉考訂·緒論》,中華書局,2015年,第8—11頁。

太祖時無皮室軍一説的駁正（即所謂"遼太祖宗室盛强，分迭刺部爲二，宮衛内虛，經營四方，未遑鳩集"），説明纂修《百官志》的史官有時會發現此前所修志文存在的問題，提出不同意見，但由於全書缺乏統稿，最終呈現出自相矛盾的面貌。

（二）宮衛騎軍

此項開首爲一段小序，之後分爲兩部分内容：其一，臚列遼朝十三個斡魯朵（十二宮一府）之名，每宮名下記"正丁"、"蕃漢轉丁"及"騎軍"數量；其二，依次記載南京、西京、奉聖州、平州、中京、上京六個提轄司所在地，每一地復分列於此設提轄司之諸宮名。

將此部分内容與《遼史》卷三一《營衛志》"宮衛"門的記載對照可知，二者當出於同一史源，即陳大任《遼史·兵志》關於遼朝宮衛制度的記載（參見本書第四章第一節），只是對於史源的抄取、利用方式有所不同。《營衛志·宮衛》是對原始文本的直接照搬，基本維持其原貌，可以視作有獨立來源的一手文獻；而《兵衛志·宮衛騎軍》則僅採摭其中有關丁兵及提轄司之材料，重新加以編排，是元人新作的二手文獻。這兩個同源文本所記信息總體而言基本一致，個別文字齟齬不合者，蓋皆傳寫之訛，正可互校。

不過，這兩篇志文尚有一重要區別值得特別關注，即《營衛志·宮衛》各宮名下僅記"正户"、"蕃漢轉户"及"騎軍"，而到了《兵衛志·宮衛騎軍》則變爲"正丁"、"蕃漢轉丁"與"騎軍"，二者所記騎軍之數並無二致，而《兵衛志·宮衛騎軍》所記每宮"丁"數皆爲《營衛志·宮衛》所記"户"數的二倍。清人錢大昕即指出："《營衛志》載各宮正户、轉户之數，《兵衛志》載正丁、轉丁之數，丁數常倍于户數,是一户出二丁也。"①類似的數量對應關係尚見於同書《地理志》所記諸州縣户數與《兵衛志·五京鄉丁》所記丁數,因而中華書局點校本《遼史》修訂本校勘記稱之爲"一户二丁"常例或通例②。然而,遍檢《遼史》、遼代石刻乃至五代宋元時期各類文獻,皆未見有關於遼朝"一户二丁"的明確記載。那麼,這一所謂"通例"究竟是從何而來的呢?《兵衛志》所記"丁"數是否有堅實的史料依據呢?

問題的癥結還須在元朝史官的纂修過程,亦即《遼史》相關文本的生成過程中尋找。《營衛志》"宫衛"門小序總結此門所記諸宫户總數云:"爲正户八萬,蕃漢轉户十二萬三千,共二十萬三千户。"③點校本修訂本校勘記已指出,下文各宫蕃漢轉户數之和爲十二萬四千,此處統計當有誤,進而導致正户、蕃漢轉户之總數亦誤,各較實際數量少一千户。值得注意的是,該卷正文在分述諸宫情況及"著帳郎君"、"著帳户"兩條後有一小結:"凡諸宫衛人丁四十萬八千,騎軍十萬一千。著帳釋宥、没入,隨時增損,無常額。"④《兵衛志·宫衛騎軍》末亦稱"凡諸宫衛丁,四十萬八千,騎軍十萬一千",與此完全一致,而其中所記"騎軍"數與《營衛志·宫衛》正文契合,而四十萬八千的人丁總數則與該門小序所記二十萬三千户的總户數並不構成"一户二丁"的對應關係。

透過上面這個關鍵的文本細節,我們可以隱約窺測陳大任《遼史·兵志》所記宫衛部分的原始面貌及元朝史官的改撰經過:其

---

① 錢大昕:《廿二史考異》卷八三《遼史·兵衛志》條,方詩銘、周殿杰點校,上海古籍出版社,2010年,第1137頁。

② 參見《遼史》卷三六《兵衛志下》校勘記四、九、十,第492頁;卷三七《地理志上》校勘記一三,第511頁等。

③ 《遼史》卷三一《兵衛志上》,第410頁。

④ 《遼史》卷三一《兵衛志上》,第419頁。

一,舊史關於宮衛的記載,開首恐怕並没有對諸宮户數進行統計,而直接分述各宮情況,並在卷末總記諸宮衛人丁及騎軍總數。其二,如前章所述,今本《營衛志·宫衛》小序當爲元人所增,其中所見正户、蕃漢轉户及總户數當係負責纂修該門的史官在抄完舊史原始記載后合計諸宮情況所得,其在處理蕃漢轉户時不慎少計一千,致使總户數亦少一千;負責纂修此志之史官尚無"一户二丁"之概念,否則他斷不會坐視志文首尾户丁之數不合此例。其三,《遼史》成書倉促,不同部分常常爲分頭纂修,成稿之後亦鮮有統籌。《兵衛志》與《營衛志·宫衛》應該就屬於此種情況,《兵衛志》執筆者纂修之時所面對的是陳大任《兵志》宫衛部分的原始文本而非今本《營衛志》的模樣,因而同樣也對諸宮户數進行過統計,且得到了正確的總户數二十萬四千,他發現此總户數剛好爲舊史相關部分末尾所記人丁總數之一半,因而産生了"一户二丁"的想法,並將此總數的對應關係應用到諸宮的具體户數,這纔分別折算出了諸宮的丁數。

　　上述稍顯曲折的文本生成過程,是目前能够想到的對《營衛志·宫衛》與《兵衛志·宮衛騎軍》呈現出如今這番面貌較爲合理的解釋,這或許正是所謂"一户二丁"通例的來歷。簡言之,陳大任《兵志》在諸宮之下僅記户數,而無具體丁數,惟在末尾合計十二宮一府之人丁總數,恰爲諸宮實際户數之二倍;至元人纂修今本《兵衛志》時,將此總數之比例,推衍爲具體各宮户丁的對應關係。但問題的關鍵在於,舊史所記諸宮户丁總數之倍數關係,最多只能説明每户平均有二丁,並不代表具體到每宮的户丁數都正好一一滿足這一整飭的比例。由此看來,《兵衛志》所記各宮丁數更多只能看作元末史官理想化、簡單化的數據處理結果,不可用來説明遼朝當時的實際問題。

（三）衆部族軍

此項與《營衛志·部族下》所記内容同出一源，其共同文本來源當爲耶律儼《皇朝實録·部族志》。與宫衛部分類似，《營衛志》部族門應該是對原始材料的直接轉録，而《兵衛志》此條亦是元人重新分類編排、改頭换面的結果。編纂"衆部族軍"的史官根據耶律儼舊志所記信息，將其中部族分爲隸南府、隸北府兩大類，繼而又按照居地或節度使所屬進一步分列十七個小類，每小類下列部族名若干。對比《營衛志·部族》可知，《兵衛志》這份部族分類名單存在諸多遺漏、錯訛①，除了個别文字可供校勘、補充之用外，並没有什麽其他價值可言。

更要緊的是，元朝史官將舊志所見部族皆劃入"衆部族軍"中，意謂各部均有戍兵，明顯與遼朝實際情況不符。耶律儼《部族志序》將遼朝部族分爲三類："勝兵甲者即著軍籍，分隸諸路詳穩、統軍、招討司。番居内地者，歲時田牧平莽間。邊防糺户，生生之資，仰給畜牧，績毛飲湩，以爲衣食。各安舊風，狃習勞事，不見紛華異物而遷。"②三類之中，僅"勝兵甲者"明確著軍籍，其標誌是隸屬諸路詳穩、統軍司、招討司，而"番居内地者"及"邊防糺户"則與此不同。如果説"邊防糺户"尚因駐守邊境而有戍兵的話，那麽"歲時田牧平莽間"的"番居内地者"就顯然並非如此了。考諸《營衛志·部族下》，番居内地的部族當包括奚六部、撒里葛部、窈爪部、耨盌爪部、訛僕括部、稍瓦部、曷朮部、遥里部、伯德部、楚里部、奥里部、南剋部、北剋部、南唐古部、薛特部，這些部族皆不屬於某路詳穩、統軍司或招討司，亦無鎮戍任務，居地皆在遼朝腹地，當無所謂"部族

① 參見《遼史》卷三五《兵衛志中》校勘記五至十四，第471—472頁。
② 《遼史》卷三二《部族上》，第427頁。

軍"之設。元人修史時不加辨別，囫圇吞棗地抄入《兵衛志》，結果自然與遼朝當時實際行用的部族軍制存在很大距離。

（四）五京鄉丁

此項下依次羅列五京道所轄州縣丁數，學界多將此視作遼朝當時的實際統計結果，或以其爲人口數，或以其爲兵丁數，在此基礎上展開一系列研究。然而，從該文本所呈現出的種種破綻來看，這項數據恐怕也是元朝史官創造出來的，其中有兩個主要邏輯環節：其一，根據《地理志》所記戶數，折算出丁數（由戶得丁）；其二，根據遼朝適齡民丁皆隸兵籍的原則，將丁數直接視作鄉兵數（由丁得兵）。

一、從史源上看，《兵衛志》所記五京丁數完全根據《地理志》所記戶口數折算而來，並無獨立的史料來源。

關於兩篇志文所載戶丁數的對應關係，清代官修《續文獻通考》曾有過一段考證：

> 臣等謹案：遼時戶口，史無明文，《地理志》雖載有戶，然各郡縣戶總計之，不過五十五萬有奇，而或詳或闕，或云分隸於官府而無其數。今以《營衛志》戶數參校《兵衛志》丁數，大率以兩丁爲一戶：正戶八萬者，其丁即爲十六萬，蕃漢轉戶十二萬四千者，其丁即爲二十四萬八千。至五京民丁有隸官府者，有不隸於官府者，然每戶亦不過兩丁，因五京民丁之可見者，止一百一十萬七千三百，故五京之戶亦止五十五萬有奇也，蓋有丁數見於《兵志》者，《地理志》始載其戶，無丁者舉闕之耳。[①]

① 《欽定續文獻通考》卷一二"戶口考"，臺北：商務印書館影印《文淵閣四庫全書》本，1986年，第626冊，第275頁下欄。

是謂《地理志》之户數乃得自《兵衛志》之丁數，先有丁數而後有户數。這一觀點爲部分現代學者所繼承，認爲遼代户口數據中，丁數比户數可靠，並以此爲立論基礎，對遼代户籍、人口等重大問題進行了一系列新的解讀①。然而，從清人到現代的研究者，皆未能給出充分的證據來支撐這一前提性的判斷，如果對《遼史》不同部分的史源狀况稍加考察即可發現，實際情况恰好與此相反。

如本書第六章所示，今本《遼史·地理志》的整體框架和主要内容源自陳大任《遼史·地理志》，具有相對獨立的文本來源，其中所記户口數當爲遼末天慶年間括户所留下的統計數據。反觀《兵衛志》，本篇上文的分析已經表明，它實際上完全是元朝史官雜抄不同來源的材料，加以改頭換面而成的二手文獻。具體到"五京鄉丁"一條，也是破綻百出，此可由以下數端見之。（1）常識錯誤與詭辯掩飾兼有。記上京道丁數之前稱："太祖建皇都于臨潢府。太宗定晉，晉主石敬瑭來獻十六城，乃定四京，改皇都爲上京。"其下依次羅列上京、東京、南京、西京四道丁數，最後中京一條稱"聖宗統和二十三年，城七金山，建大定府，號中京……草創未定，丁籍莫考，可見者一縣"，從這兩段敘述中我們可以看出《兵衛志》五京鄉丁門執筆者的編排邏輯：遼太宗時已有上、東、南、西四京，丁籍可考，而中京道設立較晚，故丁籍莫考。然而揆諸史實，遼太宗時僅立上、東、南三京，西京乃興宗重熙十三年所升，設立時間猶在中京之後。又《地理志》中京道僅高州三韓縣有户數，當是其餘州縣户數資料在陳大任修史時即已散失，元朝史官自無由折算，只能强作解人，曲爲之飾，竟犯下如此常識性的錯誤。（2）篡改數據。《地理

① 吴松弟：《中國人口史》第三卷《遼宋金元時期》，復旦大學出版社，2000年，第163—196頁。

志》記東京道"轄軍、府、州、城八十七"(按其下文實爲八十八),然《兵衛志·五京鄉丁》記東京道丁數之前卻稱"轄軍、府、州、城二十六",正與其下文所列有丁數之軍、府、州、城總數相合,知此"二十六"乃元人所改。(3)囫圇吞棗,將《地理志》所載州縣設立時情況混同於丁籍數據。《兵衛志》記西京道丁數前小序稱該京"有丁三十二萬二千七百",中華書局點校本修訂本校勘記已指出"此處丁數乃併下文振武縣鄉兵及金肅軍、河清軍防秋兵計之"[1],這三個數據實爲《地理志·西京道》記載三地建置緣起時所提及的兵數[2],並非括兵籍所得,更與所謂"五京鄉丁"毫無關涉,元人不僅照抄於此,且將之與折算而來的丁數混淆。(4)基本照搬宮衛"一户二丁"之比例,進行折算。如上所述,《兵衛志·宮衛騎軍》之"一户二丁",很可能是元人將舊史所見户丁總數之比例推衍爲具體各宮户丁的對應關係,而"五京鄉丁"一門下的丁數與地理志所載户數大部分符合這一比例[3],我們懷疑,元人或許也是受到宮衛户丁總體比例的啟發,認爲遼朝不同户丁比例大致皆爲一比二,這纔根據《地理志》所載户數推算出了"五京鄉丁"之數。

二、將丁數直接視作鄉兵數的邏輯推衍並不符合實際情況。

如上所述,《兵衛志·宮衛騎軍》末稱"凡諸宮衛,丁四十萬八千,出騎軍十萬一千",此乃元人全抄舊史宮衛部分之結語原文,雖省"人丁"爲"丁",但其概念的内涵未變,仍指普通丁口(成年男

---

[1] 《遼史》卷三六《兵衛志下》校勘記一一,第493頁。

[2] 《地理志·西京道》豐州振武縣條(第581頁):"太祖神册元年,伐吐渾還,攻之,盡俘其民以東,唯存鄉兵三百人成戍。後更爲縣。"金肅州條(第587頁):"重熙十二年伐西夏置。割燕民三百户,防秋軍一千實之。"河清軍條(第587頁):"西夏歸遼,開直路以趨上京。重熙十二年城,號河清軍。徙民五百户,防秋兵一千人實之。"

[3] 不過我們也注意到,"五京鄉丁"所記南京、西京丁數皆符合一户二丁之比例,然上京、東京則時有不合,具體原因暫難確考。

性），不與軍籍。在同屬《兵衛志》的"五京鄉丁"項中，"丁"的這一基本含義和用法也得到了延續，因此我們在閱讀"五京鄉丁"一項的標題、總序、諸州縣小序及所記具體丁數的過程中，絲毫看不到這裏的"丁"與"宮衛騎軍"中的"丁"有何區別，甚至不免產生疑問：如此普通的丁口數字與軍制何干，爲何會載入《兵衛志》中？直至看到此項末段結語云"大約五京民丁可見者一百一十萬七千三百，爲鄉兵"，方知元人上文所記確爲"民丁"，只不過在他看來，這些民丁皆"爲鄉兵"。正因如此，史官在整篇《兵衛志》的末尾稱："二帳、十二宮一府、五京，有兵一百六十四萬二千八百。宮丁、大首領、諸部族、中京、頭下等州，屬國之衆，皆不與焉。"五京的"丁"皆隸兵籍，而諸宮的"丁"則不與其中。換句話說，"五京鄉丁"中的"丁"除保留其基本含義"民"之外，又被賦予了"兵"的内涵，所謂"全民皆兵"，這也是其出現在《兵衛志》中的理由。那麼，元朝史官作出這樣的判斷和書寫的依據又是什麼呢？

《兵衛志·兵制》稱"遼國兵制，凡民年十五以上，五十以下，隸兵籍"，此爲《兵衛志》正文之首句，亦可視作元人修纂此志之總綱，"五京鄉丁"皆被視爲"鄉兵"，當亦源出於此。然如上節所論，此條記載實出宋人之手而非遼代舊文，所記爲澶淵之盟以前宋遼交戰時的情況，其所適用的時空範圍皆不明確，與遼朝的實際情況亦不完全相符。如上引耶律儼《部族志序》，"著軍籍"者僅爲三類部族之一，知至少在遼代部族中並非民丁皆兵。王曾瑜曾根據路振《乘軺錄》所記遼南京漢兵"皆黥面給糧，如漢制"，指出至晚在聖宗朝遼已出現募兵制①。據《道宗紀》載，清寧四年"三月戊寅，募天德、

---

① 王曾瑜：《遼金軍制》，第67頁。

振武、東勝等處勇捷者,籍爲軍"①,天德、鎮武、東勝皆隸西京道,説明至晚到了道宗初年,遼朝五京州縣亦已非全隸軍籍,否則不會有此募兵之舉。到了遼朝末年,募兵制更爲普遍,如食糧軍、射糧軍更成爲主要兵源。而前面提到,《地理志》所記諸京户口正爲遼末之數,其在多大程度上還實行全民徵兵制,顯然要打很大的問號。如此看來,元人先將户折算爲丁而後徑視作兵,只是一種想當然式的推導。

(五)屬國軍

此項下記遼朝屬國之名皆自舊史本紀抄撮而來,錯訛、重複頗多②。值得注意的是,其中有"南京女直"一條,爲遼時所無,《聖宗紀》統和二十九年九月丙午云:"幸南京。女直遣使獻所獲烏昭慶妻子。"《屬國表》記此事作"南京女直遣使獻所獲烏昭慶妻子",實因斷句有誤所致。《兵衛志》此處與《屬國表》之誤同,修訂本校勘記推斷二者似存在直接的因襲關係③。僅就這一局部文本細節而言,此校勘記並無問題,但若着眼於《兵衛志》與《屬國表》整體的文本源流看,則還應有另外一種解釋。檢《兵衛志》"屬國軍"條,所列屬國排布的順序基本對應於其在今本本紀中的出現順序,且其中有"黑車子室韋""西奚""東部奚""烏馬山奚""斜離底"等大量見於本紀(或《部族表》)而不見於《屬國表》的部名,知《兵衛志》屬國軍條編纂過程中確未參考《屬國表》。那麼上面的文本錯誤完全一致又該如何解釋呢?據我推測,元朝史官在纂修《屬國表》《部族表》及《兵衛志·屬國軍》之前,應該做過一項工作,即從舊史本紀

---

① 《遼史》卷二一《道宗紀一》,第290頁。
② 參見《遼史》卷三六《兵衛志下》校勘記一三至一九,第493—494頁。
③ 《遼史》卷三六《兵衛志下》校勘記一九,第493—494頁。

中按照時間順序摘抄出涉及屬國、部族的條目，形成一個“中間文本”，而負責纂修相應部分的史官再從該文本中各取所需，編排成篇。如果這一中間文本在倉促抄撮本紀之時即已出現“南京女直”這樣的斷句錯誤，據以轉抄的《屬國表》與《兵衛志》自難幸免。

此外，上述推想還可以解釋爲何今本《屬國表》《部族表》《兵衛志·屬國軍》在屬國、部族劃分方面常常自相矛盾，混亂不堪。這些所謂“屬國”“部族”其實都是負責纂修具體部分的元朝史官在中間文本的基礎上臨時劃分的結果，具有相當的隨意性，只能看作元人對於遼朝國際秩序的想象，完全不可用來說明當時的實際情況。

（六）邊境戍兵

此門殿於《兵衛志》之末，標目之前有一段對全志的總結收束之辭，其中包括前引“舊志言兵”云云，又稱：“二帳、十二宮一府、五京，有兵一百六十四萬二千八百。宮丁、大首領、諸部族，中京、頭下等州，屬國之衆，皆不與焉。”而“邊境戍兵”開始即稱：“又得高麗《大遼事迹》，載東境戍兵，以備高麗、女直等國，見其守國規模，布置簡要，舉一可知三邊矣。”其後列諸營戍兵之名稱、地點及數量。《兵衛志》最初修成之時並無此門，後來從高麗《大遼事迹》中覓得關於遼朝東境戍兵的記載，遂補撰於志文最後而未改變已有之結構。

綜合以上兩章的考證結果可以看出，元人除了將“師兵營衛”這一概念強分爲二，設立《營衛》《兵衛》二志外，具體纂修過程實際上也正是將陳大任《遼史·兵志》割裂開來，再分別加以填充：

其一，以陳志所記宮衛部分爲宮衛門；又雜抄南朝文獻與舊史《地理志》記載而成行營門；以諸史契丹傳成“部族上”，抄耶律儼《皇朝實錄·部族志》爲“部族下”，是爲部族門。三者合稱《營衛志》。

其二，以陳志所記對宋作戰部分拼以宋朝《國史》及《會要》所述契丹軍制，爲"兵制"一門；以宋《会要·蕃夷·遼》所見具體軍種爲"御帳親軍"、"大首領部族軍"；以舊史宮衛門之户數倍折出丁數，重抄騎軍數，爲"宮衛騎軍"；對耶律儼《部族志》所記部族名加以簡單歸類重排，爲"衆部族軍"；以陳大任《地理志》所記五京道户數折算成丁數，又以契丹爲全民皆兵，遂將此丁數全視爲鄉兵，成"五京鄉丁"；抽取舊史本紀所見屬國之名，列爲"屬國軍"。以上總稱《兵衛志》。志成後又得高麗《大遼事迹》，補撰爲"邊境戍兵"，殿於卷末。

第六章　《地理志》

元修《遼史·地理志》是現存文獻中有關遼代地理沿革最爲全面、系統的記載，對於遼史研究和歷史地理研究都具有重要的學術價值。自乾嘉以降，學界在此領域已經有了大量的積累，這些成果的共同取向在於以志文爲綱，正其訛誤，補其未備①。然而，相較其中具體內容的考證，關於這篇重要地志的文本來源和編纂過程，既往研究似乎關注不足，實有進一步深化之空間。

王頲《〈遼史·地理志〉資料探源》，是目前所見惟一一篇討論

① 清人對《遼史·地理志》的關注蓋始於顧祖禹《讀史方輿紀要》，較爲深入的研究則肪自厲鶚《遼史拾遺》、錢大昕《廿二史考異》，其後歷朝研治北徼史地者多有涉及。上世紀以來，專門以遼志爲名的代表性論著包括李慎儒：《遼史地理志考》，光緒二十八年（1902）丹徒李氏刻本；劉師培：《遼史地理考》，《國粹學報》4 卷 3、5 期，1908年；譚其驤：《〈遼史·地理志〉補正》，《禹貢半月刊》1 卷 2 期，1934 年 3 月；馮家昇：《遼金史〈地理志〉互校》，《禹貢半月刊》1 卷 4 期，1934 年 4 月；趙鐵寒：《〈遼中·地理志〉州軍方位考實》，《食貨月刊》復刊 9 卷 3、4 期，1979 年 6 月；向南：《〈遼史·地理志〉補正》，《社會科學輯刊》1990 年第 5 期；稽訓杰：《〈遼史·地理志〉校讀記》，《文史》第 37 輯，中華書局，1993 年；馮永謙：《〈遼史·地理志〉考補——上京道、東京道失載之州軍》，《社會科學戰綫》1998 年第 4 期；馮永謙：《〈遼史·地理志〉考補——中京道、南京道、西京道失載之州軍》，《北方文物》1998 年第 3 期；張修桂、賴青壽：《〈遼史·地理志〉匯釋》，安徽教育出版社，2001 年；李錫厚：《〈遼史·地理志〉辨誤》，《隋唐遼宋金元史論叢》第 4 輯，上海古籍出版社，2014 年；余蔚：《中國行政區劃通史·遼金卷（修訂本）》，復旦大學出版社，2017 年。

《地理志》史源的專文①。該文發現遼志中存在時間斷限不同、記載前後牴牾的問題，進而認爲元朝史官纂修此志主要依據的直接史源有二，一爲遼耶律儼《皇朝實錄》，一爲金陳大任《遼史》，前者時間斷限在重熙二十一年前後，後者則無明顯斷限。王氏着眼於《遼史》全書的史源狀況，對《地理志》文本的自相矛盾作出了看似合理的解釋，後續研究者多從其說。近來又有學者在此基礎上進一步論證，作爲今本遼志的史源，《皇朝實錄》所記節鎮建置的地理時間斷限當在興宗重熙年間，所據資料來源是重熙十四年（1045）所修成之《實錄》，而陳大任《遼史》所記斷限爲道宗清寧以後，源自大安元年（1085）所修之《實錄》②。

以上諸說皆認定今本《遼史・地理志》所記地理沿革斷限混亂的問題乃元人修史根據不同史源加以拼合所致，並將其最初的記載源頭具體化爲興宗、道宗兩朝所修實錄。不過在我看來，此類觀點存在兩個明顯的邏輯漏洞：其一，《地理志》所記信息時間斷限不同，是否一定緣於元朝史官對不同史料的拼合？是否可能是其所據直接史源已然如此，元人只不過是因襲舊文？其二，倘若元人所據材料果爲耶律儼、陳大任二書，那麼成於乾統年間的《皇朝實錄》爲何會以重熙年間爲限，而全然不及道宗、天祚朝之沿革？同理，金朝所修《遼史》又爲何棄遼末史事於不顧而僅截取道宗朝《實錄》之地理信息？帶着這樣的疑問，重新檢核相關史料，我們或許可以

---

① 該文初刊於《大陸雜誌》83 卷 6 期（1991 年），其後改題爲《松漠記地——〈遼史・地理志〉資料源流及評價》，收入氏著《駕澤搏雲：中外關係史地研究》，海口：南方出版社，2003 年，第 203—219 頁。

② 參見曹流《〈亡遼錄〉與〈遼史・地理志〉所載節鎮州比較研究》，《北大史學》第 14 輯，北京大學出版社，2009 年，第 146—162 頁；陳俊達《〈遼史・地理志〉所載節度州考》（上、下），《赤峰學院學報》2017 年第 11、12 期。

得到與以往大不相同的認識。

第一節　從《遼史》内證看《地理志》主體部分之史源

既有研究認爲《地理志》乃拼合遼、金舊史的不同記載而來，這就意味着今本志文的整體框架和編排順序當出自元朝史官之手，但這一判斷與《遼史》其他部分所提示的文本綫索並不相符。檢《百官志》有"南面方州官"一門，其下分節度、觀察、團練、防禦、刺史諸項，詳載遼五京州名[1]，以往研究者多致力於考訂此門所記與《地理志》州名的具體異同[2]，卻忽視了二者在總體編排順序上的高度一致性，特別是這種一致性所反映出的同源文本關係。兹依《百官志·南面方州官》之結構，將二者所記州名排序表列如下。

表 6-1:《遼史·百官志》《地理志》州名排序對照表

分類		《百官志》	《地理志》
節度	上京道	懷州奉陵軍、慶州玄寧軍、泰州德昌軍、長春州韶陽軍、儀坤州啟聖軍、龍化州興國軍、饒州匡義軍、徽州宣德軍、成州長慶軍、懿州廣順軍、渭州高陽軍、鎮州建安軍	祖州天成軍、懷州奉陵軍、慶州玄寧軍、泰州德昌軍、長春州韶陽軍、儀坤州啟聖軍、龍化州興國軍、饒州匡義軍、徽州宣德軍、成州長慶軍、懿州廣順軍、渭州高陽軍、鎮州建安軍
	東京道	開州鎮國軍、保州宣義軍、辰州奉國軍、興州中興軍、海州南海軍、淥州鴨淥軍、顯州奉	開州鎮國軍、保州宣義軍、辰州奉國軍、興州中興軍、海州南海軍、淥州鴨淥軍、顯州奉

---

[1]　《遼史》卷四八《百官志四》，中華書局點校本修訂本，2016 年，第 906—914 頁。

[2]　如林鵠《〈遼史·百官志〉考訂》，中華書局，2015 年，第 285—296 頁；陳俊達《〈遼史·地理志〉與〈百官志〉所載州比較研究》，《蘭臺世界》2017 年第 19 期，第 116—119 頁。

分類		《百官志》	《地理志》
		先軍、乾州廣德軍、貴德州寧遠軍、瀋州昭德軍、遼州始平軍、通州安遠軍、雙州保安軍、同州鎮安軍、咸州安東軍、信州彰聖軍、賓州懷化軍、懿州寧昌軍、蘇州安復軍、復州懷德軍、祥州瑞聖軍	先軍、乾州廣德軍、貴德州寧遠軍、瀋州昭德軍、遼州始平軍、通州安遠軍、雙州保安軍、同州鎮安軍、咸州安東軍、信州彰聖軍、賓州懷化軍、懿州寧昌軍、蘇州安復軍、復州懷德軍、祥州瑞聖軍
	中京道	成州興府軍、興中府彰武軍、宜州崇義軍、錦州臨海軍、川州長寧軍、建州保靜軍、來州歸德軍	成州興府軍、興中府彰武軍、宜州崇義軍、錦州臨海軍、川州長寧軍、建州保靜軍、來州歸德軍
	南京道	幽州盧龍軍、平州遼興軍	幽州盧龍軍、平州遼興軍
	西京道	雲中大同軍、雲內州開遠軍、奉聖州武定軍、蔚州忠順軍、應州彰國軍、朔州順義軍	雲中大同軍、**豐州天德軍**、雲內州開遠軍、奉聖州武定軍、蔚州忠順軍、應州彰國軍、朔州順義軍
觀察	中京道	高州、武安州、利州	高州、武安州、利州
	東京道	益州、寧州、歸州、寧江州混同軍	益州、寧州、歸州、寧江州混同軍
	上京道	永州永昌軍、靜州	永州永昌軍、靜州
團練	東京道	安州	
防禦	東京道	廣州、鎮海府、冀州、衍州安廣軍	廣州、鎮海府、冀州、衍州安廣軍
刺史	上京道	烏、降聖、維、防、招	烏、降聖、維、防、招
	東京道	穆、賀、盧、鐵、崇、耀、嬪、遼西、康、宗、海北、巖、集、祺、遂、韓、銀、安遠、威、清、雍、湖、渤、郢、銅、涑、率賓、定理、鐵利、吉、麓、荊、**勝**、順化、連、蕭、烏	穆、賀、**宣**、**懷化軍**、盧、鐵、崇、耀、嬪、**嘉**、遼西、康、宗、海北、巖、集、**棋**、遂、韓、銀、安遠、威、清、雍、湖、渤、郢、銅、涑、率賓、定理、鐵利、吉、麓、荊、**勝**、順化、連、蕭、安

分類		《百官志》	《地理志》
	中京道	恩、惠、榆、澤、北安、潭、松山、安德、黔、嚴、隰、遷、潤	恩、惠、榆、澤、北安、潭、松江、安德、黔、嚴、隰、遷、潤
	南京道	順、檀、涿、易、薊、景、灤、營	順、檀、涿、易、薊、景、灤、營
	西京道	弘、德、寧邊、歸化、可汗、儒、武、東勝	弘、德、寧邊、歸化、可汗、儒、武、東勝

從上表可以看出,除個別漏抄外(上京道節度祖州天成軍;西京道節度豐州天德軍;東京道刺史州宣州、懷德軍、嘉州),在每一項分類之下《百官志·南面方州官》所記州名順序均與《地理志》完全相同。出現這樣的情況無非兩種可能性:其一,元人先根據不同資料拼合編排而成《地理志》,而後負責纂修《百官志》者又據今本《地理志》轉抄,順序自然無別;其二,《百官志》與《地理志》依據同一直接現成的史源,此原始資料的編排順序已然如此,兩志皆因襲之。那麼,究竟哪一種情況更符合實際呢?

我們注意到,《百官志》所記具體州名信息與今本《地理志》間或不同,且多有《白官志》不誤而《地理志》誤者。如東京道刺史州祺州,《地理志》原誤作"棋州",中京道刺史州松山州,《地理志》原誤作"松江州",點校本皆據《百官志》及本書其他部分校改①。又如東京道刺史州勝州,與出土遼代墓誌相合,而《地理志》則作"滕州"②。此外,兩志關於同一地點的信息記錄亦偶有不同,如安州,《百官志》記作團練州,而《地理志》則作刺史州,安州無論是作爲團

---

① 參見《遼史》卷三八《地理志二》校勘記二八,第543頁;卷三九《地理志三》校勘記一三,第556頁。
② 參見《遼史》卷三八《地理志二》校勘記三五,第543頁。

練抑或刺史,在其他文獻中皆可找到佐證①,推測原始資料或曾詳載此州州等之變化,或已混淆實職與遙授,致安州名下團練與刺史並見,惟元人纂修兩志時採摭不同——此條尤其可以説明兩篇志文的文字歧異絕非後來流傳過程中的版刻錯誤所致,而當求諸文本的編纂過程。由此觀之,《百官志·南面方州官》與今本《地理志》並非直接綫性的傳抄關係,而是同源異流的文本關係,即依託同一現成史源分別抄取。只不過《地理志》基本保留了史源的大體結構和主要内容,而《百官志》則依據州等重新分類、間架,將州名散佈於不同類别之中。

　　通覽《地理志》全文可知,該志以五京道諸州爲主綫,各縣分繫其下,而上表所涉一百三十七個州名,已經覆蓋了全志所記州名的絕大部分②,事實上構成了《地理志》的主幹框架,它們在文本來源上應具有整體性和統一性。换句話説,透過與《百官志·南面方州官》的同源、同序關係,我們可以斷定,今本《地理志》的主體部分當係元人據一種現成的地志文獻抄取而來,而非如前人所稱乃史官拼合耶律儼、陳大任兩書相關記載所得③;至於其中地理信息的不

---

① 《遼史》卷一五《聖宗紀六》統和二十八年(1010)十一月辛卯、卷九四《耶律何魯掃古傳》、壽昌五年(1099)《劉祜墓誌》、天慶九年(1119)《天王寺建舍利塔碑記》均有安州團練使。大康四年(1078)《秦德昌墓誌》則稱墓主"重熙末,始輟外官,歷安、營、恩、榆等四郡刺史"。

② 餘不見於表者皆未著明州等(包括上京道十一個頭下軍州和東京道十八個州),當是原始材料即已失載,元人自無由獲知。

③ 值得一提的還有《兵衛志下》"五京鄉丁"條,凡《地理志》登載户數之州縣,在此條中皆被重新抄録一過,折算出所謂"丁"數,其中州縣排序絕大部分皆與今本《地理志》相符合。然《兵衛志》所記州縣名亦間有不同於今本《地理志》者,如《兵衛志》上京道慶州玄寧縣,與大康十年《高玄圭墓誌》(拓片及録文見康鵬、左利軍、魏聰聰:《遼高玄圭墓誌考釋》,《北方文物》2014年第3期)相合,而《地理志》誤作"玄德縣","寧"與"德"字形相差較大,《地理志》所記恐非後世版刻之譌。(轉下頁注)

同時限,也是由於元人所據直接史源即已如此,而非其編排混雜所致。接下來的問題是,這一現成的主幹史源又是什麼呢? 究竟是《皇朝實録》還是陳氏《遼史》?

從《地理志》本身的文本信息判斷,元人纂修《地理志》所依據的直接主幹史源應爲陳大任《遼史·地理志》,此可由以下二端見之。

其一,記載下限與户口繫年。《地理志》時間信息最晚者見於上京道靜州條:"靜州,觀察。本泰州之金山。天慶六年(1116)升。"②按耶律儼《皇朝實録》成書於乾統年間,其中所記地理信息不會晚至天慶之時。與此相對應的是,《地理志》州縣多載遼代户數,韓光輝、葛劍雄等人指出,此户數當係天慶三年遼朝最後一次全國範圍内"籍諸道户"的統計數③。此説將户籍斷限鎖定於遼末天慶間,洵具卓識,不過所指具體年代仍可稍作修正。仔細檢核五京道所記户口,其數皆爲整百整千,而未具體到個位、十位,在歷代正史的户數統計中顯得頗爲另類,其來源似非用於徵税的實際版籍,而是一種估測性的數值。其中上京、南京、西京户數相對完整,東京道僅二十六個州縣有户口,其餘泰半州縣(自顯州以下)皆無,而中京道僅高州二韓縣一縣記載户數。覈諸本紀,天慶四年秋女真起兵攻寧江州,至六年五月陷遼陽府,此時期雙方戰場皆在東京道,今本《地理志》東京道户數的大範圍缺失,恐與括户之時遼朝已失去對於東京道多數州縣的控制有關;而中京户數的整體性散佚,或亦可歸因於遼末戰亂。由此推測,《地理志》所記户數的對應年

(接上頁注)由此看來,《兵衛志·五京鄉丁》所據以抄撮者亦當爲舊志原本,而非元修新志。這一同源同序關係或可佐證以上關於《地理志》有現成藍本的判斷。

② 《遼史》卷三七《地理志一》,第509頁。

③ 韓光輝:《遼金元明北京地區人口地理研究》,北京大學博士學位論文,1987年,第33頁,修改後收入氏著《北京歷史人口地理》,北京大學出版社,1996年,第50—51頁;葛劍雄:《中國人口發展史》,福建人民出版社,1991年,第194—195頁。

限似應比天慶三年稍晚,而介乎四年至六年之間。要之,《地理志》的時間下限和所記戶口面貌,暗示出其所記州縣信息的直接史源當爲陳大任書。

其二,具體文辭與記載立場。《地理志中》"黔州"條云:"阜昌軍,下,刺史。本漢遼西郡地。太祖平渤海,以所俘戶居之,隸黑水河提轄司。安帝置州,析宜、霸二州漢戶益之。初隸永興宮,更隸中京,后置府,來屬。"①其中稱"安帝",即穆宗孝安敬正皇帝,這種以一字謚號簡稱遼帝的方法與王士點《禁扁》所引陳大任《遼史》完全一致。陳氏書原本多用此謚號系統,元人修史時進行過全面回改,但偶有遺漏,此處即是一例②。此外,志文中曾數次出現模糊不確,留待考證之語。如上京道永州義豐縣稱"始末不可具考,今兩存之"③,龍化州條稱下轄"刺史州一,未詳"④,東京道同州條稱"統州一,未詳",信州條"統州三,未詳"⑤,這樣的表述應該是在編排原始資料過程中產生的疑問,自然不可能出自《皇朝實錄》,亦不似元人所加,恐係陳大任之舊文。更爲明顯的是,《地理志》行文之中常常出於後世史官的追述,每與遼朝當時人之立場不合。如東京遼陽府條云:"大氏始保挹婁之東牟山,武后萬歲通天中,爲契丹盡忠所逼,有乞乞仲象者,度遼水自固。"⑥中京大定府條:"奚長可度率衆內附,爲置饒樂都督府。咸通以後,契丹始大,奚族不敢復抗。太祖建國,舉族臣屬。"⑦利州阜俗縣條:"唐末,契丹漸熾,役使奚

①　《遼史》卷三九《地理志三》,第551頁。
②　參見本書附錄二《遼代帝王簡謚鈎沉——以王士點〈禁扁〉爲中心》。
③　《遼史》卷三七《地理志一》,第504頁。
④　《遼史》卷三七《地理志一》,第505頁。
⑤　並見《遼史》卷三八《地理志二》,第532頁。
⑥　《遼史》卷三八《地理志二》,第518頁。
⑦　《遼史》卷三九《地理志三》,第545頁。

人,遷居琵琶川。"①興中府條:"唐武德初,改營州總管府,尋爲都督府。萬歲通天中,陷李萬榮。"②此類記述口吻不僅在《地理志》所記前代沿革中屢見不鮮,亦常常隱含在關於本朝州縣建置過程的敘述之中。如西京大同府條云:"晉高祖代唐,以契丹有援立功,割山前、代北地爲賂,大同來屬,因建西京。"③歸化州條稱:"晉高祖割獻于遼,改今名。"④河清軍條:"西夏歸遼,開直路以趨上京。"⑤類似這樣以"遼"爲主語記述遼朝本身州縣建置的文字在《地理志》中尚有數十處,顯非出遼人之手,元末修書倉促,恐亦無暇完成如此細微而系統的改寫,蓋因其直接史源已然如此,史官不過是因循其例罷了。

以上所舉文本內證,雖然只涉及《遼史・地理志》的一小部分內容,但是考慮到前文所論元人所據直接史源的現成性和整體性,這些例證或已足以幫助我們形成一個總體的判斷:該志的主要藍本當爲陳大任《遼史・地理志》。不惟如此,倘若着眼於更爲宏闊、整體性的文獻源流,上述判斷還可在元代其他關於遼朝地理知識的記載中得到進一步證實,這就是下一節所要揭示的內容。

第二節　陳大任《遼史》與元人所記
遼朝地理知識的文本淵源

以往討論《地理志》史源者,習慣於就《遼史》談《遼史》,而忽

---

① 《遼史》卷三九《地理志三》,第548頁。
② 《遼史》卷三九《地理志三》,第550頁。
③ 《遼史》卷四一《地理志五》,第578頁。
④ 《遼史》卷四一《地理志五》,第583頁。
⑤ 《遼史》卷四一《地理志五》,第587頁。

視了可能與之同源的其他元代文獻。與此同時,其他研治遼代史
地者雖或多或少注意到不同文獻關於當時情況的相似記載,卻又
僅將其視作碎片化的歷史信息或簡單的知識傳遞,作出非此即彼
的正誤判斷,對文本的内在層次疏於考辨,未能從文獻本身的繼
承關係和實際的流傳過程上加以考量。全面追索有元一代關於
遼朝地理知識的文獻記載不難發現,它們事實上皆與今本《遼
史・地理志》屬於同一文本系統,源頭均可上溯至陳大任《遼
史・地理志》。藉此蹊徑,我們不僅可以進一步明確元修遼志之
直接史源,還可考見陳氏舊志之佚文,甚或對元朝史官修志時的
編纂過程有所體識。

　　遍檢元代文獻,關於遼朝地理較爲系統的記載主要有三:其一
爲《遼史・地理志》,其二乃《金史・地理志》所記前代沿革,其三則
是以《大元大一統志》(簡稱《元一統志》)爲源頭的地志文獻——
三者中尤以後者最爲前人所忽視。我們將三種文獻所記遼代地理
信息作了全面排比(詳見本節末所附表6-2),發現其間存在高度
的一致性,這種一致性反映的並非簡單的知識傳遞,而是明顯的文
本同源關係。兹結合表6-2内容,按照成書先後,分別考證《元一
統志》系統、《金史・地理志》的文本來源及其與《遼史・地理志》
之關係。

　　《元一統志》是元代前期官修全國性地理文獻,其中不僅記録
元朝當時的地理信息,更詳載各具體區域的前代建置沿革。關於
此書所記前代地理知識的史源,以往研究者多關注其南方部分與
唐宋全國地理總志的承襲關係①,對於其中所記北方遼金舊地的資

<hr />

① 　金毓黻:《大元大一統志考證》,《遼海叢書》本,葉8b—9a;趙萬里:《元一統志前
　　言》,中華書局,1966年,第1頁;龐蔚:《〈大元大一統志〉存文研究》,暨南大學碩士
　　學位論文,2006年,第36—44頁。

料來源則鮮有論及，而這正是我們所關心的問題。

　　《元一統志》之纂修分爲兩個階段，第一階段始於至元二十二年(1285)，至三十一年完成初稿；第二階段始於至元三十一年，補充雲南、甘肅、遼陽等地圖册，重新校勘至大德七年(1303)全書告竣，凡一千三百卷。其中前代沿革部分當主要作於第一階段。是書全本久佚，本節所論遼代地理，可資對比分析的文本除元以降各類輿地文獻所引佚文外，主要還包括兩部源出於該書的明初官修著作：《元史·地理志》與《大明清類天文分野之書》(簡稱《大明清類》)①。《元史》成於洪武四年(1371)，其中《地理志》主要依據的直接史源爲天曆二年(1329)至至順二年(1331)成書之《經世大典·賦典·都邑》，而後者則據《元一統志》初稿本而成，在本朝建置方面與《元一統志》定本存在不小差異，但在記録前代沿革方面當並無二致②。《大明清類》則成書於洪武十七年，凡二十四卷，前代建置沿革亦主要取資於《元一統志》③。兩相比較，後者所記前代沿革更爲完整系統，保存的遼代地理信息更多。

　　從表6-2可以看出，《元一統志》系統與《遼史·地理志》所記遼代地理信息不僅内容一致，且文辭亦大致相同，在具體細節上往往詳略互見，二者間並非直接綫性的繼承關係，而應具有共同的文本來源。值得注意的是，《元一統志》的少量佚文曾明確注出所依據的文本來源，名曰"契丹地(理)志"，相應條目的内容亦略見於今

---

① 此外，《大元混一方輿勝覽》《事林廣記》等民間地理文獻亦曾摘抄《元一統志》(或其初稿本)，但其中所記遼代地理較爲簡陋，故未納入對比範圍。

② 參見王頲：《〈元史·地理志〉資料探源》，《歷史地理》第8期，上海人民出版社，1990年，第221—229頁。

③ 韓道英：《〈大明清類天文分野之書〉考釋與歷代星野變遷》，暨南大學碩士學位論文，2008年，第10—16頁；張兆裕《〈大明清類天文分野〉索隱》，《明史研究論叢》第12輯，中國廣播電視出版社，2014年，第243—253頁。

本《遼史》(見表 6-2 第 5、6 兩欄，今本《遼史》多有删節，詳後)。
從可能記載遼代地理信息的文獻在元朝的總體留存情況考慮，至
元年間纂修《元一統志》之時，耶律儼《皇朝實録》尚未進入官方藏
書系統，自無法爲修志者所取資，此"契丹地理志"應指陳大任《遼
史》(參見本書第一章第三節)。這一判斷尚可得到《元一統志》引
文細節的佐證，《大明清類天文分野之書》卷二四"武平縣"條云：
"唐本沃州地。遼太祖俘漢民散居，以其地不可耕植，因建城池以
遷之，號曰新城。宣帝統和八年更爲武安州。"①此條當出自《元一
統志》，内容亦略見於今本《遼史·地理志》(表 6-2 第 47 欄)，惟
其中"宣帝"之稱已被删去，而這種以一字謚號指代遼朝皇帝的方
法，恰與《禁扁》所引陳大任《遼史》那套罕見的稱謂系統契合，可爲
二者同出一源的文本内證。

　　與《元一統志》情況類似，元末所修《金史·地理志》中關於
遼代地理沿革的系統記載亦與陳大任《遼史·地理志》淵源頗
深。關於《金史·地理志》的史源，學界較爲通行的認識是：作爲
元末修史的重要依據，王鶚中統、至元間所作《金史稿》嘗設"地
里志"，且在結構和行文體例上與今本《地理志》契合，元末修志
時當以王鶚《金史稿》爲主要依據②。不過，王鶚地志舊稿的具體
内容與結構究竟如何，特別是它是否包括前代沿革部分，一直以來
並未得到充分的討論。新近有學者指出，《金史·地理志》所記北
宋舊疆之沿革主要以宋朝《國史·地理志》爲據③。至元十二年元

①　《大明清類天文分野之書》卷二四"武平縣"，《原國立北平圖書館甲庫善本叢書》影
　　印洪武刻本，國家圖書館出版社，2013 年，第 511 册，第 390 頁上欄。
②　參見邱靖嘉《〈金史〉纂修考》，中華書局，2017 年，第 173—176 頁。推斷的主要依
　　據是王鶚的《金史大綱》以及今本《地理志》中關於邊境的記載。
③　參見張良《〈金史·地理志〉史源管窺》(未刊)。

軍攻陷臨安以後,宋朝國史方假水路北運大都,而王鶚卒於至元十年,自無法據此纂修《金史稿》,則今本《金史·地理志》所記宋朝建置當非王鶚舊稿,而係元末史臣所增入。由此看來,王鶚《金史稿》之"地里志"或僅記金代本朝建置而無前代沿革,今本《金史·地理志》所記遼朝建置恐亦非王鶚舊稿所有,當出自至正史臣之手。

從表6-2可以看出,《金史·地理志》與《元一統志》系統、今本《遼史·地理志》所記遼代地理内容多有重合,文字亦頗類似,但常常在細節上有所參差。在表中三者共有的條目中,大部分内容皆可印合,然亦不乏詳略互見之處:如第21、44、48、57、66諸欄,屬於《金史·地理志》與《元一統志》同,而所記細節有不見於或異於今本《遼史·地理志》者;又如第3、18、40、53、54、73、82、87等欄,則屬於《金史·地理志》與今本《遼史·地理志》同,而不見於《元一統志》者;亦有個別信息乃《金史·地理志》所獨有而不見於另外兩書,如第11、83、84欄。由此看來,《金史·地理志》所記遼代沿革既非摘自《元一統志》,亦不是在今本《遼史·地理志》完成之後據以轉錄,而是元末史臣直接採自陳大任《遼史·地理志》。倘若以上所論不虛,此又可作爲至正年間分修三史過程中共享資料、互通有無的典型例證。

通過對文獻源流的總體摸排,我們看到了陳大任《遼史·地理志》在有元一代官方所記遼朝地理知識的"共祖"地位。遼朝漢式典籍本即難稱繁盛,又行書禁之法,愈使同時代之宋人乃至後世之人難以窺知情狀。金承遼後,蹉跎百年方成《遼史》,漆水文獻亦已凋零大半。至蒙元入主,簡册流散更甚,時人"語遼事,至不知起滅凡幾主",遑論其地理沿革。因緣際會,陳大任《遼史》以孤本殘帙復見於至元翰苑,其中所記遼代輿地信息爲修《大元大一統志》者所採録,並伴隨着後者的權威地位廣爲流布。逮及至正修史,遼、金二史述及契丹地理亦別無他書可據①,遂仍同取陳史舊志以爲奧援,終於使得這一重要文本相對完整地保存下來——這正是今本《遼史·地理志》文本生成的宏觀背景。

　　細繹表6-2中《元一統志》《金史·地理志》所引陳志之文,實已涵蓋諸京總敍、前代沿革、本朝建置、山川風物等諸多方面,與今本《地理志》之主體結構和體例完全契合。這樣的外部考證剛好可與上節所論遼志自身的文本内證相互發明,共同指向一個新的結論:陳大任舊志應該就是元修《遼史·地理志》的現成藍本。以往學界關於遼志的總體性認識及諸多具體問題的討論,恐怕都有重加檢討之必要。

　　除了確定今本遼志之藍本,表6-2還可在一定程度上幫助我們了解元人在編纂過程中的删汰與遺漏。通檢該表九十二欄内容,《元一統志》或《金史·地理志》所記遼代地理信息溢出今本《遼史·地理志》者約二十條,其中絶大部分可以斷定是元人纂修過程中删、漏造成的。元人删去的信息包括以下幾類:(1)境内所轄山川之由來。如第5、6、54三欄,陳氏舊志詳記東京道蘚芋泊、明王山及中京道興中府麝香崖等地之由來,而在今本相應部分中皆頗爲簡略,特别是明王山,除提及其名外别無一辭(除表中所列外,本書第四章第二節所舉中京道七金山、馬盂山、松山諸條亦屬此類)。今本《地理志》每京總敍及部分重要州縣下會羅列境内山河湖泊之名,僅有極少數交代具體情形和得名由來,這些隻言片語

_____

① 遍檢現存文獻,我們找不到任何關於耶律儼《皇朝實録》曾設有《地理志》的明確證據,將此書視作今本《遼史·地理志》的來源之一,很大程度上只是一種出於情理的推測。

的解釋在衆多的地名中常常會顯得十分突兀①。從上述例證判斷,陳大任舊志原本在這類條目下很可能或多或少都有所解説,只不過元人纂修時進行過系統的删削,這纔形成了現在我們看到的樣子。究其原因,大概是元人認爲陳志此類内容與前代正史《地理志》之通行體例有所不諧。(2)州縣的建置沿革,包括設立過程、具體時間及得名由來。删去設立過程者,如第 7、11、21、35、41、47、48、57、73 等欄;删去具體時間者,如第 12、13、32、57、66、87 諸欄;删去得名由來者,如 15、28、42、44 諸欄。與上一類大規模、系統性的删削不同,這一類信息在今本《地理志》中大部分得到保留,被删去者或屬史官臨文抄録時加以簡省所致,而非統一刻意爲之。不過考慮到《地理志》五卷的篇幅,這些被删落信息的絶對數量恐怕仍不算少,今天的研究者只能通過同源文本留下的斷章殘篇來窺其大概了。在主動删削之外,元人抄録舊志時亦偶有疏忽遺漏,如第 84 欄德州昭聖軍,遼志失書軍號,第 11 欄失書興州常安縣名,端賴《金史・地理志》方得以保存。

表6 2:《遼史・地理志》同源文本對照表

製表説明:

1.《元一統志》遼代沿革的主體内容出自陳大任《地理志》,惟個别條目存

---

① 這種問題突出地反映在每京總敘和個别州縣所列諸多山川地名中,偶而會出現一句類似注解性的文字,如上京道總敘在"列山、屈劣山、勒得山"之後突然出現"唐所封大賀氏勒得王有墓存焉"一語(第 497 頁),東京道總敘在"明王山、白石山"下稱"亦曰横山"(第 519 頁),中京道興中府條在"大華山、小華山、香高山、麝香崖"下稱"天授皇帝刻石在焉"(第 550 頁),南京道總敘"桑乾河、高梁河、石子河、大安山、燕山"下稱"中有瑶嶼"(第 562 頁),西京道豐州條"大鹽濼、九十九泉、没越濼、古磧口、青塚"下稱"即王昭君墓"(第 580 頁)。這些文字應該是元人大加删節後的少量孑遺,在今本之中自然頗顯突兀,今人加以點校整理時亦只得於其上加破折號以示區隔。

在明顯差異,當別有所據;又其中所記遼以前沿革與今本《遼史》時有異同,酌情收入此表。

2.《大明清類》部分遼代建置誤混入金代,今參核收入。

3.《金史·地理志》僅記遼時州縣名而未提及其他建置沿革信息者暫不收入,燕雲地區州縣遼朝因仍晉制而未改新名者,《金志》多稱"晉舊縣"、"晉舊名",此表酌情收入。

4. 資料出處:《大明清類天文分野之書》,《原國立北平圖書館甲庫善本叢書》影印洪武刻本,國家圖書館出版社,2013 年,第 511 册,第 151—169、367—386、387—394 頁;《欽定盛京通志》,《四庫提要著録叢書》影印乾隆武英殿刻本,北京出版社,2010 年,史部第 219—221 册;《欽定滿洲源流考》,影印《文淵閣四庫全書》,臺灣商務印書館,1986 年,第 499 册;《欽定熱河志》,《文淵閣四庫全書》第 495—496 册;《金史》,中華書局,1975 年;《元史》,中華書局,1976 年。

	《遼史·地理志》	《元一統志》系統	《金史·地理志》
1	祖州……太祖陵鑿山爲殿……懷州,奉陵軍……太宗崩,葬西山,曰懷陵……穆宗被害,葬懷陵側……慶州,玄寧軍。		慶州,下,玄寧軍刺史。境内有遼祖州……遼太祖祖陵在焉。境内有遼懷州,舊置奉陵軍……遼太宗、穆宗懷陵在焉。
2	泰州,德昌軍,節度。本契丹二十部族放牧之地。		泰州,德昌軍節度使。遼時本契丹二十部族牧地。
3	神册四年,葺遼陽故城,以渤海、漢户建東平郡,爲防禦州。天顯三年,遷東丹國民居之,升爲南京。……天顯十三年,改南京爲東京,府曰遼陽。	《大明清類》卷二四"遼東指揮使司":契丹神册四年,修遼陽故城曰東平郡,後號南京,耶律德光改南京爲東京。	遼陽府:本渤海遼陽故城,遼完葺之,郡名東平。天顯三年,陞爲南京,府曰遼陽。十三年,更爲東京。

續表

	《遼史·地理志》	《元一統志》系統	《金史·地理志》
4	（東京遼陽府）宮牆北有讓國皇帝御容殿……大東丹國新建南京碑銘,在宮門之南。	《盛京通志》一四引:東丹王故宮在遼陽路……有讓國皇帝御容殿。有大東丹國新建南京碑銘。	
5	（東京遼陽府）淇水亦曰泥河,又曰蕲芋濼,水多蕲芋之草。	《盛京通志》二八引:蕲芋泊。《契丹地理志》云:淇水即古泥河也。自東逆流數百里至遼陽,豬（儲）蓄不流,有蕲芋草生於泊中,故名蕲芋泊。	
6	（東京遼陽府）又有明王山。	《滿洲源流考》卷一四引:明王山在遼陽縣東三十里。《契丹地志》云:夫餘王東明葬於此,因以爲名。	
7	遼陽縣。本渤海國金德縣地。漢淇水縣,高麗改爲勾麗縣,渤海爲常樂縣。	《大明清類》卷二四"遼陽縣":高句麗爲句麗縣,後屬渤海爲常樂縣。*遼神册四年修遼陽故城以所俘漢民渤海户實之,德光天顯中徙東丹國王居於此。*	
8	辰州……渤海改爲蓋州,又改辰州,以辰韓得名。井邑駢列,最爲衝會。遼徙其民於祖州。初曰長平軍……統縣一:建安縣。	《滿洲源流考》卷一一引:蓋州地最要,稱爲繁富。契丹移其民於上京西祖州,後陞爲長平軍。《大明清類》卷二四"蓋州衛":唐本高麗蓋牟城,太宗親征得城置蓋州,後改爲辰州五代契丹陞爲長平軍。	蓋州,奉國軍節度使,下。本高麗蓋葛牟城,遼辰州……建安,遼縣。

續表

	《遼史·地理志》	《元一統志》系統	《金史·地理志》
9	盧州, 玄德軍……兵事屬南女直湯河司。統縣一: 熊岳縣。		熊岳, 遼盧州玄德軍熊岳縣。遼屬南女直湯河司。
10	來遠城。本熟女直地。統和中伐高麗, 以燕軍驍猛, 置兩指揮, 建城防戍。	《滿洲源流考》卷一一引: 來遠城本熟女真地。遼伐高麗, 於此建城。	來遠州, 下。舊來遠城, 本遼熟女直地, 大定二十二年升爲軍, 後升爲州。
11	興州, 中興軍, 節度。本漢海冥縣地。渤海置州, *故縣三: 盛吉、蒜山、鐵山*, 皆廢。		挹婁, 遼舊*興州興中軍常安縣, 遼嘗置定理府刺史於此, 本挹婁故地*, 大定二十九年章宗更名。
12	海州, 南海軍, 節度。本沃沮國地。高麗爲沙卑城, 唐李世勣嘗攻焉。渤海號南京南海府……太平中, 大延琳叛, 南海城堅守, 經歲不下, 別部酋長皆被擒, 乃降。因盡徙其人於上京, 置遷遼縣, 移澤州民來實之。戶一千五百。統州二、縣一: 臨溟縣。	《滿洲源流考》卷一引: 廢澄州。本海州南海府, 沃沮地。高麗時卑沙城, 唐李世勣攻卑沙城即此。渤海爲南海府, 遼仍之。 《滿洲源流考》卷一一引: 廢海州。*遼太平九年渤海大延琳叛*, 盡徙南海府人於上京之北, 移澤州民以實其城, 仍號南海府。 《大明清類》卷二四"海州衛": 唐本海州南海府, 沃沮故地, 高麗畢沙城府, 李勣攻卑沙城即此。遼*太平九年於此置遷民縣*, 又移澤州民, 仍爲南海府。	澄州, 南海軍刺史, 下。本遼海州, 天德三年改州名。

	《遼史·地理志》	《元一統志》系統	《金史·地理志》
13	顯州，奉先軍，上，節度。本渤海顯德府地。	《大明清類》卷二四"廣寧路"：阿保機取其地，大聖會同二年建顯州奉先軍節度。	
14	奉先縣。本漢無慮縣，即醫巫閭，幽州鎮山。世宗析遼東長樂縣民以爲陵戶，隸長寧宮。	《大明清類》卷二四"廣寧"：漢無慮縣地，遼於醫巫閭山之東南建乾（按當爲"顯"之誤）州奉先軍，仍置奉先縣，以爲附庸邑。	舊有奉玄縣，天會八年改爲鐘秀縣。
15	山東縣。本漢望平縣。穆宗割渤海永豐縣民爲陵戶。	《大明清類》卷二四"望平縣"：漢望平地。遼爲山東縣，因割永豐縣西之民爲陵戶，_以其地在閭山之東而名焉_。	廣寧，舊名山東縣。
16	康州，下，刺史。世宗遷渤海率賓府人戶置……統縣一：率賓縣。本渤海率賓地。		恤品路，節度使。遼時，爲率賓府，置刺史。本率賓故地。
17	乾州，廣德軍，上，節度。本漢無慮縣地。聖宗統和三年置，以奉景宗乾陵。	《乾隆盛京通志》卷一一引：乾州故城在廣寧府西南七里。遼統和二年置，今基址頹然。	
18	奉陵縣。本漢無慮縣地。括諸落帳戶，助營山陵。	《大明清類》卷二四"閭陽縣"：漢本無慮縣。遼大聖會同二年建顯州奉先軍，_又於州西南七里置乾州廣德軍節度_，立奉陵縣，後改曰閭陽。	閭陽縣，遼乾州廣德軍，以奉乾陵故名奉陵縣。
19	靈山縣。本渤海靈峰縣地。		靈山縣，本渤海靈峰縣地。

	《遼史·地理志》	《元一統志》系統	《金史·地理志》
20	貴德州,寧遠軍,下,節度。		貴德州,刺史,下。遼貴德州寧遠軍,國初廢軍,降爲刺郡。
21	瀋州,昭德軍,中,節度。本挹婁國地。渤海建瀋州,故縣九,皆廢。太宗置興遼軍,後更名。	《滿洲源流考》卷一引:瀋陽路,本挹婁故地。*渤海建定理府,都督瀋、定二州,領定理、平丘、硼城、慕美、安夷、瀋水、安定、保山、能利九縣。*此爲瀋州地。*後罹兵火,其定州與縣並廢。*即瀋州爲興遼軍節度,金末瀋州復毀於兵火。《大明清類》卷二四"瀋陽路":古挹婁故地也,唐渤海大氏建定理府,都督瀋、定二州,管領定理、平丘等九縣,此爲瀋州地也。遼定州與縣並罷,即瀋州,爲興遼軍節度,金改爲昭德軍節度。《元史·地理志》:瀋陽路,本挹婁故地,渤海大氏建定理府,都督瀋、定二州,此爲瀋州地。契丹爲興遼軍,金爲昭德軍。	瀋州,昭德軍刺史,中。*本遼定理府地*,遼太宗時置軍曰興遼,後爲昭德軍,置節度。(參第11、36欄。)
22	樂郊縣。太祖俘薊州三河民,建三河縣,後更名。		樂郊,遼太祖俘三河之民建三河縣於此,後改更今名。
23	集州,懷衆軍……奉集縣。渤海置。		奉集,遼集州懷遠軍奉集縣,本渤海舊縣。

續表

	《遼史·地理志》	《元一統志》系統	《金史·地理志》
24	遼州，始平軍……太祖改爲州，軍曰東平，太宗更爲始平軍……（統）遼濱縣。		遼濱，遼舊遼州東平軍，遼太宗改爲始平軍，皇統三年廢爲縣。
25	祺州，祐聖軍……統縣一：慶雲縣。太祖俘密雲民，於此建密雲縣，後更名。		慶雲，遼祺州祐聖軍，本以所俘檀州密雲民建檀州密雲，後更名。
26	通州，安遠軍……歸仁縣，本渤海强帥縣，併新安縣置。		歸仁，遼舊隸通州安遠軍，本渤海强師縣，遼更名，金因之。
27	韓州，東平軍，下，刺史。本藁離國舊治柳河縣。高麗置鄭頡府，都督鄭、頡二州。渤海因之。今廢。		韓州，下，刺史。遼置東平軍，本渤海鄭頡府。
28	柳河縣。本渤海粤喜縣地，併萬安縣置。		柳河，本渤海粤喜縣地，遼以河爲名。
29	銀州，富國軍，下，刺史。本渤海富州，太祖以銀冶更名。		新興，遼銀州富國軍，本渤海富州。
30	同州，鎮安軍，下，節度。本漢襄平縣地，渤海爲東平寨。太祖置州，軍曰鎮東，後更名。		銅山遼同州鎮安軍，本漢襄平縣，遼太祖時以束平寨置，因名束平，軍曰鎮東。
31	咸州，安東軍，下，節度。本高麗銅山縣地，渤海置銅山郡。地在漢候城縣北，渤海龍泉府南。地多山險，寇盜以爲淵藪，乃	《大明清類》卷二四"咸丘路"：遼平渤海，開泰八年遂招置平營流民建城居之，號咸州安東軍節度，亦曰咸平。《元史·地理志》：咸平	咸平府，下，總管府，安東軍節度使。本高麗銅山縣地，遼爲咸州。

	《遼史·地理志》	《元一統志》系統	《金史·地理志》
	招平、營等州客户數百，建城居之。初號郝里太保城，開泰八年置州。	府……遼平渤海，以其地多險隘，建城以居流民，號咸州安東軍，領縣曰咸平。	
32	信州，彰聖軍，下，節度。本越喜故城。渤海置懷遠府，今廢。聖宗以地鄰高麗，開泰初置州，以所俘漢民實之。		信州，下，彰信軍刺史。本渤海懷遠軍，*遼開泰七年建*，取諸路漢民置。
33	武昌縣。本渤海懷福縣地。		武昌，本渤海懷福縣地。
34	龍州，黃龍府。本渤海扶餘府。太祖平渤海還，至此崩，有黃龍見，更名。		隆州，下，利涉軍節度使。古扶餘之地，遼太祖時，有黃龍見，遂名黃龍府。
35	遷民縣。本渤海永寧縣，併豐水、扶羅置。	《滿洲源流考》卷一一引：廢復州。本遼遷民縣，屬黃龍府。後置*復州，號永寧軍節度。改縣曰永寧，後又更爲永康*，省豐水、扶羅入焉。《大明清類》卷二四"復州衛"：遼本遷民縣，屬黃龍府，後置復州，號永寧軍節度，改縣曰永寧，又更爲永康，省豐水、扶羅入焉。	
36	定理府，刺史。故挹婁國地。	見第21欄	見第21欄

續表

	《遼史·地理志》	《元一統志》系統	《金史·地理志》
37	懿州,寧昌軍,節度。太平三年越國公主以媵臣戶置。初曰慶懿軍,更曰廣順軍,隸上京。清寧七年宣懿皇后進入,改今名……(統)寧昌縣。	《大明清類》卷二四"懿州":遼太平三年,越國公主創,置慶義軍,後更名廣順,隸上京。清寧七年復更爲昌寧縣。	懿州,下,寧昌軍節度使。遼嘗更軍名慶懿,又爲廣順,復更今名。
38	蘇州,安復軍,節度。本高麗南蘇,興宗置州。		化成,遼蘇州安復軍,本高麗地,興宗置。
39	祥州,瑞聖軍,節度。興宗以鐵驪戶置。兵事隸黃龍府都部署司。統縣一:懷德縣。	《乾隆盛京通志》一二引:廢祥州在賓州西南。遼祥州瑞聖軍,統懷德縣,屬黃龍府。	
40	唐太宗伐高麗,駐蹕於此。部帥蘇支從征有功。奚長可度率衆內附,爲置饒樂都督府……(統和)二十五年,城之,實以漢戶,號曰中京,府曰大定。	《元史·地理志》:大寧路,上。本奚部,唐初其地屬營州,貞觀中奚酋可度內附,乃置饒樂郡。遼爲中京大定府。	大定府,中,北京留守司。遼中京。統和二十五年建爲中京。
41	長興縣。本漢賓從縣。以諸部人居之。	《熱河志》卷六引:廢長興縣。遼既建中京,置長興爲赤縣。*蕃漢流民雜居其間,故其習俗不同*。	
42	富庶縣。本漢新安平地。開泰二年析京民置。	《大明清類》卷二四"富庶縣":漢本新安平縣地。遼開泰二年*析宗州之民於山子川,以其地沃壤,置富庶縣,人多力田,比屋豐富,故以爲名*。	

續表

	《遼史·地理志》	《元一統志》系統	《金史·地理志》
43	神水縣。本漢徒河縣地。開泰二年置。		神水,遼開泰二年置。
44	金源縣。本唐青山縣境。開泰二年析京民置。	《大明清類》卷二四"金源縣":唐屬青山縣,遼開泰二年徙其部落於涿州范陽縣,金置金源縣,取金甸子以爲名。	金源,唐青山縣,遼開泰二年置,以地有金甸爲名。
45	惠州,惠和軍,中,刺史。本唐歸義州地。太祖俘漢民數百户兔麛山下,創城居之,置州……統縣一:惠和縣。	《大明清類》卷二四"惠河縣":唐本歸義州地……遼徙漢民數百户於上京東兔兒山下,創城以居之,號曰惠州。	惠和,皇統三年以遼惠州惠和縣置。
46	高州,觀察。唐信州之地。萬歲通天元年,以契丹室活部置。開泰中,聖宗伐高麗,以俘户置高州……統縣一:三韓縣。辰韓爲扶餘,弁韓爲新羅,馬韓爲高麗。開泰中,聖宗伐高麗,俘三國之遺人置縣。	《大明清類》卷二四"高州":唐本信州地,萬歲通天元年,置契丹失活部,屬營州都督……遼開泰中伐高麗,降三韓之人,遂建城邑以居之,故名高州。	三韓,遼伐高麗,遷馬韓、辰韓、弁韓三國民爲縣,置高州。
47	武安州,觀察。唐沃州地。太祖俘漢民居木葉山下,因建城以遷,號杏堝新城。復以遼西户益之,更曰新州。統和八年改今名。	《大明清類》卷二四"武平縣":唐本沃州地。遼太祖俘漢民散居,以其地不可耕植,因建城池以遷之,號曰新城。宣帝統和八年更爲武安州。	武平,遼築城杏堝,初名新州,統和間更爲武安州。

	《遼史·地理志》	《元一統志》系統	《金史·地理志》
48	利州,中,觀察……統和二十六年置刺史州,開泰元年升……統縣一:阜俗縣……統和四年置縣。	《大明清類》卷二四"利州":契丹平奚,其地建城,*統和四年置阜俗縣,十六年更爲利州,開泰元年領阜俗縣*。	利州,下,刺史。*遼統和十六年置*……阜俗,遼統和四年置。
49	榆州,高平軍,下,刺史。本漢臨渝縣地,後隸右北平驪城縣。唐載初二年,析慎州置黎州,處靺鞨部落,後爲奚人所據……(統)和衆縣。	《大明清類》卷二四"和衆縣":漢本臨渝地,後隸右北平之驪城縣……唐初爲慎州之地,載初二年析其地置黎州,屬營州都督。神龍初又改屬幽州,天寶初奚據之。五代地屬契丹建榆州,治和衆縣。	和衆,遼榆州和衆縣。
50	澤州……太祖俘蔚州民,立寨居之……(統)神山縣。		神山,遼澤州神山縣,遼太祖俘蔚州之民置。
51	北安州,興化軍……唐爲奚王府西省地。聖宗以漢戶置北安州……統縣一:興化縣。	《大明清類》卷二三"興安縣":遼本奚所據,北安州之郭下興化縣。	興州,寧朔軍節度使。本遼北安州興化軍……興化,倚。遼舊縣。
52	潭州,廣潤軍,下,刺史。本中京之龍山縣,開泰中置州,仍屬中京。統縣一:龍山縣。本漢交黎縣地。開泰二年以習家寨置。	《大明清類》卷二四"龍山縣":漢本交黎縣地……遼開泰二年建爲潭州。	龍山,遼故潭州廣潤軍縣故名。

續表

	《遼史·地理志》	《元一統志》系統	《金史·地理志》
53	松山州,勝安軍,下,刺史。開泰中置……統縣一:松山縣。本漢文成縣地。	《大明清類》卷二三"松州":漢遼西郡之文城縣地,遼爲松山州。《元史·地理志》:松州,下。本松林南境,遼置松山州。	松山,遼松山州勝安軍松山縣,開泰中置,舊置刺史。
54	興中府。本霸州彰武軍,節度……唐武德初,改營州總管府,尋爲都督府……後爲奚所據。太祖平奚及俘燕民……乃完葺柳城,號霸州彰武軍,節度……重熙十年升興中府……有大華山、小華山、香高山、麝香崖——天授皇帝刻石在焉、駐龍峪、神射泉、小靈河。	《大明清類》卷二四"興中州":遼號霸州,置彰武軍節度使,後陞爲興中府。《熱河志》卷六七引:遼天授皇帝嘗獵其間,獲一香麝,因名其崖曰麝香崖,峪曰駐龍峪,泉曰神射泉。	興中府,散,下。本唐營州城,遼太祖遷漢民以實之,曰霸州彰武軍,重熙十一年升爲府,更今名。
55	興中縣。本漢柳城縣地。		興中,本漢柳城地。
56	錦州,臨海軍,中,節度。本漢遼東無慮縣。慕容皝置西樂縣。太祖以漢俘建州……(統)永樂縣。	《大明清類》卷二四"錦州":遼以其地實衝要,迺以所俘漢民居之,號錦州臨海軍中節度。	錦州,下,臨海軍節度使。舊隸興中府,後來屬……(統)永樂,本慕容皝之西樂縣地。
57	川州,長寧軍,中,節度。本唐青山州地。太祖弟明王安端置。會同三年,詔爲白川州。安端子察割以大	《熱河志》卷六引:川州。遼川州領咸康、宜民、弘理三縣……後省弘理入宜民。《大明清類》卷二四"川	宜民,遼川州長寧軍,會同中嘗名白川州,天禄五年去"白"字。

續表

《遼史·地理志》	《元一統志》系統	《金史·地理志》
逆誅，没入，省曰川州……（統）宜民縣。	州”：唐本青山州地，遼會同三年置白川州，*天禄五年*改白川州，領咸康等三縣，後省。	
58	建州，保静軍，上，節度……太祖完葺故壘，置州……初名武寧軍……統縣二：永霸縣。永康縣。本唐昌黎縣地。	《大明清類》卷二四“建州”：契丹既盛，完葺故壘，號曰建州，遼置永霸、永康二縣。	建州，下，保靖軍刺史。遼初名軍曰武寧，後更……（統）永霸，本唐昌黎縣地。
59	來州，歸德軍，下，節度。聖宗以女直五部歲饑來歸，置州居之……（統）來賓縣。本唐來遠縣地。	《大明清類》卷二四“瑞州”：遼開泰初，女真五部歸焉，遂建城以居之，號曰來州，置來貞（按當爲賓之誤）縣。	瑞州，下，歸德軍節度使，本來州……（統）瑞安，舊名來賓，唐來遠縣也。
60	隰州，平海軍，下，刺史。慕容皝置集寧縣……（統）海濱縣。	《熱河志》卷六引：廢海濱縣……遼隰州治海濱縣。	海濱縣，本慕容皝集寧縣地，遼隰州海平軍故縣也。
61	自唐而晉，高祖以遼有援立之勞，割幽州等十六州以獻。太宗升爲南京，又曰燕京……府曰幽都，軍號盧龍，開泰元年落軍額。	《大明清類》卷二二“北平府”：石晉天福元年割幽燕十六州賂遼，遼會同元年陞幽州爲南京幽都府，仍名盧龍軍。統和二十二年改幽都爲析津府，開泰元年復更府名，號燕京。	中都路，遼會同元年爲南京，開泰元年號燕京。 大興府，上。晉幽州，遼會同元年陞爲南京，府曰幽都，仍號盧龍軍，開泰元年更爲永安析津府。
62	析津縣。本晉薊縣，改薊北縣，開泰元年更今名。以燕分野旅寅爲析木之津，故名。	《永樂大典》卷四六五五天字引《元一統志》“大興縣”：石晉亦爲薊縣，後割地予遼，改幽州爲幽都府，薊縣仍屬焉。遼開泰元年更縣名曰析	大興，倚。遼名析津。

	《遼史·地理志》	《元一統志》系統	《金史·地理志》
		津,以其地旅於寅,爲析木之津故也。	
63	宛平縣。本晉幽都縣,開泰元年改今名。	《永樂大典》四六五五天字引《元一統志》"宛平縣":石燕割地賂遼,遼改幽州爲幽都府,*以幽都縣領郭下之西界,仍與薊縣分治*。統和二十二年幽都府改爲析津,幽都縣改爲宛平。 《大明清類》卷二三"宛平縣":石晉割地賂遼,遼改幽都府領幽都縣,統和二十二年改爲宛平。	宛平,倚。本晉幽都縣,遼開泰元年更今名。
64	安次縣。本漢舊縣,屬漁陽郡。唐武德四年徙置東南五十里石梁城,貞觀八年又徙今縣西五里常道城,開元二十三年又徙耿就橋行市南。	《元史·地理志》:東安州,下。唐以前爲安次縣。遼、金因之。	安次,晉舊名。
65	香河縣。本武清孫村。遼於新倉置榷鹽院,居民聚集,因分武清、三河、潞三縣户置。	《大明清類》卷二三"香河縣":遼本武清孫村地,置香河縣,屬析津府。	香河,遼以武清縣之孫村置。
66	潞陰縣。本漢泉山之霍村鎮。遼每季春,弋獵於延芳淀,居民成邑,就城故潞陰鎮,後改爲縣。	《大明清類》卷二三"潞縣":漢本泉州之地。遼以春時獵於延芳淀,居民因成市肆,遂於*潞河之南*,置潞陰鎮,*太平中*改爲潞陰縣。	潞陰,*遼太平中*,以潞陰村置。

續表

《遼史·地理志》	《元一統志》系統	《金史·地理志》
67 順州,歸化軍……唐武德初改燕州,會昌中改歸順州,唐末仍爲順州……初軍曰歸寧,後更名。	《永樂大典》卷四六五六"天"字引《元一統志》"順州":遼初爲歸寧軍,後更曰歸化軍。《元史·地理志》:順州,下。唐初改燕州,復爲歸德郡,復爲順州,復爲歸順州。遼爲歸化軍。	順州,下,刺史。遼置歸化軍。
68 檀州,武威軍……唐天寶元年改密雲郡,乾元元年復爲檀州。遼加今軍號。	《元史·地理志》:檀州,下。唐改密雲郡,又復爲檀州。遼爲武威軍。	密雲,遼檀州武威軍。
69 涿州,永泰軍,上,刺史。漢高祖六年分燕置涿郡,魏文帝改范陽郡,晉爲范陽國,元魏復爲郡。隋開皇二年罷郡,屬幽州,大業三年以幽州爲涿郡。唐武德元年郡廢,爲涿縣,七年改范陽縣,大曆四年置涿州。石晉以歸太宗。	《大明清類》卷二三"涿州":漢高祖元年立燕國,六年分燕置涿郡……魏黃初七年改曰范陽郡,晉泰始元年改爲范陽國。元魏復爲范陽郡……(隋開皇)二年省,仍移涿縣入故郡,屬幽州。大業三年以幽州爲涿郡縣,仍屬焉。唐武德元年郡罷,復爲幽州之屬邑。七年改涿爲范陽縣,大曆四年於范陽縣立涿州,仍割幽州之范陽歸義等來屬。五代石晉割地縣遼,州名如故,尋置永泰軍。	涿州,中,刺史。遼爲永泰軍。
70 薊州,尚武軍,上,刺史。秦漁陽、右北平二郡地。隋開皇中徙治玄州總管府,煬帝	《大明清類》卷二三"薊州":秦於此置漁陽郡……隋開皇初徙玄州,於此立總管府,煬帝	

續表

	《遼史·地理志》	《元一統志》系統	《金史·地理志》
	改漁陽郡。唐武德元年廢入幽州，開元十八年分立薊州。	初府罷置漁陽郡。唐郡罷復入幽州。開元十八年分立薊州，取古薊門關名之。天寶元年復爲漁陽郡，就置靜塞軍。乾元元年復爲薊州。五代石晉割以賂遼，遼號尚武軍。	
71	景州，清安軍，下，刺史。本薊州遵化縣，重熙中置……遵化縣，本唐平州買馬監，爲縣來屬。	《大明清類》卷二三"遵化縣"：遼重熙中置景州清安軍，以縣屬焉。	遵化，遼景州清安軍。
72	盧龍縣……隋開皇中，省肥如，入新昌。十八年改新昌曰盧龍。唐爲平州，後因之。	《大明清類》卷二三"永平府"：隋開皇初加"右"字，十年改爲平州，煬帝罷州爲郡。唐武德二年復罷郡爲平州，天寶元年改爲北平郡，乾元元年復置立平州。五代天成三年，契丹取平州，以爲盧龍軍節度。 《元史·地理志》：永平路，下。唐平州。遼爲盧龍軍。金爲興平軍。元太祖十年，改興平府。 【按：遼志平州遼興軍下轄盧龍縣，金志稱"平州，中，興平軍節度使，遼爲遼興軍"。此處誤盧龍縣爲盧龍軍。】	

續表

	《遼史·地理志》	《元一統志》系統	《金史·地理志》
73	安喜縣。本漢令支縣地,久廢。太祖以定州安喜縣俘户置。	《大明清類》卷二三"遷安縣":西漢古令支縣地,屬遼西郡。東漢以後縣邑荒廢。*遼乾亨四年於令支廢城置安喜縣*。	遷安,本漢令支縣故城,遼以所俘安喜縣民置,因名安喜。
74	望都縣。本漢海陽縣,久廢。太祖以定州望都縣俘户置。		海山,本漢海陽故城,遼以所俘望都縣民置,故名望都,大定七年更名。
75	灤州,永安軍,中,刺史。本古黄洛城。		灤州,中,刺史。本黄落故城,遼爲永安軍。
76	營州,鄰海軍……太祖以居定州俘户。統縣一:廣寧縣。		昌黎,遼營州鄰海軍,以所俘定州民置廣寧縣。
77	元魏道武於此遂建都邑。孝文帝改爲司州牧,置代尹,遷都洛邑,改萬年,又置恒州。高齊文宣帝廢州爲恒安鎮,今謂之東城,尋復恒州。周復恒安鎮,改朔州。隋仍爲鎮。唐武德四年置北恒州,七年廢。貞觀十四年移雲中定襄縣於此。永淳元年默啜爲民患,移民朔州。開元十八年置雲州。天寶元年改雲中郡。乾元元年曰雲州。……同光三年,	《大明清類》卷一一"大同府":元魏道武徙都平城,孝文帝改爲司州牧,置代尹,後改曰萬年尹,又置恒州。北齊置恒安鎮,屬朔州。後周隋因之。唐置北恒州後罷。貞觀十四年移雲中及定襄縣於此後廢。開元十九年,復置雲州及雲中縣。天寶元年改爲雲中郡。乾元中復爲雲州,後爲大同軍。五代唐同光二年以雲州爲大同軍節度。遼重熙十二年陞爲西京,府曰大同,置留守司。	大同府,中,西京留守司。晉雲州大同軍節度,遼重熙十三年,升爲西京,府名大同。

	《遼史·地理志》	《元一統志》系統	《金史·地理志》
	復以雲州爲大同軍節度使。晉高祖代唐，以契丹有援立功，割山前、代北地爲賂，大同來屬，因建西京……初爲大同軍節度，重熙十三年升爲西京，府曰大同。		
78	大同縣。本大同川地。重熙十七年西夏犯邊，析雲中縣置。	《大明清類》卷一一"大同縣"：周大同川地……遼重熙十七年析置大同縣。	大同，倚。遼析雲中置。
79	天成縣，本極塞之地。魏道武帝置廣牧縣，唐武德五年置定襄縣，遼析雲中置。	《大明清類》卷二三"天成縣"：元魏道武徙都平城以其地爲廣牧縣，唐武德五年置定襄縣，其地屬焉。遼於此置天成縣。	天成，遼析雲中置。
80	長青縣。本白登臺地。冒頓單于縱精騎三十餘萬圍漢高帝於白登七日，即此。遼始置縣。	《大明清類》卷一一"白登縣"：趙雲中地，秦爲北境，元魏爲畿甸，遼初置*長清縣*，金改爲白登縣。	白登，*本名長清*，大定七年更。
81	懷仁縣。本漢沙南縣。元魏葛榮亂，縣廢。隋開皇二年移雲內于此。大業二年置大利，屬雲州，改屬定襄郡。隋末陷突厥。李克用敗赫連鐸，駐兵於此。遼改懷仁。	《大明清類》卷一一"懷仁縣"：漢爲雲中縣地，置沙南縣。隋白勝州界移雲內於此，大業二年始置大利縣，屬雲州。三年罷州置定襄郡。唐屬朔州。遼改爲懷仁縣。	懷仁，遼析雲中置。

	《遼史·地理志》	《元一統志》系統	《金史·地理志》
82	弘州，博寧軍……天寶亂廢，後爲襄陰村。統和中，以寰州近邊，爲宋將潘美所破，廢之，乃於此置弘州，初軍曰永寧……（統）永寧縣。	《大明清類》卷一一"弘州"：遼統和初置永寧縣，後於此建弘州治及保寧軍。	弘州，下，刺史。遼名軍曰博寧，本襄陰村，統和中建。……（統）襄陰，倚。本名永寧，大定七年改。
83	順聖縣。本魏安塞軍，五代兵廢。高勳鎮幽州，奏景宗分永興縣置。初隸奉聖州。	《大明清類》卷二三"順聖縣"：本古安塞軍，唐因之，五代廢爲永興縣地，石晉時地入契丹，後因高勳鎮幽州，分永興縣置順聖縣。	順聖，本安塞軍故地，*遼應曆中置*。
84	德州，下，刺史……（統）宣德縣。	《大明清類》卷一一"宣寧縣"：遼於此置德州，後罷爲宣德縣，又改爲宣寧縣。	宣寧，遼德州*昭聖軍*宣德縣，大定八年更名。
85	豐州，天德軍，節度使……太祖神册五年改下，更名應天軍，復爲州。		豐州，下，天德軍節度使。遼嘗更軍名應天，尋復。
86	奉聖州，武定軍，上，節度。本唐新州……同光二年升威塞軍。石晉高祖割獻，太宗改升。	《大明清類》卷二三"奉圣州"：唐改新州，五代後唐同光二年爲威塞軍節度，石晉割略契丹，*遼會同元年改爲奉聖州*。 《元史·地理志》：保安州，下。唐新州。遼改奉聖州。	德興府，晉新州，遼奉聖州武定軍節度。

	《遼史·地理志》	《元一統志》系統	《金史·地理志》
87	望雲縣。本望雲川地。景宗於此建潛邸，因而成井肆。穆宗崩，景宗入紹國統，號御莊。後置望雲縣。	《大明清類》卷二三"雲州"：古望雲川地，其地屬契丹。遼開泰二年始築□□□望雲縣。《元史·地理志》：雲州，下。古望雲川地，契丹置望雲縣。	望雲，本望雲川地，遼帝嘗居，號曰御莊，後更爲縣。
88	歸化州，雄武軍，上，刺史。本漢下洛縣。元魏改文德縣。唐升武州，僖宗改毅州。後唐太祖復武州，明宗又爲毅州，潞王仍爲武州。晉高祖割獻于遼，改今名。	《大明清類》卷二三"宣德府"：漢爲下洛縣地……元魏道武帝都雲中，舊西京也，於此置文德縣，後周因之，唐陞爲武州，仍置縣，僖宗改爲毅州。五代後唐復爲武州。明宗又改爲毅州，廢帝仍曰武州。遼改名歸化，末年改曰德州。《元史·地理志》：順寧府，唐爲武州。遼爲德州。	宣德州，下，刺史。遼改晉武州爲歸化州雄武軍。
89	可汗州，清平軍……貞觀八年改嬀州。五代時，奚王去諸以數千帳徙嬀州，自別爲西奚，號可汗州；太祖因之……統縣一：懷來縣。本懷戎縣，太祖改。		嬀川縣，遼可汗州清平軍，本晉嬀州，會同元年遼太祖嘗名可汗州，縣舊曰懷戎，更名懷來。
90	蔚州，忠順軍……周宣帝始置蔚州，隋開皇中廢。唐武德四年復置。至德二年改興唐縣。……石晉獻	《元史·地理志》：蔚州，下。唐改爲安邊郡，又改爲興唐縣，又仍爲蔚州。遼爲忠順軍。【按："興唐縣"誤同遼志。】	蔚州，下，忠順軍節度使。遼嘗更爲武安軍，尋復。

續表

《遼史·地理志》	《元一統志》系統	《金史·地理志》
	地,升忠順軍,後更武安軍。統和四年入宋,尋復之,降刺史,隸奉聖州,升觀察,復忠順軍節度。		
91	廣陵縣。本漢延陵縣。隋唐爲鎮州。後唐同光初分興唐縣置。石晉割屬遼。		廣靈,亦作"陵",*遼統和三年析靈仙置*。
92	東勝州,武興軍,下,刺史。隋開皇七年置勝州。大業五年改榆林郡。唐貞觀五年於南河地置決勝州,故謂此爲東勝州。	《大明清類》卷一一"東勝州":隋開皇三年置榆林戍,七年置榆林縣,屬雲州。二十年置勝州。大業五年置榆林郡。唐貞觀三年仍置勝州,天寶元年改榆林郡。乾元元年復爲勝州……遼仍就故勝州之境置東勝州。	

第三節　《地理志》所見元末史官之增纂

　　以上兩節分別從内、外兩個方面論證了元修《遼史·地理志》實以陳大任舊志爲藍本。在纂修過程中,元末史官一方面對陳氏舊志的某些部分進行了删汰,另一方面又根據其他文獻加以增纂。前者已見上節,本節即專論元人新增之内容。

　　(一)《地理志》開首總序云:

　　帝堯畫天下爲九州。舜以冀、青地大,分幽、并、營,爲州十有
二。幽州在渤、碣之間,并州北有代、朔,營州東暨遼海。其地負山
帶海,其民執干戈,奮武衛,風氣剛勁,自古廟用武之地。太祖以迭
剌部之衆代遙輦氏,起臨潢,建皇都;東併渤海,得城邑之居百有
三。太宗立晉,有幽、涿、檀、薊、順、營、平、蔚、朔、雲、應、新、嬀、
儒、武、寰十六州,於是割古幽、并、營之境而跨有之。東朝高麗,西
臣夏國,南子石晉而兄弟趙宋,吳越、南唐航海輸貢。嘻,其盛矣!

　　遼國其先曰契丹,本鮮卑之地,居遼澤中;去榆關一千一
百三十里,去幽州又七百一十四里。南控黃龍,北帶潢水,冷
陘屏右,遼河塹左。高原多榆柳,下隰饒蒲葦。當元魏時,有
地數百里。至唐,大賀氏蠶食扶餘、室韋、奚、靺鞨之區,地方
二千餘里。貞觀三年,以其地置玄州。尋置松漠都督府,建八
部爲州,各置刺史:達稽部曰峭落州,紇便部曰彈汗州,獨活部
曰無逢州,芬阿部曰羽陵州,突便部曰日連州,芮奚部曰徒河
州,墜斤部曰萬丹州,伏部曰匹黎、赤山二州。以大賀氏窟哥
爲使持節十州軍事。分州建官,蓋昉於此。

　　迨于五代,關地東西三千里。遙輦氏更八部曰旦利皆部、
乙室活部、實活部、納尾部、頻沒部、內會雞部、集解部、奚嗢
部,屬縣四十有一。每部設刺史,縣置令。太宗以皇都爲上
京,升幽州爲南京,改南京爲東京,聖宗城中京,興宗升雲州爲
西京,於是五京備焉。又以征伐俘戶建州襟要之地,多因舊居
名之;加以私奴置投下州。總京五,府六,州、軍、城百五十有
六,縣二百有九,部族五十有二,屬國六十。東至于海,西至金
山,暨于流沙,北至臚朐河,南至白溝,幅員萬里。[1]

────────────

[1]　《遼史》卷三七《地理志一》,第495—496頁。

此序今點校本分爲三段,首段自堯畫九州始,落腳爲太祖、太宗創業垂統,讚歎遼疆域之盛;后兩段又遠溯契丹起源,縷敘歷代居地、分部,又至於太宗、聖宗、興宗確立五京體制,總述各級政區之數及疆域四至。細審之下,前後兩部分在敘述邏輯和內容上似略有重疊,疑出自不同史源。后兩段所述契丹早期史脈絡主要取材於中原諸史《契丹傳》,與元人新作之《營衛志·部族上》與《世表》完全一致;同時,其中"屬國六十"之數又與《兵衛志·屬國軍》所記吻合,而後者實係元人摘取舊史本紀所得①,則《地理志序》此段當作於《兵衛志》文本完成之後。總之,上引序文之后兩段恐多爲元人所增,而首段或爲陳大任舊志之序文。

(二)上京臨潢府總説。上京道開首記該道沿革及本朝建置稱:"上京臨潢府,本漢遼東郡西安平之地。新莽曰北安平。太祖取天梯、蒙國、別魯等三山之勢于葦甸,射金齪箭以識之,謂之龍眉宮。神册三年城之,名曰皇都。天顯十三年,更名上京,府曰臨潢。"其後述境內山川湖泊,繼稱"戶三萬六千五百,轄軍、府、州、城二十五,統縣十",下詳列十縣之情形。與全志其他四京的對應部分相比,以上敘述對象和結構並無特別之處,但此後的一段記載卻頗顯突兀:

> 上京,太祖創業之地。負山抱海,天險足以爲固。地沃宜耕植,水草便畜牧。命齪一箭,二百年之基,壯矣。天顯元年,平渤海歸,乃展郭郭,建宮室,名以天贊。起三大殿:曰開皇、安德、五鸞。中有歷代帝王御容,每月朔望、節辰、忌日,在京

---

① 《兵衛志·屬國軍》小敘稱"遼屬國可紀者五十有九",於後文詳載其名;而該敘下文復稱"又有鐵不得國者,興宗重熙十七年乞以兵助攻夏國,詔不許","鐵不得"不在下文所列五十九國之列,合計剛好爲屬國六十。

文武百官並赴致祭。又於内城東南隅建天雄寺，奉安烈考宣
簡皇帝遺像。是歲太祖崩，應天皇后於義節寺斷腕，置太祖
陵，即寺建斷腕樓，樹碑焉。太宗援立晉，遣宰相馮道、劉昫等
持節，具鹵簿、法服至此，册上太宗及應天皇后尊號。太宗詔
蕃部並依漢制，御開皇殿，闢承天門受禮，因改皇都爲上京。①

　　這是對上京道的再次總括，所謂突兀，是指它在文本體例與具體内
容兩方面都存在明顯問題。

　　首先來看體例。通覽《地理志》各卷開首關於該道之總敍可以
發現，東京、中京、南京、西京四卷敍述次序與結構基本一致，即前
代沿革——本朝建置——都城規制——城内建築——所轄山
川——所統州縣。惟上京道不遵循此體例，在前代沿革、本朝建置
之後，徑接以所轄山川與所統州縣，其後多出上引"上京，太祖創業
之地"一段，最後方爲都城規制與城内建築之内容。從上節的討論
可知，陳大任《遼史・地理志》於每京之下已有總序，今本東、中、
南、西四京之敍述次序當即陳志之舊有體例，而上京道之"異常"當
係元朝史官調整所致，換句話説，"上京，太祖創業之地"一段很可
能爲元人所增纂。

　　再來看此段的具體内容。(1)"上京，太祖創業之地。負山抱
海，天險足以爲固。地沃宜耕植，水草便畜牧。金齪一箭，二百年
之基，壯矣。"此句純屬感歎之辭，並無實質内容，且"金齪一箭"與
上文"太祖取天梯、蒙國、別魯等三山之勢于葦甸，射金齪箭以識
之"明顯重複。自此以下，直至"是歲太祖崩"之前，似所述皆爲天
顯元年太祖之事，然夷考其實，又多於史有乖。(2)"天顯元年，平

渤海歸,乃展郛郭,建宮室,名以天贊",阿保機征渤海後未返上京
而卒於歸途之中,此處所述未免失實;所謂"展郛郭,建宮室"更無
從談起,檢本紀稍與此相關者乃天顯元年六月"辛未,衛送大諲譔
于皇都西,築城以居之"①,細審其義,乃於上京城西別筑一城,亦與
此處擴展上京城郭不同;而"名以天贊"更是表義不明,天贊乃太祖
第二個年號,實在天顯以前,若以其爲"宮室"之名,則更於史無徵。
(3)"起三大殿:曰開皇、安德、五鸞,中有歷代帝王御容,每月朔望、
節辰、忌日,在京文武百官並赴致祭。"義謂三大殿建於天顯元年以
後,按安德殿不見於他處,五鸞殿建置時間不明,然本紀明載太祖
八年十月"建開皇殿於明王樓基"②,時尚無皇都(即後來之上京);
而所謂"有歷代帝王御容"云云亦未可輕信,太祖之時草創未就,所
謂"歷代帝王御容"至興宗時追尊以後方逐漸齊備。(4)"又於內
城東南隅建天雄寺,奉安烈考宣簡皇帝遺像",此上京城內天雄寺
不見於本紀,惟紀太祖六年有"以兵討兩冶,以所獲僧崇文等五十
人歸西樓,建天雄寺以居之,以示天助雄武",則此天雄寺當在祖
州;所謂"奉安烈考宣簡皇帝遺像",主語顯爲阿保機,然其未及返
京即已去世,更無暇建寺奉安其父;考《契丹國志》記阿保機"渤海
既平,乃製契丹文字三千餘言。因於所居大部落置寺,名曰天雄寺
(今寺內有契丹太祖遺像)"③,所謂"大部落"乃是趙至忠對於上京
西樓的獨特稱謂④,《契丹國志》此條及《地理志》上引文所記上京
天雄寺之情況當皆出於趙氏之記載,元末史官將天雄寺之設乃至

---

① 《遼史》卷二《太祖紀下》,第 25 頁。
② 《遼史》卷一《太祖紀上》,第 10 頁。
③ 《契丹國志》卷一《太祖大聖皇帝》,賈敬顔、林榮貴點校,中華書局,2014 年,第 8 頁。
④ 《資治通鑑》卷二六九後梁紀四《考異》引趙氏《虜廷雜記》(第 8809 頁)曰:"(阿保
　　機)于所居大部落置樓,謂之西樓,今謂之上京。"

上文整個營造上京城之舉措置於天顯元年平渤海後，很可能是受到了趙氏《陰山雜録》的影響（關於《陰山雜録》與元修《遼史》之關係，參見本書第五章第二節）。（5）"是歲太祖崩，應天皇后於義節寺斷腕，置太祖陵。即寺建斷腕樓，樹碑焉。"此條亦見《契丹國志》："太祖之崩也，后屢欲以身爲殉，諸子泣告，惟截其右腕，置太祖柩中，朝野因號爲'斷腕太后'，上京置義節寺，立斷腕樓，且爲樹碑。"①從記載細節和時間斷限推測，《國志》此條亦可能抄自趙至忠書②，則元修《地理志》所本或爲《國志》，或爲《陰山雜録》。（6）"太宗援立晉，遣宰相馮道、劉昫等持節，具鹵簿、法服至此，册上太宗及應天皇后尊號。太宗詔蕃部並依漢制，御開皇殿，闢承天門受禮，因改皇都爲上京。"此事見《太宗紀》會同元年十一月③。

綜上可知，"上京臨潢府"總敘較其餘四京多出的這段文字實乃元人抄撮舊史本紀及《陰山雜録》《契丹國志》等書而成，其中偶有溢出今本本紀及《契丹國志》者，或因舊紀原本曾有提及而元人纂修時删落，或爲趙至忠《陰山雜録》之佚文。然就總體框架而言，此段文字雜糅不同時期遼上京的史料信息，一併繫於其初建之時，敘述混亂，謬誤頗多，實不可信據。或許是由於如此增纂耗時費力，元人僅於全志開首之上京道勉力爲之，至其後四京則未遑繼續，客觀上卻減少了對於後世的干擾。

（三）諸京總敘中混入金代地理信息。《地理志》上京道開首"上京臨潢府"總敘記曰："淶流河自西北南流，遶京三面，東入于曲

---

① 《契丹國志》卷一三《太祖述律皇后》，第158頁。
② 關於述律后斷腕事的記載，現存宋人文獻以《新五代史》《資治通鑑》最早、最詳，然其中皆未見《國志》所稱"上京置義節寺，立斷腕樓，且爲樹碑"云云，疑此事最初乃趙至忠歸宋時傳入中原，歐公、溫公所據爲趙氏早期著述，而《國志》所據則爲《陰山雜録》這類後出集成之書，故所記加詳。
③ 《遼史》卷四《太宗紀下》，第48頁。

江,其北東流爲按出河。"①學界早已注意到,此處所記爲金上京會寧府附近之情形,而與遼上京無涉②,元人每每將金上京與遼上京混淆,此即一典型例證③。無獨有偶,類似的情況還發生在"東京遼陽府"總敘,其中記該府總戶數爲"四萬六百四",與下文所記實際戶數相去甚遠,反與《金史·地理志》所記東京路遼陽府戶數完全吻合④,這也是《遼史》全書中惟一一處有零有整的戶數統計。根據今人研究,《金史·地理志》所記戶口當爲泰和七年(1207)之版籍⑤,而陳大任《遼史》之最終成書即在泰和七年末,若謂陳氏修志時誤將當時所見新括東京版籍混入,顯然不合情理,此誤亦當出自元人之手⑥。綜合以上兩例可知,元末史官曾根據金代地理信息對陳大任舊志的諸京總敘加以增補,平添諸多謬誤;而其所依據者當是構成《金史·地理志》主要史源的王鶚《金史稿·地里志》,這一情況正可與前文所論纂修金志之時參考陳大任遼志舊本的情況相互呼應。

(四)徵引行程録。《地理志》曾數次直接引用五代、宋人使遼之行程録,包括上京道引"胡嶠記"與"薛映記",中京道、南京道引"王曾《上契丹事》",這三篇行程録皆未單行於世,故元人據以抄録

---

① 《遼史》卷三七《地理志一》,第 497 頁。
② 參見《遼史》卷三七校勘記五,第 511 頁。
③ 參見劉浦江《金朝初葉的國都問題——從部族體制向帝制王朝轉型中的特殊政治生態》,《宋遼金史論集》,中華書局,2017 年,第 39—41 頁。
④ 參見《遼史》卷三八校勘記四,第 540 頁。
⑤ 參見劉浦江《金代戶口研究》,收入氏著《遼金史論》,遼寧大學出版社,1999 年,第 164—166 頁。
⑥ 此判斷尚有一佐證,《兵衛志·五京鄉丁》乃據陳大任《遼史·地理志》中登載戶數之州縣信息抄撮、折算而來,其中東京道小敘稱"有丁四萬一千四百",乃下文各州縣丁數之和,而與今本《地理志》所記東京總戶數"四萬六百四"全無干係,足見纂修《兵衛志》史官所見舊志尚無此數據,今本該條當爲元修《地理志》時所混入。

的直接史源值得探究。

　　"胡嶠記",全稱應爲胡嶠《陷虜記》,後周廣順年間所作。此記全本久佚,惟歐陽脩《新五代史·四夷附録》節引其文,《文獻通考·四裔考》及《契丹國志》則據歐史轉録。今本《遼史·地理志》引此記曰:"上京西樓,有邑屋市肆,交易無錢而用布。有綾錦諸工作、宦者、翰林、伎術、教坊、角觝、儒、僧尼、道士。中國人并、汾、幽、薊爲多。"此段文字在《新五代史》中作:"遂至上京,所謂西樓也。西樓有邑屋市肆,交易無錢而用布。有綾錦諸工作、宦者、翰林、伎術、教坊、角觝、秀才、僧、尼、道士等,皆中國人,而并、汾、幽、薊之人尤多。"①《文獻通考》《契丹國志》所引文字幾乎全同,惟誤"宦者"爲"官者",而此誤不見於《遼史》,就此推測元人修志之直接史源當爲《新五代史》,惟改"秀才"爲"儒",最後一句稍有删減。《新五代史》爲元末史官常用史源,除《地理志》外,《世表》《營衛志》《兵衛志》《曆象志》《儀衛志》《食貨志》等篇亦嘗取自是書。

　　上京道所引"薛映記"原名薛映《虜中境界》,記録真宗大中祥符九年(1016)薛映等人出使之見聞,而中京道、南京道所引王曾《上契丹事》,作於大中祥符六年。這兩篇文字並見於《長編》《宋會要輯稿》《文獻通考》及《契丹國志》,其中《文獻通考·四裔考·契丹》之宋代部分實據宋朝三部《國史·契丹傳》删減拼合而成②,可藉以窺見宋《國史》的大概面貌。諸書所録二文之具體字句頗有出入,兹摭其中足以判斷《遼史》文本源流者列於下表。

---

① 《新五代史》卷七三《四夷附録二》,中華書局,2015年,第1024頁。
② 顧宏義、鄭明:《宋國史契丹傳考略》,《遼金史論集》第十三輯,中國社會科學出版社,2013年,第160—163頁。

表6-3:《遼史·地理志》所引宋人語錄重要異文對照表

《遼史·地理志》	《宋會要》	《長編》	《文獻通考》	《契丹國志》
宋大中祥符九年,薛映記曰:上京者,中京正北八十里至松山館……度黑水河,七十里宣化館,五十里長泰館……	九年,樞密直學士薛映、直昭文館張士遜充使至上京,及還,上《虜中境界》:上京者,自中京正北八十里至臨都館,又四十里至松山館……度黑水河,七十里至宣化館……	(大中祥符九年九月)己酉,命樞密直學士、工部侍郎薛映爲契丹國主生辰使……映、士遜始至上京,自中京正北八十里至臨都館,又四十里至官窰館,又七十里至松山館……度黑河,七十里至宣化館……	自中京正北八十里至臨都館,又四十里至官窰館,又七十里至松山館……度黑河,七十里至宣化館……	富鄭公之使北朝也,自中京正北八十里至臨都館。又四十里至官窰館。又七十里至松山館……度黑河,七十里至宣化館……
宋王曾上契丹事曰:……又七十里至涿州。北渡范水、劉李河,六十里至良鄉縣。渡盧溝河,六十里至幽州,號燕京……南門外有于越	(大中祥符)六年知制誥王曾充使還,上契丹事:……又七十里至涿州。北度涿州范水、劉李河,六十里至良鄉縣。度盧孤河,六十里	以主客郎中、知制誥王曾爲契丹國主生辰使……曾使還,言:……又七十里至涿州。北度涿水、范水、劉李河,六十里至良鄉	初,奉使者止達幽州……又七十里至涿州。北度涿水、范水、劉李河,六十里至良鄉縣。度盧孤河,六十里至幽州,僞號燕京……城南	王沂公行程錄:……又七十里至涿州。北度涿水、范水、劉李河,六十里至良鄉縣。度盧溝河,六十里至幽州,號燕京……城南門外有于越

續表

《遼史·地理志》	《宋會要》	《長編》	《文獻通考》	《契丹國志》
王廨,爲宴集之所。門外永平館……	至幽州,號燕京……**南門外有于越王廨,爲宴集之所。門外永平館……**	縣。度盧溝河,六十里至幽州,僞號燕京……**城南門內有于越王廨,爲宴集之所。門外永平館……**	門內有于越王廨,爲宴集之所。門外永平館……	王廨,爲宴集之所。門外永平館……
出燕京北門……自此入山,詰曲登陟,無復里堠,但以馬行記日,約其里數……過石子嶺,自此漸出山……二十里至中京大定府。……南門曰朱夏,門內通步廊,多坊門……**城西內西南隅岡上有寺……**自過古北口……深谷中時見畜牧牛馬橐駝,多青鹽黃豕。	出北門……自此入山,詰曲登陟,無復里堠,但以馬行記日而約其里數……過石子嶺,自此漸出山……二十里至中京大定府……南門曰朱夏,門內通步廊(廊),多坊門……**城內西南隅岡上有寺……**自過古北口……深谷中多燒炭爲業,時見畜牧牛馬橐駝,尤多青鹽黃豕。	出北門……自此入山,詰曲登陟,無復里堠,但以馬行記日景而約其里數……過石子嶺,自北漸入山……二十里至中京大定府……南門曰朱夏,門內夾道步廊,多坊門……**城內西南隅岡上有寺……**自過古北口……深谷中多燒炭爲業,時見畜牧牛馬橐駝,尤多青羊黃豕。	出北門……自此入山,詰曲登陟,無復里堠,但以馬行記日景而約其里數……過石子嶺,自北漸出山……二十里至中京大定府……南門曰朱夏,門內夾道步廊,多坊門……**城內西南隅岡上有寺……**自過古北口……深谷中多燒炭爲業,時見畜牧牛馬橐駝,尤多青羊黃豕。	出北門……自此入山,詰曲登陟,無復里堠,但以馬行記日景而約其里數……過石子嶺,自北漸入山……二十里至中京大定府……南門曰朱夏,門內夾道步廊,多坊門……**城內西南隅岡上有寺……**自過古北口……深谷中多燒炭爲業,時見畜牧牛馬橐駝,尤多青羊黃豕。

　　仔細對比具體文字可以發現,《遼史·地理志》所引與《宋會要輯稿》在關鍵細節上最爲接近。如《遼史》引薛映記開首稱"上京者,中京正北八十里至松山館",其中"上京者"三字僅見於《宋會要》;王曾"上契丹事"之名,亦僅見於《宋會要》。又如薛映文中之"黑水河",王曾文中之"但以馬行記日,約其里數""自此漸出山""門内通步廊"諸語,《遼史》皆與《會要》同,而與其餘三書多異。此外,《宋會要》的一些錯訛亦爲《遼史》所襲,如王曾文中"南門外有于越王廨"一句,"外"爲"内"之誤;"城西内西南隅岡上有寺"句中,"城"字下"西"當係衍文;"多青鹽黄豕","鹽"爲"羊"之誤。其餘三書皆作"北渡涿水、范水、劉李河",當爲文本原貌,惟《宋會要》誤"涿水"爲"涿州",《遼史》以此與上文"至涿州"云云重複遂删去,而僅留"北渡范水、劉李河"①。綜上可知,《遼史·地理志》所引薛映、王曾兩篇語録的直接文本來源當爲宋朝《會要》之"遼"門②。從南宋—元—明初官方藏書的總體流傳脉絡判斷,元代翰林院所藏、至正修《遼史》時所據之《會要》文本,當承自南宋臨安舊藏,亦即後來被收入《永樂大典》者③。

　　除明確徵引五代宋人行程録外,今本《地理志》中尚有暗引此類文獻而未著出處者。如南京道潞陰縣條云:"本漢泉山之霍村鎮。遼每季春,弋獵於延芳淀,居民成邑,就城故潞陰鎮,後改爲縣。在京東南九十里。延芳淀方數百里,春時鵝鶩所聚,夏秋多菱

---

① 此條得康鵬教授教示,謹此申謝。
② 其中惟一一處例外爲王曾語録所見"盧溝河",《遼史》《長編》《國志》同,而《會要》《通考》作"盧孤河"。按此爲常見地名,當係元人據《會要》抄録時臨文改易。
③ 今人研究表明,此本係宋孝宗淳熙年間所作《會要》合訂本,其中"遼"門被整體抄入《永樂大典》卷五二五七,至嘉慶間爲徐松所輯出,因此今《宋會要輯稿·蕃夷·遼》基本保存了《大典》所收宋朝《會要》"遼"門的原始面貌。參見孫昊:《〈宋會要·蕃夷類·遼門〉研究》,《文史》2018年第2輯,第71—86頁。

芡。國主春獵,衛士皆衣墨緑,各持連鎚、鷹食、刺鵝錐,列水次,相去五七步。上風擊鼓,驚鵝稍離水面。國主親放海東青鶻擒之。鵝墜,恐鶻力不勝,在列者以佩錐刺鵝,急取其腦飼鶻。得頭鵝者,例賞銀絹。國主、皇族、群臣各有分地。"①此段自"國主春獵"以前當爲陳大任舊文,此後則當爲元人所增纂,其中以"國主"指稱遼帝,顯係宋人口吻,行文風格頗類使遼語録,而延芳淀作爲遼帝捺鉢僅限於聖宗對宋作戰時期,宋朝使節無從至此。本書第四章第二節已指出,此段實與《營衛志·行營》及《樂志》關於春捺鉢的記載同源,出自宋人語録關於某次杏堝飛放的描寫,元人所據直接史源或爲宋朝《國史·契丹傳》。

（五）上京道祖州、懷州、永州、龍化州、降聖州及東京道顯州。此六州之具體内容皆有元人據南朝文獻增纂之痕跡。

1. 祖州條,開首稱"本遼右八部世没里地"②,點校本及修訂本皆考訂其中"右八部"當爲"右大部"之誤,然更值得推敲的是"世没里"一名。修訂本校勘記指出,此名在《新五代史·四夷附録》《通考·四裔考·契丹》《契丹國志·族姓原始》及本書《國語解》中皆作"世里"③,其中《新五代史》曰:"以其所居横帳地名爲姓,曰世里,世里譯者謂之耶律。"④《通考》《國語解》全取其説。而《契丹國志》則稱:"始以王族號爲横帳,仍以所居之地名曰世里著姓,世里者,上京東二百里地名也(今有世里没里,以漢語譯之,謂之耶律氏)。"較歐史加詳,二者顯然並非前後繼承的綫性關係,而是有着共同的文本源頭。《通鑑考異》引趙至忠《虜廷雜記》曰:"阿保基

---

① 《遼史》卷四〇《地理志四》,第564頁。
② 《遼史》卷三七《地理志一》,第500頁。
③ 《遼史》卷三七校勘記二三,第513頁。
④ 《新五代史》卷七二《四夷附録第一》,第1004頁。

變家爲國之後,始以王族號爲横帳,姓世里没里,以漢語譯之,謂之耶律氏。"①知趙至忠之著述當爲上述關於"世里没里"一系列記載的最初源頭。

　　值得注意的是,上述記載存在一個共同的問題。"世里没里,以漢語譯之,謂之耶律氏",意謂"世里"或"世里没里"當與"耶律"音近,可以勘同,但今本的文字並非如此。關於這一問題,錢大昕曾敏鋭地指出:"'耶律'亦作'移剌',譯音之轉也。'世'與'耶'聲不相近,疑當爲'也'字。'也里'與'耶律'正相轉。"②此説獨具慧眼,惜未得到後世治史者之重視。所謂"世里没里"者原指建國前夕阿保機家族所居之地,《遼史·太祖紀》開篇稱其爲"契丹迭剌部霞瀬益石烈鄉耶律彌里人","耶律彌里"正與"也里没里"音近,可證錢氏所言不虚。今見文獻皆訛"也里"爲"世里",恐因趙至忠相關著述在早期的傳寫過程中已出現此誤,當時中原士人對此生僻知識並無瞭解,又無遼朝典籍可資參照,故而陳陳相因。至元修《遼史》之時,不僅未能參覈不同記載,正本清源,反而仍襲其誤,且將其影響擴大。《地理志》之"世没里",當源自"世里没里"一名而有所脱漏,元人所據史源或爲《契丹國志》,抑或直接抄自趙至忠《陰山雜録》。除《地理志》外,"世里"一名又見於元人新作之《營衛志·部族上》《世表》及《國語解》,皆源出於南朝文獻,更以之附會所謂"三耶律"(大賀、遥輦、世里爲三皇族)之説,實屬一誤再誤。

---

① 《資治通鑑》卷一六九《後梁紀四》貞明二年十二月《考異》,中華書局,1956 年,第8809 頁。
② 錢大昕:《廿二史考異》卷六六《五代史六·四夷附録一》,方詩銘、周殿杰點校,上海古籍出版社,2004 年,第 943 頁。

2. 懷州條有云：

> 太宗崩，葬西山，曰懷陵。大同元年，世宗置州以奉焉。是年，*有騎十餘獵于祖州西五十里*大山中，見太宗乘白馬，獨追白狐，射之，一發而斃；忽不見，但獲狐與矢。是日，太宗崩于欒城。*後於其地建廟*。*又於州之鳳凰門繪太宗馳騎貫狐之像*。①

此條所載乃太宗歿前之傳説，"是年"以下事略見於《契丹國志》所引《紀異録》：

> 遼帝太宗在欒城病時，*上京西八十里山，有獵人*見太宗容貌如故，乘白馬追奔一白狐，因射殺之。獵人驚國主南征未回，何忽至此？因獲其死狐並箭，失國主所在。不浹旬而凶問至，驗其日，乃得疾之日；驗其箭，則國主南征所帶之箭失其一矢。*國人於其地置堂，塑白狐形，並箭在焉，名曰白狐堂*。今其陵之側，創置懷州是也。②

《紀異録》一書，又名《洛中紀異》，宋初人秦再思所著，原本十卷，記五代宋初奇異之事③，多有涉及契丹者。該書至元末明初尚存，陶宗儀《説郛》多有援引，而居於翰苑之王褘所著《大事記續編》曾徵

---

① 《遼史》卷三七《地理志一》，第 501 頁。
② 《契丹國志》卷三《太宗嗣聖皇帝下》，第 46 頁。
③ 參見李劍國《宋代志怪傳奇敍録（增訂本）》，中華書局，2018 年，第 11—14 頁。

引此書①,知此書當時曾爲官方庋藏。對比《契丹國志》所引此書佚文與《地理志》懷州條,雖大體記事相同,然在幾處具體細節上有所不同(劃綫斜體部分),如非纂修《地理志》之史官臨文擅自改易,則或可推斷元人修史時曾直接徵引秦再思原書,而非自《契丹國志》轉抄。

3. 永州條曰:

> 有木葉山,上建契丹始祖廟,奇首可汗在南廟,可敦在北廟,繪塑二聖并八子神像。相傳有*神人乘白馬*,自馬盂山浮土河而東,有*天女駕青牛車*由平地松林泛潢河而下。至木葉山,二水合流,相遇爲配偶,生八子。其後族屬漸盛,分爲八部。*每行軍及春秋時祭*,必用白馬青牛,示不忘本云。②

關於此段記載,楊軍曾指出,以"相傳"爲界,此前所述奇首可汗事與其後所記青牛白馬傳說原爲兩個不同的文本,前爲舊史所有,而後者爲元朝史官據《契丹國志·初興本末》所增入③。此分析大體合理,然元人所據以抄入之史源是否爲《契丹國志》,則還須再加斟酌。

茲引《國志》原文如下:

> 本其風物,地有二水。口北屯里没里,復名陶猥思没里者,是其一也,其源流出自中京西馬盂山,東北流,華言所謂土

---

① 王褘《大事記續編》卷七一、卷七五兩次徵引此書,皆與契丹有關,見《四庫提要著録叢書》影印明刻本,北京出版社,2010年,史部第6册,第593頁下欄、第622頁下欄。
② 《遼史》卷三七《地理志一》,第504頁。
③ 楊軍:《契丹始祖傳說與契丹族源》,《首都師範大學學報》2014年第6期。

河是也。曰裊羅個没里,復名女古没里者,又其一也,源出饒
州西南平地松林,直東流,華言所謂潢河是也。至木葉山,合
流爲一。古昔相傳:有男子乘白馬浮土河而下,復有一婦人乘
小車駕灰色之牛,浮潢河而下,遇於木葉之山,顧合流之水,與
爲夫婦,此其始祖也。是生八子,各居分地,號八部落……立
遺像(始祖及八子)于木葉山,後人祭之,必刑白馬殺灰牛,用
其始來之物也。①

范鎮《東齋記事》云:"契丹之先,有一男子乘白馬,一女子駕灰牛,
相遇於遼水之上,遂爲夫婦。生八男子,則前史所謂迭爲君長者
也。此事得於趙志忠。志忠嘗爲契丹史官,必其真也。前史雖載
八男子,而不及白馬、灰牛事。契丹祀天,至今用灰牛、白馬。"②可
知趙至忠入宋後之記述實爲南朝文獻系統所見灰牛白馬傳説之源
頭,《契丹國志》上引文當即出於其書。對比《遼史》與《契丹國志》
的上述記載可知,二者在整體脉絡和關鍵環節上高度一致,然亦有
如下三處顯著不同:第一,《遼史》作青牛白馬,《契丹國志》作灰牛
白馬;第二,《遼史》記傳説的主角是神人、天女,《契丹國志》作男
子、女子;第三,《遼史》將使用青牛白馬祭祀的場合具體表述爲"每
行軍及春秋時祭",而《契丹國志》則僅籠統寫作"後人祭之"。關
於前兩點,《東齋記事》所記與《契丹國志》完全相同,知趙至忠原文
當即如此,元修《遼史》改"灰牛"爲"青牛"應該是基於遼代舊有文

① 　《契丹國志》卷首《契丹國初興本末》,第3頁。
② 　范鎮:《東齋記事》卷五,汝沛點校,中華書局,1980年,第43頁。

獻中頻頻出現以青牛白馬爲祭祀牲禮的記載①,而改"男子"、"女子"爲"神人"、"天女"則或許是爲了渲染契丹始祖傳説的神秘、悠遠。關鍵的是第三處,《遼史》所記較《國志》更爲具體明確,恐非隨意篡改所能解釋,或別有所據。考慮到《遼史》其他部分曾引述趙至忠《陰山雜録》,因而不能排除此處所記傳説亦出自趙氏原書而非轉引《國志》的可能。此條陳大任舊志原本當僅記木葉山奇首可汗廟之情況,元人注意到其中所記"繪塑二聖并八子神像"之情形剛好可與趙至忠筆下"立遺像(始祖及八子)于木葉山"的記載相合,遂將兩個不同系統的契丹祖源傳説進行了拼合,對後世產生了深遠影響。

4. 龍化州條云:

> 龍化州,興國軍,下,節度。本漢北安平縣地。契丹始祖奇首可汗居此,稱龍庭。*太祖於此建東樓。*唐天復二年,太祖爲迭烈部夷離菫,破代北,遷其民,建城居之。明年,伐女直,俘數百户實焉。天祐元年,增修東城,制度頗壯麗。十三年,太祖於城東金鈴岡受尊號曰大聖大明天皇帝,建元神册。*天顯元年,崩于東樓。*太宗升節度。隸彰愍宫,兵事屬北路女直兵馬司。②

---

① 類似的改動尚見於《遼史》其他部分,如《兵衛志·兵制》(卷三四,第451頁):"凡舉兵,帝率蕃漢文武臣僚,以青牛白馬祭告天地、日神,惟不拜月,分命近臣告太祖以下諸陵及木葉山神。"如本書前文所述,此處乃元朝史官據宋《兩朝國史·契丹傳》敷衍而成,然國史原作"將舉兵,必殺灰牛白馬,祠天、地、日及木葉山神"(見《文獻通考》卷三四六《四裔考二十三·契丹下》,中華書局,2011年,第9607頁),其中"灰牛"亦被改作"青牛"。
② 《遼史》卷三七《地理志一》,第505頁。

文稱阿保機建東樓於此，且卒於東樓，點校本修訂本於此處出校曰："據本書卷二《太祖紀下》天顯元年七月甲戌，太祖崩於渤海扶餘府，與此異。"其實，這裏並不是簡單的記載異同問題，而牽涉到整段文本的生成過程。引文所記龍化州當指阿保機任迭剌部夷離堇時所建的契丹第一城，本紀於唐天復二年九月記作"城龍化州于潢河之南，始建開教寺"①，此地同時也是契丹始祖奇首可汗曾經居住過的"龍庭"，故而得名。該城之地望雖有争議，但可確定當在契丹建國前之主要活動區域即遼上京道潢水南岸地區。所謂"東樓"則與此相去甚遠，據陳襄《使遼語録》記載遼人楊規中之語云"東樓接女真、高麗"②，知東樓遠在東京道，地近女真、高麗，而這正與天顯元年阿保機卒歿之地渤海扶餘府相合。據《遼史》載，渤海扶餘府在阿保機崩後，"有黄龍見"，故改名"龍州黄龍府"③，我們有理由懷疑上引記載的混亂實際上是將關於東京道"龍州"的記載闌入了上京道的"龍化州"。那麽，爲什麽會産生這樣的問題呢？

我們注意到，阿保機卒地在宋代文獻中正有記作"龍化州（東樓）"者。《武經總要·北蕃地理》曰："龍化州，州在木葉山東千里，阿保機始置四樓，此即是東樓也。會病卒，葬于西南山，即今祖州也，以所卒之地置州，曰龍化，即此州也。"④關於契丹四樓，宋代文獻中多有記載，溯其最初源頭皆出自趙至忠之手。如《通鑑考異》引趙氏《虜廷雜記》曰："於所居大部落置樓，謂之西樓，今謂之上京；又於其南木葉山置樓，謂之南樓，又於其東千里置樓，謂之東

---

① 《遼史》卷一《太祖紀上》，第 2 頁。
② 陳襄：《使遼語録》，顧宏義、李文點校《宋代日記叢編》，上海書店出版社，2013 年，第 31 頁。
③ 《遼史》卷三八《地理志二》，第 533 頁。
④ 《武經總要》前集卷二二，《原國立北平圖書館甲庫善本叢書》影印明刻本，第 483 册，第 281 頁上一下欄。

樓,又於其北三百里置樓,謂之北樓。太祖四季常游獵於四樓之間。"①《長編》引《仁宗實録》及《兩朝國史》曰:"又有四樓,在上京者曰西樓,木叶山曰南樓,龍化州曰東樓,唐州曰北樓。"②諸家記載詳略及側重有所不同,當係據趙至忠不同時期之著述轉録所致。換句話説,契丹東樓、阿保機卒地渤海扶餘府(龍州)在趙至忠筆下被記作龍化州,而這又能得到其他遼代文獻的印證,也就是説,遼朝當時很可能在東京道和上京道一東一西有兩個被稱作"龍化州"的地方③。編纂《地理志》之史官,將南朝文獻系統中關於東京道"龍化州"的記載,混同於陳大任舊史所記上京道龍化州,加以拼合,這纔造成了上引文本的混亂。鑑於"以所卒之地置州,曰龍化"這一關鍵的信息在現存文獻中僅見於《武經總要》,同時又無證據表明元修《遼史》曾直接徵引此書,故疑元人此處所記亦或直接抄自《陰山雜録》。

5. 降聖州條云:

> 降聖州,開國軍,下,刺史。*本大部落東樓之地*。太祖春月行帳多駐此。*應天皇后夢神人金冠素服,執兵仗,貌甚豐美,異獸十二隨之。中有黑兔躍入后懷*,因而有娠,遂生太宗。*時黑雲覆帳,火光照室,有聲如雷,諸部異之*。穆宗建州。四面各三十里,禁樵採放牧。④

此條緊隨上引龍化州條之後,其中又稱東樓在降聖州,與上文自相

---

① 《資治通鑑》卷二六九後梁紀四《考異》,第8809頁。
② 《續資治通鑑長編》卷一一〇天曆九年六月丁丑條,中華書局,2004年,第2561頁。
③ 詳細考證參見苗潤博《遼龍化州地望新説——兼辨契丹四樓問題之源流》(待刊)。
④ 《遼史》卷三七《地理志一》,第505頁。

矛盾。出現這一現象的原因在於,兩個"東樓"的文本生成過程不同:龍化州條之東樓得自阿保機之殁地,而降聖州之東樓則得自耶律德光之生地。《契丹國志》卷二開首云:"太宗諱德光,太祖第二子也。母曰述律氏。帝誕於大部落東一千里之牙帳。生時黑雲覆帳,火光照耀,有聲如雷。"①而同書卷一臨近卷末記契丹四樓曰:"大部落東一千里,謂之東樓。"②將二者合觀,知《地理志》降聖州條所謂"東樓"即源於此,而上引文本之生成過程亦不難考見:陳大任舊志此條下原當有"太宗生於此,故名"之類的文字,元人整合《契丹國志》中關於太宗降生地的記載,拼湊、推導出有一個東樓之所在。此條之增纂或許與前引龍化州條並非同時完成,所據史源亦不相同,竟致咫尺之間而前後牴牾。

　　另外,該條所記太宗降生神話之由來亦可考出。《契丹國志》卷二記載太宗援晉之事云:

　　　　《紀異録》曰:"契丹主德光嘗晝寢,夢一神人,花冠,美姿容,輜軿甚盛,忽自天而下,衣白衣,佩金帶,執鐷鈸,有異獸十二隨其後,内一黑色兔入德光懷而失之。神人語德光曰:'石郎使人唤汝,汝須去。'覺,告其母,忽之不以爲異。後復夢,即前神人也,衣冠儀貌,宛然如故。曰:'石郎已使人來唤汝。'……契丹帝曰:'我非爲石郎興師,乃奉天帝敕使也。'率兵十萬,直抵太原,唐師遂衄,立石敬瑭爲晉帝。後至幽州城中,見大悲菩薩佛相,驚告其母曰:'此即向來夢中神人。冠冕如故,但服色不同耳。'因立祠木葉山,名菩薩堂。"德光生於癸卯年,黑兔入

---

①　《契丹國志》卷二《太宗嗣聖皇帝上》,第13頁。
②　《契丹國志》卷一《太祖大聖皇帝下》,第8頁。

懷,此其兆也。①

其中劃綫部分文辭與上引《地理志》所記黑兔降生神話高度類似,然細審其義,《紀異録》所記夢神人、黑兔入懷者爲耶律德光,並將此事告知其母,故事最終的結果是興師援晉。這一傳説到了《地理志》懷州條中,則衍變爲應天皇后夢神人,黑兔入懷誕下太宗,文字雖近而其旨殊異。或許是由於陳大任舊志此條曾簡單提及應天夢神異而誕太宗的感生傳説,元人受到《契丹國志》上引文末尾"德光生於癸卯年,黑兔入懷,此其兆也"一語的啟發,將原本與德光降生無關的神話改頭換面,附會於此。事實上,《遼史·太宗紀》明確記載,德光生於唐天復二年(902),②歲次壬戌,《國志》"生於癸卯年"云云純係無稽之談,《地理志》稱應天夢黑兔入懷而生太宗更屬子虛烏有。

附帶一提的是,《地理志》永州條有云:"興王寺,有白衣觀音像。太祖(宗)援石晉主中國,自潞州回,入幽州,幸大悲閣,指此像曰:'我夢神人令送石郎爲中國帝,即此也。'因移木葉山,建廟,春秋告賽,尊爲家神。興軍必告之,乃合符傳箭於諸部。"其中大體情節似與上引文中"幽州城中,見大悲菩薩佛"、"因立祠木葉山,名菩薩堂"云云頗相仿佛,而"我夢神人令送石郎爲中國帝"一語更明確指向同一故事,似可判斷二者當存在文本源流關係。不過,我也注意到《遼史·禮志》"祭山儀"項下有注曰:"太祖(宗)幸幽州大悲閣,遷白衣觀音像,建廟木葉山,尊爲家神。於拜山儀過樹之後,

---

① 《契丹國志》卷二《太宗嗣聖皇帝上》,第 21 頁。
② 《遼史》卷三《太宗紀上》,第 29 頁。

增'詣菩薩堂儀'一節,然後拜神,非胡刺可汗之故也。"①此條當出自陳大任《禮志》,其中所記與《地理志》永州條完全契合,特別是兩者原文皆誤"太宗"爲"太祖",足見其共同史源已有訛誤。由此看來,太宗拜白衣觀音之傳説在陳氏舊史已載之,元人或許只是根據《契丹國志》之類的資料稍加潤色罷了。

6. 東京道顯州條:

> 本渤海顯德府地。世宗置,以奉顯陵。顯陵者,東丹人皇王墓也。人皇王*性好讀書,不喜射獵,購書數萬卷,置醫巫閭山絶頂,築堂曰望海*。山南去海一百三十里。②

其中關於人皇王的描寫,見於《契丹國志》"東丹王":"贊華*性好讀書,不喜射獵*。初在東丹時,令人賫金寶私入幽州*市書,載以自隨,凡數萬卷,置書堂於醫巫閭山上,扁曰望海堂*(原注:以南至海可二十里有望海寺也)。"③劃綫部分存在明顯的同源關係。市書萬卷、置望海堂云云,亦見於《遼史·義宗倍傳》④,當亦據《契丹國志》修入。

綜合本節所論可知,元修《遼史·地理志》在陳大任舊志基礎上作過不少增纂,包括總序、上京道敘及具體條目等。總體而言,首卷上京道增纂較多,用功較勤,而其餘四卷則補作較少⑤,知其初

---

① 《遼史》卷四九《禮志一》,第 929 頁。
② 《遼史》卷三八《地理志二》,第 525—526 頁。
③ 《契丹國志》卷一四《諸王傳》,第 172 頁。
④ 《遼史》卷七二《義宗倍傳》,第 1335 頁。
⑤ 《地理志》南京、西京兩卷所記州縣前代沿革,具體行文多與《太平寰宇記》《輿地廣記》相合,存在明顯的源流關係。然此二書皆成於北宋,亦可能爲金修《遼史》所參考,故未可遽斷其皆爲元末史官所補。

期設想並未在實際工作中完全實現,導致前後着力不均。揆其緣由,當與修史時限緊迫不無關係,類似的情況在元修三史中亦不罕見①。除少量利用王鶚《金史稿》外,史官增纂所據之書多出南朝文獻系統,不僅有我們所熟知的《契丹國志》,還可能包括宋朝《國史・契丹傳》、趙至忠《陰山雜錄》、秦再思《洛中紀異》等書。元人在纂修過程中,致力於將此南朝文獻與舊史記載加以拼合,表面上擴展了記載的範圍,但事實上使得原本涇渭分明的南北文獻系統呈現出混亂雜糅的局面,給後代的讀史者特別是今天的歷史研究者帶來了諸多的困擾。

通過考察文本内證以及元代官方文獻所記遼朝地理知識的總體源流,我們對於元修《遼史・地理志》的文本生成過程取得了一個全新的認識:該志實以陳大任舊史《地理志》爲主體框架與核心藍本,稍增以宋朝《國史・契丹傳》《陰山雜錄》《契丹國志》等南朝文獻。這一認識提示我們在使用該志開展研究時應該注意兩個方面的問題:其一,區分史料層次。同樣一篇志書,哪些是舊志原文,哪些是元人新增,需要首先加以離析,之後方可利用,尤其警惕元人拼接雜糅不同文獻系統帶來的干擾。其二,確認問題主體。以往的研究者傾向於將《地理志》中存在的混亂、錯誤籠統歸罪於元朝史官,其實該志的整體性、結構性的問題很可能在陳大任《遼史》中即已存在,這有助於我們重新思考契丹地理知識文本的生成過程,特別是金朝史官在其中所起到的樞紐作用。

---

① 如《宋史・藝文志》經部及史部開首一部分(至傳記類以前),每小類在照抄宋《國史・藝文志》後,皆有"不著錄"一項,乃元人據當時所見藏書加以增補。然此項内容在史部儀注類以下及子部、集部中皆無,當亦因增纂耗時,倉促間無法按計劃完成。

在傳統的紀傳體王朝史系統中，"志"這一體裁對於瞭解一代史事之始末原委尤爲關鍵。通常來講，撰作時間越接近所記對象的志書，越有助於後人感知當時的歷史圖景。遺憾的是，今本《遼史》諸志多爲遼亡兩百餘年後元朝史官所新作，基本保持遼金舊史總體架構者僅《地理》《刑法》二志，其中以《地理志》篇幅更大、體系更爲完整。因此儘管這篇志文存在着各種各樣的問題，依然是有關遼代典制難得一見的成型較早且有獨立史源的大宗文獻，值得我們在轉換視角的基礎上開展更爲深入的發掘。

第七章 《禮》《樂》《儀衛》三志

　　《遼史·禮志》《樂志》《儀衛志》是研究遼代禮樂制度的重要文獻，三者記述內容密切關聯，資料來源亦多有共通之處，須作通體考察。以往研究者關注不足的是，此三志的文本性質和編纂過程其實存在顯著差異，既有基本保存舊史的一手文獻，也有元朝史官抄撮拼湊的二手文獻，史料價值不可同日而語，運用之際亦宜區別對待。

第一節　從遼金舊籍到今本《禮志》

　　《禮志》開首兩段序言對於我們考察整篇志文以及《樂志》《儀衛志》的史源具有重要意義，其辭曰：

> 遼本朝鮮故壤，箕子八條之教，流風遺俗，蓋有存者。自其上世，緣情制宜，隱然有尚質之風。遙輦胡剌可汗制祭山儀，蘇可汗制瑟瑟儀，阻午可汗制柴冊、再生儀。其情朴，其用儉。敬天恤災，施惠本孝，出於惻忱，殆有得於膠瑟聚訟之表者。太古之上，椎輪五禮，何以異茲。太宗克晉，稍用漢禮。
> 　　今國史院有金陳大任《遼禮儀志》，皆其國俗之故，又有

《遼朝雜禮》，漢儀爲多。別得宣文閣所藏耶律儼志，視大任爲加詳。存其略，著于篇。①

其中第二段所稱"金陳大任《遼禮儀志》"當指陳氏《遼史·禮儀志》，"耶律儼志"則係耶律儼《皇朝實錄》中記載禮儀制度的專志，其確切名稱不詳，或亦名《禮儀志》。元人稱陳志所記"皆其國俗之故"，"儼志"則視其加詳，知此遼金兩部舊志的主要内容當皆爲契丹舊俗，只是詳略之別，並無本質不同，陳志或即源出儼志而有所精簡；元人修史時先於翰林國史院見陳志，而後復獲見宣文閣藏儼志，加以參詳。與此相對，史官所見另一重要資料名曰《遼朝雜禮》，則主要記載漢式禮儀。據元人宣稱，今本《禮志》即據遼金舊志及《遼朝雜禮》約略而成。

上述説法構成了目前學界關於遼代禮制文獻源流的通行認識，研究者基本上是將《遼史·禮志》作爲現成一體的文本直接加以徵引，因而這篇文獻事實上奠定了迄今爲止遼禮研究的大致框架②。似乎很少有人繼續追問，這篇志文的實際編纂過程究竟如何？其中究竟哪些出自舊史，又有哪些出自《遼朝雜禮》？元朝史官在此過程中又發揮了怎樣的作用？這些問題自非無關緊要，更非不證而明，須結合文本的具體内容展開分析。

首先來看上引序文本身的來源。我們注意到，第一段首句稱"遼本朝鮮故壤"，受"箕子八條之教"，在現存有關遼朝先世的歷史

---

① 《遼史》卷四九《禮志一》，中華書局點校本修訂本，2016 年，第 927—928 頁。

② 參見島田正郎：《遼にいわゆる禮と禮書の成立》，《法律論叢》25 卷 1 號，1951 年 9 月；田廣林：《契丹禮俗考論》，哈爾濱出版社，1995 年；陳戍國：《中國禮制史（宋遼夏金卷）》，湖南教育出版社，2001 年；王凱：《遼朝禮制研究》，吉林大學博士學位論文，2017 年等。

敘述中十分罕見。據我判斷，此段當取自陳大任《禮儀志》舊序。
理由有五：其一，文中所述遼朝先世與元朝史官之認識不符，當非
元人所作。在《遼史》的其他部分，元朝史官認爲契丹與奚皆出於
宇文，其始居之地在松漠之間或"奇首故壤"①，即今西拉木倫河、
老哈河交匯之處，儘管這一説法與實際情況存在巨大差異，但在元
人敘述中卻是貫穿始終，《禮志序》"朝鮮故壤"之説與此明顯不同。
其二，所謂"朝鮮故壤"説與遼朝官方歷史敘述相去甚遠，非出於
《皇朝實録》。遼朝官修《皇朝實録》稱遼乃軒轅黄帝之後②，根據
我們的研究，遼朝皇室阿保機家族實際上是由大興安嶺南麓南下
西拉木倫河流域，在開元年間以後方纔加入契丹集團的後來者，此
前契丹由今朝陽東北、地近高麗的區域西遷北徙的過程與其並無
關涉，因而中原文獻所記契丹由北魏至唐前期的發展軌跡在遼朝
官方的歷史記憶中全無蹤跡，更不會出現"遼本朝鮮故壤"的説法。
其三，此序文所述皆爲契丹本俗，與多載漢儀之《遼朝雜禮》並無關
涉。序文之"遥輦胡剌可汗制祭山儀，蘇可汗制瑟瑟儀，阻午可汗
制柴册、再生儀"綜述契丹最重要三項本族禮儀的創制之人，不見
於禮志正文，史料價值很高，當非出於《遼朝雜禮》。其四，《地理
志·東京道》開首稱"東京遼陽府，本朝鮮之地。周武王釋箕子囚，
去之朝鮮，因以封之。作八條之教，尚禮義，富農桑，外户不閉，人
不爲盜。"③所述與《禮志序》完全吻合。如本書前文所示，《地理

①　參見《遼史》卷三二《營衛志中》，第 428 頁；卷六三《世表》，第 1053 頁。
②　參見《遼史》卷六三《世表序》，第 1051 頁。
③　《遼史》卷三八《地理志二》，第 517 頁。近來有兩位學者先後撰文，認爲《地理志》
　　將遼先世與朝鮮建立關係，是遼人爲樹立其在東北統治合法性而建構的説辭，然其
　　所論與《遼史》之整體史源情況以及遼朝官方歷史敘述的特點存在較大齟齬。參見
　　吉本道雅：《〈遼史·地理志〉東京遼陽府條小考——10—14 世紀遼東歷史地理的
　　認識》，收入《遼金歷史與考古國際學術研討會論文集》，遼寧教育出版（轉下頁注）

志》之直接史源乃陳大任《遼史》舊志,可知以遼東爲朝鮮故壤、契丹舊地,實爲陳史一以貫之的觀念。其五,《遼史》以陳大任《遼史》爲主要藍本,諸志之序文多襲陳氏舊文,如《兵衛志》《地理志》《刑法志》等多篇皆可找到類似痕跡。

與序文類似,《禮志》正文關於各項禮儀的具體記載也都具有鮮明的文本特徵,使得我們有可能分辨其確切來源。細繹志文可知,該志事實上是由兩種明顯不同類型的禮儀文本組成,一種是保留契丹本俗特質的禮儀文本,另一種則是完全漢式的禮儀文本,這種情況正與元人所稱舊志"皆其國俗之故",而《遼朝雜禮》則以"漢儀爲多"的情況相印合。由此切入,似可將《禮志》的主要內容大致分爲兩類:

其一,源出舊史《禮儀志》者。包括吉儀之祭山儀、瑟瑟儀、柴册儀、孟冬朔拜陵儀、歲除儀,凶儀之喪葬儀(部分),軍儀之皇帝親征儀、臘儀,志末未定歸屬之再生儀。這些條目所記皆爲契丹本俗,職事者多爲巫、敵烈麻都這類草原色彩鮮明的人物,所涉禮器亦同爲神門、神主室、青牛白馬、龍文方茵、氈等物,所記儀典多不見於中原禮書,而諸條之間又往往相互呼應,具有内在的一致性。

其二,源出《遼朝雜禮》者。包括拜日儀、告廟儀、謁廟儀、凶儀之喪葬儀(部分)、上謚册儀、忌辰儀、宋使祭奠弔慰儀、宋使告哀儀、宋使進遺留禮物儀、高麗夏國告終儀、常朝起居儀、正座儀、臣

(接上頁注)社,2011年,第222—230頁;姜維公:《〈遼史·地理志〉東京遼陽府條記事謬誤探源》,《中國邊疆史地研究》2011年第2期,第119—129頁;《"遼"國號新解》,《吉林大學學報》2014年第1期,第46—58頁。此外,李月新則提出《禮志序》之説係元朝史官受到唐人敘述和渤海史料的誤導而產生的比附(《箕子八條之教與遼朝禮制淵源考論》,《内蒙古社會科學》2018年第5期),亦因未明文獻源流而難中鵠的。關於此問題的進一步考證,參見苗潤博《從東夷到北狄:中古正史有關契丹的歸類變化》,《唐研究》第24卷,北京大學出版社,2019年,第164—167頁。

僚接見儀、問聖體儀、車駕還京儀、勘箭儀、宋使見皇太后儀、宋使見皇帝儀、曲宴宋使儀、賀生辰正旦宋使朝辭太后儀、賀生辰正旦宋使朝辭皇帝儀、高麗使入見儀、曲宴高麗使儀、高麗使朝辭儀、西夏國進奉使朝見儀、西夏使朝辭儀、皇帝受册儀、册皇太后儀、册皇后儀、册皇太子儀、册王妃公主儀、皇帝納后之儀、公主下嫁儀、親王女封公主者婚儀、皇太后生辰朝賀儀、皇帝生辰朝賀儀、皇后生辰儀、進士接見儀、進士賜等甲敕儀、進士賜章服儀、宰相中謝儀、拜表儀、賀生皇子儀、賀祥瑞儀、賀平難儀、正旦朝賀儀、冬至朝賀儀、立春儀、重午儀、重九儀、藏鬮儀。這些條目絕大部分爲漢式禮儀，其中不見契丹本俗標識，而僅著中原禮典所常見之名，如宣徽、舍人、閤(門)使、矮墩、祇候、中書令、京官、文班、武班、横班、控鶴官、教坊、尚舍、東宫官、供奉官、聖躬萬福等。

上述劃分中有若干條目須稍加解釋：

（一）拜日儀。此雖爲契丹舊俗，然今本《禮志》載此儀曰：“皇帝升露臺，設褥，向日再拜，上香。門使通，閤使或副，應拜臣僚殿左右階陪位，再拜。皇帝昇坐。奏牓訖，北班起居畢，時相已下通名再拜，不出班，奏‘聖躬萬福’，又再拜，各祇候。宣徽已下横班同。諸司、閤門、北面先奏事；餘同。教坊與臣僚同。”[1]所記全爲中原官職、程式，與後文其他漢式禮儀別無二致，從中絲毫看不出契丹禮儀的影子，當出自《雜禮》而非舊志。

（二）勘箭儀。《儀衛志·符契》有云：“木箭，内箭爲雄，外箭爲雌，皇帝行幸則用之。還宫，勘箭官執雌箭，東上閤門使執雄箭，如勘契之儀，詳具《禮儀志》。”[2]其中所記雌雄二箭云云見《禮志》

---

① 《遼史》卷四九《禮志一》，第 930—931 頁。
② 《遼史》卷五七《儀衛志三》，第 1018 頁。

勘箭儀,今本《遼史》有《禮志》而無《禮儀志》,此稱"詳具《禮儀志》"似指舊史而言,則今本勘箭儀之史源似爲舊志。然此儀不見唐開元禮,而爲北宋前期所用①,熙寧間廢,究其淵源或出晚唐五代②,遼人行此禮恐承自後晉,而非契丹本俗,與舊志記載範圍不合,元人撰寫此條所據仍爲《雜禮》,所謂"禮儀志"云云當係對今本《禮志》之泛稱。

（三）喪葬儀。此條以不同皇帝臨終時情況大致分爲三節:"聖宗崩,興宗哭臨于菆塗殿""興宗崩,道宗親擇地以葬""道宗崩,菆塗于遊仙殿,有司奉喪服",其中"興宗崩"一節僅此一句,"聖宗崩""道宗崩"之後均有大段解説,而此兩段文本特徵全然不同。"聖宗崩"之下稱:"大行之夕,四鼓終,皇帝率群臣入,柩前三致奠。奉柩出殿之西北門,就輼輬車,藉以素裀。巫者袚除之。詰旦,發引,至祭所,凡五致奠。太巫祈禳。皇族、外戚、大臣、諸京官以次致祭。乃以衣、弓矢、鞍勒、圖畫、馬駝、儀衛等物皆燔之。至山陵,葬畢,上哀册。皇帝御幄,命改火,面火致奠,三拜。又東向,再拜天地訖,乘馬,率送葬者過神門之木乃下,東向又再拜。"③其中"巫者""太巫""以衣、弓矢、鞍勒、圖畫、馬駝、儀衛等物皆燔之""面火致奠""過神門之木",不僅是典型的契丹禮俗標識,而且與祭山、柴册、再生諸儀在環節上多有契合,當出舊史《禮儀志》。與此形成鮮明對比的是,"道宗崩"之下則是典型的漢式葬儀:"有司奉喪服,天祚皇帝問禮于總知翰林院事耶律固,始服斬衰;皇族、外戚、使相、矮墩官及郎君服如之;餘官及承應人皆白枲衣巾以入,哭臨……其

① 歐陽脩:《太常因革禮》卷二一《勘箭勘契》,《叢書集成初編》本,中華書局,1985 年,第 129 頁。
② 此承張亦冰博士、尹承博士賜教,謹致謝忱!
③ 《遼史》卷五〇《禮志二》,第 933 頁。

夜,北院樞密使、契丹行宮都部署入,小斂。翼日,遣北院樞密副
使、林牙,以所賜器服,置之幽宮。靈柩升車,親王推之,至食羧之
次。"其中"斬衰""白枲衣巾""小斂"等等,皆提示此段當出自《遼
朝雜禮》。"食羧之次"之下,有一段類似注解的文字:"蓋遼國舊
俗,於此刑殺羊以祭,皇族、外戚、諸京州官以次致祭。"似出元朝史
官之手。疑此條前後兩節乃元人雜糅舊史《禮儀志》與《雜禮》
而成。

(四)皇帝納后之儀、公主下嫁儀。此二者爲典型契丹本俗,但前
者文本中又出現明顯的漢式禮典標識,如"教坊遮道贊祝""負銀罌,
捧膯,履黄道行""后族之長跪問'聖躬萬福',再拜;復奏送后之詞,
又再拜","問'聖躬萬福'"等,與《雜禮》所記漢儀一致,而後者則稱
"大略如納后儀"云云,疑當皆出《雜禮》。由此條可知,《遼朝雜禮》
所載並非全爲漢儀,而有可能包含經過漢式文本潤色的契丹本族禮
俗,元人《禮志序》僅稱其"漢儀爲多",而非皆爲漢儀,誠不虛矣。

對比以上諸條之數量、篇幅可知,今本《禮志》出於《遼朝雜禮》
的内容遠較出於舊史《禮儀志》者爲多,因此或許應該説,《雜禮》纔
是元修《遼史・禮志》最主要的史源。《雜禮》一書,除見諸《遼史》
外,不爲歷代實藏所著録,故學界對其來歷所知甚少。但若細審
《遼史》所引該書内容,還是可以找到一些蛛絲馬跡。

據《儀衛志》稱,《遼朝雜禮》本爲"本朝太常卿徐世隆家藏"[1],
徐世隆本金末進士,入元後嘗爲翰林侍講學士兼太常卿,精通禮
樂,卒於至元二十二年(1285)[2]。其書名既稱"遼朝",顯非遼當時
人所著,結合徐世隆之背景判斷,當係金人之作。《禮志》所引《雜

---

① 《遼史》卷五八《儀衛志四》,第1024頁。
② 蘇天爵:《元朝名臣事略》卷一二"太常徐公",姚景安點校,中華書局,1996年,第
249頁。

禮》，八次出現"供奉官"一名，按此官在金章宗時避其生父允恭嫌名改作"承奉"①，成書於此後的陳大任《遼史》即作此稱，今本《遼史》多因襲之，《雜禮》既不避此諱，知其當作於章宗即位以前。又審該書所記遼朝禮儀，内容豐富而細節詳細，非熟悉當時制度者不能爲，似當出入金之遼朝故臣之手。

　　特別值得注意的是，《禮志》所引《雜禮》曾兩次提及耶律固。上引喪葬儀曰："道宗崩，蔵塗于遊仙殿，有司奉喪服。天祚皇帝問禮于總知翰林院事耶律固，始服斬衰。"而後文宋使祭奠弔慰儀亦稱"道宗崩，天祚皇帝問禮于耶律固"。後者是對前者的概括，二者顯同出一源。耶律固《遼史》無傳，然從零星的記載不難看出，此人乃遼末重臣、天祚帝師②，掌文苑而知禮儀，乾統元年契丹小字《道宗哀册》《宣懿皇后哀册》、天慶五年《故耶律氏銘石記》皆出其手③；遼亡入金後曾纂修《遼史》，未就而卒，由弟子蕭永祺踵其事而成之④。從由遼入金、熟知遼禮、整理遼代文獻這三點經歷判斷，耶律固當與《遼朝雜禮》一書的編纂有密切關係，這也正是書中多次提及其名的緣由所在。該書或即耶律固爲修《遼史》所準備之史料，只不過可能經過後人整理，在單獨行世時佚去其名罷了。

　　除了構成《禮志》的重要史源外，《雜禮》一書還是《樂志》《儀衛志》所記遼代漢式禮典的主要來源，將另外兩志所引該書内容與今本《禮志》的相應部分對比可知（見表7-1），負責纂修後者的史官曾對《雜禮》作過一定程度的改編。

①　《金史》卷五三《選舉志三》，中華書局，1975年，第1185頁。
②　參見《遼史》卷二四《道宗紀四》大康十年三月丁巳（第328頁）、卷九八《蕭兀納傳》（第1556頁）。
③　參見沈匯《契丹小字石刻撰人考》，《考古與文物》1982年第6期，第96—97頁。
④　《金史》卷一二五《蕭永祺傳》，第2720頁。

表 7-1:《遼史·禮志》與《遼朝雜禮》所見禮儀名稱對照表

《禮志》	《樂志》《儀衛志》引《遼朝雜禮》
皇帝受册儀	聖宗太平元年受尊號册禮
上契丹册儀	興宗重熙九年上契丹册
册皇太后儀	聖宗統和元年册承天皇太后、册承天皇太后儀
無	天祚皇帝天慶元年上壽儀
上漢册儀	太平中行漢册禮
皇帝生辰朝賀儀	永壽節(興宗生辰)儀
册皇太子儀	重熙九年册皇太子儀

　　從表中可以看出,《遼朝雜禮》所記禮典原本多有具體的時間限定,而元人纂修《禮志》時則將此類信息删略殆盡,以一時一地所行之禮擴展、泛化爲有遼一代之通則。這樣的改動或許是出於在史料貧乏條件下編纂史志的現實需要,但也在客觀上混淆、干擾了讀史者的認知,對今人研究遼朝漢式禮典生成、衍變的實際過程帶來巨大困難。

　　元人不僅曾對具體的禮典信息動過手腳,《禮志》按照五禮分類的總體框架亦當出於其手。通觀上面兩種不同來源、類型的禮儀文本,無論是舊史《禮儀志》抑或《遼朝雜禮》,都沒有完全覆蓋五禮的内容。舊志涉及吉、凶、軍、嘉四類,而《雜禮》則涉及吉、凶、賓、嘉四類,且二者各類側重完全不同:舊史内容多可歸入吉禮,而其餘三類皆寡,而《雜禮》則尤重賓、嘉二類。更值得注意的是,在五禮的體系中,契丹本俗再生儀顯得格格不入,元人不知如何歸類,遂殿於全志最末,可見契丹舊俗本不可以中原五禮體系爲限,遼金舊志主要記載契丹禮儀,自不會採用此种分類。而《雜禮》雖爲漢儀,但從《樂志》《儀衛志》的徵引情況看,此書所記雜脞,並不局限於禮典（如包括符印、儀仗、宴飲次序等），且受限於史料，對各類禮典亦無法面面俱到；上文以其爲耶律固修《遼史》過程中產生之史料，倘此言不虛，則該書本不欲成一代之典，恐亦難以五禮分類。

由此看來，今本《禮志》之五禮框架恐非舊籍所有，而係元人參照唐宋禮制所撰作。按《新唐書·禮志》即於每類正文開首明確標舉“吉”“賓”“軍”“嘉”“凶”字樣，《宋史·禮志》亦同（順序有異），而元修三史在體例方面的一大原則即爲“準《史記》《西漢書》《新唐書》”①，史、漢邈遠，實際編纂時每以《新唐書》爲本②，《遼史》的五禮分類體系亦應是這一原則下的產物。至於爲何以吉—凶—軍—賓—嘉爲序，或與舊史《禮儀志》原本內容集中於前三類，元人修志先採舊志爲基礎，復益以《遼朝雜禮》，此種排列方式或更便於編排，而這一排序又與唐以前禮書排序相契合③。

以上所論皆出舊史和《遼朝雜禮》，是爲今本《遼史·禮志》之主體。此外，該志中尚有少量出自南朝文獻系統的內容，包括以下兩部分。

其一，吉儀之藝節儀。其文曰：“皇帝即位，凡征伐叛國俘掠人民，或臣下進獻人口，或犯罪没官户，皇帝親覽閱田，建州縣以居之，設官治其事。及帝崩，所置人户、府庫、錢粟，穹廬中置小氈殿，帝及后妃皆鑄金像納焉。節辰、忌日、朔望，皆致祭于穹廬之前。又築土爲臺，高丈餘，置大盤于上，祭酒食撒於其中，焚之，國俗謂

---

① 《遼史》附録《三史凡例》，第1717頁。
② 馮家昇即提出“遼金宋三史目録取法新唐書”，見《遼史源流考》，《遼史證誤三種》，中華書局，1959年，第67頁。
③ 杜佑《通典》卷四一《禮序》曰（王文錦等點校，中華書局，1988年，第1122頁）：“前古以來，凡執禮者，必以吉凶軍賓嘉爲次；今則以嘉賓次吉，軍凶後賓，庶乎義類相從，終始無黷云爾。”此承郄文彬君提示，謹此申謝！

之‘熱節’。”①其中稱“穹廬”“氈殿”云云，顯不合契丹立場，當係宋人手筆。檢《長編》《文獻通考》《契丹國志》皆有如下類似記載："每其主立，聚所剽人户、馬牛、金帛，及其下所獻生口，或犯罪没入者，别爲行宫領之。建州縣，置官屬。既死則設大穹廬，鑄金爲像。朔望節辰忌日，輒致祭。築臺高丈餘，以盆焚酒食，謂之燒飯。"②本書前文已經指出，這些記載的最初源頭皆爲趙至忠的著作，《長編》《通考》的直接史源當爲《兩朝國史》，而《契丹國志》則抄自《長編》。將此與上引《禮志》熱節儀合觀可知，《遼史》所引個别文字較諸書稍詳（劃綫部分），且稱“熱節”而非“燒飯”，疑元人此處所據或爲趙氏《陰山雜録》，或有舊史零星記載（如“熱節”云云）可資比附。

其二，志末之“歲時雜儀”。此目下凡十六則，除最後一條再生儀出自遼金舊志外，餘皆見《契丹國志・歲時雜記》③。按《國志》此篇乃雜抄《歲時廣記》《類説》等書重加編排而成，實爲一新造文本，而《遼史》與之順序全同，足見其間存在直接的源流關係。但須特别指出的是，《國志》所記間有非遼人習俗者，元末史官亦悉數採入《遼史・禮志》，詳見下表。

---

① 《遼史》卷四九《禮志一》，第 932 頁。
② 《文獻通考》卷三百四十六《四裔考二十三・契丹下》，中華書局，2011 年，第 9606 頁；《續資治通鑑長編》（簡稱《長編》）卷一一〇仁宗天聖九年，中華書局，2004 年，第 2561 頁。《契丹國志》卷二三《建官制度》（賈敬顏、林榮貴點校，中華書局，2014 年，第 251 頁）個别文字有出入。
③ 《契丹國志》卷二七《歲時雜記》，第 281—284 頁。

表 7-2:《遼史·禮志·歲時雜儀》所記非遼代習俗源流表

	《遼史》	《契丹國志》	《歲時廣記》①
1	立春,婦人進春書,刻青繒爲幟,像龍御之,或爲蟾蜍,書幟曰"宜春"。	立春日,婦人進春書,以青繒爲幟,刻龍象銜之,或爲蝦蟆。	卷八引《酉陽雜俎》:北朝婦人立春進春書,以青繒爲幟,刻龍象銜之,或爲蝦蟆。
2	人日,凡正月之日,一雞、二狗、三豕、四羊、五馬、六牛,七日爲人。其占,晴爲祥,陰爲災。俗煎餅食於庭中,謂之"薰天"。	人日,京都人食煎餅於庭中,俗云"薰天",未知所從出也。	卷九引《述征記》:北人以人日食煎餅於庭中,俗云"薰天",未知所從出也。
3	(五月重五日)以五綵絲爲索纏臂,謂之"合歡結"。又以綵絲宛轉爲人形簪之,謂之"長命縷"。	以雜絲結合歡索,纏于臂膊,婦人進長命縷,宛轉皆爲人象,帶之。	卷二一引《提要錄》:北人端五以雜絲結合歡索,纏于臂膊。同卷引《酉陽雜俎》:北朝婦人端五日進長命縷,宛轉皆爲人象,帶之。
4	夏至之日,俗謂之"朝節"。婦人進綵扇,以粉脂囊相贈遺。	"朝節":夏至日,婦人進扇及粉脂囊。	卷二四引《酉陽雜俎》:北朝婦人夏至進扇及脂粉囊,皆有辭。
5	(九月重九日)又研茱萸酒,洒門户以檜禳。	又以茱萸研酒,灑門户間辟惡。	卷三四引《提要錄》:北人九月九日以茱萸研酒,灑門户間辟惡。

　　觀上表可知,《遼史》所記皆出《契丹國志》,而《國志》則出陳元靚《歲時廣記》。惟陳氏書每條本明著出處,《國志》則全部删去。其中第 1、3、4 欄所引《酉陽雜俎》,乃唐人段成式名著,第 2 欄所引

---

①　陳元靚:《歲時廣記》,《叢書集成初編》本,中華書局,1985 年。

《述征記》實乃南朝劉宋人郭緣生所著①,第3、5兩欄所引《提要録》則爲南宋孝宗時人陳公亮所著,三者所記習俗之主體原本分別爲北朝、北魏和金朝,與契丹全無關涉。如所周知,《契丹國志》乃元朝前期商賈所作僞書,上引諸條在《歲時廣記》中皆有"北朝"或"北人"字樣,賈人於倉促抄撮之際,顢頇粗率,徑以其指遼俗而囫圇抄録。至元末修史之時,又想當然地以爲《國志》所載皆契丹之事,渾然不辨其史料源流而照單全收,終致張冠李戴,貽笑後世。此外,從上引條目的文字對比還可看出,元朝史官在編纂此類條目時,除抄襲《國志》外,還會根據自己的見聞增加一些附帶的説明和解釋(如第1、2欄劃綫部分),"歲時雜儀"中不見於《契丹國志·歲時雜記》之文字多屬此類。

不惟上表所引五條,《禮志·歲時雜儀》自《國志》抄録來的其他條目,亦不難找到其最初源頭。其中冬至條曰:"冬至日,國俗,屠白羊、白馬、白雁,各取血和酒,天子望拜黑山。黑山在境北,俗謂國人魂魄,其神司之,猶中國之岱宗云。每歲是日,五京進紙造人馬萬餘事,祭山而焚之。俗甚嚴畏,非祭不敢近山。"②《契丹國志》相應條目作:"冬至口,國人殺白羊、白馬、白雁,各取其生血和酒,國主北望拜黑山,奠祭山神。言契丹死,魂爲黑山神所管。又彼人傳云:凡死人,悉屬此山神所管,富民亦然。契丹黑山,如中國之岱宗。云北人死,魂皆歸此山。每歲五京進人、馬、紙物各萬餘事,祭山而焚之。其禮甚嚴,非祭不敢近山。"③此條在《歲時廣記》中稱:"《燕北雜記》:'戎人冬至日殺白馬、白羊、白雁,各取其生血

① 《隋書》卷三三《經籍志二》,中華書局點校本修訂本,2019年,第1111頁。
② 《遼史》卷五三《禮志六》,第975頁。
③ 《契丹國志》卷二七《歲時雜記》,第285頁。

代酒。戎主北望拜黑山，奠祭山神，言契丹死魂爲黑山神所管。又彼人傳云：凡死人，悉屬此山神。'《嘉泰事類・遼録》云：'虜中黑山如中國之岱宗，云虜人死，魂皆歸此。每歲五京進人、馬、紙各萬餘事，祭山焚之，其禮甚嚴，非祭不敢近山。'"①此條原本分屬《燕北雜記》《嘉泰事類・遼録》兩書，《國志》隱去出處，合而爲一，《遼史》因襲之且對一些細節作了更改，如將"五京進人、馬、紙各萬餘事"改作"五京進紙造人馬萬餘事"，似有爲遼朝諱之意。《歲時廣記》所引《嘉泰事類》，又名《嘉泰條法事類》②，即人所熟知之《慶元條法事類》，以其始撰於慶元而修成於嘉泰之故；是書今存殘本，無"遼録"一門，上引一條當係其佚文。另外一部《燕北雜記》（又名《燕北雜録》），乃北宋時歸明人武珪所著，今已亡佚，僅賴《歲時廣記》《類説》及《説郛》本所謂"燕北録"保存些許遺文③。全面對比諸書引文可知，此書事實上構成了《遼史》所記"歲時雜儀"絶大部分條目的最初源頭，除表 2 所列五條及上引《嘉泰事類》外的所有文字皆出自此書。只不過在抄録過程中，元朝史官似曾有意對《契丹國志》所轉録的《燕北雜記》漢譯契丹語名稱的用字做過調整，如"嫋捏離"改作"迺捏咿呢"，"瞎里尀"改作"怦里尀"，"淘裏化"作"陶里樺"，"討賽離"作"討賽咿呢"，"賽離捨"作"賽咿呢奢"，"捏褐嫋"作"捏褐耐"，"秒離尀"作"炒伍倆尀"。這樣的改譯或許有某些元代語音衍變的依據，但對於後人深入了解宋遼時期漢契雙語對譯的實態而言則不啻爲一種障礙。

　　綜上所述，今本《遼史・禮志》的主體内容出自遼金舊史《禮儀

①　陳元靚：《歲時廣記》卷三八"祭黑山"，第 419 頁。

②　陳振孫：《直齋書録解題》卷七"法令類"，徐小蠻、顧美華點校，上海古籍出版社，1987年，第 225 頁。

③　參見本書附録三《〈説郛〉本王易〈燕北録〉名實問題發覆》。

志》及金初耶律固所著《遼朝雜禮》,可以分爲兩類明顯不同的禮儀文本。在編纂過程中,元朝史官曾根據唐宋禮典中的五禮體系對原始材料進行間架和排布,事實上是對遼代禮制的一次重新梳理,因此《禮志》的整體敘述框架並不能够貿然視作遼代的史實。就具體禮儀文本而言,元人並未改變原始材料的敘述脉絡,相當程度地保留了其文獻價值,但也存在删去具體時間信息、將某次禮典泛化爲遼代定制的缺憾,亦曾對個別條目加以拼合,形成新的禮儀文本。與此同時,史官還曾根據《陰山雜録》《契丹國志》等南朝文獻進行過少量增補,平添了諸多謬誤。這些都是使用這篇基礎文獻加以研究時必須特别注意的問題。

第二節　樂制延續抑或文本抄襲:
遼樂研究基礎再檢討

歷代正史樂(律)志構成了研究中國音樂史的主幹綫索,素來受到學界的珍視。作爲其中的重要一環,《遼史·樂志》被看作研治遼朝音樂史的基礎文本,諸多重要議題皆由此生發。不過,關於這一核心資料的文本來源和編纂過程,無論是歷史文獻學界抑或是音樂史學界,研究都較爲薄弱,僅有的一些成果也存在方法論層面的問題。

最早談及《遼史·樂志》史源的是馮家昇,他在述及元修《遼史》"引用書未注明者"一類中提到,《樂志》自"大樂器"以後,"僅立名目,而《新唐書》則甚詳,雖不能必謂取自《新唐書》,較其字句及樂名次序,與《新唐書》無異"。此後還列舉遼志所記"景雲四部樂舞""大樂調""鼓吹樂""横吹樂"四部分,内容皆與《新唐書·禮樂志》同①。馮氏發現遼志中不少樂制條目文字、次序皆與《新唐書》高度雷同，言語之間雖存猶疑，未敢斷定其間必然存在因襲關係，但從他將此問題列入"引用書未注明者"的結果來看，馮氏的傾向還是十分明顯的。

自馮氏以後很長一段時間裏，學界對於《遼史·樂志》的文本來源問題，並没有取得什麽實質進展，直至王福利《遼金元三史樂志研究》一書的出版。該書闢專節論述了"遼金二史《樂志》的史料來源"，認爲遼志主要依據四個來源：其一，本史之紀、志、傳；其二，耶律儼《實録》、陳大任《遼史》舊志（此處王書表義不甚明確，揆諸上下文，似指舊史已有《樂志》）；其三，《遼朝雜禮》；其四，其他如《契丹國志》等的相關史籍②。其中還特別對馮家昇所論與《新唐書·禮樂志》的文本雷同問題作出了回應："馮氏是以文字比對作爲推論前提的，然若歷史的真實決定了文本内容的相似甚而相同，史家只是如實記録，便不能簡單地歸之於引用了。"可見，王書不同意馮氏關於《遼史》引用《新唐書》而未予注明的判斷，並提出如下理由："遼樂是通過後晉而上承唐帝國的，《志》中有關内容與《新唐書》雷同，應是史實的再現，而非引用的結果。"

以上意見分歧，事實上牽扯出一個非常重要的議題，那就是《遼史·樂志》的文本性質。正如王書所言，"歷史記載和隔朝換代地抄襲，其文獻價值有本質的不同"，換句話説，《遼史·樂志》究竟是真實記録遼代當時情況的一手文獻，還是後世史官抄撮拼湊而來的二手文獻，這對於我們今天利用這一文本有着完全不同的意義，也是開展遼代音樂史研究必須弄清的前提性問題。然而令人

① 　馮家昇：《遼史源流考》，第 44 頁。
② 　王福利：《遼金元三史樂志研究》，上海音樂學院出版社，2005 年，第 28—30 頁。

頗感遺憾的是,馮、王二人都只是提出了這一問題,而並未真正予以解決。馮氏所言只是對於文本雷同現象的簡單揭示,未遑深論;王氏所謂"遼樂是通過後晉而上承唐帝國"的反駁理由,主要也是基於學界慣常的大致印象,而如此印象的直接來源正是《遼史·樂志》的現成敘述①,因此用它反過來説明該文本是真實歷史記録而非文本抄襲,未免稍顯薄弱,且有循環論證之嫌。現在看來,局部的文字比對或大概的背景性判斷都不足以徹底澄清這一問題,欲知真相,還須對《遼史·樂志》的文本來源和編纂過程作更爲全面深入的考索。

《遼史·樂志》開首序文曰:

> 遼有國樂,有雅樂,有大樂,有散樂,有鐃歌、橫吹樂。舊史稱聖宗、興宗咸通音律,聲氣、歌辭、舞節,徵諸太常、儀鳳、教坊不可得。按紀、志、《遼朝雜禮》,參考史籍,定其可知者,以補一代之闕文。

> 嗚呼! 咸、韶、夏、武之樂,聲亡書逸,河間作記,史遷因以爲書,寥乎希哉。遼之樂觀此足矣。②

此序顯然出自負責撰作《樂志》的元末史臣之手,其中大致交代了當時所面對的史料狀況和編纂此志的過程,值得仔細玩味。

所謂"舊史"指耶律儼《皇朝實録》、金陳大任《遼史》,今本《聖宗紀》《興宗紀》開首一段分別稱聖宗"曉音律"、興宗"通音律"③,

---

① 參見王福利:《遼金元三史樂志研究》,第88—109頁。按遼樂承唐,蓋自明清以來即已成爲讀史者的常識性認知,揆其根源皆係元修《遼史·樂志》。
② 《遼史》卷五四《樂志》,第979頁。本節依次徵引該志,恕不一一標注。
③ 《遼史》卷一〇《聖宗紀一》,第115頁;卷一八《興宗紀一》,第239頁。

知此處"聖宗、興宗咸通音律"云云當出舊史本紀。"聲氣、歌辭、舞節,徵諸太常、儀鳳、教坊不可得"一語,直接點出這些在尋常正史樂志中的必要内容在元人所見舊史資料中全無蹤跡;而"按紀、志、《遼朝雜禮》,參考史籍,定其可知者,以補一代之闕文",更表明遼、金兩部舊史之中並無現成的"樂志"可以依憑,今本《樂志》乃是元朝史官參合舊史本紀、其他志書、《遼朝雜禮》及相關史籍所新作,故稱"補一代之闕文";所謂"定其可知者",説明此志文所載只是元人當時認爲可考的内容,顯非遼朝樂制之全貌。最後史官以上古樂亡而賴《樂記》《史記·樂書》得以依稀流傳自況,落腳於"遼之樂觀此足矣",標榜其根據當時所見寥若星鳳的遼代音樂史料編排成文的困難與價值。

乍看之下,這篇序文似乎是元末史官對《樂志》文本生成過程的如實記録。遼金舊史既無樂志,元人以紀、志、《遼朝雜禮》所見關涉遼代樂制者,參考前史體例,編排成文,似屬情理中事。然而,事實是否果真如此呢? 其中是否另有隱情? 這篇二手文本究竟能在多大程度上反映遼代樂制的衍變? 我們應該在對《樂志》正文史源的逐條檢討中尋找答案。

《樂志》共分國樂、諸國樂、雅樂、大樂、散樂、鼓吹樂、橫吹樂七門,構成了整篇志文的主體框架。該志"國樂"下第一則具體記載曰:"正月朔日朝賀,用宫懸雅樂。元會,用大樂;曲破後,用散樂;角觝終之。是夜,皇帝燕飲,用國樂。"此條係對各音種使用時機的總括,所記對象爲元日朝賀之儀,屬漢式儀典,且内容具體而微,其中"宫懸"、"曲破"、"角觝"多見於今本《禮志》引《遼朝雜禮》,推測此條當爲《遼朝雜禮》所記賀正旦儀之佚文,爲纂修今本《禮志》"正旦朝賀儀"時所删落。按此條提及雅樂、大樂、散樂及國樂四名,頗疑元人即是以此爲總綱編排全志。然而,原本《雜禮》所記四樂,劃分標準較爲明晰,元人强行插入"諸國樂"一類,以與"國樂"相對,且稱"遼有國樂,猶先王之風;其諸國樂,猶諸侯之風",這樣似是而非的區分事實上造成了兩種不同分類標準的雜糅,平添了混亂:其一是按照民族、政權、文化之别(如國樂、諸國樂、漢樂);其二是以音樂自身的形式和内容(事實上是漢樂内部的分類標準)。二者存在重疊交叉之處,如諸國樂中後晉使者所獻樂舞即屬漢樂,完全應該在後面幾種分類中找到位置。此外,七門最末之鼓吹樂與橫吹樂是否可與《遼朝雜禮》所見四樂並列,亦不無疑問。總體而言,該志七個樂種的劃分結構應該是元人根據《遼朝雜禮》的上述記載,結合中原典制和自己的理解加以附會的結果,並不能完全視作遼代的實際情況以及當時人對於樂制的認識。爲進一步分析其中可能存在的系統性問題,兹將此七門内容之史源一一考出。

國樂。開首爲上引關於國樂、諸國樂的界定及"正月朔日朝賀"一條,其後尚有兩則記載。(1)"七月十三日,皇帝出行宫三十里卓帳。十四日設宴,應從諸軍隨各部落動樂。十五日中元,大宴,用漢樂。"此條出自《契丹國志》[①],其中十四日"應從諸軍隨各部落動樂"作"應從諸軍隨各部落動番樂",元人抄録時删去"番"字。(2)"春飛放杏堝,皇帝射獲頭鵝,薦廟燕飲,樂工數十人執小樂器侑酒。"此條當與《營衛志·行營》及《地理志·南京道》"灅陰縣"條所記春捺鉢同源,當出自某宋人語録,直接史源或爲宋朝《國史·契丹傳》(參見本書第四章第三節)。然此條所述並未明言是何樂種,元人以其入"國樂"恐出於揣度。

諸國樂,乃元人生造之名,具體條目則雜抄自舊史本紀及南朝

---

① 《契丹國志》卷二七《歲時雜記》,第283頁。

文獻關於異邦獻舞的零星記録。(1)"太宗會同三年,晉宣徽使楊端、王朓等及諸國使朝見,皇帝御便殿賜宴。端、朓起進酒,作歌舞,上爲舉觴極歡。"今本《太宗紀》會同三年四月丙午,"晉遣宣徽使楊端、王朓等來問起居"①,正與此合,知《樂志》此條當出舊史本紀。舊紀於此後原當有"及諸國使朝見,皇帝御便殿賜宴,端、朓起進酒,作歌舞,上爲舉觴極歡"云云,而元人纂修今本本紀時有所删削,反在《樂志》中得以保留。(2)"會同三年端午日,百僚及諸國使稱賀,如式燕飲,命回鶻、燉煌二使作本國舞。"此條全見今本《太宗紀》會同三年五月庚午條②,《樂志》上條已有"會同"年號,此條再次出現,實乖史體,更顯其倉促雜抄之跡。(3)"天祚天慶二年,駕幸混同江,頭魚酒筵,半酣,上命諸酋長次第歌舞爲樂。女直阿骨打端立直視,辭以不能。上謂蕭奉先曰:'阿骨打意氣雄豪,顧視不常,可託以邊事誅之。不然,恐貽後患。'奉先奏:'阿骨打無大過,殺之傷向化之意。蕞爾小國,又何能爲。'"此條記載的最初源頭爲史愿《金人亡遼録》,元修《天祚皇帝紀》即據以抄入(參見本書第三章第一節),然《樂志》此段中"阿骨打端立直視"一語不見於本紀,而見於《契丹國志》及《裔夷謀夏録》③,知此條所據非今本《天祚紀》,而很可能爲《亡遼録》原書。

　　與以上兩類不同,後面五類皆爲漢唐樂種,元人的編排方法亦基本一致,存在的問題亦頗具共性。

　　雅樂開首先述其淵源曰:"自漢以後,相承雅樂,有古頌焉,有古大雅焉。遼闕郊廟禮,無頌樂。大同元年,太宗自汴將還,得晉

① 《遼史》卷四《太宗紀下》,第 51 頁。
② 《遼史》卷四《太宗紀下》,第 52 頁。
③ 《契丹國志》卷一〇《天祚皇帝上》,第 113 頁;舊題劉忠恕:《裔夷謀夏録》卷一,黃寶華點校,《全宋筆記》第五編第 1 册,大象出版社,2012 年,第 78 頁。

太常樂譜、諸宮懸、樂架，委所司先赴中京。"其中僅最後一句本於《太宗紀》大同三年三月："晉諸司僚史、嬪御、宦寺、方技、百工、圖籍、曆象、石經、銅人、明堂刻漏、太常樂譜、諸宮縣、鹵簿、法物及鎧仗，悉送上京。"①其餘皆係元人概括、猜測之語。之後爲具體條目：（1）引"聖宗太平元年尊號冊禮"、"興宗重熙九年上契丹冊"、"聖宗統和九年冊承天皇太后"、"冊皇太子儀"、"冊禮樂工次第"，均爲典型漢氏禮典，當出自《遼朝雜禮》，而僅截取與音樂相關者。其中除"聖宗太平元年尊號冊禮"略見今本《禮志》且文字較《樂志》加詳外②，餘皆不見於《禮志》，當爲《雜禮》佚文。（2）"唐十二和樂，遼初用之：豫和祀天神，順和祭地祇，永和享宗廟，肅和登歌奠玉帛，雍和入俎接神，壽和酌獻飲神，太和節升降，舒和節出入，昭和舉酒，休和以飯，正和皇后受冊以行，承和太子以行。"其中十二和樂之名目，全抄《新唐書・禮樂志》③，此前"聖宗統和九年冊承天皇太后"一段有"太后儀衛動，舉麾，太和樂作""文武三品以上入，舒和樂作""皇帝入門，雍和樂作"，則遼確曾於統和初年行用和樂，具體時間及是否全承唐制而無改更，則未可知，元人如此貿然全盤抄録恰恰遮蔽了可能存在的問題。（3）"遼十二安樂：初，梁改唐十二和樂爲九慶樂，後唐建唐宗廟，仍用十二和樂，晉改爲十二同樂。《遼雜禮》：'天子出入，奏隆安；太子行，奏貞安。'則是遼嘗改樂名矣。餘十安樂名缺。"史官於《雜禮》偶見隆安、貞安之名，遂以遼曾改和樂爲安樂，並以五代諸朝改唐樂制相比附，而忽略了宋

①　《遼史》卷四《太宗紀下》，第 64 頁。
②　《遼史》卷五四校勘記三至五（第 996 頁）曾對比《禮志》指出，《樂志》此條所記文字多有舛誤，係元人截取不當所致。
③　《新唐書》卷二一《禮樂志十一》，中華書局，1975 年，第 464—466 頁。

代十二安樂與《雜禮》所記遼樂可能存在的關聯①。如果説以上諸條或多或少還有遼代史料作爲依據的話,那麽下面兩條則完全是另外一種情況。(4)"遼雅樂歌辭,文闕不具;八音器數,大抵因唐之舊。八音:金　鎛、鍾。石　球、磬。絲　琴、瑟。竹　籥、簫、笆。匏　笙、竽。土　壎。革　鼓、鼗。木　柷、敔。"所謂"文闕不具;八音器數,大抵因唐之舊",言語之間亦顯示出其根本没有遼代史料作爲依憑,其後樂器之名全抄《新唐書·樂志》,且多有删略遺漏②。(5)"十二律用周黍尺九寸管,空徑三分爲本。道宗大康中,詔行秬黍所定升斗,嘗定律矣。其法大抵用古律焉。"《道宗紀》大康八年三月"詔行秬黍所定升斗"③,顯即此處所本。然該詔令僅針對普通度量衡制度,與樂律可謂毫無瓜葛,元人竟援引此條入《樂志》,足見其所見材料之寡、敷衍附會之艱;餘所謂"十二律"、"其法大抵用古律"云云恐更與遼代史實相去甚遠。

　　大樂。開首一段云:"自漢以來,因秦、楚之聲置樂府。至隋高祖詔求知音者,鄭譯得西域蘇祇婆七旦之聲,求合七音八十四調之説,由是雅俗之樂,皆此聲矣。用之朝廷,別於雅樂者,謂之大樂。"顯爲元人所作溯源性的解釋文字,與遼朝無涉。具體内容:(1)"晉高祖使馮道、劉昫册應天太后、太宗皇帝,其聲器、工官與法駕,同歸於遼",事見今本《太宗紀》會同元年十一月④,當出舊紀。(2)"聖宗統和元年册承天皇太后"、"天祚皇帝天慶元年上壽儀"兩條,

---

① 《長編》建隆元年三月,"改樂章十二順爲十二安,蓋取'治世之音安以樂'之義","皇帝臨軒爲隆安,王公出入爲正安"(卷一,第11頁),與《雜禮》"天子出入,奏隆安;太子行,奏貞安"略合,其間淵源有待詳考。

② 《新唐書》卷二一《禮樂志十一》,第464頁。

③ 《遼史》卷二四《道宗紀四》,第325頁。

④ 《遼史》卷四《太宗紀下》,第48頁。

皆爲漢儀,出《遼朝雜禮》,其中後者内容詳細,爲今本《禮志》所不載。(3)"大樂器"一條,引杜佑《通典》之説謂唐時僅存景雲樂舞[1],復稱"遼國大樂,晉代所傳,《雜禮》雖見坐部樂工左右各一百二人,蓋亦以景雲遺工充坐部,其坐、立部樂,自唐已亡,可考者唯景雲四部樂舞而已",則元人所見遼代史料僅《雜禮》一條(坐部樂工左右各一百二人),其餘皆係史官之推測。此後以所謂"可考者唯景雲四部樂舞而已"爲基礎,將《新唐書》所記高宗時景雲河清歌之樂工次第數量全盤抄入(惟漏抄桴鼓,觱篥未分大小),每種樂器或舞名獨佔一行,《新唐書》原本大小並稱者,全部分別羅列(如大小箜篌寫作大箜篌、小箜篌,大小琵琶寫作大琵琶、小琵琶等,各佔一行),可謂極盡充湊篇幅之能事,而全然不顧所列樂工總數一百一十五人與《雜禮》所記"左右各一百二人"之牴牾。(4)"大樂調",全無遼代史料可依,所記"七旦"之名抄自《隋書·音樂志》"七聲"[2],每旦下諸宮調名則本自《新唐書》[3],每調名二三字即獨居一行,然其中多有舛誤[4],足見編纂《樂志》之史官實疏於音律之學。(5)大樂聲:"各調之中,度曲協音,其聲凡十,曰:五、凡、工、尺、上、一、四、六、勾、合,近十二雅律,於律吕各闕其一,猶雅音之不及商也。"此條亦無遼代史料作爲支撐,所記十聲即所謂工尺譜,始見於北宋末年陳暘所著《樂書》,至南宋、元時方較成熟,此則記載恐係元朝史官根據當時見聞所作,而與遼時情況無涉。

---

[1]　《通典》卷一四六《樂六·坐立部伎》,第 3721 頁。

[2]　《隋書》卷一四《音樂志中》,第 374—375 頁。

[3]　《新唐書》卷二二《禮樂志十二》,第 473 頁。

[4]　中華書局點校本修訂本校勘記已多有指出,參見卷五四校勘記一〇至一五,第 996—997 頁。

　　散樂。開首一段云："殷人作靡靡之樂，其聲往而不反，流爲鄭、衛之聲。秦、漢之間，秦、楚聲作，鄭、衛寖亡。漢武帝以李延年典樂府，稍用西涼之聲。今之散樂，俳優、歌舞雜進，往往漢樂府之遺聲。晉天福三年，遣劉昫以伶官來歸，遼有散樂，蓋由此矣。"遠溯散樂之源於商周秦漢，而最末涉及遼時僅着一"蓋"字，表明其並無實據。具體內容：(1)"遼册皇后儀，呈百戲、角觗、戲馬以爲樂。"點校本修訂本已指出，此條不見於今本《禮志》"册皇后儀"，而見於"皇帝納后之儀"①，當係《樂志》纂修者摘抄《雜禮》時所誤題。(2)"皇帝生辰樂次"，內容不見他處，當出《遼朝雜禮》所記皇帝生辰禮典，或即《儀衛志》所見興宗永壽節儀（第 1003 頁），《禮志》改稱皇帝生辰朝賀儀（第 965 頁）。同理"曲宴宋國使樂次"，亦當出自《雜禮》相應儀式之後，今本《禮志》作"曲宴宋使儀"（第 947 頁），而删去樂次。(3)"散樂以三音該三才之義四聲調四時之氣"一段乃概括之語，而"散樂器"一條則出《新唐書》所記俗樂器②。(4)雜戲一條，係元人概述，與遼不相涉。

　　鼓吹樂。開首稱："一曰短簫鐃歌樂，自漢有之，謂之軍樂。《遼雜禮》，朝會設熊羆十二案，法駕有前後部鼓吹，百官鹵簿皆有鼓吹樂。"所謂"一曰短簫鐃歌樂"云云，本自《通典》③，所引"朝會設熊羆十二案"、"法駕有前後部鼓吹"未見他處，係《雜禮》佚文，而"百官鹵簿皆有鼓吹樂"見《儀衛志》末"鹵簿儀仗人數馬匹"所引《雜禮》（第 1023 頁）。其後所記前後鼓吹，與《新唐書》所載唐制大同而小異④，總體有所删減，又分別多出"管二十四"一條，似

①　《遼史》卷五四《樂志》校勘記一六，第 997 頁。
②　《新唐書》卷二二《禮樂志十二》，第 473—474 頁。
③　《通典》卷一四六"前代雜樂"（第 3730 頁）："鼓吹者，蓋短簫鐃歌。"
④　《新唐書》卷二三《儀衛志下》，第 508 頁。

別有依據,或與前文所謂《雜禮》"法駕有前後部鼓吹"之内容有關。然元人在抄撮之時,竟將常見樂器"鐃鼓十二"分抄爲"鐃十二、鼓十二","羽葆鼓十二"亦分抄爲"羽葆十二、鼓十二",且各佔一行,其粗疏淺陋於此可見一斑。

横吹樂。情況與鼓吹樂同,較唐制多"管二十四"一條,而"羽葆鼓十二"亦分抄爲"羽葆十二、鼓十二",最後附以元人之議論。

綜上所述,《樂志》自"雅樂"以下,皆以中原樂制爲總體框架,每類開首皆溯其源流,稍綴以零星遼代史料(主要爲《遼朝雜禮》,偶用舊史本紀),繼而在缺乏足夠遼朝記載佐證的情況下,大段照抄《新唐書·禮樂志》《隋書·音樂志》等前代現成文本以充湊篇幅,僅憑主觀揣測加以勾連,全然不顧其是否符合遼代實際。與開首國樂、諸國樂兩類合觀可知,這篇志文完全是一篇元朝史官拼湊敷衍而成的二手文本,根本無法反映遼朝樂制,除了保存《遼朝雜禮》的部分佚文外,很難説有什麼其他史料價值。其中的敘述脉絡和邏輯綫索,特別是關於遼樂承唐的記載,很大程度上只是元末漢人史官在史料極度匱乏的情況下所做出的推想和猜測,背後忽略了遼朝當時複雜而多元的音樂發展軌跡,完全可能是一種誤解。遺憾的是,這樣的文本對於後世的遼代音樂史研究者產生了巨大的影響,也引發了諸多爭論。現在看來,其中絕大部分問題皆由未明文獻源流所致,都有必要重新加以檢討。

第三節　抄撮充湊的另類儀典:《儀衛志》批判

《遼史》設《儀衛志》四卷,專記有遼一代之車服印信儀仗制度。全志分輿服、符印、儀仗三門,輿服門獨居前兩卷,符印、儀仗各佔一卷。每門開首有小序,其下分若干小類,各類又多自有序,初看來眉目清晰、體例謹嚴。治遼史者多以之爲一手資料直接加以徵引,對其文本來源與編纂過程則鮮有關注,其中可能隱含的元朝史官對於遼朝典制的重構問題更是乏人問津。

《儀衛志》開首有序曰:

> 遼太祖奮自朔方,太宗繼志述事,以成其業。於是舉渤海,立敬瑭,破重貴,盡致周、秦、兩漢、隋、唐文物之遺餘而居有之。路車法物以隆等威,金符玉璽以布號令。是以傳至九主二百餘年,豈獨以兵革之利,士馬之强哉。文謂之儀,武謂之衛,足以成一代之規摹矣。
>
> 考遼所有輿服、符璽、儀仗,作《儀衛志》。①

此序顯爲元朝史官所作。"儀衛志"之名,襲自《新唐書》②,"文謂之儀,武謂之衛",即是對其名稱的解釋;所謂"考遼所有輿服、符璽、儀仗"云云,似乎暗示出舊史中或無現成志文可資利用,今本《儀衛志》之内容乃元人考索裒輯資料所得,而其具體取材情況還須審慎分析。

儀仗門小序有"耶律儼、陳大任舊志有未備者,兼考之《遼朝雜禮》云"一語,常常被作爲説明該志史源的主要材料。馮家昇即據此認爲,耶律儼《皇朝實録》有《儀衛志》,今志中契丹儀當出儼書舊志及陳大任《禮儀志》,漢儀則出《遼朝雜禮》③。這其實是在完全

---

① 《遼史》卷五五《儀衛志一》,第 999 頁。以下引該志正文皆出此本,爲避繁冗,恕不詳注。
② 《新唐書》卷二三《儀衛志上》,第 481 頁。
③ 馮家昇:《遼史源流考》,第 27、29、31 頁。

遵信元朝史官敘述的基礎上做出的判斷,而缺乏對於文本具體內容的分析。近來,李甍《歷代〈輿服志〉圖釋·遼金卷》一書對此志的史源有過專門的論述。他認爲,除了元代史官所述耶律儼《皇朝實録》、陳大任《遼史》兩書舊志及《遼朝雜禮》外,《儀衛志》編纂過程中還曾參考過《契丹國志·衣服制度》和《舊唐書·輿服志》。對於《契丹國志》,他僅舉出一條例證,而對於《舊唐書》則作過不少文字對比,指出遼志對《舊唐書》曾採用大段摘録、調換順序、大幅精簡、概括總結等手法①。李氏研究最重要的貢獻在於揭示出《儀衛志》並不像元朝史官所宣稱、前輩學者所相信的那樣,僅據遼金舊志及《遼朝雜禮》編排成書,而可能利用中原文獻加以填充。不過,這樣的批判與反思尚難稱全面、深入,遠不足以徹底反映出這篇志文的性質及其存在的問題。接下來即依照志文順序,逐一檢討其史料來源。

一、輿服門

開首小序追溯輿服制度源流,涉及遼朝者曰:"五代頗以常服代朝服。遼國自太宗入晉之後,皇帝與南班漢官用漢服,太后與北班契丹臣僚用國服,其漢服即五代晉之遺制也。"此段記載常常被作爲討論遼朝輿服制度及南北面官制度的基礎,然而其中存在的嚴重問題似未引起學者注意。"皇帝與南班漢官用漢服,太后與北班契丹臣僚用國服"一句實本自《契丹國志·衣服制度》開首所稱"國母與番官皆胡服,國主與漢官皆漢服"②。檢《國志》此條實出

---

① 李甍:《歷代〈輿服志〉圖釋·遼金卷》,上海:東華大學出版社,2016年,第10—18頁。

② 《契丹國志》卷二三《衣服制度》,第252頁。

自《長編》引宋綬《虜中風俗》①，宋綬使遼在天禧四年（1020），即遼開泰九年，所見乃聖宗後期之制。元朝史官撰寫此序時，昧於《國志》"衣服制度"之名而以其爲一代通則，貿然將此漢服、國服之分提前至遼太宗入晉之時，所謂"其漢服即五代晉之遺制"亦屬臆測。

　　國輿。所記皆契丹故俗，小序係元人概括之語，具體內容輿、車、青幰車、送終車、鞍馬諸條，多散見於今本《禮志》所引舊史《禮儀志》。惟有兩條溢出今本：（1）"大輿，柴册再生儀載神主見之。"今本《禮志》柴册儀、再生儀皆未見大輿。（2）"總纛車，駕以御駝。祭山儀見皇太后升總纛車。"今本《禮志》祭山儀未見總纛車。之所以有此差異，蓋因元人纂修《儀衛志》所據當爲舊史《禮志》原本，而今本《禮志》在纂修過程中有所删削。

　　漢輿。小序曰："太宗皇帝會同元年，晉使馮道、劉昫等備車輅法物，上皇帝、皇太后尊號册禮。自此天子車服昉見於遼。太平中行漢册禮，乘黃令陳車輅，尚輦奉御陳輿輦。盛唐輦輅，盡在遼廷矣。"首句本自《太宗紀》②，"太平中行漢册禮"云云則見今本《禮志》所記皇帝受册儀，出自《遼朝雜禮》③；其餘如"自此天子車服昉見於遼"、"盛唐輦輅，盡在遼廷矣"，皆係元人推測。具體內容：（1）五輅。玉輅條下"遼國勘箭儀，皇帝乘玉輅至內門"本自《遼朝雜禮》，見今本《禮志》（第944頁）；"聖宗開泰十年，上升玉輅自內三門入萬壽殿，進七廟御容酒"，開泰十年改元太平元年，此仍稱舊號，當出自陳大任《遼史》舊紀，見今本《聖宗紀》④。除此兩則外，其餘有關玉輅的描述及金、象、革、木四輅全部內容皆抄自《舊唐

①　《長編》卷九七天禧五年九月，第2254頁。
②　《遼史》卷四《太宗紀下》，第48頁。
③　《遼史》卷五二《禮志五》，第953頁。本節以下引此志僅隨文括注頁碼。
④　《遼史》卷一六《聖宗紀七》，第211頁。

書·輿服志》（具體文字對比情況詳見本節末所列表 7-3）①。在缺乏依據的情況下，元朝史官以遼代史料所見"玉輅"的零星條目附會唐志關於五輅的全部記載。（2）車。全無遼代史料，純屬敷衍成文。耕根車、安車、四望車皆抄自《舊唐書》（第 1933 頁），涼車及安車之別名進賢車、四望車之別名明遠車則見於《宋史·輿服志》②。今本《宋史》成書在《遼史》之後，元人此處所據當爲宋朝國史《輿服志》（下簡稱"宋志"）。（3）輦。開首一段："用人挽，本宮中所乘。唐高宗始制七輦。周官巾車有輦，以人組挽之。太平册禮，皇帝御輦。"除末句本自《遼朝雜禮》外，皆爲元人斷語。其下所記諸條，有三條出於遼方文獻："小輦，永壽節儀，皇太后乘小輦"當本《雜禮》，今本禮志改"永壽節儀"爲皇帝生辰朝賀儀（第 965 頁）；平頭輦"册承天皇太后儀，皇太后乘平頭輦"，亦出《雜禮》，見今本《禮志》（第 956 頁）；"步輦，聖宗統和三年，駐蹕土河，乘步輦聽政"，見今本《聖宗紀》③，當出舊史本紀。除此之外，大鳳輦、大芳輦、仙遊輦、芳亭輦、大玉輦、小玉輦、逍遥輦、平頭輦（解説部分）、羊車諸條，皆抄自宋志（第 3486—3488、3491 頁）。遼代史料所見輦制僅有平頭輦一種與唐宋七輦相合，元人全然不顧其間差異，加以照搬、雜糅。（4）輿。無遼朝史料，腰輿、小輿二條全採宋志（第 3489—3490 頁）。（5）皇太子車輅。金輅下，"册皇太子儀，乘黄令陳金輅，皇太子升、降金輅"一語本《遼朝雜禮》，其餘如金輅之解説及軺車、四望車皆抄自舊唐志（第 1934 頁）。史

---

① 《舊唐書》卷四五《輿服志》，中華書局，1975 年，第 1932—1933 頁。以下僅隨文括注頁碼。
② 《宋史》卷一四九《輿服志一》，中華書局，1985 年，第 3490、3497 頁。以下僅隨文括注頁碼。
③ 《遼史》卷一〇《聖宗紀一》，第 123 頁。

官於《雜禮》中見皇太子金輅，遂將宋志與皇太子車輅相關者悉
數抄入。

國服。開首小序乃元人概括之語，其中"太祖仲父述瀾，以遙
輦氏于越之官，占居潢河沃壤，始置城邑，爲樹藝、桑麻、組織之教"
當本舊史本紀所記先祖事迹，其餘涉遼史事亦多出舊紀。具體内
容：（1）祭服。大祀、小祀及臣僚命婦服飾皆見今本《禮志》祭山儀
（第928頁），惟小祀中"皇帝硬帽，紅克絲龜文袍"不見今本，當係
舊志佚文。（2）朝服。"太祖丙寅歲即皇帝位"，乃誤讀舊史《太祖
紀》所致，點校本修訂本校勘記已予指出（第1013頁）；"聖宗統和
元年册承天皇太后，給三品以上用漢法服，三品以下用大射柳之
服"見今本《聖宗紀》①。"皇帝服實里薛袞冠，絡縫紅袍，垂飾犀玉
帶錯，絡縫靴，謂之國服袞冕"，此對應於《禮志》之祭山儀（第928
頁），然"實里薛袞"一詞不見於今本《禮志》，《國語解》釋其爲"祭
服之冠，行拜山禮則服之"②，當出舊史《禮儀志》"祭山儀"。"太宗
更以錦袍、金帶"，見今本《太宗紀》會同元年③，所指爲賜群臣之
服，此處誤作皇帝服飾；且舊史《禮儀志》所記祭山服當爲遼朝後期
之制，元人置於太宗更制以前，殊爲失考。又"臣僚戴氊冠，金花爲
飾，或加珠玉翠毛，額後垂金花，織成夾帶，中貯髮一總。或紗冠，
制如烏紗帽，無簷，不擫雙耳。額前綴金花，上結紫帶，末綴珠。服
紫窄袍，繫鞢鞢帶，以黄紅色絛裹革爲之，用金玉、水晶、靛石綴
飾"，全抄《契丹國志·衣服制度》④，最初史源亦爲宋綬《虜中風
俗》，所記乃聖宗晚期制度，元朝史官繫之於遼初，居舊紀所記"太

① 《遼史》卷一〇《聖宗紀一》，第118頁。
② 《遼史》卷一一六《國語解》，第1702頁。
③ 《遼史》卷四《太宗紀下》，第48頁。
④ 《契丹國志》卷二三《衣服制度》，第252頁。

宗更以錦袍、金帶,會同元年,群臣高年有爵秩者,皆賜之"之前,亦屬大謬不然。(3)公服。"興宗重熙二十二年,詔八房族巾幘",事見今本《興宗紀》重熙二十三年七月①,此處抄撮舊紀時繫年有誤;"道宗清寧元年,詔非勳戚之後及夷離菫副使并承應有職事人,不帶巾",不見於今本,當係舊紀佚文。"皇帝紫皂幅巾,紫窄袍,玉束帶"抄自《契丹國志·衣服制度》。"或衣紅襖,臣僚亦幅巾,紫衣"未詳何據。(4)常服。"宰相中謝儀,帝常服"見今本《禮志》(第967頁),出《遼朝雜禮》,"高麗使入見儀,臣僚便衣,謂之'盤裹'",不見今本,當係《雜禮》佚文。"綠花窄袍,中單多紅綠色。貴者披貂裘,以紫黑色爲貴,青次之。又有銀鼠,尤潔白。賤者貂毛、羊、鼠、沙狐裘。"抄自《契丹國志·衣服制度》。(5)田獵服。"以貂鼠或鵝項、鴨頭爲扞腰",抄自《契丹國志·衣服制度》;"蕃漢諸司使以上並戎裝,衣皆左衽,黑綠色"未詳所出。(6)弔服。"太祖叛弟剌哥等降,素服受之"、"乘赭白馬",皆見今本《太祖紀》②,出舊紀。元人按照中原王朝祭、朝、公、常四等服制編排所見遼代史料③,另添田獵服、弔服兩種,致使整個分類體系頗爲雜亂,恐與遼朝的實際情況相去懸遠。

漢服。開首序文稱:"人同元年正月朔,太宗皇帝入晉,備法駕,受文武百官賀于汴京崇元殿,自是日以爲常。是年北歸,唐、晉文物,遼則用之。"當出舊史《太宗紀》。(1)祭服。除末句"元日朝

① 《遼史》卷二〇《興宗紀》,第281頁。
② 《遼史》卷一《太祖紀上》,第6頁。
③ 《舊唐書》卷四五《輿服志》(第1930頁)記隋制云:"衣裳有常服、公服、朝服、祭服四等之制。"此當即元人分類之依據,惟順序有所調整。然《舊唐書》本身及《新唐書》《宋史》相應部分皆未嚴格按照此四等加以分類,而是以不同主體(如皇帝、皇后、太子、臣僚)分別論列。

會儀，皇帝服袞冕”出自《遼朝雜禮》外，其餘大段解説全抄《舊唐書·輿服志》所記袞冕（第 1936 頁）。（2）朝服。“乾亨五年，聖宗册承天太后，給三品以上法服。”事見今本《聖宗紀》，然此處用“乾亨五年”指稱統和元年，當出陳大任舊紀（參見本書第二章第一節）。之後引《雜禮》“册承天太后儀”及“重熙五年尊號册禮”，後者不見今本《禮志》，當係《雜禮》佚文。“蓋遼制，會同中，太后、北面臣僚國服，皇帝、南面臣僚漢服；乾亨以後，大禮雖北面三品以上亦用漢服；重熙以後，大禮並漢服矣。常朝仍遵會同之制。”此爲元人推斷，其中會同中云云實本前引《契丹國志·衣服制度》，所記乃聖宗時制而非太宗時，“乾亨以後”云云即據《聖宗紀》“給三品以上法服”一語，而“重熙以後”云云則據“重熙五年尊號册禮”，並無更多證據，故整段敘述可信度較低。皇帝通天冠一條抄自《舊唐書》所記天子衣服之制（第 1937 頁），段末“元日上壽儀，皇帝服通天冠，絳紗袍”出《遼朝雜禮》；皇太子遠遊冠一條抄自《舊唐書》所記皇太子衣服“具服遠遊三梁冠”（第 1940 頁），惟段末“册皇太子儀，皇太子冠遠遊，服絳紗袍”出自《雜禮》。自“親王遠遊冠”以下至此條末“八品以下同公服”，乃雜抄《舊唐書》不同部分拼湊而成（第 1943、1944 頁），而與遼制毫無關涉。（3）公服。開首稱：“勘箭儀，閤使公服，繫履。遼國嘗用公服矣。”今本《禮志》有“勘箭儀”，然未見“閤使公服，繫履”，當係《雜禮》佚文。“遼國嘗用公服矣”係元人推測之語。此下“皇帝翼善冠”、“皇太子遠遊冠”、“一品以下、五品以上”、“六品以下”四條皆抄自《舊唐書》（第 1938、1941、1944 頁）。（4）常服。“遼國謂之‘穿執’。起居禮，臣僚穿執。”未見他處，或出《雜禮》。“皇帝柘黄袍衫”一條出《舊唐書》（第 1938 頁），與上文公服“皇帝翼善冠”一條重複。“皇太子進德冠”亦出

《舊唐書》(第1941頁),雜糅進德冠、公服遠遊冠而成。最後"五品以上"至"八品九品"諸條,竟是將《舊唐書》所記武德至景雲年間所頒布之歷次不同規制(第1952—1953頁)混雜拼湊而成,其中魚帶之制與唐志所載略有不同,未詳所出。

綜上可知,元人纂修《儀衛志》輿服門按照國、漢之分,採用了兩種不同的編排方法:國制部分主要摘録舊史《禮儀志》、本紀及《契丹國志・衣服制度》所見零星記載,簡單加以編排,其中國服部分明顯受到中原四等服制分類的影響;漢制部分的編纂手法則與上節所論《樂志》所記漢樂如出一轍,以《遼朝雜禮》及舊紀所見極少量遼代史事,牽强附會《舊唐書》、宋朝國史《輿服志》的相關記載(詳見表7-3),動輒在全無遼朝史料作爲依託的情況下,大段抄襲、雜糅與遼無關之中原儀制以敷衍成文,其中對於宋志的抄撮更是絲毫不考慮時空關係與制度源流,惟以充湊篇幅爲務。如此形成的志文不僅對於認識遼代輿服制度之實態幾無助益,更會給後人造成嚴重的干擾乃至誤導。

表7-3:《遼史・儀衛志》漢式輿服文本來源參照表

《遼史・儀衛志・輿服》	《舊唐書・輿服志》或《宋史・輿服志》
玉輅,祀天、祭地、享宗廟、朝賀、納后用之。青質,玉飾,黄屋,左纛。十二鑾在衡,二鈴在軾。龍輈。左建旂,十二斿,皆畫升龍,長曳地。駕蒼龍,金𩍐,鏤鍚,鞶纓十二就……金輅,饗射、祀還、飲至用之。赤質,金飾,餘如玉輅,色從其質。駕赤騮。象輅,行道用之。黄質,象飾,	舊唐志:玉輅,青質,以玉飾諸末。重輿,左青龍,右白虎,金鳳翅,畫簴文鳥獸,黄屋左纛。金鳳一在軾前,十二鑾在衡。二鈴在軾,龍輈前設鄣塵,青蓋黄裏,繡飾,博山鏡子,樹羽,輪皆朱班重牙。左建旂丨有二旒,皆畫升龍,其長曳地。右載闟戟,長四尺,廣三尺,黻文。旂首金龍頭銜結綬及鈴緌。駕蒼龍,金鍐方釳,插翟尾五焦,鏤鍚,鞶纓十有二就。祭祀、納后則供之。金輅,赤質,以金飾諸末,餘與玉輅同,駕赤騮,鄉射、祀還、飲至則供之。象

《遼史·儀衛志·輿服》	《舊唐書·輿服志》或《宋史·輿服志》
餘如金輅。駕黃驪。革輅,巡狩、武事用之。白質,革鞅。駕白翰。木輅,田獵用之。黑質,漆飾。駕黑駱。	輅,黃質,以象飾諸末,餘與玉輅同,駕黃騟,<u>行道則供之。革輅,白質,鞔之以革,餘與玉輅同,駕白駱,巡狩、臨兵事則供之。木輅,黑質,漆之,餘與玉輅同,駕黑騟,畋獵則供之。</u>
耕根車,耕藉用之。青質,蓋三重,餘如玉輅。安車,一名進賢車,臨幸用之。金飾,重輿,曲壁,八鑾在衡,紫油纁朱裹幰,朱絲絡網。駕赤驪,朱鞶纓。四望車,一名明遠車,拜陵、臨弔則用之。金飾,青油纁朱裹通幰。駕牛,餘同安車。 涼車,赤質,省方、罷獵用之。赤質,金塗銀裝。五綵龍鳳,織藤,油壁,緋條,蓮座。駕以橐駝。	舊唐志:耕根車,青質,蓋三重,餘與玉輅同,耕籍則供之。安車,金飾,重輿,曲壁,八鑾在衡,紫油纁,朱裏通幰,朱絲絡網,朱鞶纓,朱覆鬐髮,貝絡,駕赤騟,臨幸則供之。四望車,制同犢車,金飾,八鑾在衡,青油纁,朱裏通幰,朱絲絡網,拜陵、臨弔則供之。 宋志:進賢車,古安車也。……明遠車,古四望車也。……涼車,赤質,金塗銀裝,龍鳳五采明金,織以紅黃藤,油壁,緋絲條龍頭,梅紅羅褥,銀螭頭,穗毬,雲朵踏頭,蓮花坐,鴈鉤,火珠,門杳,鋸鈒,頻伽,大小鐶,駕以橐駝。省方在道及校獵迴則乘之。
大鳳輦,赤質,頂有金鳳,壁畫雲氣金翅。前有軾,下有構欄。絡帶皆繡雲鳳,銀梯。主輦八十人。 大芳輦。 仙游輦…… 芳亭輦,黑質,幕屋,緋欄,皆繡雲鳳。朱綠夾窗,花板紅網,兩簾,四竿,銀飾梯。主輦百廿人。 大玉輦。 小玉輦。 逍遙輦,常用之。椶屋,赤質,金塗銀裝,紅條。輦官十二人,春夏緋衫,秋冬素	宋志:唐制,輦有七:一曰大鳳輦,二曰大芳輦,三曰仙遊輦,四曰小輕輦,五曰芳亭輦,六曰大玉輦,七曰小玉輦。 芳亭輦,<u>黑質,頂如幕屋</u>,緋羅衣,裙襴、絡帶皆繡雲鳳。兩面朱綠揔花版,外施紅絲絹綱,金銅紛鈒,<u>前後垂簾</u>,下設牙牀、勾闌。<u>長竿四,銀龍頭,銀飾梯</u>,行馬。<u>主輦一百二十人。</u>鳳輦,<u>赤質</u>,頂輪下有二柱,緋羅輪衣,絡帶、門簾皆繡雲鳳。頂有金鳳一,兩壁刻畫龜文、金鳳翅。<u>前有軾匱</u>、香鑪、香寶、結帶,下有勾闌二重,內設紅錦褥。長竿三,<u>銀飾梯</u>,行馬。<u>主輦八十人。</u> 逍遙輦,<u>以椶櫚為屋</u>,赤質,<u>金塗銀裝</u>,朱漆扶版二,雲版一,長竿二,飾以金塗銀龍頭。常行幸所御。又魚鈎,紛鈒,<u>梅紅條</u>。<u>輦官十二</u>

《遼史·儀衛志·輿服》	《舊唐書·輿服志》或《宋史·輿服志》
錦服。 平頭輦，常行用之。制如逍遥，無屋…… 羊車，古輦車。赤質，兩壁龜文、鳳翅，緋幰，絡帶、門簾皆繡瑞羊，畫輪。駕以牛，隋易果下馬。童子十八人，服繡。瑞羊輓之。	<u>人，春夏服緋羅衫，秋冬服白師子錦襖。</u> 平輦，又名平頭輦，亦曰太平輦，飾如<u>逍遥輦</u>而無屋。輦官十二人，服同逍遥輦。 <u>羊車，古輦車也，</u>亦爲畫輪車，<u>駕以牛。隋駕</u><u>以果下馬，今亦駕以二小馬。赤質，兩壁畫龜</u><u>文、金鳳翅，緋幰衣、絡帶、門簾皆繡瑞羊。童</u><u>子十八人。</u>
腰輿，前後長竿各二，金銀螭頭，緋繡鳳襴，上施錦褥，別設小床。奉輿十六人。 小輿，赤質，青頂，曲柄，緋繡絡帶。制如鳳輦而小，上有御座。奉輿二十四人。	宋志：小輿，<u>赤質</u>，頂輪下施曲柄如蓋，緋繡輪<u>衣、絡帶，制如鳳輦而小。</u>下有勾闌，牙牀，繡瀝水。中設方牀，緋繡羅衣，錦褥。<u>上有小</u><u>案、坐牀，皆繡衣。</u>踏牀緋衣。前後長竿二，銀飾梯，行馬。奉輿二十四人。 腰輿，<u>前後長竿各二，金</u>銅螭頭，緋繡鳳裙襴，<u>上施錦褥，別設小牀</u>，緋繡花龍衣。<u>奉輿十</u><u>六人。</u>
金輅，從祀享、正冬大朝、納妃用之……軺車，五日常朝、享宮臣、出入行道用之。金飾，紫幰朱裏。駕一馬。 四望車，弔臨用之。金飾，紫油纁通幰。駕一馬。	舊唐志（以下諸欄皆同）：皇太子車輅，有金輅、軺車、四望車。金輅……<u>從祀享、正冬大</u><u>朝、納妃則供之。</u>軺車，金飾諸末，<u>紫通幰朱</u>裏，駕一馬，<u>五日常服及朝享宮臣、出入行道</u><u>則供之。</u>四望車，金飾諸末，<u>紫油纁，通幰朱</u>裏，朱絲絡網，<u>駕一馬，弔臨則供之。</u>
袞冕，祭祀宗廟、遣上將出征、飲至、踐阼、加元服、納后若元日受朝則服之。金飾，垂白珠十二旒，以組爲纓，色如其綬，黈纊充耳，玉簪導。玄衣、纁裳十二章：八章在衣，日、月、星、龍、華蟲、火、山、宗彝；四章在裳，藻、粉米、黼、黻。衣褾領爲升龍織成文。各爲六等。龍、山以	袞冕，金飾，垂白珠十二旒，以組爲纓，色如其綬，黈纊充耳，玉簪導。玄衣、纁裳，十二章（八章在衣，日、月、星、龍、山、華蟲、火、宗彝，四章在裳，藻、粉米、黼、黻。衣褾、領爲升龍，織成爲之也）。各爲六等，龍、山以下，每章一行，十二。白紗中單，黼領，青褾、襈、裾，黻（繡龍、山、火三章，餘同上）。革帶、大帶、劍、珮、綬與上同。舃加金飾。諸祭祀及廟、遣上將、征還、飲至、踐阼、加元服、納后、若元日受朝，則服之。

續表

《遼史·儀衛志·輿服》	《舊唐書·輿服志》或《宋史·輿服志》
下,每章一行,行十二。白紗中單,黼領,青褾、襈、裾,黻、革帶、大帶、劍佩綬,舄加金飾。	
皇帝通天冠,諸祭還及冬至、朔日受朝、臨軒拜王公、元會、冬會服之。冠加金博山,附蟬十二,首施珠翠。黑介幘,髮纓翠緌,玉若犀簪導。絳紗袍,白紗中單,褾領,朱襈裾,白裙襦,絳蔽膝,白假帶,方心曲領。其革帶、佩、劍、綬、韈、舄。若未加元服,則雙童髻,空頂黑介幘,雙玉導,加寶飾。	通天冠,加金博山,附蟬十二首,施珠翠,黑介幘,髮纓翠緌,玉若犀簪導。絳紗裏,白紗中單,領、褾(飾以織成)。朱襈、裾,白裙,白裙襦(裙衫也)。絳紗蔽膝,白假帶,方心曲領。其革帶、珮、劍、綬、韈、舄與上同。若未加元服,則雙童髻,空頂黑介幘,雙玉導,加寶飾。諸祭還及冬至朔日受朝、臨軒拜王公、元會、冬會則服之。
皇太子遠遊冠,謁廟還宮、元日、冬至、朔日入朝服之。三梁冠,加金附蟬九,首施珠翠。黑介幘,髮纓翠緌,犀簪導。絳紗袍,白紗中單,皂領、褾、襈、裾,白裙襦,白假帶,方心曲領,絳紗蔽膝。其革帶、劍、佩、綬、韈、舄與上同,後改用白襪、黑舄。未冠,則雙童髻,空頂黑介幘,雙玉導,加寶飾。	具服遠遊三梁冠,加金附蟬九首,施珠翠,黑介幘,髮纓翠緌,犀簪導。絳紗袍,白紗中單,皂領、褾、襈、裾,白裙襦,白假帶,方心曲領,絳紗蔽膝。其革帶、劍、珮、綬、韈、舄與上同。後改用白襪、黑舄。未冠則雙童髻,空頂黑介幘,雙玉導,加寶飾。謁廟還宮、元日冬至朔日入朝、釋奠則服之。
親王遠遊冠,陪祭、朝饗、拜表、大事服之。冠三梁,加金附蟬。黑介幘,青緌,導。絳紗單衣,白紗中單,皂領、襈、裾,白裙襦。革帶鈎𨚍,假帶,曲領方心,絳紗蔽膝,韈、	遠遊三梁冠,黑介幘,青綏(凡文官皆青綏,以下准此也)。皆諸王服之,親王則加金附蟬。進賢冠,三品以上三梁,五品以上兩梁,九品以上一梁。朝服(亦名具服),冠、幘、綏、簪導,絳紗單衣,白紗中單,皂領、襈、裾,白裙襦(亦裙衫也)。

續表

《遼史·儀衛志·輿服》	《舊唐書·輿服志》或《宋史·輿服志》
舄、劍、佩、綬。二品以上同。諸王遠遊冠，三梁，黑介幘，青緌。三品以上進賢冠，三梁，寶飾。五品以上進賢冠，二梁，金飾。九品以上進賢冠，一梁，無飾。七品以上去劍、佩、綬。八品以下同公服。	革帶，鉤䚉，假帶，曲領方心，絳紗蔽膝，襪，舄，劍，珮，綬，一品已下，五品以上，陪祭、朝饗、拜表大事則服之。七品已上，去劍、珮、綬，餘並同。
皇帝翼善冠，朔視朝用之。柘黃袍，九環帶，白練裙襦，六合鞾。	太宗又制翼善冠，朔望視朝，以常服及帛練裙襦通著之。……其常服，赤黃袍衫，折上頭巾，九環帶，六合靴，皆起自魏、周，便於戎事。
皇太子遠遊冠，五日常朝、元日、冬至受朝服。絳紗單衣，白裙襦，革帶金鉤䚉，假帶，方心，紛，鞶囊，白襪，烏皮履。	公服遠遊冠（簪導以下並同前也）。絳紗單衣，白裙襦，革帶，金鉤䚉，假帶，方心，紛，鞶囊（長六尺四寸，廣二寸四分，色同大綬）。白襪，烏皮履，五日常服，元日冬至受朝則服之。
一品以下、五品以上，冠幘緌，簪導，謁見東宮及餘公事服之。絳紗單衣，白裙襦，帶鉤䚉，假帶，方心，襪履，紛，鞶囊。六品以下，冠幘緌，簪導，去紛、鞶囊，餘並同。	公服（亦名從省服）。冠，幘，緌，簪導，絳紗單衣，白裙襦，亦裙衫也。革帶，鉤䚉，假帶，方心，襪，履，紛，鞶囊，一品以下，五品以上，謁見東宮及餘公事則服之。其六品以下，去紛、鞶囊，餘並同。
皇帝柘黃袍衫，折上頭巾，九環帶，六合鞾，起自宇文氏。唐太宗貞觀已後，非元日、冬至受朝及大祭祀，皆常服而已。	其常服，赤黃袍衫，折上頭巾，九環帶，六合靴，皆起自魏、周，便於戎事。自貞觀已後，非元日冬至受朝及大祭祀，皆常服而已。

《遼史·儀衛志·輿服》	《舊唐書·輿服志》或《宋史·輿服志》
皇太子進德冠，九琪，金飾，絳紗單衣，白裙襦，白襪，烏皮履。	進德冠，九琪，加金飾，其常服及白練裙襦通著之。
五品以上，幞頭，亦曰折上巾，紫袍，牙笏，金玉帶。文官佩手巾、算袋、刀子、礪石、金魚袋；武官鞢韘七事：佩刀、刀子、磨石、契苾真、噦厥、針筒、火石袋，烏皮六合韝。六品以下，幞頭，緋衣，木笏，銀帶，銀魚袋佩，靴同。八品、九品，幞頭，緑袍，鍮石帶，靴同。	(隋)五品已上，通著紫袍，六品已下，兼用緋緑。……武德初，因隋舊制，天子讌服……亦名常服……五品已上執象笏……六品已下，執竹木爲笏，上挫下方。其折上巾，烏皮六合靴，貴賤通用。 上元元年八月又制："一品已下帶手巾、算袋，仍佩刀子、礪石，武官欲帶者聽之。文武三品已上服紫，金玉帶。四品服深緋，五品服淺緋，並金帶。六品服深緑，七品服淺緑，並銀帶。八品服深青，九品服淺青，並鍮石帶。庶人並銅鐵帶。" 景雲中又制，令依上元故事，一品已下帶手巾、算袋，其刀子、礪石等許不佩。武官五品已上佩鞢韘七事，七謂佩刀、刀子、礪石、契苾真、噦厥針筒、火石袋等也。至開元初復罷之。

二、符印門

　　此門專記遼朝符節印璽之制。開首序文曰："遙輦氏之世，受印于回鶻。至耶瀾可汗請印於唐，武宗始賜'奉國契丹印'。太祖神册元年，梁幽州刺史來歸，詔賜印綬。是時，太祖受位遙輦十年矣。會同九年，太宗伐晉，末帝表上傳國寶一、金印三，天子符瑞於是歸遼。"(1)首句史事見於唐史："會昌二年九月，制：'契丹新立王屈戌，可雲麾將軍，守右武衛將軍員外置同正員。'幽州節度使張仲武上言：'屈戌等云，契丹舊用迴紇印，今懇請聞奏，乞國家賜印.'許之,以'奉國契丹之印'爲文。"①此稱"耶瀾可汗請印於唐",以耶瀾可汗在會昌二年(842),而《兵衛志序》則稱耶瀾可汗十年爲唐天復元年(901)歲次辛酉②,由此看來遼金原始史料中並無關於耶瀾在位年代的確切信息,兩志所載恐皆爲元人推斷,只不過或非出自同一史官之手,以致所述相去懸遠。(2)"太祖神册元年,梁幽州刺史來歸,詔賜印綬。是時,太祖受位遥輦十年矣。"所指當爲今本《太祖紀》"夏四月乙酉朔,晉幽州節度使盧國用來降,以爲幽州兵馬留後"一事③,"詔賜印綬"不見今本,當出舊紀。(3)"會同九年,太宗伐晉,末帝表上傳國寶一、金印三,天子符瑞於是歸遼。"晉末帝上印事,出《舊五代史》所記後晉出帝所上降表:"所有國寶一面、金印三面,今遣長子陝府節度使延煦、次子曹州節度使延寶管押進納,並奉表請罪,陳謝以聞。"④末句"天子符瑞於是歸遼"顯係元人斷語。

序文之後,該門正文皆按照記述對象分條敍述,除符契一目下有"自大賀氏八部用兵,則合契而動,不過刻木爲牉合,太祖受命,易以金魚"這樣一句元人所作總括外,皆爲關於具體璽印符契的記録。其中史源明確者包括:(1)傳國寶。開首乃元人糾合前史概述此寶來歷,記其入遼後事曰:"聖宗開泰十年,馳驛取石晉所上玉璽于中京。興宗重熙七年,以有傳國寶者爲正統賦試進士。天祚保大二年,遺傳國璽于桑乾河。"此三則當皆出自舊史本紀,首末兩條

---

① 《舊唐書》卷一九九《契丹傳》,第5354頁。《新唐書》所記稍略。
② 《遼史》卷三四《兵衛志上》,第450頁。
③ 《遼史》卷一《太祖紀上》,第11頁。點校本及修訂本已指出此處所記盧國用在晉官職與入遼時間皆有誤,不過從《兵衛志序》與本紀的基本印合這一點判斷,此誤當在舊史本紀中即已形成。
④ 《舊五代史》卷八五《晉書十一·少帝紀第五》,中華書局點校本修訂本,2015年,第1307頁。《資治通鑑》卷二八五所記略同(中華書局,1956年,第9321頁)。

見今本《聖宗紀》《道宗紀》相應部分①，惟第二條不見今本，當爲舊本《興宗紀》佚文。（2）"玉印，太宗破晉北歸，得于汴宫，藏隨駕庫。穆宗應曆二年，詔用太宗舊寶。"今《穆宗紀》應曆三年二月"詔用嗣聖皇帝舊璽"②，當即此處所本，惟抄取舊紀時繫年有所差池。（3）"契丹寶，受契丹册儀，符寶郎捧寶置御坐東。"受契丹册儀，今本《禮志》曾提及其名，然未詳載其文（第 955 頁），《樂志》作"興宗重熙九年上契丹册"③，三志所據當皆爲《遼朝雜禮》。（4）"金印三，晉帝所上，其文未詳。"此當即據晉出帝降表所附會，無實質内容。（5）"皇太后寶，制未詳。天顯二年，應天皇太后稱制，群臣上璽綬。册承天皇太后儀，符寶郎奉寶置皇太后坐右。"兩則記事前者本自舊史《太宗紀》，"群臣上璽綬"不見今本；後者則當出《雜禮》，見今本《禮志》（第 956 頁）。（6）"皇太子寶，未詳其制。重熙九年册皇太子儀，中書令授皇太子寶。"出《雜禮》，今本《禮志》册皇太子儀有相應記載，惟删去"重熙九年"之信息（第 958 頁）。（7）木契條，詳載朝賀之禮勘契儀，不見今本《禮志》，當出《雜禮》。（8）木劍條，見今本《禮志》勘箭儀，出《雜禮》。

　　除此八條外，符印門尚有以下諸條初看來無法確定史源：（1）御前寶，金鑄，文曰"御前之寶"，以印臣僚宣命。（2）詔書寶，文曰"書詔之寶"，凡書詔批答用之。（3）吏部印，文曰"吏部之印"，銀鑄，以印文官制誥。（4）兵部印，文曰"兵部之印"，銀鑄，以印軍職制誥。（5）契丹樞密院、契丹諸行軍部署、漢人樞密院、中書省、漢人諸行宫都部署印，並銀鑄。文不過六字以上，以銀朱爲色。（6）

---

① 《遼史》卷一六《聖宗紀七》，第 211 頁；卷二九《天祚皇帝紀三》，第 384 頁。
② 《遼史》卷六《穆宗紀上》，第 79 頁。
③ 《遼史》卷五四《樂志》，第 981 頁。

南北王以下内外百司印,並銅鑄,以黄丹爲色,諸稅務以赤石爲色。
(7)杓窊印,杓窊,鷙鳥之總名,以爲印紐,取疾速之義。行軍詔賜
將帥用之。道宗賜耶律仁先鷹紐印,即此。(8)金魚符七枚,黄金
鑄,長六寸,各有字號,每魚左右判合之。有事,以左半先授守將,
使者執右半,大小、長短、字號合同,然後發兵。事訖,歸于内府。
(9)銀牌二百面,長尺,刻以國字,文曰"宜速",又曰"敕走馬牌"。
國有重事,皇帝以牌親授使者,手劄給驛馬若干。驛馬闕,取它馬
代。法,晝夜馳七百里,其次五百里。所至如天子親臨,須索更易,
無敢違者。使回,皇帝親受之,手封牌印郎君收掌。

　　以上九條,在原文中並非集中羅列,而是和前引諸印、符契有
所混雜,但若將其抽出,我們會發現這些記載有着基本一致的文本
特徵,構成一個相對獨立的文本單元,即都細緻地記載了璽印的印
文、材質、形制、用途等方面,與前引抄撮本紀或中原文獻而敷衍成
文、模糊記録者全然不同,當出自較爲原始且相對集中的文本來
源。從《儀衛志》的總體史源和編纂情況看,遼金舊史《禮儀志》所
記皆"國俗之故",或不及璽印這類明顯帶有中原色彩的制度,而
《遼朝雜禮》多記漢儀,且内容龐雜,上引木契、木劍條即出《雜禮》,
正與此九條在記述風格上有相通之處,故疑該文本單元當源自《雜
禮》中關於璽印的專門記録,具有較高的史料價值。

　　總之,《儀衛志》符契門既有源出《遼朝雜禮》這類原始資料的
珍貴記載,亦有元人抄撮拼合而成的二手文本,徵引時當注意分
辨,區別對待。

三、儀仗門

　　元人在此門序言中,除追溯儀衛制度起源外,還提到遼朝儀衛
的來源與此門的編纂依據:"金吾、黄麾六軍之仗,遼受之晉,晉受

之後唐，後唐受之梁、唐，其來也有自。耶律儼、陳大任舊志有未備者，兼考之《遼朝雜禮》云。”史官所勾勒的遼朝儀衛與晉、唐之淵源只能看作是時過境遷後的一種判斷，而非確鑿無疑之史實，從下文的具體分析看，其所述編纂依據亦難以盡信。

國仗。（1）開首爲元朝史官所作小序，其中“遼自大賀氏摩會受唐鼓纛之賜，是爲國仗”一語影響甚大，論者多以此認爲契丹旗鼓的來源應追溯到唐朝之恩賜，對旗鼓的重視體現了契丹對自身作爲唐朝藩屬的認同①。然而通過本節梳理可知，《儀衛志》中各層次之小序、概括皆出元人之手，此語亦不例外，根本無法反映遼朝當時的記憶和認同，循此綫性溯源式的歷史叙述進行分析，難免落入以中原視角去觀察北族社會的窠臼。（2）“遙輦末主遺制，迎十二神纛、天子旗鼓置太祖帳前。”此條所指當即《太祖紀》天祐三年（906）“十二月，痕德菫可汗殂，群臣奉遺命請立太祖”一事，然今本未見“迎十二神纛、天子旗鼓”，當係舊紀原文，而爲纂修本紀之史臣所删落。《儀衛志》此前開列之“十二神纛，十二旗，十二鼓”當亦據舊紀而來，揆諸原文，神纛固有十二，而“天子旗鼓”是否也合此數則未可輕言，元人之説或想當然爾。另外，“十二神纛，十二旗，十二鼓”後尚有“曲柄華蓋，直柄華蓋”，未知何據。（3）“諸弟剌哥等叛，匀德實縱火焚行宫，皇后命曷古魯救之，止得天子旗鼓。太宗即位，置旗鼓、神纛于殿前。聖宗以輕車儀衛拜帝山。”此三條當皆出舊史本紀，惟聖宗一條未見今本。

渤海仗。“天顯四年，太宗幸遼陽府，人皇王備乘輿羽衛以

---

① 參見姜艷芳：《談契丹之旗鼓》，《北方文物》1998 年第 1 期，第 72—74、81 頁；陳曉偉：《扈從儀衛與政治權力：游牧社會中的神纛與旗鼓》，收入氏著《圖像、文獻與文化史：游牧政治的映像》，河北大學出版社，2017 年，第 138—164 頁。

迎。"此當指是年太宗幸南京人皇王第一事①，"人皇王備乘輿羽衛以迎"不見今本，當出舊紀。"乾亨五年，聖宗東巡，東京留守具儀衛迎車駕。"當指統和元年四月"幸東京，以樞密副使耶律末只兼侍中，爲東京留守"，十月"將征高麗，親閱東京留守耶律末只所總兵馬"②，所謂"東京留守具儀衛迎車駕"不見今本，從"乾亨五年"這一紀年方式判斷，當出陳大任舊紀。兩條具體記事皆有所本，但在這之後史官稱"此故渤海儀衛也"，則無實據。在本紀的原始材料中絲毫看不出耶律倍或耶律末只所備儀仗有何渤海特徵，所謂"渤海仗"云云恐係元人僅憑地域之見而強加關聯、巧立名目。

漢仗。開首兩段全爲元人之論説，認爲契丹完成了由歸心向化之夷狄到盡有漢唐文物之大朝的轉變，其中"大賀失活入朝于唐，娑固兄弟繼之，尚主封王，飫觀上國"云云，尤與遼本朝之立場相悖。此後關於太宗至聖宗的具體記事，皆出舊史本紀，其中大部分見於今本，惟"(會同)三年，上在薊州觀《導駕儀衛圖》""六年，備法駕幸燕，迎導御元和殿""乾亨五年二月，神柩升輼輬車，具鹵簿儀衛"等少數幾條溢出今本之外，當爲舊紀佚文。特別值得注意的是，其中稱乾亨五年"六月聖宗至上京，留守具法駕迎導"，緊隨其後的就是"聖宗統和元年，車駕還卜京，迎導儀衛如式"，按乾亨五年即統和元年(983)，所指當同爲該年六月"丙戌，還上京"一事③，則此二條實係重出。本書第二章第一節已指出，耶律儼《皇朝實錄》本紀於同一皇帝改元當年即著新年號，而陳大任《遼史》則仍稱舊年號，此條即是元朝史官雜抄二書舊紀而未加分辨所致。

<hr>

① 《遼史》卷三《太宗紀上》，第 33 頁。
② 《遼史》卷一〇《聖宗紀一》，第 118、120 頁。
③ 《遼史》卷一〇《聖宗紀一》，第 119 頁。

　　《儀衛志》最末於漢仗之後單獨開列"鹵簿儀仗人數馬匹"一目,記載詳實,元人明言"得諸本朝太常卿徐世隆家藏《遼朝雜禮》"①,由此益可見《雜禮》一書之記載範圍、特點及史料價值。

　　要之,儀仗門除最後集中抄録《雜禮》之"鹵簿儀仗"外,其餘皆係自舊史本紀抄撮而來,元人於其中間有議論,多無實據,不足爲憑。

　　綜合本節討論可知,《遼史·儀衛志》其實並没有遼金舊志的現成文本作爲獨立史源,而是至正年間修史諸公所新撰,其主體敍述框架皆出元人之手,根本無法反映遼朝當時儀制的原貌。除了其中明確宣稱的舊史《禮儀志》及《遼朝雜禮》之外,史官還對舊紀及《契丹國志》中的衆多相關零散條目加以雜糅,更在没有多少遼代史料支撑的情況下,大段抄襲唐宋史書之《輿服志》以充湊篇幅。如此形成的二手文本事實上完成了對遼朝儀典制度的重構,主要價值僅在於保存《遼朝雜禮》及舊史紀志的部分佚文,其餘的總體脉絡和諸多具體敍述則多不可貿然以史實視之。特別值得指出的是,以往論者多以遼代儀制本於唐、晉,很大程度上是受到了元人所抄前代史料與所載叙述框架的影響,當時歷史實態究竟如何,恐怕還有重審之必要。

---

① 《遼史》卷五八《儀衛志四》,第 1024 頁。

第八章　《食貨志》

　　《遼史·食貨志》向來被奉爲研究契丹王朝經濟之總綱[①]，然而對於這篇核心文獻的生成過程，既往成果卻鮮有措意。本章即擬從史源學的角度切入，審視其中可能存在的系統性問題，進而對其史料價值和使用方法加以重新檢討。

第一節　史源分梳

　　《遼史·食貨志》開首有序云：

　　　　契丹舊俗，其富以馬，其强以兵。縱馬於野，弛兵於民。有事而戰，彍騎介夫，卯命辰集。馬逐水草，人仰湩酪，挽强射生，以給日用，糗糧芻茭，道在是矣。以是制勝，所向無前。及

---

① 迄今有關遼代社會經濟史的代表性論著，主要包括 Karl Wittfogel & Feng Chia-sheng, *History of Chinese Society: Liao（907–1125）*, Philadelphia: American Philosophical Society, 1949；陳述：《契丹社會經濟史稿》，生活·讀書·新知三聯書店，1963年；漆俠、喬幼梅：《遼夏金經濟史》，河北大學出版社，1994年；韓茂莉：《遼金農業地理》，社會科學文獻出版社，1999年；喬幼梅：《宋遼夏金經濟史研究（增訂版）》，上海古籍出版社，2015年等。在這些經典著作中，《遼史·食貨志》常常被作爲原始史料使用，整體研究思路亦多受其影響。

其有國,内建宗廟朝廷,外置郡縣牧守,制度日增,經費日廣,
上下相師,服御浸盛,而食貨之用斯爲急矣。於是五京及長
春、遼西、平州置鹽鐵、轉運、度支、錢帛諸司,以掌出納。其制
數差等雖不可悉,而大要散見舊史。若農穀、租賦、鹽鐵、貿易、
坑冶、泉幣、群牧,逐類採摭,緝而爲篇,以存一代食貨之略。①

此段顯係元朝史官所作,其中劃綫部分事實上已經大致交代了這
篇志文的文本來源與編纂過程:所謂"大要散見舊史"之"舊史",在
《遼史》的語境中一般是指元朝史官所依據的主要史源遼耶律儼所
著《皇朝實録》和金陳大任所修《遼史》;由序文可知,此二書原本並
沒有獨立、現成的《食貨志》,元人只得將散見其中的食貨史料,按
照"農穀、租賦、鹽鐵、貿易、坑冶、泉幣、群牧"七類加以摘抄、連綴,
方纔形成了今天看到的文本面貌。

上述情況基本可以得到志文具體内容的印證。經過逐條追
索,我們發現今本《遼史·食貨志》絶大部分條目均可考見其來源,
其中確以源出舊史者最多,涉及紀、傳、志不同部分。

首先,主幹内容出自舊史本紀。《食貨志》共分七類,每類下大
致皆循編年之例,具體記事涉及建國以前的先祖事迹以及太祖太
宗直至道宗天祚九朝,大多數見於今本本紀,偶有部分溢出者(詳
見後文),當係元人纂修本紀時有所删落。其次,每類中時常出現
的具體人物及其事迹多本自舊史列傳,是爲編年記事之重要補充,
依次涉及《耶律唐古傳》《馬人望傳》《耶律雅里傳》《耶律昭傳》《耶
律室魯傳》《楊遵勗傳》《劉伸傳》《蕭陶傀傳》《耶律倍傳》等,内容

---

① 《遼史》卷五九《食貨志上》,中華書局點校本修訂本,2016 年,第 1025 頁。爲避繁
冗,下引此志皆隨文括注頁碼。

皆見於今本①。再次，少量關於制度的描述出自舊史諸志，主要涉及《地理志》與《部族志》兩部分。相較紀、傳而言，出自舊志者似不易爲人所察，須稍作展開。

《食貨志》所載與《地理志》相關者凡四。（一）賦税一類（第1028頁）稱：“各部大臣從上征伐，俘掠人户，自置郛郭，爲頭下軍州。凡市井之賦，各歸頭下，惟酒税赴納上京。”此段略見於今本《地理志》：“頭下軍州，皆諸王、外戚、大臣及諸部從征俘掠，或置生口，各團集建州縣以居之……官位九品之下及井邑商賈之家，征税各歸頭下，唯酒税課納上京鹽鐵司。”②（二）“征商之法”有云（第1031頁）：“東平郡城中置看樓，分南、北市，禺中交易市北，午漏下交易市南。”今本《地理志》“東京遼陽府”總敘稱“外城謂之漢城，分南北市，中爲看樓；晨集南市，夕集北市”，此地本爲太祖“神册四年，葺遼陽故城，以渤海、漢户建東平郡”③，後歷升南京、東京。（三）“鹽筴之法”（第1032頁）有云：“置榷鹽院於香河縣，於是燕、雲迤北暫食滄鹽。一時産鹽之地如渤海、鎮城、海陽、豐州、陽洛城、廣濟湖等處，五京計司各以其地領之。”今本《地理志》南京道香河縣稱“遼於新倉置榷鹽院”④，西京道豐州條下有“大鹽濼”，上京道總敘有“廣濟湖、鹽濼”⑤，其餘如渤海、鎮城、海陽、陽洛城各地産鹽情況未見今本。（四）坑冶類（第1032頁）有云：“神册初，平渤

---

①　其中《耶律雅里傳》舊史當在《皇族傳》，今本改附於《天祚皇帝紀》末，參見本書第二章第三節。

②　《遼史》卷三四《地理志一》，第506—507頁。

③　《遼史》卷三五《地理志二》，第518頁。

④　《遼史》卷四〇《地理志四》，第563頁。

⑤　《遼史》卷一一〇《張孝傑傳》（第1637頁）稱其“坐私販廣濟湖鹽及擅改詔旨”，知廣濟湖確爲遼代重要鹽産地。

海,得廣州,本渤海鐵利府,改曰鐵利州,地亦多鐵。東平縣,本漢襄平縣故地,產鐵礦,置採煉者三百戶,隨賦供納。"《地理志》東京道廣州條曰:"渤海爲鐵利郡。太祖遷渤海人居之,建鐵利州。統和八年省。開泰七年以漢戶置。"①知廣州之名實爲聖宗所改,《食貨志》顯誤,然其中"地亦多鐵"一語不見於今本《地理志》,如非元人臆斷,則爲舊志佚文。而《食貨志》"東平縣"云云亦可於《地理志》東京道同州下東平縣條下考見其源:"本漢襄平縣地。產鐵,撥戶三百採鍊,隨征賦輸。"②綜合以上四條,《食貨志》所記有部分溢出今本《地理志》者,知其並非直接取自後者,而是與之有着共同的文本來源。如本書第六章所論,元修《遼史·地理志》實以陳大任《遼史·地理志》爲主要藍本;元人在纂修《地理志》過程中對陳志舊文多有刪落,特別是對每地山川物產多有筆削。上引《食貨志》的直接史源當亦爲陳氏舊史《地理志》,故其所記各處鹽、鐵情況多不見於今本。

除《地理志》外,《食貨志》所記亦有少量與今本《營衛志·部族》相合者。如坑冶類下(第1032頁)稱:"又有曷朮部者多鐵;'曷朮',國語鐵也。部置三冶:曰柳濕河,曰三黜古斯,曰手山。"今本《營衛志·部族下》云:"曷朮部。初,取諸宮及橫帳大族奴隸置曷朮石烈,'曷朮',鐵也,以冶于海濱柳濕河、三黜古斯、手山。聖宗以戶口蕃息置部。"③按前文已述,遼金舊史皆無"營衛志"之設,今本此志乃元人新作而成,各部分出自不同史源,其中"部族下"的主體內容即本自耶律儼《皇朝實錄·部族志》。《食貨志》所載曷朮部

① 《遼史》卷三八《地理志二》,第529頁。
② 《遼史》卷三八《地理志二》,第532頁。
③ 《遼史》卷三三《營衛志下》,第441頁。

事當亦出於此。

由上可知,舊史紀、傳、志的零散記載構成了《遼史・食貨志》所記內容的主要來源,這正與元人所作序文相吻合。不過,史官並未明言的是,該志還曾採摭某些宋代文獻作爲補充,兹一一考出。

(一)《新五代史・四夷附錄》。《食貨志》鹽筴之法開首云(第1028頁):"自太祖以所得漢民數多,即八部中分古漢城別爲一部治之。城在炭山南,有鹽池之利,即後魏滑鹽縣也,八部皆取食之。"此段所本即著名的"鹽池之會",見於歐陽脩《新五代史》:"(阿保機)謂諸部曰:'吾立九年,所得漢人多矣,吾欲自爲一部以治漢城,可乎?'諸部許之。漢城在炭山東南灤河上,有鹽鐵之利,乃後魏滑鹽縣也……(阿保機)使人告諸部大人曰:'我有鹽池,諸部所食。然諸部知食鹽之利,而不知鹽有主人,可乎?當來犒我。'諸部以爲然,共以牛酒會鹽池。"[1]兩相對照可知,《食貨志》當即據歐史此段刪略而成,後出之《資治通鑑》《契丹國志》諸書皆有相關記載,但皆不若歐史詳明,並非《遼》所本。此外,《食貨志》坑冶類稱"太祖始併室韋,其地產銅、鐵、金、銀,其人善作銅、鐵器","太祖始併室韋"當本自舊紀,而"其地產銅鐵"云云則出自《新五代史・四夷附錄》引胡嶠《陷虜記》關於室韋的描述:"其地多銅、鐵、金、銀,其人工巧,銅、鐵諸器皆精好,善織毛錦。"[2]足見元人纂修此志曾系統翻檢《四夷附錄》。

(二)《亡遼錄》。《食貨志》有兩段有關遼末史事的記載,不見於本書他處,卻可在以汪藻《裔夷謀夏錄》爲代表的南朝文獻系統中找到類似的文本,兹列表對比如下。

① 《新五代史》卷七二《四夷附錄一》,中華書局點校本修訂本,2015年,第1002—1003頁。

② 《新五代史》卷七三《四夷附錄二》,第1025頁。

表 8-1:《遼史·食貨志》所記遼末史事與宋代文獻對照表

《遼史·食貨志》	《裔夷謀夏録》	其他參照文本
農穀類(第 1027 頁):東京如咸、信、蘇、復、辰、海、同、銀、烏、遂、春、泰等五十餘城内,沿邊諸州,各有和糴倉,依祖宗法,出陳易新,許民自願假貸,收息二分。所在無慮二三十萬碩,雖累兵興,未嘗用乏。迨天慶間,金兵大入,盡爲所有。	天慶八年:秋,女真陷東京、黃龍府、咸、信、蘇、復、辰、海、同、銀、通、韓、烏、遂、春、泰、靖等五十餘城,内並邊二十餘州,各儲粟,歲相貿易,無慮三十萬石,雖累歲舉兵未嘗用,至是悉爲女真所有①。	《契丹國志》:秋,女真陷東京、黃龍府、咸、信、蘇、復、辰、海、同、銀、通、韓、烏、遂、春、泰、靖等五十餘城。内並邊二十餘州,各有和糴倉,依祖宗法,每歲出陳易新,許民自願假貸,收息二分,所有無慮三五十萬碩,雖累歲舉兵,未嘗支用。至是女真悉取之②。
群牧類(第 1034 頁):天祚初年,馬猶有數萬群,每群不下千疋。祖宗舊制,常選南征馬數萬疋,牧于雄、霸、清、滄間,以備燕、雲緩急;復選數萬,給四時遊畋,餘則分地以牧。法至善也。至末年,累與金戰,番漢戰馬損十六七,雖增價數倍,竟無所買,乃冒法買官馬從軍。諸群牧私賣日多,畋獵亦不足用,遂	宣和四年:契丹舊有馬數千群,群以千計,皆良馬也。上世嘗擇三萬餘疋,歲牧於雄、霸、滄州兩界之間,謂之南征馬,意欲夸示中國,寔備燕、雲緩急之用。以其餘數萬疋俱供四時游畋。及累年金人入寇,馬衰,民間每疋價值三百千,無鬻者,乃冒法買官馬從軍,天祚知而不能禁,亦未常以蹄蹴頒將士。後鬻官馬爲	《文獻通考·四夷考》:舊有馬數千群,群以千計,皆良馬也。上世常擇三萬匹,歲牧於雄、滄兩境之間,謂之南征馬,意夸示中國。及金人入寇,民馬衰,每匹價至三十萬,無鬻者,官馬雖多,未嘗以頒將士。延禧入夾山之後,有司悉以群牧獻於金人,唯松漠以北者爲大石林牙所有③。

---

① 舊題劉忠恕:《裔夷謀夏録》卷一,黃寶華整理,《全宋筆記》第五編第 1 册,大象出版社,2012 年,第 85 頁。

② 《契丹國志》卷一〇《天祚皇帝上》,賈敬顏、林榮貴點校,中華書局,2014 年,第 126 頁。

③ 馬端臨:《文獻通考》卷三四六《四裔考·契丹下》,中華書局,2011 年,第 9613 頁。

續表

《遼史·食貨志》	《裔夷謀夏録》	其他參照文本
爲金所敗。棄衆播遷，以訖于亡。松漠以北舊馬，皆爲大石林牙所有。	浸多，遇游畋時，復以南征之馬充數，馬政大壞。洎入夾山，有司悉以群牧獻之金人，唯松漠以北者悉爲大石林牙所有①。	

如上表所示，《遼史·食貨志》兩段記載與《裔夷謀夏録》《契丹國志》《文獻通考》大致相同，然具體文本細節卻互有參差，《食貨志》顯然並非直接源出於此三者中的任意一書，而是與諸書有着共同的史源。如本書附録一所示，汪藻《裔夷謀夏録》《契丹國志》皆曾大量摘録史愿《金人亡遼録》（簡稱《亡遼録》），兩書雷同者多可斷定出於此書②。馬端臨著《文獻通考·四裔考》契丹部分，乃據宋朝三部《國史·契丹傳》縮略而成，其中遼末內容當出《四朝國史》③，而《四朝國史》相關部分的最初源頭亦爲《亡遼録》。總之，上引記載實皆可追溯到史愿《亡遼録》一書。由此可知，《亡遼録》不僅是《遼史·天祚皇帝紀》的重要史源，還可能構成散見於志、傳的遼末史事的來源。

（三）《契丹國志》。《食貨志》"征商之法"（第 1031 頁）有云："太宗得燕，置南京，城北有市，百物山偫，命有司治其征；餘四京及它州縣貨産懋遷之地，置亦如之。"《契丹國志·四京本末》"南京太宗建"下稱"大內壯麗，城北有市，陸海百貨，聚于其中"④，與《遼

---

① 《裔夷謀夏録》卷一，第 94 頁。
② 參本書附録一《有關〈裔夷謀夏録〉諸問題的新考索》。
③ 參見顧宏義、鄭明：《宋國史契丹傳考略》，《遼金史論集》第十三輯，中國社會科學出版社，2013 年，第 160—163 頁。
④ 《契丹國志》卷二二《州縣載記·四京本末》，第 241 頁。

史》"城北有市,百物山偫"一語行文相類。按《國志》此條所在整段記載實出自許亢宗《宣和乙巳奉使金國行程録》①,所記乃遼亡前夕燕京之情形,元末史官輾轉抄撮,未審其源,以其爲太宗建京時事,而稱"命有司治其征"以爲諸京效法云云,恐係臆測。就《遼史》本身而言,關於征收商税的記載始見於聖宗朝,確切源頭尚待詳考。

在上引文之後,"征商之法"還有一段文字與《契丹國志》關係密切:"雄州、高昌、渤海亦立互市,以通南宋、西北諸部、高麗之貨,故女直以金、帛、布、蜜、蠟、諸藥材及鐵離、靺鞨、于厥等部以蛤珠、青鼠、貂鼠、膠魚之皮、牛羊駝馬、毳罽等物,來易於遼者,道路繦屬。"此段記載並無直接現成可考之史源,但從劃綫部分的同源文本還是可以找到突破口。《國志·四至鄰國地里遠近》記載了遼周邊諸國的道里物産,其中熟女真國條稱:"居民等自意相率賫以金、帛、布、黃蠟、天南星、人參、白附子、松子、蜜等諸物,入貢北番;或只於邊上買賣,訖,却歸本國。"②其中所記女真入貢遼朝之物正與《食貨志》相合,惟後者以"諸藥材"統稱"天南星、人參、白附子、松子"③。同時,《國志》同卷記靺鞨國"惟以細鷹鶻、鹿、細白布、青鼠皮、銀鼠皮、大馬、膠魚皮等與契丹交易",鐵離國"惟以大馬、蛤珠、鷹鶻、青鼠、貂鼠等皮、膠魚皮等物與契丹交易",于厥國"惟以羊、

① 此承王岩君提示,謹申謝忱。許氏《行程録》原文作:"城北有三市,陸海百貨萃于其中"(崔文印箋證:《靖康稗史箋證》卷一《宣和乙巳奉使金國行程録箋證》,中華書局,2010年,第7頁),《大金國志》引文與《契丹國志》同,皆作"城北有市"(崔文印校證:《大金國志校證》卷四〇,中華書局,1986年,第560頁)。按兩《國志》乃同一時期商賈所作,知其所據《行程録》文本此處當脱"三"字。

② 《契丹國志》卷二二《州縣載記》,第237頁。

③ 按中華書局《遼史》原點校本此句點斷作"女直以金、帛、布、蜜、蠟諸藥材",近出之修訂本改作"女直以金、帛、布、蜜蠟、諸藥材",皆因未注意到《契丹國志》的相關記載而有所差誤,當依文義將"蜜""蠟""諸藥材"分别斷開。

馬、牛、駝、皮、毛之物與契丹交易"①。對比可知,《食貨志》所記
"鐵離、靺鞨、于厥等部"與遼貿易之物即由此簡化概括而來。《四
至鄰國地里遠近》與上面所論《四京本末》同處《國志》卷二二《州
縣載記》之中,且前後相繼,正便於元末史官採摭②。

綜上所述,《遼史·食貨志》並沒有遼金時代的現成文本作爲
獨立史源,而是元末史官對舊史紀、志、傳及宋代文獻進行分類雜
抄的産物。其基本編纂方法爲:根據材料狀況,將遼朝經濟分爲七
類,每類以舊史本紀的編年記事構成主體骨架,以列傳、志及南朝
文獻爲點綴填充,加以雜糅拼合。換句話説,這篇志文純粹是元末
新作的一篇二手文獻,不宜貿然引據以證遼朝史實,其中的史料需
要仔細考辨甄別方可利用。尤須注意的是,在舊史不足徵的情況
下,元人慣以抄撮南朝文獻充湊篇帙,而在自作序文及具體行文中
又多諱言於此,治史者斷不可因昧於文獻源流而以其爲遼金舊文。

第二節　錯謬例析

在《遼史·食貨志》的撰作過程中,元朝史官將原本散見舊史
及南朝文獻的史料雜抄匯總、分門別類,事實上是對遼代經濟史的
一次重新間架與結構。從結果看,這樣的編纂工作實在難稱精善,
遺留下了各種各樣的問題,既包括具體史料編排層面,亦涉及總體
敘述框架層面。其中前者數量較多,可由以下諸端見之。

(一)繫年錯誤,敘述混亂。

---

① 《契丹國志》卷二二《州縣載記》,第 238、239 頁。
② 《契丹國志》卷二六《諸蕃記》"高昌國"條稱其與契丹"亦有互市",與《遼史·食貨志》"雄州、高昌、渤海亦立互市"一語行文類似,未知其間是否存在源流關係。

　　此類問題最爲普遍。如會同八年"駐蹕赤山"云云後，接以"是年，詔徵諸道兵，仍戒敢有傷禾稼者以軍法論"（第1026頁），然覈諸本紀，此事實在會同九年七月。同頁下文稱"保寧七年，漢有宋兵，使來乞糧，詔賜粟二十萬斛助之"，而紀分記在保寧八年十二月及九年三月。又云（第1027頁）："太平初幸燕，燕民以年豐進土產珍異。上禮高年，惠鰥寡，賜酺連日。"而此事實在太平五年，似非"太平初"。同頁"興宗即位，遣使閱諸道禾稼，是年，通括户口"云云，按紀"遣使閱諸道禾稼"在重熙二年，而"通括户口"則在重熙八年。等等。

　　最能體現這種錯亂的莫過於群牧類下的一段記載（第1034頁）：

　　　　咸雍五年，蕭陶隗爲馬群太保，上書猶言群牧名存實亡，上下相欺，宜括實數以爲定籍。厥後東丹國歲貢千疋，女直萬疋，直不古等國萬疋，阻卜及吾獨婉、惕德各二萬疋，西夏、室韋各三百疋，越里篤、剖阿里、奧里米、蒲奴里、鐵驪等諸部三百疋；仍禁朔州路羊馬入宋，吐渾、党項馬鬻于夏。以故群牧滋繁，數至百有餘萬，諸司牧官以次進階。自太祖及興（道）宗垂二百年，群牧之盛如一日。

此段開首記道宗咸雍間"群牧名存實亡"之事，接以"厥後"諸國貢馬，以致"群牧滋繁"，扭轉頹勢，終於二百年"盛如一日"之歎[1]，構

---

[1] 末句今傳《遼史》諸本皆作"自太祖及興宗"，點校本及修訂本並無校記，然頗疑此"興宗"當爲"道宗"之誤。按自阿保機即契丹可汗位之907年至興宗駕崩之1055年，總計不足一百五十年，去二百之數遠甚，若益以道宗在位之四十六年，則恰爲"垂二百年"；且此段開首即稱道宗咸雍之號，而此段後緊接"天祚初年"云云，則其間不可斷自興宗。

成一個看似完整的敘述鏈條。然細審諸國貢馬之事,實多在道宗以前。如"東丹國歲貢千疋"本自《耶律倍傳》,所記乃遼朝初年之事,而東丹國早在世宗天祿五年(951)即已名實俱亡①;"女直萬疋"則指聖宗統和二十八年(1010)"女直進良馬萬匹"事②;阻卜貢馬二萬,在興宗重熙十七年③;"越里篤、剖阿里、奧里米、蒲奴里、鐵驪等諸部三百疋",在聖宗開泰七年(1018)④;"仍禁朔州路羊馬入宋"在重熙八年⑤;禁"吐渾、党項馬鬻于夏"又在重熙十一年⑥。這些道宗以前不同時段的記載統統被勉强作爲咸雍以後扭轉馬政局面的原因,其間的顛亂無倫恐已不能簡單地視作無心之誤,頗讓人懷疑此乃史官爲證成其關於遼朝馬政發展脉絡的判斷而有意羅織。

(二)雜糅史料,記事重出。元修《遼史》乃抄撮各種資料而成,不同史源所記同一人名、地名、部族名,用字時有差異,元朝史官於編纂之際常因未及明辨而將不同史源中的同一事迹重複記録,傅樂焕先生稱此爲"《遼史》複文",並作過舉例研究⑦,這一現象在雜抄而成的《食貨志》亦有反映,只不過前人因未明該其源流脉絡而有所忽略。

《食貨志》開首農穀類下記太宗會同間賜諸石烈農田事口(第1026頁):"以烏古之地水草豐美,命甌昆石烈居之,益以海勒水之善地爲農田。三年,詔以諧里河、臚朐河近地,賜南院歐菫突呂、乙

---

① 參見康鵬《東丹國廢罷時間新探》,《北方文物》2010年第2期。
② 《遼史》卷一五《聖宗紀六》,第184頁。
③ 《遼史》卷二〇《興宗紀三》,第273頁。
④ 《遼史》卷一六《聖宗紀七》,第205頁。
⑤ 《遼史》卷一八《興宗紀一》,第249頁。
⑥ 《遼史》卷一九《興宗紀二》,第260頁。
⑦ 傅樂焕:《遼史複文舉例》,收入《遼史叢考》,中華書局,1984年,第286—313頁。

斯勃、北院温納何剌三石烈人，以事耕種。”

　　按《太宗紀下》會同二年十月丁未：“上以烏古部水草肥美，詔北、南院徙三石烈户居之。”會同三年八月“丙辰，詔以于諧里河、臚朐河之近地，給賜南院歐菫突吕、乙斯勃，北院温納何剌三石烈人爲農田。”①從臚朐河與烏古部的大致位置及南、北院三石烈的記載判斷，此處獲賜農田的歐菫突吕、乙斯勃、温納何剌當即前年十月丁未所稱遷居烏古部的“三石烈”。類似的記載出現在《營衛志·部族下》，其中五院部條云：“甌昆石烈。太宗會同二年，以烏古之地水草豐美，命居之。三年，益以海勒水之地爲農田。乙習本石烈。會同二年，命以烏古之地。”六院部條下稱：“斡納阿剌石烈。會同二年，命居烏古。三年，益以海勒水地。”②其中五院、六院分别對應《太宗紀》所稱北院、南院，從審音勘同的角度，《營衛志》之“甌昆”、“乙習本”、“斡納阿剌”當即本紀之“歐菫”、“乙斯勃”、“温納何剌”，而“海勒水”當即“諧里河”③。譯名的差異正反映出史源的不同，如前所述，《營衛志·部族下》所記各部族具體情況出自耶律儼《皇朝實録·部族志》，故知以“甌昆”、“海勒水”爲代表的一組譯名當本耶律儼書，與此相對的“歐菫”、“諧里河”則源出陳大任《遼史》。

　　綜合上引《太宗紀》《營衛志》所記可知，此事梗概當爲會同二年三石烈奉命居於烏古之地，次年增以海勒水（諧里河）之地。以此回看《食貨志》之記載，不難發現其中的問題：遷居烏古之地的三

------

① 《遼史》卷四《太宗紀下》，第 50、52 頁。
② 《遼史》卷三三《營衛志下》，第 426、427 頁。
③ 諧，匣母皆韻二等開口；海，曉母咍韻一等開口。中古漢語向近代漢語轉變過程中，全濁生母匣母出現清化現象，當可與次清生母曉母勘同。《太宗紀》作“于諧里河”，首字疑係衍文。

個石烈縮減爲一個,而甌昆(歐堇)石烈被兩次被賜以海勒水(諧里河)附近的農田。個中緣由當是元人在編纂過程中對耶律儼《部族志》及陳大任本紀有關部族農墾的記載進行了雜糅,卻因不明史源之同名異譯,並未意識到二者所指本爲一事,終致疊床架屋、重複記錄。

(三)拼合失當,貽誤後人。《食貨志》既爲雜抄,其間自然常常出現拼接不當的情況,給讀史者帶來諸多干擾。最典型的當屬關於所謂遼代"二稅户"的記載。

《食貨志》記載賦税之制,曾依次引用聖宗統和中耶律昭進言、太平七年詔書及統和十五年招募耕民之制,分述遼代所謂公田、官閑田、私田之制(第 1028 頁)。之後緊接一段關於頭下軍州賦分二等的記載:"各部大臣從上征伐,俘掠人户,自置郛郭,爲頭下軍州。凡市井之賦,各歸頭下,惟酒税赴納上京,此分頭下軍州賦爲二等也。"其下復稱"先是,遼東新附地不榷酤,而鹽麴之禁亦弛,馮延休、韓紹勳相繼商利,欲與燕地平山例加繩約,其民病之,遂起大延琳之亂",馮、韓二人征税致大延琳亂在統和九年,此後所載皆爲統和間事。此段有明確紀年者皆在聖宗朝,這樣的敘述結構給人很容易造成一種印象:其間有關頭下軍州賦分二等的制度也是聖宗朝方纔出現的。很長一段時間裹,此種印象成爲史家研究遼金"二稅户"時的一個重要切入點,由此衍生出從遼初頭下户向聖宗以後二稅户的轉變成爲關於該項制度的一種主流歷史敘述①。

其實如果弄清了《食貨志》的文本來源和生成過程,我們很容易斷定,這一段記載乃是元朝史官將原本散見於舊史紀、志的零星

---

① 代表性成果如陳述:《契丹社會經濟史稿》,第 75—79 頁;張博泉:《遼金"二稅户"研究》,《歷史研究》1983 年第 2 期;陳衍德:《試論遼朝的賦税制度》,《中國社會經濟史研究》1994 年第 3 期等。

記載拼湊的結果，其間的邏輯關係和敘述順序全非遼人之舊。上節已經指出，關於頭下軍州的記載實轉抄自舊史《地理志》，原本並無明確的時間斷限，所記當爲各州初建時的總體情況，未必始於聖宗一朝。研究遼朝二稅户，應該完全摒棄《食貨志》二手記載的干擾，纔可能取得新的突破。

以上三者主要是《食貨志》所記具體史料所存在的典型問題，它們都是元朝史官在原始資料中尋章摘句、分類雜抄的結果。比起這些具體問題，更值得警惕的是，元人在編纂過程中不僅會進行剪刀加漿糊的工作，還對遼代社會經濟史提出了一些框架性、脉絡性的宏觀判斷。這些判斷混雜在史料的剪裁之中，往往被後人誤視爲原始材料加以引用，影響不容小覷。

首先需要指出的是，《食貨志》的整體編排框架全出元人之手，與遼朝當時的經濟發展和立國之本格格不入。最突出的例子莫過於，該志共分七類，首列"農穀"，而以"群牧"殿於最末，且"農穀"篇幅最巨，占全志近一半内容，這樣的編排精神顯然與始終保持游牧帝國屬性、兼顧農牧的契丹王朝相去懸遠。早在上世紀三十年代末就有日本學者指出，《遼史·食貨志》透露出濃厚的重農思想[1]，現在看來，該志所反映的應該完全是元末漢人史官的觀念，根本無法體現遼人對於當時經濟狀況的理解。

接着來看元朝史官有關遼朝經濟發展脉絡的判斷：（一）遼之農穀至道宗朝爲盛。（二）遼朝自太祖任韓延徽始收租賦，太宗始籍五京户丁。（三）遼之田制租賦分公田制、官閑田制、私田制。（四）天祚時賦斂既重，交易法壞，財日匱而民日困。（五）遼之鹽

---

[1] 穗積文雄：《遼史食貨志に見はれたる経済思想》，京都法學會編《經濟論叢》49卷6號，1939年12月，第75—87頁。

法,始自太祖領古漢城,佔鹽池之利。(六)遼之坑冶始自太祖吞併室韋。(七)遼之錢幣至聖宗朝大盛,至道宗末年、天祚時耗費殆盡,鼓鑄仍舊,國用不給。(八)遼之群牧至聖宗時因畜養得法,數不勝算,至道宗咸雍時名存實亡,後因諸國朝貢而扭轉恢復,至天祚朝方壞。除二、三兩條皆爲賦稅之制外,其餘諸條與《食貨志》六大分類一一對應,換句話說,每一條似皆可看作元人對遼朝各類經濟情況的總括或引言。不過仔細玩味,這些評說、判斷多經不起推敲。

以上評述存在的問題可大致分爲四類。其一,舉證錯亂。如第一條,元朝史官得出如此斷語之前,所舉例證爲:"道宗初年,西北雨穀三十里,春州斗粟六錢。時西蕃多叛,上欲爲守禦計,命耶律唐古督耕稼以給西軍……以馬人望前爲南京度支判官……"然按本傳,耶律唐古任職乃聖宗時事,而馬人望則在天祚朝,兩大論據皆與道宗無關,所謂"農穀至道宗朝爲盛"自成無源之水、無本之木。再如第八條,前文已述,其中所依託的材料時序混亂,由此勾勒的遼代群牧變化軌跡純屬自欺欺人。其二,溯源疏失。如第二條、第五條、第六條皆涉及某項制度的起始時間,元人言之鑿鑿,然其依據無非只是在史源中覓得一二時代較早的相關記事。這樣的概括方法,自然難免掛漏,如第六條所記冶鐵之術,據今本《太祖紀贊》,太祖之父撒剌的已稱"始置鐵冶"①。另外兩條皆據中原文獻所記個別傳聞,全無遼方文獻作爲支撐。其三,綫性敘述。如第四、七、八諸條,各項制度皆是始自太祖、太宗,聖宗臻於極盛,延及興宗、道宗,至天祚崩壞,用如此簡單劃一的邏輯解釋遼代兩百年間複雜的制度演變,除史料匱乏的原因外,更多的恐怕還是綫性思

① 《遼史》卷二《太祖紀下》,第 26 頁。

維在作怪。其四，以偏概全。如第三條，所謂公田、官閑田、私田云云，皆不見於遼代文獻，元人僅據舊史所見個別單一記載即妄下斷語，全無旁證可言，如此概括和劃分的準確性自然值得懷疑。

　　元末分修三史，以《遼史》可據原始資料最寡，而成書最速。執筆諸公爲求篇幅、規模之可觀，時常不得已抄撮雜糅、充湊塞責，故其間錯漏、疏失可謂俯拾即是，《食貨志》只是問題相對集中、突出的一篇罷了。本節所論自無苛求古人之義，只是希望通過不同角度的批判，提醒今人面對這樣的二手文本時應格外警惕，更審慎地看待其中呈現出的材料與史觀：與其將其當作一篇關於遼朝社會經濟的原始資料，毋寧視之爲元朝史官在時過境遷之後的一種觀感和追述。

第三節　　文獻價值

　　作史之難，首在志書，而諸志之難，又以食貨爲最，蓋因其關涉一代國計民生，非切近當時、洞明世事者莫能爲之。《食貨志》昉自《漢書》，魏晉諸史多難繼作，至唐以後方固化爲歷代官修正史的必要構件，並逐漸形成一種制度性的規範與約束。職是之故，奉敕執筆者多距勝朝未遠，其資料來源亦多本自所述對象當時之紀傳體國史亦或政書。較典型者如石晉修《舊唐書・食貨志》即出唐人蘇冕《會要》、崔鉉《續會要》①；元修《宋史・食貨志》乃以宋朝四部國史《食貨志》刪削連綴②，《金史・食貨志》則據由金入元之史官王

---

① 參見謝保成《〈舊唐書〉的史料來源》，《唐研究》第 1 卷，北京大學出版社，1995 年，第 364 頁。

② 參見梁太濟《〈宋史・食貨志〉的史源和史料價值》，收入氏著《唐宋歷史文獻研究叢稿》，上海古籍出版社，2004 年，第 50—91 頁。

鶚所作《金史稿·食貨志》舊文修訂而成①；明初修《元史·食貨志》則出自元朝《經世大典·賦典》②。此類正史《食貨志》的敘述框架和核心觀念主要源出於當時官方史家之手，内容豐富充實，存在的錯誤和問題也相對較少。在這樣的視野下，《遼史·食貨志》就未免顯得頗爲另類：至正修史之時，上距遼亡已近二百二十載，既無遼金舊志可據，又迫於三史同時纂修、體例力求一致之背景，不得不勉力新作一篇。由此形成的志文，史料拼合多有舛誤、不足憑信，總體的敘述邏輯尤宜警惕乃至摒棄，其價值較其他正史《食貨志》自不可同日而語。

　　以上討論足以證明，曾被視作遼代社會經濟史研究基礎文獻的《遼史·食貨志》，事實上存在着諸多全局性、系統性的問題，遠不足以充當有遼一代二百餘年之食貨典志。那麼，這是否意味着這篇志文對於研究相關議題全無價值？我們究竟應該以怎樣的態度來看待和使用該志呢？

　　其實，答案就蘊藏在上文對於該志史源的分析之中。《食貨志》的主體内容出自耶律儼、陳大任二書，其間條目有溢出今本本紀者。這些内容又可劃爲兩類：其一，《食貨志》所記某一具體事目全然不見於今本，又顯非得自南朝文獻；其二，《食貨志》所記之事見於今本本紀，然志文加詳。經過逐條比勘，我們已將這兩類記載悉數篩出，按時序分別表列如下。

表 8-2：《食貨志》引舊史事目全然不見於今本者

1	（太祖）及征幽、蘇還，次于鶴剌濼，命取鹽給軍。自後濼中鹽益多，上下足用。

①　參見邱靖嘉《〈金史〉纂修考》，中華書局，2017 年，第 169—170 頁。
②　參見王慎榮《元史探源》，吉林文史出版社，1991 年，第 77—78 頁。

續表

2	聖宗乾亨間,以上京"云爲户"訾其實饒,善避徭役,遺害貧民,遂勒各户,凡子錢到本,悉送歸官,與民均差。
3	明年,詔以南、北府市場人少,宜率當部車百乘赴集。(按:約在統和三年至七年之間。)
4	又詔山前後未納税户,並於密雲、燕樂兩縣,占田置業入税。(按:約在統和十五年以後。)
5	開泰元年,詔曰:"朕惟百姓徭役煩重,則多給工價;年穀不登,發倉以貸;田園蕪廢者,則給牛、種以助之。"

表 8-3:《遼史・食貨志》引舊史本紀較今本加詳者

	本紀	《食貨志》
1	匀德實始教民稼穡,善畜牧,國以殷富。	皇祖匀德實爲大迭烈府夷離堇,喜稼穡,善畜牧,相地利以教民耕。
2	玄祖生撒剌的,仁民愛物,始置鐵冶,教民鼓鑄。	先代撒剌的爲夷離堇,以土産多銅,始造錢幣。
3	(唐天復元年)十月,授大迭烈府夷離堇。	太祖爲迭烈府夷離堇也,懲遥輦氏單弱,於是撫諸部,明賞罰,不妄征討,因民之利而利之,群牧蕃息,上下給足。(按:《兵衛志序》與此合。)
4	(天贊元年十月)詔分北大濃兀爲二部,立兩節度使以統之。	以户口滋繁,糾轄疏遠,分北大濃兀爲二部,程以樹藝,諸部效之。(按:《兵衛志序》略同。)
5	(會同元年)三月壬戌,將東幸,三剋言農務方興,請減輜重,促還朝,從之。	太宗會同初,將東獵,三剋奏減輜重,疾趨北山取物,以備國用,無害農務。
6	(應曆二年)九月甲寅朔,雲州進嘉禾四莖,二穗。	應曆間,雲州進嘉禾,時謂重農所召。
7	(統和元年)九月癸丑朔,以東京、平州旱、蝗,詔振之。	聖宗乾亨五年詔曰:"五稼不登,開帑藏而代民税;螟蝗爲災,罷徭役以恤饑貧。"

	本紀	《食貨志》
8	（同上月）南京留守奏，秋霖害稼，請權停關征，以通山西糴易，從之。	燕京留守司言，民艱食，請弛居庸關稅，以通山西糴易。
9	（統和四年正月）丙子，樞密使耶律斜軫、林牙勤德等上討女直所獲生口十餘萬、馬二十餘萬及諸物。	樞密使耶律斜軫討女直，復獲馬二十餘萬，分牧水草便地，數歲所增不勝算。
10	（八月）己未，用室昉、韓德讓言，復山西今年租賦。	政事令室昉亦言，山西諸州給軍興，民力凋敝，田穀多躪於邊兵，請復今年租。
11	（六年八月）大同軍節度使耶律抹只奏今歲霜旱乏食，乞增價折粟，以利貧民。	六年，霜旱，災民饑，詔三司，舊以稅錢折粟，估價不實，其增以利民。
12	（七年）詔雞壁砦民二百户徙居檀、順、薊三州。	徙吉避寨居民三百户于檀、順、薊三州，擇沃壤，給牛、種穀。
13	（十三年）十月乙亥，置義倉。	十三年，詔諸道置義倉。歲秋，社民隨所穫，户出粟庤倉，社司籍其目。歲儉，發以振民。
14	（二十三年）二月丙戌，復置榷場於振武軍。	二十三年，振武軍及保州並置榷場。
15	（太平七年）六月，禁諸屯田不得擅貨官粟。	太平七年詔，諸屯田在官斛粟不得擅貸，在屯者力耕公田，不輸稅賦。
16	（重熙八年）六月乙丑，詔括户口。	通括户口，詔曰："朕於早歲，習知稼穡。力辦者廣務耕耘，罕聞輸納；家食者全虧種植，多至流亡。宜通檢括，普遂均平。"
17	（九年十二月）詔諸犯法者，不得為官吏。諸職官非婚祭，不得沉酗廢事。	禁諸職官不得擅造酒糜穀；有婚祭者，有司給文字始聽。

　　以上二表所見條目當出自遼、金舊史本紀，爲元人纂修今本時所刪汰。由此看來，《食貨志》所載具體史事的最大價值在於鈎稽本紀舊本之佚文，以及了解元朝史官編纂本紀過程中對舊史的筆削力度。類似的情況還適用於考察《遼史》的其他部分，如《百官志》《遊幸表》《部族表》《屬國表》等篇什，皆係元人主要依據舊史本紀新作的二手文本，其價值的高低亦全在於保存舊紀佚文的多少。用這樣的標準來衡量，《食貨志》所存舊紀數量實在少得可憐，特別是與其中存在的錯謬相比，不得不說，該志恐怕是《遼史》諸志中史料價值最下乘者。

　　本章的核心工作事實上是將《遼史・食貨志》這一在以往研究中居於核心地位的文本，拆解、還原成遼金舊史及南朝文獻中零散的遼朝社會經濟史料。既然《食貨志》的主要價值僅在於保存零星佚文，那麼我們在利用其研治遼代經濟史時，就只能將之與今本《遼史》其他部分所見食貨內容等量齊觀，都不過是對某一局部、具體史事的記錄；既然現存文獻中並沒有出自當時或鄰近時代史家的可靠的系統性敘述，我們就只能跳出元修《遼史》的既有框架，另起爐灶，重新梳理《遼史》所記零散食貨資料，全面蒐羅出土遼代漢文、契丹文石刻及宋元文獻，借鑒經濟學、民族學等相關學科的研究成果，努力去探尋一條全新的闡釋脉絡。

第九章　"西遼事迹"

第一節　問題緣起:作爲史料抑或文本的"西遼事迹"

十二世紀初葉,立國兩百年之久的契丹遼王朝瀕臨覆滅。值亡國之際,契丹勛舊耶律大石率衆西遷中亞,開疆拓土,稱帝建國,延續遼(契丹)之國號,後世漢文典籍稱其爲"西遼",穆斯林文獻則名之曰"哈喇契丹"。西遼王朝八十餘年的統治,不僅是中亞歷史發展的一大關節,也是亞歐大陸東西不同文明一次空前規模的交匯與碰撞,因此西遼史研究也歷來受到各國學界的普遍重視。儘管有關西遼歷史的諸多記載散見於波斯文、阿拉伯文、亞美尼亞文等不同語種的文獻,但中外史家早有共識,其中最爲系統的核心文獻還在於漢文史籍,尤其是元修《遼史》卷三〇《天祚皇帝紀四》所附"西遼事迹"①——這篇文獻不僅詳細描述了耶律大石離開遼朝、北走西征、取威定霸的經過,還依次記載了其後歷代西遼君主

---

① 由於這篇文獻在《遼史》中僅爲《天祚皇帝紀》附録而無專名,故後世對其稱謂亦多歧異,如作"西遼附録""耶律大石傳""西遼始末""西遼事迹"云云。相較之下,後者似乎更加切近文本內容,既暗合遼人以"事迹"爲史傳命名之慣例,同時又與元末修史將王朝覆滅後流亡政權殿於帝紀之末的初衷不相違背,故本書權採此説。

的具體名諱、在位年限及其他基本情況，事實上構成了迄今爲止西遼史研究的主體骨架，其他各類資料只是對它的補充和修正。

　　然而，作爲核心文獻的“西遼事迹”却又存在着顯著的問題，給研究者帶來了無盡的困擾。其一，紀年混亂。將該傳所記史事與其他漢文、穆斯林文獻對比可知，其中叙述多有淆亂、舛誤，且傳文本身前後齟齬，自相矛盾。自清人錢大昕以降，治西遼史者都必須首先面對並嘗試理清其紀年問題，但由於史料本身的限制，結論往往難得確證，以致衆説紛紜，莫衷一是①。其二，史源不明。由於元修《遼史》的主要史源遼耶律儼《皇朝實録》、金陳大任《遼史》成書都遠早於西遼亡國之時，不可能涵蓋西遼事迹的全部内容；再者，從長期與西遼對峙的金、宋兩朝有關記載來看，它們對於西遼的情況相當隔膜，絶大部分都是些捕風捉影的傳聞，並没有多少確切的訊息；同時，“西遼事迹”所記録的諸多具體史事又顯然有着相當可

---

① 參見錢大昕《十駕齋養新録》卷八《西遼紀年》，楊勇軍整理，上海書店出版社，2011年，第164—166頁。其後與此問題相關的中文研究主要包括汪遠孫：《西遼紀年表》，收入《二十五史補編》，中華書局，1955年；丁謙：《西遼立國始末考》，《古學彙刊》本，1912年；唐長孺：《耶律大石年譜》，《國學論衡》第1卷第7、8期，1936年，收入《山居存稿三編》，中華書局，2011年；胡秋原：《耶律大石新傳——附西遼年表》，《大陸雜誌》17卷6期，1958年；周良霄：《關於西遼史的幾個問題》，《中華文史論叢》1981年第3輯；陳得芝：《耶律大石北行史地雜考》，《歷史地理》第2輯，上海人民出版社，1982年；魏良弢：《西遼史研究》，寧夏人民出版社，1987年；張敏：《關於西遼紀年的幾個問題》，《遼金契丹女真史研究》1986年第2期；余大鈞：《耶律大石創建西遼帝國過程及紀年新探》，《遼金史論集》第1輯，上海古籍出版社，1987年；柴平：《耶律大石北奔年代考》，《歷史研究》1994年第6期；紀宗安：《西遼史論·耶律大石研究》，新疆人民出版社，1996年等。國外學者研究參見布萊資須納德（E. Bretschneider）著，梁園東譯注：《西遼史》，中華書局，1955年；巴托爾德（W. Barthold）：《蒙古入侵時期的突厥斯坦》，張錫彤、張廣達譯，上海古籍出版社，2011年；羽田亨撰，馮家昇譯：《西遼建國始末及其紀年》，《禹貢半月刊》5卷7期，1936年；Karl Wittfogel & Feng Chia-sheng, *History of Chinese society : Liao*, (*907–1125*), New York, 1949；Michal Biran, *The Empire of the Qara Khitai in Eurasian History*, New York, 2005。

靠的文本來源,絕非面壁虛構,但在現存文獻中却似乎難覓踪迹。

更要緊的是,上述兩者在實際研究中往往交織在一起,愈發令這篇文獻顯得撲朔迷離。一方面,由於史源不明,文本中的混亂錯訛無法從根本上得到解釋,研究者或對其成因避而不談,或只能加以模糊的推測。如周良霄認爲"《遼史》現有的有關西遼的資料,大概是元朝人所陸續搜集的,但時間久、相去遠,很多情況隔膜",其中"關於大石西征記載之訛錯失實,也不是不可理解的事"①;魏良弢則稱這篇傳記"極有可能是蒙古軍隊占領巴拉沙袞時,從西遼王朝的史官那裏,或者確切些説是從屈出律的史官那裏直接取走,正像他們從臨安取走南宋史館的材料一樣","所遺憾者,元朝修《遼史》者對之剪裁過多,拼綴又不謹慎細密,致使這個'始末'矛盾很多,錯誤不少,爲後人研究西遼史留下了許多困難"②。前者將"西遼事迹"的問題歸咎於元人陸續搜集,時空距離過於久遠,後者則認爲此係蒙古軍隊得自西遼宮廷,但因元末修史剪裁粗疏所致。

另一方面,由於此篇記載存在種種錯亂,研究者不得不對其來源更加心存疑慮,無法充分發掘其中的史料價值,甚至加以全盤否定。如西人伯希和即認爲"漢文史料中有關耶律大石西征、在西方的統治及其繼任者的記載並不十分可信",因爲金朝在很長一段時間裏並不清楚耶律大石的動向,他們的記載很少能得到穆斯林文獻的證實,在他們那裏"哈喇契丹的建立者已經成爲一個傳奇人物,我們在《遼史》中看到的很可能是一個充滿浪漫主義色彩的傳記,或多或少地虛構了統治者們的名字、年號以及不實的紀年"③。

---

① 周良霄:《關於西遼史的幾個問題》,第253—254頁。
② 魏良弢:《中國歷史·哈喇汗王朝史 西遼史》,人民出版社,2010年,第210—211頁。
③ Paul Pelliot, *Notes on Marco Polo*, Paris, 1959-73, vol 1: pp. 223-224.

近年來致力於西遼史研究的西方學者彭曉燕（Michal Biran）對此觀點提出了明確質疑，她認爲"這篇編年史的内容遠非'浪漫'所能概括"，其中所述人名、官稱及人口統計這樣獨特的具體内容表明這段編年史至少有一部分是基於某些幸存的書面文件；但同時她也不得不承認，"至於這些文件是怎樣的形態，產生於何地，在哈喇契丹亡國至遼史編纂的一百多年間在何處、如何保存下來以及其中編年框架被打亂的方式和原因，這些問題目前都是無法回答的"①。

　　長期以來，以上問題一直構成西遼史研究的重大疑難和主要瓶頸，這當然根源於《遼史》"西遼事迹"這篇文獻本身的狀況，但同時亦與治史者對待這篇文獻的研究取向不無關聯。綜觀前人關於"西遼事迹"的研究，隱約可以看出一種共同的傾向，即將這篇問題文獻視作"史料"的集合，有意無意地將其拆解成一條條支離破碎的材料，進而徵諸其他各種文獻，對每條材料作出非此即彼的正誤判斷，實與不實、是與不是成爲去取予奪的惟一標準，認爲正確的即行採用，錯誤的或解釋不了的便置之不顧，最終編織成有關這段歷史的全新敘述，而這篇文獻作爲"史料"（治史資料、敘史材料）的任務即告完結。這似乎是以往史料考證的通行做法，但其中或許存在某些不易察覺的缺陷，那就是對這篇文獻本身所具備的"文本"特徵關注、省思不足，尤其是並未重視該文獻的内在結構、敘述邏輯、來龍去脉，使得文本的獨立性、連貫性、整體性遭到不同程度的遮蔽與破壞，而這些特徵實際上正是"西遼事迹"呈現出種種問題的癥結所在。有鑒於此，本章擬將這篇核心文獻作爲一整體文本，而非若干史料的堆砌，順着原本的文義進行閱讀，看看它自身想要告訴我們什麽，而不貿然加以切割、肢解。在此過程中，希望能重

---

① Michal Biran, *The Empire of the Qara Khitai in Eurasian History*, pp. 4-5.

點關注文本的邏輯脉絡與叙述縫隙,釐清它的結構、特點和存在的問題,進而結合蒙古西征前後東方帝國與中亞世界信息流通空前發展的時代背景,對"西遼事迹"的文本源流問題作一嘗試性的解答。

第二節　"西遼事迹"的文本結構與叙述邏輯

與前人孜孜於對"西遼事迹"所述具體史事加以逐一考訂不同,我們首先關注的是文本的整體結構。通覽全文可知,這篇傳記明顯可以劃分爲兩個不同的部分,第一部分始自首段耶律大石身世,終於康國元年三月東征失敗,大石感嘆"皇天弗順,數也";第二部分從"康國十年歿"始,直至全文末尾"直魯古死,遼絶"①。

之所以會有上述劃分,主要基於以下兩方面理由:其一,二者所記内容、詳略程度、叙述風格全然不同。前者述大石創業經過,開首記其身世背景,之後逐年記事,往往詳載大石之言論,全文在語義、邏輯上關聯密切,前後多有照應(説詳下文),且文字鋪張鮮活,脉絡通暢。後者則主要交代西遼三宗兩后的在位年限、廟號(尊號)、年號及少量基本史事,記載相對粗略、零散,没有針對某一年的詳細記事,至多是對一個時期或一歷史事件的籠統介紹,且全無記言,文辭簡省,稍顯生澀。其二,二者的時間綫索存在明顯抵牾。前者稱大石即位改元延慶,延慶三年改元康國;後者稱大石歿於康國十年,却又記載其在位凡二十年,兩者顯然不能同時成立。前人雖已注意到這一矛盾,却將其簡單解釋爲元朝史官粗疏致誤。在我看來,這一矛盾不是非此即彼的簡單關係,而是兩種不同性

---

① 《遼史》卷三〇《天祚皇帝紀四》附録,中華書局點校本修訂本,2016 年,第 401—404 頁。以下所引該文獻皆出於此,不復注明。

質、不同來源的材料被强行拼接在一起以後留下的縫隙與裂痕,實際上反映出"西遼事迹"前後兩部分在叙述邏輯、文獻性質、史料源流等方面的深層差異。接下來的論述將會就這兩部分内容分别加以研究,希望能對此文本的結構取得更爲深刻的認識。

讓我們首先從以往争論最多、疑竇叢生的紀年問題説起。"西遼事迹"除開首交代耶律大石身世、背景外,編年記事始於保大二年(1122):

> 保大二年,金兵日逼,天祚播越,與諸大臣立秦晋王淳爲帝。淳死,立其妻蕭德妃爲太后,以守燕。及金兵至,蕭德妃歸天祚。天祚怒誅德妃而責大石曰:"我在,汝何敢立淳?"對曰:"陛下以全國之勢,不能一拒敵,棄國遠遁,使黎民塗炭。即立十淳,皆太祖子孫,豈不勝乞命於他人耶?"上無以答,賜酒食,赦其罪。大石不自安,遂殺蕭乙薛、坡里括,自立爲王,率鐵騎二百宵遁。北行三日,過黑水,見白達達詳穩牀古兒。牀古兒獻馬四百,駝二十,羊若干。西至可敦城,駐北庭都護府,會威武、崇德、會蕃、新、大林、紫河、駝等七州及大黄室韋、敵剌、王紀剌、茶赤剌、也喜、鼻古德、尼剌、達剌乖、達密里、密兒紀、合主、烏古里、阻卜、普速完、唐古、忽母思、奚的、糺而畢十八部王衆,諭曰:"我祖宗艱難創業,歷世九主,歷年二百。金以臣屬,逼我國家,殘我黎庶,屠剪我州邑,使我天祚皇帝蒙塵于外,日夜痛心疾首。我今仗義而西,欲借力諸蕃,翦我仇敵,復我疆宇。惟爾衆亦有軫我國家,憂我社稷,思共救君父,濟生民於難者乎?"遂得精兵萬餘,置官吏,立排甲,具器仗。

此段依次記載了大石立耶律淳於燕,事敗後與淳妻蕭德妃逃歸天祚,遭天祚斥責不自安,殺人北走;途中得白達達獻禮;至可敦城,會七州十八部,發表演説,準備西征。既往研究者根據《遼史》其他部分及金、宋文獻中的零星記載,對這些史事的時間進行了逐一考證和推定,補充出其中並未提及的情節,如大石自燕京歸天祚應該在保大三年(1123)二月,之後四月東征被金人俘獲,九月逃歸;殺人北走當在保大四年(1124)(具體月份有争議);其會七州十八部之時間則在1124年(此爲目前學界主流觀點,尚有1129年、1130年諸説)。然而,研究者們似乎都忽略了一個簡單的事實:文本本身是將上述所有史事統統都繫於保大二年(1122)之下!

緊接着的兩段記載或許更能呈現出上述問題的連鎖效應:

明年二月甲午,以青牛白馬祭天地、祖宗,整旅而西。先遣書回鶻王畢勒哥曰:"昔我太祖皇帝北征,過卜古罕城,即遣使至甘州,詔爾祖烏母主曰:'汝思故國耶,朕即爲汝復之;汝不能返耶,朕則有之。在朕,猶在爾也。'爾祖即表謝,以爲遷國于此,十有餘世,軍民皆安土重遷,不能復返矣。是與爾國非一日之好也。今我將西至大食,假道爾國,其勿致疑。"畢勒哥得書,即迎至邸,大宴三日。臨行,獻馬六百,駝百,羊三千,願質子孫爲附庸,送至境外。所過,敵者勝之,降者安之。兵行萬里,歸者數國,獲駝、馬、牛、羊、財物,不可勝計。軍勢日盛,鋭氣日倍。至尋思干,西域諸國舉兵十萬,號忽兒珊,來拒戰。兩軍相望二里許。諭將士曰:"彼軍雖多而無謀,攻之,則首尾不救,我師必勝。"遣六院司大王蕭斡里剌、招討副使耶律松山等將兵二千五百攻其右;樞密副使蕭剌阿不、招討使耶律尤薛等將兵二千五百攻其左;自以衆攻其中。三軍俱進,忽兒珊大敗,僵屍數十里。駐軍尋思干凡九十日,回回國王來降,貢方物。

又西至起兒漫,文武百官册立大石爲帝,以甲辰歲二月五日即位,年三十八,號葛兒罕。復上漢尊號曰天祐皇帝,改元延慶。追諡祖父爲嗣元皇帝,祖母爲宣義皇后,册元妃蕭氏爲昭德皇后。因謂百官曰:"朕與卿等行三萬里,跋涉沙漠,夙夜艱勤。賴祖宗之福,卿等之力,冒登大位。爾祖爾父宜加卹典,共享尊榮。"自蕭幹里剌等四十九人祖父,封爵有差。

前人綜合金宋文獻記載,並根據二月有無甲午日的綫索,考證首段大石西征當在 1130 年[①],認爲所謂"明年"即指此,進而批評"西遼事迹"前文所記爲 1124 年之事,此處直接跳至 1130 年,却以一個模糊的"明年"相銜接,當是元人剪裁不當,導致記載不明。按照同樣的邏輯,根據《金史·太宗紀》天會九年(1131)九月"和州回鶻執大石之黨"的記載,判定文中所述致書畢勒哥、過回鶻國一事亦在 1130—1131 之間;接着又根據阿拉伯文獻阿西爾《全史》所記卡特萬(即上引文所稱尋思干附近)大戰的時間,認定首段所記尋思干之戰當在 1141 年九月。但更棘手的問題繼踵而至,引文第二段居然稱大石於"甲辰歲二月五日"即位,此甲辰歲指 1124 年,按照學者們的研究,此事當在 1131 年或 1132 年,此處不僅時間大大提前,更將其置於 1141 年尋思干之戰以後,實屬大謬。對於致誤之由,研究者們不得不再一次將其歸咎於元人修史時的疏忽大意。

然而,如果摒棄先入之見,順着文脉閱讀,我們不難發現上述文本内在的時間綫索:開首"明年二月甲午以青牛白馬祭天地、祖宗,整旅而西"實緊承上文保大二年(1122)大石大會諸部、準備"仗

---

① 持 1130 年説者包括梁園東、唐長孺、魏特夫、魏良弢、彭曉燕等,此外周良霄認爲當在 1131 年。

義而西"的説法,而再下一段明確稱"以甲辰歲(1124)二月五日即位……改元延慶",那麼中間一段所謂"明年"當然是指保大三年①。從"保大二年"到"明年"再到"甲辰歲",聯結緊密,過渡自然,且用詞亦不單調重複,顯然是精心打磨的結果,放在古書未加點斷的文本中,更覺渾然一體,眉目清晰。其中的叙述層次再明白不過:保大二年至四年,每年都是先述時間再行記事,耶律大石離天祚北走在1122年,西征在1123年,稱帝改元在1124年。毋庸諱言,這套叙述與後世史家將所記事件從文本語境中抽出、逐一考證的結果存在巨大的差異(參見表1),但這種差異呈現出明顯的整體性與系統性,換句話説,"西遼事迹"的上述文本具有連貫、獨立、自洽的内在邏輯。

表 9-1:"西遼事迹"文本與史實對照表②

文本		史實	
		考證結果	材料來源
保大二年(1122)	天祚責大石。	保大二年末大石脅蕭德妃自燕京奔天德軍,次年(1123)二月抵達,二日(丙戌)德妃被誅。十日(甲午)大石離天祚束征(此爲推測),赴奉聖州龍門阻擊金軍,四月被擒,同月爲金人嚮導,追擊天祚於青冢。九月亡歸天祚。	參酌《遼史·天祚皇帝紀三》;《三朝北盟會編》卷二一引《亡遼録》;《金史·太祖紀》天輔七年四月丁亥。

① 保大三年二月初十恰爲甲午日。揆諸史實,該月二日丙戌,蕭德妃被誅,疑此"二月甲午"或本爲大石離開天祚束赴奉聖州阻擊女真之日,而在"西遼事迹"的文本中却被書寫爲西征的起始。

② 按表中考證結果係筆者參合史料記載、前人研究,間以己見而成。具體學術史及考證過程容另文詳述。

文本		史實	
		考證結果	材料來源
	大石殺蕭乙薛北走。	或在甲辰歲(1124)二月五日。	《遼史·天祚皇帝紀三》;《三朝北盟會編》卷二七引《亡遼録》;《建炎以來繫年要録》卷一引《三國謀謨録》《兩國編年》等。
	三日後過黑水,見白達達。	丁未歲(1127),塔坦(韃靼)之馬不入金國,而又通好於大石林牙(此繫年存疑)。	《建炎以來繫年要録》卷一八一引李宗閔上書。
	至可敦城,置官吏,立排甲,具器仗。	1124年十月以前,已稱王於北方,署置南北面官僚。	《金史·太宗紀》天會二年十月戊辰;《金史·粘割韓奴傳》。
	會七州十八部,發表西征演説。	七州十八部名皆漠北部族,當在1130年以前。	
保大三年(1123)	二月甲午整旅而西。	天會八年(1130)末或次年(1131)春,金朝遣耶律余覩攻大石於可敦城,大石西走。	《金史·粘割韓奴傳》;《建炎以來繫年要録》卷四三紹興元年;熊克《宋中興紀事本末》卷一六等。
	致書回鶻王,過境卜古罕城。	1131年九月,和州回鶻執大石之黨。	《金史·太宗紀》天會九年九月己酉。
	尋思干戰忽兒珊。	在1141年。	伊本·阿西爾《全史》。

續表

文本		史實	
		考證結果	材料來源
保大四年延慶元年（1124）	西至起兒漫。		
	甲辰歲二月五日稱帝，改元延慶。	當在1132年，地點在葉密立。	據伊本·阿西爾《全史》所記大石卒年及"西遼事迹"後文所記在位年限推定。

上面的叙述邏輯在延慶三年的記載中得到了很好的延伸和收束：

> 延慶三年，班師東歸，馬行二十日，得善地，遂建都城，號虎思斡耳朵，改延慶爲康國元年。三月，以六院司大王蕭斡里剌爲兵馬都元帥，敵剌部前同知樞密院事蕭查剌阿不副之，茶赤剌部禿魯耶律燕山爲都部署，護衛耶律鐵哥爲都監，率七萬騎東征。以青牛白馬祭天，樹旗以誓于衆："我大遼自太祖、太宗艱難而成帝業，其後嗣君耽樂無厭，不恤國政，盜賊蠭起，天下土崩。朕率爾衆，遠至朔漠，期復大業，以光中興。此非朕與爾世居之地。"申命元帥斡里剌曰："今汝其往，信賞必罰，與士卒同甘苦，擇善水草以立營，量敵而進，毋自取禍敗也。"行萬餘里無所得，牛馬多死，勒兵而還。大石曰："皇天弗順，數也！"

此段緊承前文，延慶三年當指1126年，所謂"班師東歸"云云，顯然是就上一段開首"西至起兒漫"而言。在整套叙述中，耶律大石

1124年稱帝於起兒漫，兩年後方東歸，定都虎思斡耳朵（巴拉沙袞），並改元康國①，同年三月派七萬人東征，企圖興復而未果。聯繫前引諸段，該文本藴含的空間綫索亦可勾勒出來：耶律大石離開天祚後，先向北再向西至可敦城（遼鎮州），繼而西征，過西州回鶻，後兵行萬里至尋思干（撒馬爾罕），再西行至起兒漫（在撒馬爾罕與布哈拉之間）稱帝，兩年後東回至虎思斡耳朵（巴拉沙袞），接着繼續東征，却以失敗告終。不消説，這樣的空間順序自然與後世研究者們參合中西史料所考證的實際情況存在相當的距離，其中最明顯的問題在於，無論諸家所述具體路綫有何分歧②，大石軍隊離開可敦城後的基本行進方向都是一路向西，先建都於巴拉沙袞，而後方有進軍河中、起兒漫等地之舉，絶非"西遼事迹"所述先至於極西之地而後東歸。同時，從其他文獻所透露出的信息來看，大石西行路綫迂迴曲折，且多次兵敗受阻，全然不是文本呈現出的一路奏凱、所向披靡的景象。然而與上面所論時間框架類似，文本所呈現出的空間邏輯雖與史實相去甚遠，如若單看文本本身却又十分自

---

① 前人或以引文中"改延慶爲康國元年"一語與史書記改元事之通例不合（如謂當作"改延慶某年爲康國某年"或"改延慶爲康國"），而疑此處當有舛誤（如有謂"延慶"下當脱"十一年"三字者）。其實，類似的書寫體式在歷代典籍中不乏先例，如《水經注》記東吳孫皓天册二年（276）改元事爲"改天册爲天璽元年"，崔鴻《十六國春秋·前趙録》載劉聰於光興二年（311）"改光興爲嘉平元年"（《太平御覽》卷一一九偏霸部三引），《魏書》記孝莊帝即位"改武泰爲建義元年（528）"，《佛祖通載》稱元文宗即位"改致和爲天曆元年（1328）"等。由此看來，引文所述改元康國之事無乖史例，且從上下文氣來看，前一句已稱"延慶三年"，故此處省略具體年份，而又以"康國元年"領起下文，表義明確且避免重複，體現出該文本内在的連貫性。

② 由於不同文獻所記大石西征路綫歧異較多，研究者對此問題亦莫衷一是，但主要的爭議集中於建都巴拉沙袞以前。較爲晚近的研究參見錢伯泉《耶律大石西行路綫研究》，《西域研究》1999年第3期；王頲《金山以西交通與耶律大石西征路綫新證》，《西北師大學報》2002年第6期；韓鈞《耶律大石西遷相關問題研究》，新疆師範大學碩士學位論文，2015年。

然順暢,仿佛一切皆以東征爲指歸。

參照其他文獻記載及既有研究成果,我們將上引"西遼事迹"的行文綫索總結如下:時間方面,原本近二十年中(1122—1141)發生的史事被密集壓縮在短短數年(1122—1126)之間,同時大石稱帝之年被大幅度提前至其離開天祚之保大四年,使得西遼建立與遼朝滅亡幾乎無縫對接①,這種刻意提前與主動對接,正是西遼紀年問題的癥結所在;空間方面,大石先北走,而後向西至起兒漫,稱帝後東歸,又力圖東征,在此叙述中,北走西行只是權宜之計,而"東歸""東征",興復大遼,纔是真正的方向和目標,只不過最終由於"皇天不順",宣告失敗。時間上接續遼朝統緒,行動上以東歸興復爲指向,而在行文上又渾然一體,銜接連貫,秩序井然,當是經過精心編排的獨立文本。元末修史,時間極爲倉促,執筆諸公皆以抄撮舊籍、雜糅拼湊爲能事,再加上對西遼史事之隔膜,若謂這樣的文本是他們率爾操觚、剪裁粗疏的結果,實在難以令人信服。

如果説以上所論時間、空間綫索構成了文本的骨架,那麼其中記載的具體史事特別是頻繁出現的耶律大石的言談詔諭無疑構成了文本的血肉,仔細分析這些内容所透露出的信息,或許可以對該文本的性質有一更爲明晰的判斷。

不過在分析上述編年記事之前,我們需要首先回到"西遼事迹"文本的最開端,從大石的身世説起,正如本節開篇所言,這段文字與後文的叙述邏輯有着莫大關聯:

> 耶律大石者,世號爲西遼。大石字重德,太祖八代孫也。

---

① 按天祚被擒、遼朝覆滅實在保大五年二月(參《遼史》卷三〇《天祚帝紀》,第397頁),然當時距大石離天祚而北走已近一年,路途遥遠,音信阻隔,自然無法獲知遼亡之確切時間。

通遼、漢字，善騎射，登天慶五年進士第，擢翰林應奉，尋陞承旨。遼以翰林爲林牙，故稱大石林牙。歷泰、祥二州刺史，遼興軍節度使。

此段首句與同卷上文"耶律淳者，世號爲北遼"叙述方法完全一致①，顯爲元朝史官統籌文字的結果，恐非原始資料之舊。其後述大石身世及早年經歷，值得注意的有以下幾點：其一，"重德"是其漢式表字，而非契丹語第二名。遼代漢文文獻所記契丹人的"字"一般是指其契丹語第二名，這樣的"字"有兩個顯著特徵：（1）發音方面，自契丹語翻譯而來，最後一個字的發音皆以[n]收尾②；（2）語義方面，與名無關，不具備漢語名、字之間的相互關聯性。"重德"發音並非[n]尾，而語義又與其名"大石"相對應，顯係漢式表字，而作爲契丹人獨特標識的第二名則未見記載。遍檢《遼史》數百篇人物傳記，類似的以漢式表字取代第二名的契丹人寥寥無幾，考其行迹皆爲高度漢化之契丹士人③。其二，大石是遼朝惟一考取進士的契丹人。有遼一代禁止契丹人參加科考，舍大石外再無他例，因而有些學者對此孤證的真實性表示過懷疑，同時亦有不少人認爲這一記載或許正好反映了遼末禁令鬆動，契丹人應舉的現實。擱置這些爭議，我們至少可以説，這一文本本身是要將大石塑造成通過科舉而進入仕途的形象，而這一形象與上述漢式表字及引文中"通遼、漢字"，"擢翰林應奉，尋陞承旨"所體現出的漢化程度完

---

① 《遼史》卷三〇《天祚皇帝紀四》附《耶律淳傳》，第398頁。
② 劉浦江：《契丹名、字研究——文化人類學視野下的父子連名制》，原載《文史》2005年第3輯，此據氏著《松漠之間——遼金契丹女真史研究》，中華書局，2008年，第123—175頁。
③ 除大石外，僅見以下三例：耶律庶箴字陳甫、耶律孟簡字復易、蕭文字國華。

全契合。其三,太祖八代孫。遼朝皇室頗重血統,故其碑傳每詳述父祖世系,以驗明正身,然此段述大石身世無片語言及其父母近親,反而直接遠溯至遼太祖阿保機,這在《遼史》人物傳記中亦屬僅見,不能不令人懷疑有攀附之嫌,但此處記載絕非閑筆,將在後來的叙述中發揮作用。總結上引文字透露的信息,主要是高度漢化與太祖子孫兩個方面,這也構成了下文的重要底色,在叙述中不斷得到回應和强調。

接下來進入編年記事。前引保大二年一段中最值得玩味的是兩段説辭:大石與天祚的對話以及在七州十八部衆面前發表的演説。(1)二人對話,實質顯然是在爲大石此前、特別是以後的行爲加以辯護和開脱。在這套叙述中,大石立耶律淳合乎情理,反遭責備,殺人北走實出於被迫自保,全然不提大石出征被俘、充當嚮導襲擊天祚以及後來逃歸卻因與天祚政見不合方纔出走的曲折過程。同時,大石反駁天祚責難的理由是耶律淳係"太祖子孫",國難當頭,自然可立爲帝,這一派强詞奪理既是對上文大石爲太祖八代孫的呼應,更是爲其後來西征自立的舉動張本。從中可以看出,太祖子孫的身份事實上構成一種正統性標識,而文本中的前後照應突顯出其可能具有的現實意義。(2)西征演説,成功地將一場盤踞可敦城多年後發生的權宜行動提前,並包裝成打一開始就已規劃好的救國大業。以"我祖宗艱難創業"宣示接續本朝統緒,以"天祚皇帝蒙塵"亮明臣子身份,以"救君父、濟生民"爲旗號,都是所謂"仗義而西"中"義"字的内涵所在,無不透露出鮮明的華夏政治文化色彩,而聲稱西征的目的是"借力諸蕃,翦我仇敵,復我疆宇",更與後文康國三年的束歸、東征遥相呼應,彰顯出復國興邦乃大石始終不變的志向與目標。

保大三年的記事中,需要首先分析的是在西征之前"以青牛白馬祭天地、祖宗"。青牛白馬祭祀是一種古老的契丹本族禮俗,遼朝前期最爲重要的祭儀,但正如學者所早已指出,這種祭祀形式在聖宗統和二十二年(1004)以後即不再見諸記載,興宗、道宗、天祚三朝竟無一例,其原因很可能與聖宗以後契丹崇佛之風興起,減少殺生有關①。這一消失百餘年的古俗突然在"西遼事迹"中復活,雖已無法確知是歷史的真實還是文本的構建,但其中透露出大石恢復祖宗基業,接續遼朝正統的强烈訴求則無疑義。值得注意的是,在後文康國三年東征之前,又一次出現了大石"以青牛白馬祭天"的記載,這自然絶非巧合,至少應當理解成文本邏輯和内在寓意的緊密聯繫與照應。接着是大石給回鶻王的致書,其中再一次追溯兩百餘年前先祖之事迹,將兩國交誼久遠作爲假道西行的理由,如此簡單空洞之説辭帶來的結果竟然是對方迎宴獻禮,"願質子孫爲附庸"。這恐怕不會是歷史的真實,更何況據《金史》記載,就在大石自可敦城西行後不久,"和州回鶻執大石之黨撒八、迪里、突迭來獻"②,足見當時雙方對壘之實態。此處文本所要傳遞的,無非是大石作爲太祖後人、遼祚餘脉,借其聲威,所向披靡。上引文稱一路西行"所過,敵者勝之,降者安之",顯然回鶻就是作爲"降者安之"的對象出現的,而後文將原本在政權早已穩定、大石去世前兩年纔發生的尋思干大戰,提前到西征進程之中,其用意則亦是要樹立"敵者勝之"的典型。這一和一戰之間不僅彰顯出大石的外交、軍事才能,更是對西征成果的總結,"兵行萬里,歸者數國,獲駝、馬、牛、羊、財物,不可勝計,軍勢日盛,鋭氣日倍",完全實現了(或者説在文本上回應了)前文西征演説所謂"借力諸蕃"的目標。

---

① 馮家昇:《契丹祀天之俗與其宗教神話風俗之關係》,原載燕京大學《史學年報》第 1 卷 4 期,1932 年 6 月,此據《馮家昇論著輯粹》,中華書局,1987 年,第 51—62 頁。

② 《金史》卷三《太宗紀》,中華書局,1975 年,第 63 頁。

進入最爲關鍵的甲辰歲(保大四年,延慶元年),即皇帝位,改元延慶,追尊先祖,加封功臣。年號"延慶"當取延續遼朝國祚之義,令人稍感奇怪的是,本應大書特書的大石即位演説却十分單薄,完全回避了天祚皇帝是否在位的問題,亦不提"共救君父"的旗號,更没有解釋其即位的正當理由,只是模模糊糊地歸結於西征辛苦,祖宗庇佑,將士同心云云。我懷疑所謂的"甲辰歲二月五日"原本很可能是大石離開天祚北走的具體日期,因爲從相關的史料記載看,大石於此時北走,與前後史事皆可貫通契合①。這個確切日期在大石政權的歷史記憶中無疑具有重要意義,它很可能是他們與契丹王朝的最後聯結,自此以後再也無法掌握天祚皇帝及遼朝政治中樞的確切動向,亦不知其實際的滅亡時間,因而在後來重構歷史叙述,提前建國年代,接續遼朝正統時,只能選擇這一關鍵節點。安排大石於此時即位,自然無法解釋天祚皇帝的問題,因而只能草草遮掩蒙混過去。

延慶三年,改元康國元年,同年三月即行東征,則此"康國"似有康復國家之義。照文中所述,此次東征聲勢浩大,"率七萬騎","行萬餘里",但却很難在現存其他文獻中找到確實的佐證②。文稱大石在東征之前再次慷慨陳詞,謂祖宗基業毀於後嗣君主,西行實爲光復中興,"此非朕與爾世居之地",重申其政權的正統性在於

---

① 論者多以《遼史·天祚皇帝紀》保大三年七月條下所記大石"遂殺乙薛及坡里括,置北、南面官屬,自立爲王,率所部西去"爲大石北走時間,柴平《耶律大石北奔年代考》一文(第171—175頁)已指出,此條記事係抄取"西遼事迹"而來,而其時問則源出於《契丹國志》所繫之無關紀年,實不足據。然柴氏所主保大三年冬大石北走説,又無法解釋《天祚皇帝紀》保大四年正月"都點檢蕭乙薛知北院樞密使事",後又爲大石所殺這一反證。

② 以往學者多援引紹興四年(1134)七月宇文虚中致宋朝使臣之釁書(見《建炎以來繫年要録》卷七八)及所謂《粘罕獄中上書》(見《二朝北盟會編》卷一八七)兩則材料,來説明這次東征曾對金朝產生影響。然其所論皆存可商之處,容另文詳述。

對遼朝的接續和光復。然而蹊蹺的是，如此重要之事大石却非親自出征，竟然交與元帥斡里剌，而且這樣興師動衆的國運之戰最後結果居然只用一句語焉不詳的"無所得，牛馬多死，勒兵而還"潦草收場。曾有學者對此表示懷疑，認爲這是一個戲劇性插曲①，但從文本的整體邏輯看，這非但不是插曲，還是整篇傳記的核心綫索與最終落脚點。文末大石發出"皇天弗順，數也"的感嘆，表明其光復之志從未改變，且曾爲之作出艱辛努力，無奈時運不濟，天數已定，只得放棄東征，世居西域。

　　行文至此，我們或許應該對以上文本的性質稍加小結。此文本最初恐怕並非嚴格意義上的正規史書，而是關於西遼開國皇帝耶律大石的一篇英雄傳記或曰開國創業事迹。內容方面，始於大石身世、被責北走，終於東征失敗、定居西域，首尾完具，其中一以貫之的主綫是作爲遼太祖子孫的大石，始終以恢復中興爲己任，稱帝建都亦爲遼朝之延續，取威定霸，聲震西域，但又不以偏安爲榮，一心東征，最終却因未得天助而只能作罷。行文方面，條理清晰，環環緊扣，記言、記事並重，相互配合，錯落有致，顯然經過精心打磨、斟酌。就記載的真實性而言，其中提到大量事件、官稱、具體細節，沒有西遼官方文獻背景是不可能完成的，但在敘述順序、資料使用、情節演繹方面具有明顯的建構性、文學性和現實指向性，未可貿然以"信史"視之。

　　上述文本的核心要義在於彰顯大石血脉純正、應天順人、中興遼祚，西遼政權的正統性、合法性亦由此獲得；它傾向於將大石塑造成漢化程度很深的君主，從外在的記述形式，到內在的敘述邏

① 魏特夫、馮家昇《中國社會史·遼》認爲，這次東征是大石在思鄉情緒嚴重的部下的壓力下採取的權宜之計，未加仔細準備即行東征，失敗的結果使隨行衆人再無念想。現在看來，這一文本記載的真實性本身就值得懷疑。

輯、思想背景,無不透露出華夏政治文化的色彩,應該經歷了漢人
或漢化較深的契丹人的編排與加工。同時需要注意的是,其中呈
現出明顯的傳奇性與非歷史性,又隱約有中亞、西亞穆斯林史家筆
下英雄人物的影子,這可能植根於文本生成過程中多元的信息來
源和敘述模式。如果考慮到西遼史著完全可能是不同歷史書寫傳
統共同作用下的產物,那麼該文本具有某些區別於通常漢文正統
史書的特徵或許就不足爲奇了。關於這一點,後文將有進一步的
闡發。

　　明白了"西遼事迹"主體部分的性質,再回頭來看本節開首所
論該文本的整體結構,就更加一目瞭然了。茲引該傳後半部分文
本作一對比:

　　　(大石)康國十年歿,在位二十年,廟號德宗。
　　　子夷列年幼,遺命皇后權國。后名塔不煙,號感天皇后,
　　稱制,改元咸清,在位七年。子夷列即位,改元紹興。籍民十
　　八歲以上,得八萬四千五百户。在位十三年歿,廟號仁宗。
　　　子幼,遺詔以妹普速完權國,稱制,改元崇福,號承天太
　　后。後與駙馬蕭朵魯不弟朴古只沙里通,山駙馬爲東平王,羅
　　織殺之。駙馬父斡里剌以兵圍其宫,射殺普速完及朴古只沙
　　里。普速完在位十四年。
　　　仁宗次子直魯古即位,改元天禧,在位三十四年。時秋出
　　獵,乃蠻王屈出律以伏兵八千擒之,而據其位。遂襲遼衣冠,
　　尊直魯古爲太上皇,皇后爲皇太后,朝夕問起居,以侍終焉。
　　直魯古死,遼絕。

如上文所述,這一部分與前引大石開國事迹在内容詳略、記述風格

等方面存在巨大差距,記載大石死事與西遼後來五十八年的歷史,共有二百七十餘字,總量上甚至還不及前引逐年記事中某一年的文字。但就史實的可靠性而言,這一部分却遠遠超過了前半部分,其中所記西遼三帝兩后的在位年限總和爲 88 年,正與史家考訂所得大石北走稱王的保大四年(1124)至屈出律篡位的 1211 年這一時間段吻合,西遼史研究的時間框架也賴此方纔確定。此段引文對五代君主皆記録名諱、年號、在位年限等信息,且行文風格相對一致,由此判斷,這部分文本應該是對西遼原始情報加以搜羅彙集、簡單排比後形成的文本,而且資料來源相當可靠,很可能是出自一部類似"西遼大事記"或"西遼簡史"這樣的文獻。

綜上所述,《遼史》"西遼事迹"實由性質不同、來源不同的兩部分内容組成,前一部分是經過精細雕琢建構的開國君主傳記,或可稱之"開國本末";而後一部分則是相當粗糙的原始情報彙編,或可稱之爲"大事簡編"。二者的敘述邏輯與時空綫索都存在明顯差異,被簡單拼接、强行捏合後自然矛盾叢生。那麼,這兩份文本究竟是在何時被拼合,又爲何被一併修入了《遼史》? 從西遼故地到元朝宫廷,相隔如此懸遠,它們又是如何跨越區域、文明的界限流傳到中原? 這就是下一節所要回答的問題。

第三節　跨越文明邊界的信息流通:
西遼史事如何進入元修《遼史》

本章首節曾提到,魏良弢推測"西遼事迹"的史料很可能是"蒙古軍隊占領巴拉沙衮時,從西遼王朝的史官那裏,或者確切些説是從屈出律的史官那裏直接取走,正像他們從臨安取走南宋史館的材料一樣"。此説乍看有一定道理,但細究起來却存在不少疑點。

首先,蒙古西征,滅國無數,其中惟獨西遼史書流傳於中原,顯然當有特殊的原因;其次,蒙古亡金滅宋之時,多有漢軍世侯統軍作戰,翰苑典籍端賴張柔、董文炳等人方得保存,而早先西征之時,特別是攻陷巴拉沙衮一役,全無漢族士人參與,哲別麾下的蒙古軍隊又怎會突然生出"亡國不亡史"之概念,保藏此漢文文獻且不遠萬里帶回中土?要真正在這一問題上取得突破,還須深入到文本内部,廣徵其他材料,尋求蛛絲馬迹。

探討《遼史》西遼記事的源流,我們或許可以先從"西遼"這一稱號的使用情況切入。該文本開首稱"耶律大石者,世號爲西遼",那麼,究竟是誰最早以"西遼"指稱耶律大石政權的呢?從上節的分析可以看出,耶律大石政權以遼朝正統的繼承者自居,以中興國祚爲標榜,對外當延續"遼(契丹)"之國號,而不會自稱"西遼",此名號顯係他稱。然遍檢與大石政權並存的金、宋文獻,僅見"大石"、"大石林牙"、"大石契丹"、"契丹林牙"之類的稱謂,而未有稱"西遼"者。如皇統四年(1144),金朝由回紇得知耶律大石死訊,派遣粘割韓奴出使偵查,大定年間歸附金朝的粘拔恩部君長撒里雅,追述粘割韓奴面見西遼君主的對話,仍以"大石"指代當時執政的感天太后,金朝史官記曰"此時大石林牙已死,了孫相繼,西方諸部仍以大石呼之"[1]。淳熙十二年(1185),南宋得邊報傳聞西遼將發兵金朝,孝宗君臣就此展開了一番討論,周必大《奉詔錄》中記錄了多封與此有關的詔書、奏對及信札,其中即有名爲《大石契丹興兵御筆》者,其餘涉及此事亦以"大石契丹"、"大石林牙"稱之[2]。至明昌元年(1190),西遼下轄屬部請和於金,金代文獻仍記曰"大石

① 《金史》卷一二一《粘割韓奴傳》,第 2638 頁。
② 周必大:《周益公文集》卷一四八,《宋集珍本叢刊》影印明澹生堂鈔本,綫裝書局,2004 年,第 50 册,第 280 頁。

部長有乞修歲貢者,朝廷許其請,詔安國往使之"①。這種情況一直延續到西遼滅亡以後,蒙古西征之時,成吉思汗十六年(1221)丘處機到達西遼故地,稱"晚至南山下,即大石林牙(大石,學士;林牙,小名),其國王遼後也","傳國幾百年,乃滿失國,依大石士馬復振,盜據其土"②,同行弟子尹志平亦有《過大石林牙契丹國》詩二首,師徒兩人皆以"大石"爲該政權之代稱③;記録金朝使節烏古孫仲端至西域面見成吉思汗行迹的劉祁《北使記》亦僅稱西遼政權爲"大契丹大石"④。

　　與以上情況形成鮮明對照的是,同樣隨成吉思汗西征的耶律楚材《西游録》及其西域紀行詩文中提及大石政權時,六次稱作"西遼"(《西游録》兩次,《湛然居士集》四次),一次稱爲"後遼",而以"大石"專指耶律大石本人。這是目前所知"西遼"名號最早的用例,此後逐漸爲他人所沿用⑤,並最終影響到元修《遼史》。

　　從"大石"到"西遼""後遼",稱謂的轉換反映出耶律楚材對該國性質的認知、定位異於旁人。在他眼中,這個政權絕不僅僅是耶律大石個人建國異域、子孫相傳這麽簡單,而是整個大遼王朝兩百年國祚的延續與傳承。這一點在他的長詩《懷古一百韵寄張敏之》

---

① 《金史》卷七三《完顔安國傳》,第 2094 頁。

② 李志常:《長春真人西游記》卷上,尚衍斌、黄太常校注,北京:中央民族大學出版社,2016 年,第 138 頁。

③ 尹志平:《葆光集》卷上,《正統道藏》,文物出版社,1994 年,第 25 册,第 503 頁。丘、尹二人皆以"大石"爲契丹語學士之意,"林牙"是其小名,剛好顛倒了兩者的語義,當係耳食之誤。

④ 劉祁:《北使記》,《歸潛志》附録,崔文印點校,中華書局,1983 年,第 167 頁。

⑤ 見元好問《大丞相劉氏(敏)先塋神道碑》,狄寶心《元好問文編年校注》,中華書局,2012 年,第 938 頁;按此碑作於定宗元年丙午(1246)。《元史》卷一二〇《曷思麥里傳》,中華書局,1976 年,第 2969 頁;卷一二四《哈剌亦哈赤北魯》,第 3046 頁;卷一五三《劉敏傳》,第 3609 頁。

中表現得淋漓盡致：

> ……遼宋分南北，翁孫講禮儀。宣和風侈靡，教主德庸
> 卑。背約絕鄰好，興師借寇資。懸知喪脣齒，何事撤籓籬。失
> 地人皆怨，蒙塵悔可追。遼家遵漢制，孔教祖宣尼。焕若文章
> 備，康哉政事熙。朝廷嚴衮冕，郊廟奏壎箎。校獵溫馳射，行
> 營習正奇。南州走玉帛，諸國畏鞭箠。天祚驕人上，朝鮮叛海
> 涯。未終三百祀，不免一朝危。鴨綠金朝起，桑乾玉璽遺。後
> 遼興大石，西域統龜兹。萬里威聲震，百年名教垂……①

全詩自三皇五帝説起，歷數秦漢魏晋隋唐遼宋金之興衰，一直寫到
蒙古西征及自家身世，詳於遼金近事而略於唐宋以前，以上引文即
是其中涉及遼代的部分，從中我們可以窺見耶律楚材的"遼史觀"。
與此處所論最相關者，自然當屬他將耶律大石政權完全納入到遼
史的叙述脉絡中，視之爲遼祚中興，後繼有人，言辭間充滿了嘉許
與自豪。這首長詩雖然只是一篇文學作品，却很可能是西遼歷史
與遼朝歷史在中原文獻中的首次整合，其中反映的歷史觀念、叙述
邏輯正與後來元末所修《遼史》遥相呼應，一脉相承，其間聯繫絶非
巧合。

　元順帝至正三年(1343)《修三史詔》有云："昨前'遼、金、宋三
國行來的事迹，選人交纂修成史書者'麽道，奏了來。這三國爲聖
朝所取，制度、典章、治亂、興亡之由，恐因久散失，合遴選文臣，分
史置局，纂修成書，以見祖宗盛德得天下遼、金、宋三國之由，垂鑑

---

① 耶律楚材:《湛然居士文集》卷一二《懷古一百韵寄張敏之》，謝方點校，中華書局，
　1986年，第260頁。

後世,做一代盛典。"①所謂"三國爲聖朝所取"、"祖宗盛德得天下遼、金、宋三國"云云,其中之"遼"顯指西遼。更值得注意的是,"西遼事迹"末尾提到屈出律篡位,尊西遼末帝直魯古爲太上皇,最後一句表述爲"直魯古死,遼絕",是將西遼末帝本人的身死看作遼朝國祚的終點,整套遼史叙述至此方告完結,這一蓋棺論定式的説法反映出在元末史臣眼中,西遼不僅是遼朝之延續,似乎還構成了將蒙元取天下與修《遼史》聯繫起來的紐帶,甚至隱然給人以後繼之朝修前代正史的感覺。

也許在今天看來,使用"西遼"這樣的名號且將其納入遼史的框架中並没有什麽稀奇,這是因爲我們已經在潛意識中接受了元修《遼史》的西遼史觀。然而,對於遠在《遼史》成書百年以前的耶律楚材來説,這並不是一種理所應當的選擇。在周遭人皆稱"大石契丹",至多視其爲遼政權流亡者的情況下,作爲遼朝皇室後裔的他,首用"西遼"之名,並且將其整合進有關遼朝的歷史叙述,一方面可能根源於他時常標榜的東丹遺脉、漆水郡人的故國情思,另一方面更與其在西域所獲有關西遼的歷史知識密不可分。換句話説,耶律楚材只有在接觸到足夠的信息讓他認定大石政權就是遼室遺脉的情況下,纔有可能建立起相應的歷史觀和歷史叙述。這種信息的來源,恐怕不是尋常見聞所能滿足,而需要一種成型的叙述載體。據我推斷,楚材所看到的很可能就是"西遼事迹"前半部分即上節所離析出的大石"開國本末"之類的内容,而這部分文本也正是由他從西域帶回中土,並最終進入元朝史館。

上述推斷主要依據有二:其一,元末修《遼史》時,最重要的原始資料即出自耶律楚材之家。據蘇天爵記載,"遼人之書有耶律儼

---

①　《遼史》附録,第1712頁。

《實録》,故中書耶律楚材所藏,天曆間進入奎章閣”①,這部遼朝
《實録》爲當時傳世孤本,天曆年間進入官方藏書系統,最終成爲元
修《遼史》所依據的主要史源之一。由此可見,耶律楚材家族對於
搜集、保存遼朝文獻尤爲究心,同時亦可知與遼史相關的文獻經由
楚材一門進入翰苑的可能性極大。我甚至懷疑,耶律楚材(或其後
人)就是將今本“西遼事迹”中“開國本末”部分抄録、添加在這部
孤本《實録》之中,後來一道傳入奎章閣,不僅成爲元末史官所取資
的材料,同時也對今本《遼史》之“西遼史觀”的形成產生了影響。

其二,耶律楚材西游期間在西遼故地停留時間最長,且與原西
遼勛貴過從甚密。據其《西游録》記載,阿里馬城“西有大河曰亦
列,其西有城曰虎司窩魯朵,即西遼之都,附庸城數十”,“訛打剌之
西千里餘有大城曰尋思干,尋思干者西人云肥也,以地土肥饒故名
之,西遼名是城曰河中府,以瀕河故也”②。其中提到“尋思干”、
“虎司窩魯朵”兩地,在漢語文獻中歧譯頗多③,然楚材此處所用譯
名却與上引“西遼事迹”文本十分接近,一定程度上也暗示出二者
的淵源。楚材於 1219 年至 1223 年隨成吉思汗西征,在西遼河中府
地區留居最久,西行詩文與此有關者也最多,如著名組詩《西域河
中十咏》即是典型,因而他有充足的時間搜訪西遼文獻。在這期
間,他結識了原西遼郡王、執政李世昌,兩人多有詩文酬唱。楚材
還曾花很長時間跟從李氏學習契丹文字④,可見二者關係非同一

---

① 蘇天爵:《滋溪文稿》卷二五《三史質疑》,中華書局,陳高華、孟繁清點校,中華書局,
1997 年,第 421 頁。
② 耶律楚材:《西游録》,向達校注,中華書局,1981 年,第 2、3 頁。
③ 不同譯名之詳情參見《西游録》向達校注,第 7—9 頁注 21、26。
④ 《湛然居士集》卷八《醉義歌序》(第 171 頁)云:“大朝之西征也,遇西遼前郡王李世
昌於西域,予學遼字於李公,期歲頗習。”

般,且在保存契丹文化方面頗相投契。楚材《贈遼西李郡王》云:
"我本東丹八葉花,先生賢祖相林牙。而今四海歸皇化,明月青天
却一家。"①從中可知李世昌先祖曾輔佐耶律大石,當係遼亡時隨大
石西遷之漢人,且爲西遼開國元勛。李世昌襲先祖爵位而爲郡王,
又任執政②,對西遼開國史事當多有瞭解,前述"大石開國本末"之
類的文本或許就是從李氏那裏傳入楚材之手的③。

綜上所述,耶律楚材很可能是在西域留居時期從西遼故老那
裏獲得了"開國本末"這樣宣示大石政權爲遼朝餘脉的文獻,進而
將其整合進既有的遼史叙述之中④,該文獻又隨着那部孤本《皇朝
實録》一起進入元代官方藏書系統,終爲《遼史》所吸納⑤。上節已

---

① 耶律楚材:《湛然居士集》卷七《贈遼西李郡王》,第 153 頁。
② 《湛然居士集》卷二《贈李郡王筆》(第 32 頁)有注云:"李郡王嘗爲西遼執政。"
③ 據宋子貞《耶律楚材神道碑》(見蘇天爵《國朝文類》卷五七)記載,1226 年十一月蒙
古軍隊攻下靈武,"諸將争掠子女財幣,公獨取書數部、大黃兩駝而已",可見注意保
存前朝文獻乃楚材一貫之精神,於夏國尚且如此,遑論西遼。惟哲别率軍攻占巴拉
沙袞、滅屈出律實在蒙古西征全面開始以前的 1218 年,時楚材尚在燕京,次年方隨
軍抵達西域,無法親身挽救西遼舊籍於兵燹,故而只好轉求之於李世昌這樣的前朝
故老。
④ 拙作完稿後,筆者方獲悉劉曉《耶律楚材評傳》(南京大學出版社,2001 年,第 342
頁)曾提及:《遼史》中的"西遼始末"很可能與私人著述有關,尤以耶律楚材可能性
最大,而爲其提供材料來源者應爲李世昌;李氏曾爲西遼執政,對相關史事較爲熟
悉,作爲漢人後裔或漢化的契丹人,他在向楚材提供的材料中,按照漢人的習慣詳
細羅列了西遼諸帝的廟號和年號。《評傳》將西遼史事的文本源流與耶律楚材、李
世昌二人相聯繫,實有首創之功,本節上述論證與得與此有所契合而稍具新見,幸莫
大焉。
⑤ 我們還注意到楚材家族與元修《遼史》的其他關聯。中統二年(1261)七月,元廷初
立翰林國史院,王鶚"請以右丞相史天澤監修國史,左丞相耶律鑄監修《遼史》,
(王)文統監修《金史》","仍採訪遺事,並從之"(見《元史·世祖紀》《王文統傳》),
是知楚材子耶律鑄嘗於元初與修《遼史》。不過就現有材料看來,此次纂修工作似
乎並未取得太多實質性進展,而耶律氏家藏之《皇朝實録》也是在六十餘年後方進
獻奎章閣。職是之故,本文暫不主張將西遼"開國本末"這部分文本進入元朝官方
藏書系統歸因於耶律鑄這次監修《遼史》的活動。

述,《遼史》所記西遼事迹包含兩個不同部分,除前面的"開國本末"
外,還有後面的"大事簡編"。那麼,後一部分會不會也是經由耶律
楚材這一渠道而進入元代史館的呢? 答案是否定的。前引《懷古
一百韻寄張敏之》在"後遼興大石,西域統龜兹,萬里威聲震,百年
名教垂"一句後有楚材自注曰:"大石林牙,遼之宗臣,挈衆而亡,不
滿二十年,克西域數十國,幅員數萬里,傳數主,凡百餘年,頗尚文
教,西域至今思之,廟號德宗。"[1]其中述耶律大石之事並無差誤,但
稱西遼"凡百餘年"則存在明顯問題,按照今本"西遼事迹"後一部
分"大事簡編"所記西遼諸帝在位年限之和爲八十八年,倘此文本
亦曾經由楚材之手,則不至有此矛盾。如此看來,想弄清"大事簡
編"這部分文本進入《遼史》的過程,還需要另闢蹊徑。

幸運的是,近年的考古發現爲這一問題的解決提供了新的契
機。2008 年至 2012 年間,吉爾吉斯斯坦阿克—別什姆 (Aq-
Beshim) 城、喀喇—吉伽奇 (Kara-Jigach)、克拉斯那雅—雷契卡
(Krasnaya-Rechka)、布拉納 (Burana) 四處遺址分別出土"續興元
寶"字樣的漢字錢幣 (見圖 9–1)。"續興"年號於史無徵,但兩位俄
羅斯學者還是根據其他信息判定出了該錢的鑄造使用年代。"元
寶"之稱始於五代,而此後該地區可能使用漢文錢幣者惟有西遼,
同時四枚錢幣的出土地點又都在西遼首都巴拉沙袞附近 (其中布
拉納即巴拉沙袞),故知此"續興元寶"當爲西遼錢幣。這兩位研究
者還注意到《遼史》記載西遼仁宗耶律夷列年號爲"紹興",而"紹"
正與"續"同義,聯繫遼代壽昌年號在《遼史》中因避諱被改作"壽
隆"的例子,他們進一步指出西遼仁宗年號實爲"續興",今《遼史》

---

[1]　耶律楚材:《湛然居士文集》卷一二《懷古一百韻寄張敏之》,第 260 頁。

所載"紹興"乃後人避諱所改①。

圖9-1　吉爾吉斯斯坦出土"續興元寶"錢幣

　　俄國學者的精湛研究令人敬佩,其中關於"續興元寶"所屬朝代的考證可謂牢不可破,使之成爲考古學史上首次發現且可以確認的西遼錢幣。更難能可貴的是,他們還聯繫中原避諱制度及《遼史》其他例證,正確地指出"紹興"當爲"續興"避諱改字的結果。儘管他們坦承尚不能確定這一改動的具體發生時間,但已經爲後來者的研究指明了方向。其實,如果對相應時期中國王朝的避諱制度加以全面考察的話,我們完全可以確定這次年號更改的緣由,並以此爲突破口進一步探索《遼史》所記西遼後段史事的文本源流。

　　西遼仁宗在位十三年(1151—1163),而在蒙古西征以前,中原王朝關於西遼腹地之信息多屬道聽塗説,似年號這般具體信息從未見諸記載,由此推斷"續興"年號傳入中土並遭改動當在西遼亡國之後。如所周知,蒙古皇帝不取漢名,故終蒙元一代並無避諱之制,但在此前之金朝却完全是另外一番景象。長期羈留女真的洪皓即稱"虜中廟諱尤嚴,不許人犯"②,並舉出金初避諱阿骨打漢名

①　别利亞耶夫、斯達諾維奇著,李鐵生譯:《吉爾吉斯發現的"續興元寶"與西遼年號考》,《中國錢幣》2012年第1期,第70—74頁。
②　洪皓:《松漠記聞·補遺》,顧氏文房小説本,葉1a。亦見洪氏《鄱陽集》卷四《又跋〈金國文具録〉劄子》,惟今傳本乃四庫館臣所輯,已删去"虜中"二字。

"旻"字之實例。自太祖以降,金源歷代在内政外交中皆重避諱,其中尤以章宗朝以後爲盛①。周廣業《經史避名匯考》,"金自章宗以後二名嫌名皆避,與宋法同,所異者兼諱小字耳,蓋小字是其本諱"②,所謂"二名、嫌名皆避",即指皇帝名字若爲兩字,不僅兩字皆諱,而且諱同音字(即嫌名)和女真語名之漢譯(即小字)。周氏的這一説法於史有徵,金章宗泰和元年七月"初禁廟諱同音字"③。可見金朝後期的確不僅避本字,亦避嫌名,而這種嚴格的避諱制度對史籍用字,特别是前代年號的使用產生了直接影響。俄國學者所提到的遼道宗年號壽昌在《遼史》中被寫作"壽隆",實際上就是由於金人避世宗母欽慈皇后"壽昌"之名所致,章宗朝陳大任作《遼史》時改作"壽隆",元修《遼史》因襲之④;類似的例子還有遼道宗年號咸雍,金人陳大任《遼史》避世宗完顏雍之諱改作"咸和",在元修《遼史》中仍有殘留⑤。此外,近年來有關金代官稱用字避諱及刻書避諱的研究亦使學界對這一問題的理解更加全面立體⑥。

有了上述背景知識,我們很容易想到,金朝末代皇帝金哀宗名完顏守緒,應該正是上述年號問題的根源所在。關於哀宗朝的避

① 關於金朝避諱的大致情況及衍變脉絡,參見王建《遼、金、元二代的避諱》,《貴州文史叢刊》2002 年第 4 期,第 19—21 頁;黄緯中《略論遼金的避諱》,《史學匯刊》第 26 期,2010 年,第 23—60 頁。

② 周廣業:《經史避名匯考》卷二二"金",徐傳武、胡真校點,上海古籍出版社,2015 年,第 642 頁。

③ 《金史》一一《章宗紀三》,第 256 頁。

④ 參見邱靖嘉《遼道宗"壽隆"年號探源——金代避諱之新證》,《中華文史論叢》2014 年第 4 期,第 211—228 頁。

⑤ 《遼史》卷六五《公主表》稱道宗女撒葛只"封鄭國公主,咸和中徙封魏國"(第 1114 頁),參該卷校勘記一一(第 1119 頁)。

⑥ 孫建權:《試析金代"治中"出現之原因——兼論金朝對"尹"字的避諱》,《中華文史論叢》2015 年第 3 期,第 241—255 頁;馮先思:《從〈新修玉篇〉看金代刻書避諱》,《版本目録學研究》第 5 輯,北京大學出版社,2014 年,第 551—564 頁。

諱情況,《中州集》中有一條生動的記載:"(李節)初名守節,哀宗即位,去守字。哀宗知其名,謂侍臣言:'吾不欲人避上一字,李守節何故避之?'良久曰:'臣子敬君,避之亦可。'"①哀宗稱"吾不欲人避上一字",可知他原本只要求臣子避諱"緒"字,而無需諱"守"字。我們這裏要討論的"續"字,正與"緒"同音,當屬避嫌名,且守緒在位年代(1223—1234)正是西遼亡國(1211)、屈出律爲蒙古所滅(1218)以後,由此可以斷定從"續興"到"紹興"的改動應發生在金哀宗朝②。

　　着眼於本節的討論,發現"續興元寶"的意義不僅在於刾正了傳世文獻所記"紹興"年號的錯誤,更在於揭示出"西遼事迹"之"大事簡編"部分曾經過金哀宗朝人改動這一前所未知的秘密。該文本所記内容涵蓋了直至1213年西遼末帝直魯古身死的全過程,知其形成並傳入中原的時間上限當在金宣宗貞祐南遷(1214)之後,而新發現的避諱問題則表明它呈現出如今面貌的時間下限在哀宗朝,由此可知,"大事簡編"實爲金人所獲,假其抄録方得以輾轉流傳,而元修《遼史》這部分文本的直接來源應該是金末文獻系統③。那麽,金人究竟是如何獲得這一記載西遼大事的文本? 此文本又是通過什麽金末文獻的轉録而最終爲元朝史官所採摭的呢?

　　對於第一個問題,考慮時間斷限與歷史背景,這段文本很可能是在蒙古西征時期傳入金朝的。宣宗遷汴以後,蒙古並未急於大

---

① 元好問:《中州集》卷七"李扶風節",蕭和陶點校,華東師範大學出版社,2014年,第445頁。
② 金哀宗在位僅十二年,且正值喪亂之際,當時文獻留存至今者甚稀。遍檢之下,"緒"字及其同音字出現者絶少,尋求時人避此諱的其他例證尚須留待來日。
③ 這一點亦可佐證上文所論"西遼事迹"後半部分文本與耶律楚材無涉。貞祐二年(1214)宣宗南遷,燕京隨即易主,世居於斯的耶律楚材自此歸於蒙古治下,故其行文自不避哀宗守緒之嫌諱。

舉南征滅亡金朝，而是轉而西征。在此期間，金廷曾不止一次派遣使者至西域，面見成吉思汗求和納款。最著名的當屬金宣宗興定四年（1220）、五年兩次出使的吾古孫仲端，其沿途的部分見聞被劉祁寫成《北使記》一文，總體而言較耶律楚材、丘處機二人行紀簡陋不少，但記錄西遼之事却尤爲豐富。其文曰："大契丹大石者，在回紇中。昔大石林麻（牙），遼族也。太祖愛其俊辯，賜之妻，而陰蓄異志。因從西征，挈其孥亡入山後，鳩集群凥，徑西北逐水草居，行數載抵陰山，雪石不得前，乃屏車，以馳負輜重入回紇，攘其地而國焉。日益彊，僭號德宗，立三十餘年，死。其子襲，號仁宗。死，其女弟甘氏攝政，奸殺其夫，國亂，誅；仁宗次子立，以用非其人，政荒，爲回紇所滅。今其國人無幾，衣服悉回紇也。"[1]其中大致勾勒出西遼歷史的脉絡，但差誤頗多，如稱大石在位三十餘年，又缺載感天皇后統治時期，且稱西遼亡於回紇等等。可以肯定的是，這一文本與"西遼事迹"後半部分並非同源文獻。不過，《北使記》的存在本身就説明金末使者若有機會遠達西域腹地，十分重視西遼信息的搜集，這正是"西遼大事簡編"之類的文本進入金朝的歷史根由[2]。對於同一時期除吾古孫仲端之外其他遠赴西域的金人情況，目前尚難確言，只能等待相關材料的進一步發現。

　　至於第二個問題，我們亦可結合元末修《金史》時的總體史源狀況略作推斷。金哀宗朝未暇修撰實録，元朝史官撰述金末史事的主要史源是當時所見零散的私家著述，這類文獻主要包括王鶚

① 劉祁：《北使記》，《歸潛志》附録，第 167 頁。
② 近來松田孝一撰文指出，儘管遠在西域，西遼始終對漠北部族有較强的影響力，對金朝造成威脅（《西遼與金朝的對立與成吉思汗興起》，烏雲高娃譯，收入《楊志玖教授百年誕辰紀念文集》，天津古籍出版社，2017 年，第 250—262 頁），這也是金人關注西遼動向的一大背景，只不過在蒙古西征以前，他們恐怕很難獲取確切的訊息。

《汝南遺事》、劉祁《歸潛志》、楊奐《天興近鑑》以及元好問《中州集》《遺山集》《金源君臣言行録》《壬辰雜編》諸書①。其中王、劉兩書及元氏二集現存，皆無相關記載，而《金源君臣言行録》顯然不含西遼史事，因此我們最終將目光集中在另外兩部佚書之上：《天興近鑑》又稱《天興兵鑑》，原本三十卷（題曰《近鑑》），至元末僅存三卷，記天興元年（1232）至三年間事②；元好問《壬辰雜編》所記亦爲天興壬辰（1232）以後之見聞，是一部未經刊行的雜稿，發現此稿的歐陽玄稱"近年奉詔三史，一日於翰林故府中攟金人遺書，得元遺山裕之手寫《壬辰雜編》一帙"③，始爲史臣所利用④。此二者皆成於哀宗末年，記當時見聞，特別是後者，從書名推斷所記當較爲龐雜，恐不限於金亡之事，元遺山又素有保存文獻故實的意識，西遼後期史事或許就是經過這一類文獻的轉載而出現在元代史官的視野中。

　　儘管一些具體環節尚無法完全落實，但這並不妨礙我們從總體上把握西遼史事進入元修《遼史》的過程："西遼事迹"前後兩部分文本，其實都是在蒙古西征這一時代背景下，從南、北兩條路徑跨越文明的邊界，由中亞穆斯林世界傳入中原華夏文化系統，並在不同的文獻脉絡中分別流傳，最終由於元末的修史實踐方得以交匯融合。"開國本末"賴耶律楚材携歸蒙元，後隨遼朝《實録》一同呈送翰苑，構築起元修《遼史》中西遼史事的基本定位與叙述結構；而"大事簡編"則是金人遷汴後遠赴西域時覓得，經由金末文獻輾

① 參見邱靖嘉《〈金史〉纂修考》，中華書局，2017 年，第 183 頁。
② 蘇天爵：《元朝名臣事略》卷一三《廉訪使楊文獻公》，姚景安點校，中華書局，1996 年，第 259 頁。參邱靖嘉《〈金史〉纂修考》，第 172—173 頁。
③ 歐陽玄：《圭齋文集》卷二《送振宗文歸祖庭小序》，《四庫提要著録叢書》影印成化七年劉釪刻本，北京出版社，2010 年，集部第 111 册，第 120 頁下欄。
④ 參見陳學霖：《元好問〈壬辰雜編〉探賾》，《晋陽學刊》1990 年第 5 期，第 82—88 頁。

轉爲修史諸公所獲,補充了前者僅記大石事迹之不足。元末史官在倉促之間將二者加以簡單拼合,形成一篇形式整完的西遼史傳。然而,對於來源如此不同的材料,執筆者並未注意到它們在文本性質、時間綫索等方面的巨大差異,更不曾對其有所甄別、篩選與彌合,最終留下了一篇前後抵牾、疑點重重的問題文獻,引惹出數百年來歷代史家的紛紜聚訟。

餘論:漢字書寫的中亞史
——"西遼事迹"文本特質的生成

以上考證基本釐清了"西遼事迹"的文本結構和流傳問題,在本章的末尾,我們也許應該跳出文本本身,在更廣闊的視野中重新審視、認識它的獨特意義。

放眼以"二十四史"爲代表的漢文正史,元修《遼史》本紀最後所附的這篇西遼本末,似乎是惟一一篇以當地官方資料爲依托、專門系統記述中亞地區某一政權歷史的文本。從材料來源和記載形式上看,該文本自然與歷代正史的西域傳不可同日而語;着眼於其中記載的時序混亂,特別是前半部分的文學性、傳奇性因素,它又與嚴格意義上的中原正史記載存在一定距離。同樣,倘若將它與中亞穆斯林史家的相關記述加以對照,更是很容易就能發現二者在記事風格和叙述邏輯上的巨大差異。由此看來,作爲一篇漢字書寫的中亞史,無論放在哪種脉絡之中,似乎都會顯得獨樹一幟。故而考察它的生成過程,本身就是一個極具研究價值的學術命題:我們究竟應該如何理解這種文本特質? 是什麽因素使得這一文本呈現出今天所看到的面貌? 由於材料的限制,這些問題目前尚不能得到圓滿的解答,不過至少有兩個主要方面值得特別留意。

　　其一,西遼政權本身的特殊性。耶律大石自中原西遷至中亞,隨從中不乏漢人或高度漢化的契丹人(包括耶律大石本人以及李世昌先祖這樣的開國元勛),因而西遼政權從一開始就帶有明顯漢式王朝的烙印。比如使用漢字的年號、貨幣、官號等等,甚至有研究者認爲他們的官方語言就是漢語[1],儘管這一推測還有待進一步驗證,但我們至少可以肯定,在西遼政權内部應該保留了漢文記録、書寫歷史的傳統(無論官方抑或個人),這也是西遼史事能够被以今天的面貌呈現出來的根源所在[2]。這種書寫傳統不僅體現在記載風格的延續,更體現在對中原遼朝統緒的繼承,正是在語言文字和叙述邏輯上的無縫對接,使得相關記載後來能被耶律楚材這類有心人發現並帶回中土,最終被修入《遼史》。同時需要注意的是,中亞地區自喀喇汗王朝開始已全面尊奉伊斯蘭教,西遼建立以後,對各種宗教採取多元包容的政策,該政權也迅速呈現出伊斯蘭化的趨勢[3],因而穆斯林史學著述中的一些特點,如傳奇性、文學性、非歷史性較强等,難免會在民間乃至官方的信息來源與文本創作中留下痕跡。

　　其二,蒙古西征的關鍵性影響。從上節所論"西遼事迹"的流傳過程可以看出,該文本前後兩部分雖分別傳入中原,但它們却都指向同樣的時代背景——蒙古西征。這次橫掃亞歐大陸,突破政權、文明、族群各種界限的軍事征服,帶來了人員、信息、物質、文化的空前流通。在此背景下,中土文士紛紛遠赴西域,不僅帶回了親身經歷的即時見聞,還收獲了歷史信息的最重要載體:西遼王朝遺

[1]　魏良弢:《中國歷史·哈喇汗王朝史　西遼史》,第 347 頁。
[2]　關於西遼政權中的漢化因素,彭曉燕有過詳細的分析和評估,參見 Michal Biran, *The Empire of the Qara Khitai in Eurasian History*, pp. 93–131.
[3]　參見 Michal Biran, *The Empire of the Qara Khitai in Eurasian History*, pp. 171–201.

留下的漢文記載。正是這次文本的跨區域流動,事實上限定、形塑了我們今天對於西遼歷史的總體認知框架。除此之外,成吉思汗西征給穆斯林世界帶來的衝擊,還可能對當地人有關西遼的歷史書寫產生過影響。在十三世紀的穆斯林史家筆下,西遼政權常常被描繪成東方游牧異教徒對伊斯蘭世界的首次入侵,而成吉思汗西征則是緊隨其後的第二次。如《納昔里史話》即在講述"伊斯蘭世界的事務與異教徒的侵擾"時明確說"第一個入侵突厥斯坦的是哈喇契丹","第二個是成吉思汗的蒙古"①,而新近刊布的拉施特《史集:伊朗和伊斯蘭的歷史》亦稱"哈剌契丹占領了整個突厥斯坦,並據有(該地)直到成吉思汗時期"②,可見在西遼與蒙古之間建立先後繼承的關係,成爲那個時代穆斯林歷史敘述的一種固定模式。如果以這樣的視角審視上文所論大石"開國本末"的文本,其中所呈現出的時空錯亂問題或許可以獲得新的理解。比如一路西行然後東歸的文本邏輯,正與現實中成吉思汗西征的路綫相契合,這一故事模版會不會是西遼滅亡之後不久,中亞史家將當時正在進行中的蒙古西征,以及尚在塑造過程中的成吉思汗的傳奇形象投射到西遼史的敘述中呢? 在這種敘述模式中,耶律大石被塑造成與成吉思汗背景類似而導夫先路的人物,嘗試征服西方而後東歸,最終並未成功,而蒙古軍隊正是哈喇契丹的繼承者。如果以上所述並非全爲臆解,那麼,"開國本末"這部分文本的最終定型時間可能也已晚至蒙古西征時期,其中隱含的穆斯林歷史書寫因素

---

① Ṭabaḳāt-i-Nāṣirī: *A General History of the Muhammadan Dynasties of Asia*, trans. By Raverty, London, 1881, v. 2, p. 869, 900, 935.

② Rashīd al-Dīn, *Jāmiʿ al-tavārīkh: tārīkh-i Īrān va Islāmī*, Muḥammadan Rawshan (ed. & annotated), Tehran: Miras-i Maktub, 2013, v. 2, p. 1488. 此段文字不見於《史集》的通行諸本,感謝邱軼皓教授賜示。

也使得《遼史》所記西遼事迹的生成過程呈現出更爲豐富的面相——不同歷史叙述傳統的碰撞與融合,或許正構成了這一特殊文本的重要底色。

結　語

本書致力於澄清元修《遼史》各具體部分的文獻來源與生成過程,研究結果表明,該書所存在的文本問題具有多重的典型意義,以下試從三個角度稍加總結。

一、走出元人的遼史觀

作爲遼史研究的核心基礎史料,元修《遼史》事實上決定了既往研究的基本框架。現在看來,這一框架在很多時候都經不起推敲。

元末修史之時,史官所能利用的主幹資料僅有耶律儼《皇朝實録》、陳大任《遼史》兩部遼金舊史。二書原本即頗爲簡陋,難稱精善,且輾轉流傳至元末,很可能已經殘缺不全。從元人的徵引情況看,當時所見《皇朝實録》除紀傳外(其中本紀部分當包括從太祖至天祚九朝,而列傳則截至道宗朝),志書部分僅限《部族志》《禮(儀)志》兩篇,前者爲記録遼朝當時部族管理體制之專志,爲歷代所無,後者則僅記契丹本族禮俗,而全然未及當時行用之漢禮。由此推測,該書志文似有意突顯契丹王朝之本族特色,與中原正史之一般體例迥然有別,其原本是否具備通常史志的其他必要構件尚未可輕言。與耶律儼書相比,元末所見陳大任《遼史》志書稍多,當包括《兵志》《地理志》《禮儀志》《刑法志》四篇，然而從今本《曆象志》所記朔閏情況看，該書本紀在太祖初年、興宗一朝及道宗前期恐有缺佚，則其書彼時亦非全本。要之，當時元朝史官所面對的核心資料狀況可以概括爲紀傳簡陋、志表殘缺，前者帶來的結果是史官纂修紀傳過程中很難僅取其中某一部舊史作爲主要藍本，而須參合、兼採兩書方可勉强成形，後者則是《遼史》全書紀傳相對原始而志表多出新撰的根由所在。

舊史既不足徵，元人只得雜採他書。從源流脉絡看，當時所用資料可大致分爲南、北兩個系統：北朝文獻系統除耶律儼、陳大任二書外，還包括《遼朝雜禮》（疑與遼末金初史官耶律固存在密切關聯）、金朝官修《祖宗實録》《太祖實録》及高麗所上《大遼事迹》；南朝文獻系統則主要包括史愿《亡遼録》、趙至忠《陰山雜録》、元朝商賈所作《契丹國志》、宋朝《國史·契丹傳》、宋朝《會要·蕃夷·遼》、《新五代史·四夷附録》及前代諸史《契丹傳》。可以説，金、宋兩朝官修史書中的涉遼資料事實上構成了《遼史》的重要依憑，這也是元修三史資料共享、互通有無的集中體現。此外尤須注意的是，雖然史官所用南朝文獻遠不止《契丹國志》一家，但平心而論，其採摭範圍並不廣泛，基本限於從書名、篇名即可判斷內容與契丹直接相關者，對於散見其他宋元文獻中的大量相關史料皆未暇涉獵；而在具體行文中，元人又每每諱言其所用南朝資料的真正來源，給後世造成一種全書基本依託遼金舊史的假象。

原始資料捉襟見肘，欲在短時間內纂成一代正史，已可謂難矣。而難上加難的是，在三史同修的背景下，《遼史》之撰作雖然遠不具備金、宋兩家的史料條件，但又不得不與二者强行保持形式上的相對統一，最終成書的卷帙對比上亦不好過於懸殊，如此方可在一定程度上保證國家最高文化工程的體面與尊嚴。史料匱乏與任務艱巨之間的矛盾是困擾《遼史》纂修官們的最大難題，而**敷衍成文、充湊篇幅**則成爲他們情急之下找到的解決方案。

　　從全書宏觀體例看，最能體現上述方案的部分莫過於史表的存在。有元以前，紀傳體正史設表者惟《史記》《漢書》《新唐書》三家，至正修史之總綱《三史凡例》中明確提出"三國各史書法，準《史記》《西漢書》《新唐書》"的纂修原則①，遼、金、宋三史皆統一設表，正是這一原則的重要體現。不過細審《遼史》八表，卻是得其形而未得其神。舉凡歷代紀傳體書所見史表大致可分爲年表、世系表兩類，其共同特點是在旁行斜上之中匯聚時間、空間兩種不同維度的信息，具體表現在縱橫兩欄皆有表頭，分別標識時間、空間之尺度，這種二維的呈現形式，使得一般史表從縱、横兩個方向閱讀可以獲得不同的歷史信息，自史、漢至元、明二史所設諸表皆合於斯。反觀《遼史》八表，除《皇族表》《外戚表》勉強可以劃入世系表外，其餘六者皆無從歸類，更與上述二維編排模式格格不入。最直觀的特徵就是這些表文或僅有一欄表頭（如《世表》《皇子表》《公主表》），或縱橫雖皆有表頭，但所記皆爲同一維度（如《遊幸表》《部族表》《屬國表》横欄爲年，縱欄爲月）。這些表文的内容直接抄自舊史的本紀、列傳，並未經過實際的消化處理與排比對照，因此自然不可能具備"方寸之間匯聚時空"的功能。換句話説，《遼史》諸表中的歷史信息即便不用"表"這種形式也完全可以表達，且效果不會有絲毫影響。元朝史官之所以立表，且不厭其煩連立八表，除了三史同修的統一要求外（《金史》《宋史》僅各有二表），最大的動機恐怕還在於：呈現同樣的内容，表格這種形式可以堂而皇之地批量留白、最大限度地擴張篇幅。與此類似的問題在志書部分亦不

①　《遼史》附錄《三史凡例》，中華書局點校本修訂本，2016 年，第 1717 頁。

難找到痕跡,不僅包括本身即是表格形式的《曆象志》閏、朔二考,更表現在《營衛》《兵衛》《百官》《樂》《儀衛》諸志所充斥着的一句即佔一行甚至一詞即佔一行的文本當中,原本完全可以在一段中連續抄寫的部族、地理、職官、禮樂等零散信息,被一一逐行羅列,這些伎倆的初衷無非是想讓單薄乾癟的内容在外表上看起來更爲豐滿一些罷了。

除了總體架構的大而無當及謄寫抄録的肆意留空外,充湊敷衍的原則更滲透在具體内容的撰寫中。《遼史》紀、傳之主體多有遼金舊本可依,故史官的主要工作在於採摭、歸併、删潤,而對於舊史殘缺的志表及局部紀傳,他們則主要採用了以下五種編纂方法。

一曰稍加增補,即不改變舊史敍述脉絡和主體框架,僅在局部加以增修。包括《地理志》《刑法志》等,其中以《刑法志》改動最少,基本保持了陳大任舊志的原貌。

二曰改頭換面,即改變舊史編排形式,但核心内容爲整體抄録。包括《皇子表》《公主表》改編自陳大任《遼史·皇族傳》;《營衛志》宫衛門改編自陳史《兵志》,部族門出自《皇朝實録·部族志》;《禮志》將舊史《禮儀志》與《遼朝雜禮》的内容散入中原五禮體系之中等。

三曰拼湊雜糅,即主體框架出自元人之手,而具體内容則係抄撮南北不同系統之文獻而來。主要包括《營衛志》行營、部族上兩部分,《兵衛志·兵制》《百官志》《食貨志》《世表》諸篇,以及《天祚皇帝紀》《后妃傳》《耶律章奴傳》等部分紀傳。

四曰巧立名目,即對舊史原本見於他處的内容冠以新名,進行花式編排,重複利用。包括《兵衛志》中、下兩卷之於《部族志》《地理志》,《曆象志》朔考、閏考之於本紀朔閏,《皇族表》《外戚表》之於舊史列傳,《遊幸表》《部族表》《屬國表》之於舊史本紀等。

　　五曰生搬硬套,即在處理可能與中原制度相涉之文本時不加
甄别,大段抄襲前代正史。包括《曆象志·曆》對《宋書·律曆志》
所記大明曆的抄録,《百官志》《儀衛志》《樂志》對於兩《唐書》及宋
朝《國史》所記唐宋官制、禮儀的抄録等。

　　以上手法在實際編纂過程中往往相互穿插,靈活運用。五法
之中,前兩者對舊史的保存程度較高,産生的文本史料價值相對較
高,而後三者則純屬元人新作的二手文本,其中的總體框架尤須警
惕與批判。

　　昔顧亭林有云"紀傳一人之始末,表志一代之始末"①,誠爲的
論。《遼史》的志表部分構成了既往遼史研究的主體認知基礎,但
這些文本實多出元朝史官之手。從本書的考證結果看,《遼史》八
表全爲元末所新撰,而十志之中亦皆不同程度地存在史官的增纂、
創作因素。這些文本的總體框架,往往無法反映遼金舊史的面貌,
而只能看作元末史官對於遼朝歷史的理解,或可稱之爲"元人的遼
史觀"。誠然,史官在倉促之間對於材料加以抄撮、剪裁與拼湊,主
觀上並不一定以明確的"史觀"爲指引,但二手文本的生成過程,本
身就是歷史叙述框架的確立過程,而文本的流傳過程也是史觀的
傳遞過程;依託於文本本身的無意識的史觀,往往不易察覺,却更
能在潛移默化中影響後來人。對於今天的治史者而言,元修《遼
史》的叙述框架可能存在以下普遍性問題。

　　其一,概念性、方向性的誤導。以《營衛志》爲例,其中所涉遼
朝最重要的政治軍事制度,如遼朝斡魯朵在皇帝死後扈從后妃宫
帳,捺鉢須分四時、有固定的時間地點内容,斡魯朵與捺鉢並列之

①　黄汝成:《日知録集釋》卷二六"沈氏曰"引《救文格論》,欒保群、吕宗力點校,上海
　　古籍出版社,2006 年,第 1447 頁。

關係,有關遼朝部族的定義和分類等等,無不出自元人之手,而與遼朝當時的實際情形相去甚遠。類似的情況亦見於《百官志》《食貨志》《屬國表》《部族表》等諸多篇什。

其二,將一時一地之記載拔高爲有遼一代之通制。如《兵衛志》兵制門引宋《四朝國史》所記宋遼戰時制度,特別是其中有關遼朝全民皆兵的記載;御帳親軍、大首領部族軍兩門引宋琪《平燕薊十策》所記太宗伐晉時之制度;五京鄉丁門將遼天慶年間之户口折算成遼朝常備兵丁之數。又如《禮志》將《遼朝雜禮》針對一時一地具體禮典的記録泛化爲遼時之常制等等。

其三,將原本複雜多元的圖景歸併爲一元綫性的歷史敘述。歷代中原文獻與遼朝自身文獻之記載存在系統性的差異與矛盾,反映出不同的歷史記憶與敘述立場,往往難以强行調和、生硬榫接,然而元朝史官最慣用的手段正是將南北不同的敘述脉絡雜糅起來。最典型者當屬《營衛志・部族上》對於契丹建國以前歷史的拼合,事實上是用後世史官的綫性追溯取代了遼朝自身的歷史敘述。此外,《天祚皇帝紀》將原本屬於燕地漢人史愿的私家著述《亡遼録》,與遼、金官方文獻的零星記録簡單抄撮在一起,也導致了不同主體的記憶差異遭到模糊甚至消解。

其四,造成遼朝制度與中原典制的關聯假象。如《樂志》《儀衛志》對於唐宋禮樂制度文本的大段抄襲,《百官志》"司天監"等條對於《舊唐書・職官志》的摘録,都很容易給人以遼朝禮樂全盤照搬唐制乃至宋制的錯覺,進而阻礙了關於遼朝漢制實際來源及衍變情況的探討。

通過探明文獻源流,拆解《遼史》中的二手敘述框架,我們希望能夠擺脱元人遼史觀的束縛與干擾,盡量接近相對原始的歷史現場,將原本多樣化的歷史敘述從"權威"框架中剝離、釋放出來,重新加以審視、質證,從而呈現出前所未知的問題以及更加豐富、鮮活的歷史面向,尋求遼史研究的全新可能。

二、正史的祛魅

在中國古代正史的整體衍變脉絡中,《遼史》無疑是一則頗爲特殊甚至顯得有些極端的個案。這種特殊性主要表現在兩方面,一個是歷代史評家所批判的"最爲簡陋",另一個則是其中存在大量元人增纂的二手文本。

《遼史》的簡陋,事實上根植於契丹王朝當時歷史撰述的特質。這是我們區別於史評家的優劣裁斷,而嘗試給出的一種現代史學解釋。遼朝實行契漢雙軌的記史—修史體制,或可看作北族王朝兼容"蕃"、漢史書制度的首次嘗試,具有明顯的開創性、過渡性和不完備性。單就漢式修史制度而言,中原王朝從起居注、日曆、時政記等官方檔案到實錄、國史這類"纂修之史"的完整鏈條,在遼朝只是零星出現,遠未形成定制;同時,與修史相配套的文書行政、行狀考功、檔案保存、史館報送等諸多制度,在遼朝或難覓蹤跡,或未見施行,使得漢式修史活動很難與實際政務運作發生聯動,成爲一項相對孤立、封閉的制度。更值得注意的是,在契漢雙軌制下,遼朝漢文記史可能存在相當程度的附庸性(部分内容譯自契丹文材料)與局限性(難以全面深入接觸王朝政治中樞),當時的軍政機要、國計民生最終得以保存在漢文典籍中的很可能只是極少一部分,因而今本《遼史》紀、傳部分明顯具有"大事記"的色彩,與其他依託於完備修史制度而產生的正史存在本質區別。

通常紀傳體正史之纂修,多以所記王朝當時的檔案文獻或實錄國史作爲主要依據。特別是隨着官修正史制度的確立,後繼者往往直接承襲勝朝典藏史乘,極大程度上保證了資料來源的可靠性和歷史記述的延續性。作爲唐朝以後罕見的隔代修史，至正間詔作《遼史》，上去遼亡已二百餘年，負責纂修之史官面臨前所未有的困局，契丹王朝的官藏檔案早已灰飛煙滅，僅存的兩部舊史亦皆殘破不堪。如果説其他正史的編纂主要是對原始資料作選擇、摘録、編排這類"減法"的話，那麽《遼史》的執筆者則不得不將諸多精力花在作"加法"上，即進行大規模的臨時補撰、充湊篇幅。在此過程中，原本舊史中並不存在的敘述框架被編織，原本不屬於遼朝官方文獻系統的各路資料被雜糅，原本性質有別、立場殊異的歷史敘述被混同，從而形成諸多似是而非、不倫不類的二手文本。這些文本假官修正史之名，順理成章地獲得了權威性與經典性，《遼史》的記載搖身而變爲"遼時的記載"，最終框定了後世有關遼代歷史的認知。

那麽，《遼史》這樣一個另類的案例，對於深化有關正史的總體認識，是否具有某些普遍意義呢？我想，反思正史的經典性，或許是一個值得挖掘的議題。

"正史"之名，始見於蕭梁阮孝緒所作《正史削繁》，此後内涵外延雖曾略有歧變，但核心所指始終爲紀傳體王朝史。自唐初確立官修前代紀傳體史書制度以來，正史漸獲獨尊，成爲史書之正統，至有欽定"十七史""廿四史"之封。在這樣的脉絡裏，正史每與正經並列，"以史翼經"，共同構成王朝最高意識形態的直接載體，史書也理所當然地被賦予了與經書類似的經典性乃至神聖性。

對唐以後的讀書人來説，正史的經典性或許可以從三個層面加以理解。首先，官方組織纂修、刊刻、頒行，科舉考試懸之以爲鵠的，圍繞正史展開的系統性工作本身就是王朝政治、社會教化的一部分，具有天經地義的正當性。其次，在典籍流傳相對匱乏、信息渠道相對單一的情況下，正史無疑構成了古代士人歷史知識的主幹來源。再次，正史的資料被默認出自所記對象王朝的官方文獻系統,真實性和準確性毋庸置疑。在三者交互作用之下,傳統史家往往會將正史的記載等同於歷史本身,並由此構築自身歷史認知的主體結構,其中的局部史事可以糾正,具體内容可以補充,但核心框架不會動摇;同時,是否合乎正史也成爲檢驗其他典籍所記史事真僞、價值的標尺,而正史本身則是天然免檢的。這樣具有明顯經學色彩的史學思維,恰恰是與正史經典性互爲表裏的存在。

進入現代學術的研究視域,正史的正統性基礎早已消失,文獻的流通、利用條件日益改善,"不可迷信正史"也成爲人所共知的口號。然而在具體的史學研究實踐中,正史文本的實際來源與生成過程似乎始終未能得到充分的剖析和批判,將正史經典化的思維慣性仍然普遍存在。特別是在原始資料相對缺乏的斷代史領域,正史依舊常常會被先驗地作爲理解、認知的基礎,看作現成的、自恰的、不可拆分的文本實體,統統源自記載對象當時的官方記録。在這樣的邏輯中,正史從編纂到流傳過程中的各個環節仍然是被經典化的,其間可能存在的種種問題遭到了不同程度的遮蔽。《遼史》文本對於遼史研究的形塑作用,可以説完美地詮釋了正史經典性在當今史學研究中的深遠影響。

由此看來,對於不少斷代的研究者而言,正史仍然亟需一個祛魅的過程。所謂祛魅,是指正史文本的正當性並非不證自明,而應成爲嚴格甄别與仔細研判的對象,在被用作歷史敘述的材料以前,正史本身的生命歷程需要首先被揭示出來。如果將正史看作有機的生命體,其背景、來源、纂修、結構、抄刻、流傳、被接受等每一個環節都須作爲獨立分析的對象,最終勾連出正史本身的歷史。這一生命歷程可以大致劃爲生成史與接受史兩部分,圍繞《遼史》史源的探索,正可集中呈現出正史文本生成階段各環節可能面臨的困難與存在的問題。

　　其一，制度環境。正史之纂修，實依託於華夏政治體內部各項與之配套、聯動的制度，牽涉到整個王朝的運作機理。契丹王朝的歷史撰述情況與《遼史》文本特徵之間的關聯，事實上提供了一個反向的參照物，讓我們思考在尋常正史框架下習焉不察的問題：究竟哪些制度環節會對正史的形成產生影響？這些影響在最終定型的正史文本中有怎樣的具體表現？北族入主中原者如拓跋、女真、蒙古、滿洲是否也會在特定時期、某些制度方面出現與契丹類似的缺環，從而在相應正史中有所反映？

　　其二，資料來源。正史以承襲官方文獻而著稱，但在實際編纂過程中卻可能雜採諸書、融合官私不同文獻，關於政局動蕩或王朝末世典冊不備時期的記載更是如此。此外尤可注意的是，即便纂修正史所據直接史源爲前朝官方典籍，如若進一步追索這些文獻的脉絡，上溯至記載的最初源頭，可能會發現其實往往也只是私家撰述或異邦傳聞。元修《遼史》不僅大量採用遼代官方系統之外的資料，包括金、宋官方文獻及南朝私家記述，還在志書部分將不同來源的歷史敘述簡單拼合成一代典制，此類情況在以往的正史史源研究中尚未引起足夠重視。

　　其三，編纂過程。正史文本的生成、歷史信息的傳遞，都是在**史書與史官即文獻與活生生的人之間的微妙互動中完成的**：史官當時究竟能夠看到哪些書，他們如何翻閱、利用這些文獻，從中提取到哪些信息，理解有無偏差，抄錄有無舛誤，原始文獻的面貌對於史官的編纂工作產生過怎樣的影響，將資料修入史書時最簡單易行的操作方法是什麼，是否需要刪併抑或新增，史官面臨現實問題所採取的便宜從權之舉，究竟會在正史的文本中留下怎樣的痕跡？**這些都是實實在在的歷史情境，也是我們賦予文獻學研究以歷史學意義的緣由所在。**透過《遼史》的文本，我們讀到了執筆諸公當時所遭遇的種種困窘與因應變通,相信其中不少場景在歷代正史的編纂者那裏都可以尋得共鳴。

其四,文本面貌。正史絕非現成的鐵板一塊,有必要加以拆解、離析。從橫向、靜態的角度看,它可能是不同文本單元的集合,每一單元的背後都可能代表一種具有特定來源、性質、立場的歷史敘述,儘管史官勉力彌合,但我們還是有機會找到各文本單元間的參差與縫隙。從縱向、動態的角度看,它又可能是由不同史官、在不同編纂階段、依據不同理念、面對不同資料所次第撰成的,因而時見前後齟齬、自相矛盾之處。元修《遼史》編纂倉促草率,缺乏統稿、潤色,至有"一句一痕"之感,誠可謂拆解正史文本的絕佳案例。

其五,承載信息。正史所記載、傳遞的歷史信息,多大程度上等同於當時政權的自我言説,又在多大程度上趨近於歷史發展的實態?現在看來,這些問題都可能存在諸多重新檢討的餘地。正史中的具體史事,與其他典籍中的史料相比並不具有天然的經典性,似應針對特定問題放置在文獻源流的總體脉絡中進行綜合比較、平等質證。正史中關於一代王朝某一側面的總體敘述框架,更應成爲重點考辨的對象,無論當朝史官之概括,抑或後世史官之創作,都無法理所當然地用作認知的基礎。既往有關歷代正史的史源研究,或多或少存在重紀傳而輕志表的傾向,從《遼史》的情況看,後者的確還有較大的發掘空間。

三、史源學研究的舊與新

本書的"探源"工作在史源學的脉絡下展開,具體的研究實踐也促使我們對既有的史源學研究範式略有反思。

史源學,顧名思義是關於史料來源的研究。中國現代學術框架下的史源學創自陳垣,他在二十世紀三十年代爲北平各大高校歷史系開設"史源學實習"課程,"擇近代史學名著一二種,逐一追尋其史源,檢照其合否,以練習讀一切史書之識力及方法,又可警惕自己論撰時之不敢傾心相掉也"①。所謂"近代史學名著"是指《日知録》《廿二史劄記》這類清人考史筆記,課程的實際操作是要求學生逐條考察書中所用史料的來源、辨別其正誤,很顯然,當時的"史源學"很大程度上只是作爲一種學術訓練手段而存在。同時陳氏又稱"考尋史源,有二句金言:毋信人之言,人實誑汝"②,强調對於轉引文獻的警惕及對原始材料的推崇,但這種類比式的描述亦無法作爲方法論的提煉。除此之外,關於史源學研究的内涵,陳援庵並未留下更爲明確、系統的論説,後人只能從其具體研究論著及當年聽課弟子的筆記中進行歸納:史源學是一門追尋史料來源進而稽考史實、辨明正誤的學問,是史料學的重要分支;其學術目的在於判明史料真偽優劣、方便取捨裁剪、糾謬正誤、端正學風;基本方法是看其根據是否正確、引證是否充分、敘述有無錯誤、判斷是否的確③。這樣的表述既是對陳垣史源學研究、教學實踐的總結,也代表了既往學界有關史源學的一般性認知,諸多史源學研究論著亦循此軌轍。不過在我看來,其中猶有未盡之義。

史源學從屬於史料學,這一學科定位,特別是"史料"一詞本身的内涵可能會在一定程度上限制史源學的研究取徑。管見所及,漢文典籍中的"史料"始於明人董復表所編《史料》一書。此書係王世貞爲修明史而準備的資料,逮其殁後爲董氏所搜羅編排,又稱《弇州史料》或《王鳳洲史料》,陳繼儒爲之作序云:"史之難,難於

---

① 陳垣著,陳智超編:《史源學實習及清代史學考證法》,商務印書館,2014 年,第 1 頁。

② 陳垣著,陳智超編:《史源學實習及清代史學考證法》,第 2 頁。

③ 參見史麗君:《陳垣的史源學理論與實踐》,人民出版社,2016 年,第 51—86 頁。

料爾。史才無料,如良賈不摻金,大匠不儲材,雖鄭卓、公輸亦窘
矣……予雅辱先生後死之託,少思詮次而僕僕無閑暇,吾友董章甫
則匯而成之,私署曰‘弇州史料’。其前載年表、志考、世家、列傳,
公皆爲史,而“史”者也;其後撮志狀碑表爲故實,而以棄記記録附
之,公雖不史而可以入史者也,此‘史料’之所由以名也。”①其中將
“史料”理解爲史家修史所用資料,與商賈用金、木匠用材無異,而
此具體書名則指未及修入或有待修入史書的邊角料。近代以來的
“史料學”在德國蘭克史學影響下興起,但對於“史料”本義的理解
與運用,較之古人並未發生實質性變化。在這一脉絡下,歷史(史
籍、文獻)被作爲供史家採擷、篩汰、利用的材料(對象),其中呈現
出的邏輯主體是史家而非文獻本身,先天就可能隱含着史家主觀
方面的工具性、功利性訴求。

　　在史料學的框架下,傳統意義上的史源學研究很多時候並没
有明確的方法論訴求,追源只是手段,目的僅爲判别史料價值,明
辨真僞正誤,最終的落脚還是史家的利用。由於對文獻的本體性、
獨立性强調不足,對文獻學、歷史學的關係切割不够②,相當一部分
史源學研究實踐往往傾向於將文獻拆解成一條條支離破碎的材
料,對每條材料進行單一、碎片式的溯源,作出非此即彼的正誤、優
劣判斷;同時又很容易忽視文獻的總體結構和内部縫隙,不經意間
爲其中隱含的叙述框架所左右。

①　陳繼儒:《弇州史料叙》,《弇州史料前集》,《四庫禁燬書叢刊》影印萬曆四十二年刻
　　本,北京出版社,2000 年,史部第 48 册,第 426 頁上—428 頁上。

②　目前中古史學界流行的“史料批判”或“歷史書寫”研究,亦可放在這一脉絡下進行
　　審視。如果在文獻研究尚未準備充分、探討清楚的情況下,就急於進入權力話語、
　　創作動機這類歷史學層面的討論,甚至全然忽略、跳過前者直接進入後者,最終呈
　　現出的結果很可能是在文獻層面研究不够透徹,而在歷史層面某種程度上又只是
　　在驗證已有的問題。

　　有鑒於此,我們希望能對史源學作一重新定位,將對待典籍的史料取向轉變爲文本取向,以史書爲研究本體而不止作爲利用對象,關注整體的文獻源流而非零星的史料溯源,從而探索史源學研究的新路徑。以《遼史》的史源分析爲例,本書的核心工作在於對《遼史》的文本作“減法”,事實上就是在嘗試一種史源學視野下的文本批判。首先,在看似整飭、統一、連續的文本中,區分、剥離出不同系統、不同時代、不同主體的歷史叙述(文本單元)。在此過程中,着眼於總體的文獻源流,關注來源文獻的流傳過程和最終文本的編纂過程,盡量落實到從書到人再到書的具體互動關係。其次,對離析後的各文本單元再分別加以溯源、批判,弄清每個叙述系統内部的來龍去脉。亦即對於每次剥離出的部分,並非棄之不用,而是視作不同的記憶碎片,對其生成衍化過程加以剖析、對比,窺探以往被遮蔽、被隱藏的複雜圖景。前一階段的工作已基本可以告一段落,而後一部分的問題則仍有待今後持續開掘。

　　如果跳脱《遼史》,着眼於更廣闊的研究領域,似乎可以將史源學視野下的文本批判分解爲以下兩個層面:其一,對文獻本身的研究。“文本”可以理解爲以文獻爲本體,其首先的關注點在於文獻源流,即文獻本身發生、虜衍、定型的生命歷程。這種文獻學的問題意識具有原發性、根基性、獨立性,它的產生應該先於而非依附於歷史學、文學、哲學、考古學等其他學科。在這一層面的實際操作中,研究者可以盡量淡化、抑制甚至杜絶其他學科問題意識的干擾,致力於弄清、落實文本本身的問題。從微觀的文字、音韻、訓詁、校勘,到中觀的書寫通例、版本系統,再到宏觀的文獻源流、編纂史、書籍史,目的在於呈現文本,而非解構文本。其二,對文本背後創作意圖、權力話語、歷史圖景等方面的批判,歷史學的問題意識在這一層面方纔應該被釋放、彰顯出來。二者的先後順序不可

顛亂,只有把第一個層面的問題搞清楚,將我們面對的、能够明確
把捉的實體或曰歷史的載體凸顯出來、研究明白,纔有可能真正在
第二個層面激發出新的問題——這或許是文本取向下的史源學給
予我們最爲重要的啟示。

附録一：有關《裔夷謀夏録》諸問題的新考索

一、問題緣起：傳本所題作者與前代著録之矛盾

十二世紀初葉，女真勃興，吞遼滅宋，對中國歷史影響深遠。有關這一重大變局，兩宋之際的人們曾有過爲數衆多的記載，但其中歷經近千年流傳至今者却寥寥無幾，本文所要討論的《裔夷謀夏録》就是這些幸存者之一。

是書今僅存殘抄本數種，皆出同一系統（説詳後文），題宋劉忠恕撰。然而，此傳本所題作者與前代書目著録存在着嚴重抵牾，不能不令人心生疑竇。故自晚清以降，不少藏書家與研究者皆對此有所論及。

最早提到傳本與著録間矛盾的是陸心源，他在《皕宋樓藏書志》中著録所藏"《裔夷謀夏録》一卷，舊抄本，宋劉忠恕著"，並加按語云："案《書録解題》：《裔夷謀夏録》一卷，翰林學士新安汪藻彦章撰，此本題劉忠恕著，未知孰是。"①陸氏注意到陳振孫《直齋

---

① 陸心源：《皕宋樓藏書志》卷二八載記類，中華書局影印光緒八年（1882）刻本，1990年，第324—325頁。按此皕宋樓藏本今歸日本静嘉堂，實爲兩卷，陸氏著録有誤；又《直齋書録解題》著録《裔夷謀夏録》爲七卷，此引作一卷，亦誤。

書録解題》著録《裔夷謀夏録》作者爲汪藻，而非自家藏本所題之劉忠恕，但並未對此作更多探究。幾乎與陸氏同時的另一位大藏書家丁丙亦藏有《裔夷謀夏録》一部，其在所編藏書目録中也談到了這一問題："按《直齋書録解題》是書作七卷，且署翰林學士新安汪藻彥章撰，未知孰是，豈一名而兩書耶？"①丁氏所據材料與陸心源完全相同，却更進一步猜測傳本《裔夷謀夏録》並非汪藻所撰，而是另外一部同名之書。丁丙殁後，藏書在民國時歸於江南圖書館，其中這部《裔夷謀夏録》曾爲胡玉縉所寓目。胡氏對此寫有一段簡單的考證："《裔夷謀夏録》三卷，宋劉忠恕撰。忠恕字里未詳。……爲江南圖書館所藏鈔本。陳振孫《書録解題》載是書，作‘七卷，翰林學士新安汪藻彥章撰’，卷數撰人俱異，《絳雲樓書目》同，蓋別一書也。"②除據《書録解題》外，又稱錢謙益《絳雲樓書目》著録與陳振孫相同，因而得出了與丁丙完全相同的結論——同名異書。

　　與藏書家和目録學家的簡單猜想不同，當今的史學研究者對上述問題有過詳細論述。虞雲國《静嘉堂藏〈裔夷謀夏録〉考略》（以下簡稱虞文）是迄今爲止僅有的一篇關於《裔夷謀夏録》的專題研究③，此文根據静嘉堂文庫所藏版本，對該書的作者、成書年代、卷數、史料價值等問題進行了考證。關於作者問題，虞文的主要論據有二：其一，《宋史·藝文志》"傳記類"著録兩種卷數不同的《裔夷謀夏録》，一題汪藻著，另一則未詳作者，虞文認爲後者即劉忠恕之書；其二，徐夢莘《三朝北盟會編》所引汪藻《謀夏録》中的一條記

① 丁丙：《善本書室藏書志》卷一〇史部八，中華書局影印光緒二十七年刻本，1990年，第516頁下欄。
② 胡玉縉：《四庫未收書目提要續編》，收入《續四庫提要三種》，上海書店出版社，2002年，第60頁。
③ 虞雲國：《静嘉堂藏〈裔夷謀夏録〉考略》，原刊（臺北）《書目季刊》1995年第29卷第3期，此據氏著《兩宋歷史文化叢稿》，上海人民出版社，2011年，第487—498頁。

載不見於今本的相關部分。據此，虞文得出結論，現存《裔夷謀夏録》確爲劉忠恕所著，絕非汪藻之書。顯然，該文的基本觀點與上引丁丙、胡玉縉完全相同，只是在此基礎上作了更爲具體的論證。自虞文發表至今已二十餘年，後來的研究者們對此皆無異辭，同名異書之説似乎已成定論①。

　　對於縈繞《裔夷謀夏録》的疑雲，除了上述主流説法外，清末民國的學者還曾有過另外一種意見。王國維在爲蔣汝藻的藏書編寫目録時稱："《裔夷謀夏録》二卷（鈔本）。宋劉忠恕撰，胡潛序。知不足齋鈔本。案《直齋書録解題》：《裔夷謀夏録》七卷，翰林學士新安汪藻彦章撰。此本卷數與撰人均不合，且多記遼亡事，亦覺名實不符，疑後人依托爲之也。"②除了前人都已注意到的傳本與著録的矛盾外，王觀堂還提出了傳本的另外一個問題——"名實不符"，即他認爲汪藻《裔夷謀夏録》理應主要記載金人滅宋之事，而此傳世之書則多記遼朝覆亡之事，内容與標題不合。據此，王氏不僅認爲其並非汪藻之書，更進一步對此書的真實性提出了質疑。

　　綜合諸家論斷可知，針對《裔夷謀夏録》傳本與書目著録作者的歧異，無論是同名異書説，還是後人僞托説，以往的研究者皆認爲今本《裔夷謀夏録》並非汪藻所著③。然而，通過全面檢核史料，

---

①　參見《裔夷謀夏録》"點校説明"，黄寶華整理，《全宋筆記》第五編第1册，大象出版社，2012年，第71頁；馬玲莉：《汪藻史學成就探究》，上海師範大學碩士學位論文，2012年，第19—20頁。

②　《傳書堂善本書志·上·史部二》，《王國維全集》第九卷，浙江教育出版社、廣東教育出版社，2009年，第202—203頁。

③　法國漢學家伯希和在注釋《馬可波羅寰宇記》中"Ciorcia"（意爲女真）一詞時，曾論及《裔夷謀夏録》（P. Pelliot, Notes on Marco Polo, I, Paris, 1959, pp. 373 - 374）。伯氏當時未見此書傳本，僅根據前代著録及他人轉引進行研究，結論多非確實，但其對作者之謎却提出了一點很值得重視的判斷："在宋代絶不可能存在兩部不同的書都冠以'裔夷謀夏録'這樣罕見的書名，汪藻或劉忠恕必有一誤（或二者皆誤）。"

我們發現上述判斷存在嚴重偏差，而這一偏差又直接影響到學界對於此書的定位與利用，實有必要予以辨明。在明確作者的基礎上，本文擬對該書的來歷、成書時間、卷數、版本、史源、編纂特點等諸多問題加以重新檢討，力圖較爲徹底地弄清這部文獻的來龍去脈，以便相關研究者能够更好地利用其中的珍貴史料。

二、再論今本《裔夷謀夏録》與汪藻之關係

正如前人所指出，根據汪藻墓誌銘及《直齋書録解題》等多處記載可知，汪藻確曾撰有一部《裔夷謀夏録》，這是毫無疑問的，而此書在宋代即爲其他史書所徵引。那麽，要確定今本《裔夷謀夏録》是否爲汪藻所著，最有效、直接的方法自然是將今本的内容與其他文獻所徵引的汪藻之書進行比較。前引虞雲國文已經意識到了這一點，並指出《三朝北盟會編》中有兩段記載明確標注出處爲汪藻《謀夏録》，其中一條逸出今存殘本的時間範圍，遂將另外一條，即宣和四年（1122）九月十一日所引汪藻《謀夏録》與今本所記宣和四年八、九月之事作了對比，發現《會編》所引之文完全不見於今本，據此稱“故可斷言，静嘉堂藏鈔本《裔夷謀夏録》决非汪藻所著，而是劉忠恕所撰的同名之異書”。

虞文的研究路徑無疑是正確的，但僅根據一條記載的不同，就斷定今本《裔夷謀夏録》並非汪藻所作，未免證據不足。如果將視野放寬，我們可以發現，宋代文獻中徵引汪藻《裔夷謀夏録》者遠不限於《三朝北盟會編》中的兩條，將這些引文與今本加以全面對比，纔有可能得出更爲確當的結論。

徐夢莘在《三朝北盟會編》卷首列有引用書目，其中稱：“《裔夷

謀夏録》，一云《金人請盟叛盟本末》，汪藻。"①可知汪藻《裔夷謀夏
録》又名《金人請盟叛盟本末》。而《續資治通鑑長編》元豐五年
（1082）正月丙午記載神宗降詔，允許女真假道高麗到宋朝賣馬，結
果是"後女真卒不至"，對此李燾有小注云："女真卒不至，據汪藻
《金盟本末》增入。"②從作者和書名推斷，其中的《金盟本末》很可
能就是《金人請盟叛盟本末》的簡稱，也就是《裔夷謀夏録》的另一
種名稱。這一推斷可以在史料的對讀中得到證實。《三朝北盟會
編》卷九引汪藻《謀夏録》云："烏歇辭，聖旨諭使人：'燕中無主，止
是四軍領兵爲邊患，及挾女主猖獗，豈金國可容，早擒之爲佳。'烏
歇、慶裔曰：'四軍變離不爾，汝何人，敢爾哉？回本國當奏陳。'時
朝廷屢以勝契丹欺虜人，而有一四軍不能制，反仗虜人擒之，自相
矛盾矣。"③而與此幾乎完全相同的記載見於楊仲良《續資治通鑑
長編紀事本末》（簡稱《長編紀事本末》）宣和四年九月甲戌："烏歇
等入辭於崇政殿。上諭曰：'燕人無主，止是四軍領兵爲邊患，乃挾
女主猖獗，豈金國可容？早擒之爲佳。'烏歇、慶裔曰：'四軍變離不
耳，彼何人，敢爾？到本國當即奏陳。'時朝廷方以屢勝欺女真，而
有一四軍不能制，反令女真禽之，自相矛盾矣。"④其後有小注稱
"以上並據《詔旨》《金盟本末》"。衆所周知，楊仲良此書乃據李燾
《長編》改編而成，故上引文字當皆出自李燾之手。李氏所稱《詔
旨》即汪藻《元符庚辰以來詔旨》，由注文可知上述記載並見於《金
盟本末》及《元符以來詔旨》。對比徐夢莘所引《謀夏録》與李燾所

①　《三朝北盟會編》卷首，上海古籍出版社影印許涵度刻本，1987 年，第 4 頁上欄。
②　《續資治通鑑長編》卷三二二，中華書局點校本，2004 年，第 7768 頁。
③　《三朝北盟會編》卷九宣和四年九月十三日，第 63 頁下欄。
④　《資治通鑑長編紀事本末》卷一四三《徽宗皇帝·金盟下》，《宋史資料萃編》第二輯
　　影印廣雅書局本，文海出版社，1967 年，第 4312、4322 頁。

引《金盟本末》,若合符節,可以確定二者爲同一部文獻,亦即汪藻《裔夷謀夏録》在李燾筆下被稱作《金盟本末》。

　　明確以上問題之後不難發現,《長編紀事本末》卷一四二、一四三《金盟》一門中大量徵引《金盟本末》(即《裔夷謀夏録》),其中不少記載與今存殘本《裔夷謀夏録》的時間範圍相合,對此加以系統對比,自然有助於我們判斷二者之間的關係。經過全面檢討,兩書中至少有九段史料可以一一對應,爲避繁冗,此處僅舉三例略加說明,其餘皆見文末附表①。

　　李燾徵引《金盟本末》大致有兩種形式,其一是直接引用,其二是參合此書及其他記載,兩者皆可在今本《裔夷謀夏録》中找到對應的段落。如《長編紀事本末》卷一四二直接引用《金盟本末》云:

　　　　宣和二年正月,呼慶至自女真。女真留之半年,責以中輟,且言登州移文之非,持其書來云:"契丹修好不成,請別遣人通好。"時童貫受密旨,欲倚之復燕。二月,詔遣趙良嗣。②

這段文字在今本《裔夷謀夏録》宣和二年正月可以找到基本相同的記載:

　　　　宣和二年正月,呼延慶至自女真。女真留之半年,責以中輟,且言登州移文之非,持其書來云:"契丹修好不成,請別遣

────────────

① 前引馬玲莉《汪藻史學成就探究》一文(第87—91頁)亦認爲《長編紀事本末》所引《金盟本末》即汪藻《裔夷謀夏録》(未加論證),並將其輯出。然其所據《長編紀事本末》爲宛委別藏本,故所輯容有遺漏,更要緊的是,因其認定此書與今本《裔夷謀夏録》爲同名異書,故而並未對二者的内容加以對比。

② 《長編紀事本末》卷一四二《徽宗皇帝·金盟上》,第4293—4294頁。

人通好。"時童貫受密旨，欲倚之復燕。二月，詔中奉大夫、右文殿修撰趙良嗣由登州往使。①

很明顯，除了呼延慶作呼慶，末句略有不同外，李燾所引《金盟本末》與今本《裔夷謀夏録》完全一致。

又如《長編紀事本末》宣和三年十一月云：

十一月，金國使副曷魯、大迪烏自海上歸至其國。阿骨打得書，意朝廷絶之，乃命其弟固論國相勃及烈并粘罕、兀室等悉師渡遼而西，用降將余覩爲前鋒趨中京。（原注：此據《金盟本末》。②）

李燾小注明確稱此段源自《金盟本末》，而今本《裔夷謀夏録》中恰好有一段大同小異的文字："十一月，曷魯自海上歸。阿骨打得書，意朝廷絶之，乃命其弟兀魯國相勃及烈并粘罕、兀室等悉師渡遼而西，用降將余覩爲前鋒。"③其中兀魯與固論當爲同名異譯，其餘文字基本契合。

除了直接引用，李燾往往會將《金盟本末》與其他史料相參合，形成一種新的文本，而在這樣的文本中也很容易找到與今本《裔夷謀夏録》相對應的部分。如《長編紀事本末》宣和三年十月末條云：

三年二月壬午，金國使錫剌曷魯并大迪烏高隨至登州。先是，女真往來議論，皆主童貫，以趙良嗣上京阿骨打之約，欲

① 《裔夷謀夏録》卷一，第 88 頁。
② 《長編紀事本末》卷四一二《徽宗皇帝·金盟上》，第 4306 頁。
③ 《裔夷謀夏録》卷一，第 93 頁。

便舉兵應之,故選西京宿將會京師。又詔環慶、鄜延軍與河北禁軍更戍。會方臘叛,貫以西軍討賊,朝廷罷更戍指揮。登州守臣以童貫未回,留曷魯等不遣。曷魯狷忿,屢出館,欲徒步入京師。尋詔馬政、王瓌引之詣闕。五月丙午,金國使曷魯、大迪烏入國門,詔國子司業權邦彥、觀察使童師禮館之。未幾,師禮傳旨邦彥等曰:"大遼已知金人海上往還,難以復如前議論。曷魯、大迪烏令歸。"邦彥驚曰:"如此則失其歡心,曲在朝廷矣。"師禮入奏,復傳旨:"候童貫回,徐議之。"曷魯、大迪烏留闕下凡三月餘。八月壬子,金國使曷魯、大迪烏辭,遣呼慶送歸,國書止付曷魯等,不復遣使,用王黼之議也。書辭曰:"遠勤專使,薦示華緘。具承契好之修,深悉疆封之諭。維夙惇於大信,已備載於前書。所有漢地等事,並如初議。俟聞舉軍到西京的期,以憑夾攻……"(原注:此據《金盟本末》并《華夷直筆》及《詔旨》。)①

此段記載亦見於今本《裔夷謀夏録》,絕大部分文字差異甚微,惟其中劃線部分在今本《裔夷謀夏録》中作:"邦彥慮失歡,令師禮入奏,復得旨:候童貫回。曷魯凡留闕下三月餘。八月二十八日,王黼議復國書,止付曷魯等還,不遣使。"②二者出入略大。據作者小注可知,《長編紀事本末》之文字當爲李燾以《金盟本末》爲藍本,參考《華夷直筆》及《詔旨》寫成的,故大同而小異。綜合附表所列九段記載來看,相比於上面提到的直接引用,以《金盟本末》爲藍本,參合其他文字的情況在李燾的筆下顯然更爲普遍,且多爲大段

① 《長編紀事本末》卷一四二《徽宗皇帝‧金盟上》,第4305頁。
② 《裔夷謀夏録》卷一,第92頁。

徵引,值得格外重視。

通過列表、考證,我們已經清楚地看到,李燾所引《金盟本末》的大量文字皆見於今存殘本《裔夷謀夏録》的相應部分,而如上所述,《金盟本末》就是汪藻《裔夷謀夏録》的另一名稱,由此不難得出如下結論:今本《裔夷謀夏録》當即汪藻之書。

在《長編》的大量徵引之外,宋人尚有零星引用此書者,亦可佐證上述判斷。如趙彦衛《雲麓漫鈔》云:"《請盟録》載女直用兵之法:戈爲前行,號曰硬軍,人馬皆全甲,刃棓自副,弓矢在後,非在五十步内,不射;弓力不過七斗,箭簇至六七寸,形如鑿,入不可出,人携不過百枚。其法,什伍百皆有長,伍長擊柝,什長執旗,百長挾鼓,千人將則旗幟金鼓悉備。伍長戰死,四人皆斬,什長戰死,伍長皆斬,百長戰死,什長皆斬;能同負戰没之尸以歸者,則得其家資。凡將軍皆自執旗,衆視所向而趨之,自軍帥至步卒,皆自馭,無從者。軍行大會,使人獻策,主帥聽之,有中者爲特獎其事。師還,又會,問有功者,隨高下與之金,人以爲薄,復增之。"①其中所謂《請盟録》者,應該是《金人請盟叛盟本末》的另一簡稱,而這段文字亦見於今本《裔夷謀夏録》②,僅個别字句有出入。這一例證同樣説明今本《裔夷謀夏録》的作者當爲汪藻,而與劉忠恕無涉。

有了上述基本判斷之後,我們還有必要對上引虞文有關今本《裔夷謀夏録》非汪藻所著的兩條主要論據進行回應。第一條是《宋史·藝文志》"傳記類"關於"兩部"《裔夷謀夏録》的記載。兹先徵引相關內容如下:

---

① 趙彦衛:《雲麓漫鈔》卷六,傅根清點校,中華書局,1996年,第108頁。個别標點有所校改。
② 《裔夷謀夏録》卷一,第75—76頁。

《南北歡盟録》一卷,《裔夷謀夏録》二卷(並不知作者)……
張九成《無垢心傳録》十二卷……汪藻《裔夷謀夏録》三卷,又
《青唐録》三卷……右傳記類,四百一部一千九百六十四卷(原
注:張九成《無垢心傳録》以下不著録二十一部三百十二卷。)①

對於這段史料,虞文稱:"元修《宋史》之粗疏舛誤是久有定評
的,但在同一傳記類中相隔幾頁將同書再列,其疏誤似還不至於這
等程度。顯而易見,《宋史·藝文志》作者應是見到兩位不同作者
所撰著的書名相同、内容相近的兩種書的……故而在同一傳記類
中分別予以著録。"②顯然,虞文將《宋史·藝文志》作爲一部體例
統一的實藏書目來看待,這纔有了上述判斷,但實際情況卻並非如
此。從《宋史·藝文志序》即可看出,元人修撰此志,實效法《新唐
書》之體例,分兩部分完成,其一是將宋朝四部國史(即《三朝國史》
《兩朝國史》《四朝國史》及《中興四朝國史》)的《藝文志》删叉重
複,合爲一志;其二是根據各種記載補充前者所未備③。這樣的編
纂體例在志文的形式上也有明確的體現:《宋史·藝文志》在著録
每一小類書籍之後,都會總結此類書籍一共多少部多少卷,然後往
往會有小注稱某某書以下多少部"不著録"云云,其中所謂不著録
的這一部分就是指宋國史藝文志未曾著録,而爲元人所補。解讀
上面所引這段史料正好需要用到這一通例,其中小注稱"張九成
《無垢心傳録》以下不著録二十一部三百十二卷"即指在《無垢心傳
録》以上的書籍爲宋國史藝文志所著録,以下則爲元人所增。我們
看到,所謂兩部《裔夷謀夏録》正好一個在《無垢心傳録》之前,一個

① 《宋史》卷二〇三《藝文志二》,中華書局點校本,1977年,第5117—5124頁。
② 虞雲國:《静嘉堂藏〈裔夷謀夏録〉考略》,第488頁。
③ 《宋史》卷二〇二《藝文志序》,第5033—5034頁。

在其後。《裔夷謀夏録》作於南宋，顯然前者出自《中興四朝國史·藝文志》，著録之依據應該就是宋寧宗朝修史時所實藏的汪藻《裔夷謀夏録》，只不過它可能是一部脱去作者的殘本；而後者則爲至正修史時據所見元代翰苑藏書所補①，史臣在倉促抄撮之間未及對不同來源的材料加以統一，這纔造成了同一小類中一書重出的現象②。因此，《宋史·藝文志》的記載並不能證明宋代存在過兩部不同的《裔夷謀夏録》，更不宜作爲今本並非汪藻所著的論據。

　　關於虞文的第二條論據，即《會編》所引汪藻《謀夏録》中的一條記載不見於今本的相關部分，其實也還有進一步探討的餘地：這條記載之所以不見於今存殘本，是由汪藻《裔夷謀夏録》的史源情況及編纂特點造成的。鑒於該問題較爲複雜，本文將在第四節予以辨析，此處不贅。

三、《裔夷謀夏録》來歷、流傳問題探賾

　　通過上節正反兩方面的論證，我們可以確定，題名劉忠恕著的殘本《裔夷謀夏録》實際上出自兩宋之際著名史家汪藻（1079—

---

① 關於《宋史·藝文志》"不著録"部分的來源，以往學界關注不足，僅陳樂素《宋史藝文志考證》（廣東人民出版社，2002 年，第 694 頁）曾猜測其爲元末史官所見之書，而未給出證據。近來有學者通過詳細舉證指出，此"不著録"部分當爲元翰林國史院實藏書登記目録，具有重要價值，參見魏亦樂《宋史藝文志不著録部分的性質》，《"元史藝文志"與南宋以降目録學與學術史諸問題研究》第二章第一節，南開大學博士學位論文，2019 年。

② 類似情況在《宋史·藝文志》中十分普遍，當然其具體成因不盡相同。相關條目參見沈治宏：《〈宋史·藝文志〉集部重複條目考》，《圖書館員》1989 年第 2 期第 44—48 頁、第 3 期第 45—48 頁；《〈宋史·藝文志〉史部重複條目考》，《圖書館工作》1989 年第 4 期，第 44—54 頁；《〈宋史·藝文志〉經部重複條目考》，《圖書館雜誌》1989 年第 5 期，第 62 頁；《〈宋史·藝文志〉子部著録圖書重複考》，《宋代文化研究》第 2 集，四川大學出版社，1992 年，第 218—219 頁。

1154)之手,這一認識的轉變意味着我們需要對有關這部文獻的諸多問題加以重新審視。此書究竟爲何而作? 成書於何時? 其原本面貌(書名、卷數)如何? 怎樣流傳至今? 現存諸本的系統何時形成? 又在何時被題爲劉忠恕所撰? 本節即擬對此做一番探究。

關於《裔夷謀夏録》一書的來歷,前人均未論及。《歷代名臣奏議》中收有汪藻進書札子一封,爲現存文獻所僅見,對於研究《裔夷謀夏録》的來歷至關重要,兹摘引相關部分如下:

> ……自乘輿南渡以來,史官無一字之傳,當時大臣時政記既不可復得,而諸司所謂案牘者,盡委於兵火……故臣於紹興二年待罪湖州日,力具奏陳,以爲及今聞見尚新,宜亟加搜訪,失今不輯,後必悔之。蒙恩即以委臣,臣伏思一代巨典,權輿於此……故設爲四類以求之。一曰年表,二曰官閥,三曰政迹,四曰凡例……臣自紹興二年承指揮編次,字字綴緝,七年于兹,本欲畢區區之愚,每類各爲一書,以備史官採擇,既功力浩渺,非歲月可成。又恭聞近開史院修《徽宗皇帝實録》,事體宏大,非臣疎外敢爲。今於每類各修成一門。除凡例一門,已具《重修元符庚辰以後三(十)年詔旨》節次進呈訖。今修到年表門,具元符、建中、崇寧年臣僚旁通,六冊;官閥門,具宰相十三人、執政三十三人,累歷十冊;政迹門,具《青唐棄地復地本末》《金人請盟背盟本末》,十二冊;共二十八冊投進,通前總八百冊。伏乞聖慈特賜省覽,庶知臣所編歲月時日,皆多方訂正,務得其真,未嘗一字無據也。[1]

---

① 《歷代名臣奏議》卷二七七"國史",上海古籍出版社影印永樂十四年(1416)刻本,1989 年,第 3612—3613 頁。

結合相關史料，可以考見汪藻此次所進之書爲何及此札子究竟作於何時。紹興二年（1132）十一月，汪藻時知湖州，奏請將"本州所有御筆、手詔、賞功罰罪文字，截自元符庚辰至建炎己酉三十年間，分年編類"，"以備修日曆官採擇"，獲得高宗首肯①，即此札子中"紹興二年待罪湖州日力具奏陳"、"自紹興二年承指揮編次"之所指，可見汪氏所修者實乃徽欽兩朝至高宗初年的事迹類編，是爲官修日曆準備的基礎材料②。至紹興八年十一月，其中的主體部分《元符庚辰至宣和乙巳詔旨》最終成書進呈，凡六百六十五卷③，即札子中所稱四門之一的凡例門，"已具《重修元符庚辰以後三十年詔旨》節次進呈訖"。關於這部事迹類編的成書時間，汪藻墓誌銘稱："書成，凡八百册，上之。上遣使賜茶藥二銀合，進官二等，加中大夫，除顯謨閣學士，知徽州。"而羅願《新安志》則明確記載了汪氏此次知徽州的時間是"（紹興）九年十二月二十九日"④，説明此書當成於紹興九年，正好與札子所謂自紹興二年奉旨編集後"七年於茲"的説法若合符契，當時此書的另外三門修成，一併進呈，與之前所進凡例門合爲八百册。

　　值得注意的是，此次進呈的"政迹門"是由《青唐棄地復地本

---

① 《歷代名臣奏議》卷二七七"國史"，第 3612 頁，又見汪藻《浮溪集》卷二。年月據李心傳：《建炎以來繫年要録》卷六〇，胡坤點校，中華書局，2013 年，第 1204—1205 頁。

② 包括汪藻墓誌銘、《繫年要録》在内的衆多後人記載，皆稱汪氏此次所修的就是宋朝官方《日曆》，但從汪藻自己的説法來看，他所纂修的並非日曆本身，而只是爲官修日曆所準備的素材，即所謂"備修日曆官採擇"者。另外從體例上看，宋代《日曆》有其固定程式，詳見陳騤《南宋館閣録》卷四《修纂下·修日曆式》（張富祥點校，中華書局，1998 年，第 39—40 頁），與此處汪藻自創"設爲四類以求之"者迥然不同。

③ 李心傳：《建炎以來繫年要録》卷一二三，第 2305 頁。

④ 羅願：《新安志》卷九《叙牧守》，王小波等點校，《宋元珍稀地方志叢刊甲編》第 8 册，四川大學出版社，2007 年，第 329 頁。

末》《金人請盟背盟本末》兩部分組成的,而後者竟與《三朝北盟會編》卷首引用書目所見《裔夷謀夏録》之別名《金人請盟叛盟本末》僅有一字之差,顯然就是同一著作! 由此可知,《裔夷謀夏録》最初實際上是汪藻奉敕爲官修《日曆》所備素材的一部分,而這封札子的寫作時間紹興九年也可以大致看作此書的成書時間,明白這一來歷對我們研究和利用此書顯然意義重大,後文還會對此作進一步闡發。

　　從這道札子還可獲知,《裔夷謀夏録》在剛剛修成進呈之時,題名爲《金人請盟背盟本末》,而這很有可能是該書的原名。那麼,今本所題之名是何時出現的? 兩種書名在當時和後世的使用情況如何? 按此書之名在宋代著録中即分爲兩個不同的系統。如上所述,《金人請盟背盟本末》一名,《三朝北盟會編》引用書目作《金人請盟叛盟本末》,《朱子語類》稱《女真請盟背盟録》[1],《長編》引作《金盟本末》,《遂初堂書目》作《背盟本末》[2],《郡齋讀書志》《玉海》作《金人背盟録》[3],《建炎以來繫年要録》作"汪藻《背盟録》"[4],《雲麓漫鈔》則作《請盟録》,這些書名顯然都是《金人請盟背盟本末》的簡稱。而《裔夷謀夏録》一名在當時亦不乏其例,此名見於作者自稱,汪藻所著另一部史書《靖康要録》中引用此書即稱《謀夏録》[5],當爲《裔夷謀夏録》之簡稱。而《汪藻墓誌銘》記載其

① 黎靖德編:《朱子語類》卷一三八"雜類",王星賢點校,中華書局,1994 年,第 3278 頁。

② 尤袤:《遂初堂書目·本朝雜史》,《宋元明清書目題跋叢刊》影印《海山仙館叢書本》,第 1 册,第 482 頁上欄。

③ 衢本《郡齋讀書志》卷六雜史類,見孫猛:《郡齋讀書志校證》,上海古籍出版社,1990 年,第 273 頁;王應麟:《玉海》卷四七"雜史",廣陵書社影印浙江書局本,2003 年,第 887 頁。按《玉海》此條下原當有解題,然今存諸本皆脱,僅餘書名卷數。

④ 李心傳:《建炎以來繫年要録》卷一宣和七年小注,第 10 頁。

⑤ 汪藻:《靖康要録》卷二,王智勇箋注,四川大學出版社,2008 年,第 246 頁。

著作有"《青唐録》三卷、《裔夷謀夏録》三卷"①,《三朝北盟會編》《直齋書録解題》及《宋史·藝文志》(當抄自《中興四朝國史·藝文志》)皆著録《裔夷謀夏録》之名,《錦綉萬花谷》則引作《謀夏録》②,據此推測,《裔夷謀夏録》之名或係汪氏在此書單行於世時所改。兩相比較,前一系統的書名在宋代似乎更爲普遍,或許皆出自官方文獻系統,而後一系統流傳相對較少③。

不過,伴隨着宋元鼎革,典籍流散,這種情況發生了重大變化,《金人請盟背盟本末》的題名系統不再見諸史乘,而《裔夷謀夏録》一系則幸存下來,成爲後世通用之名。元人袁桷《修遼金宋史搜訪遺書條列事狀》中即列有《裔夷謀夏録》④,可見此書在當時世間流傳已少。上節已述,《宋史藝文志》"不著録"部分有"《裔夷謀夏録》三卷",乃元末史官所見翰林院實藏,此著録皆與汪藻墓誌銘相合,當屬同一系統。至明修《永樂大典》時即用一整卷的篇幅來抄録此書⑤,正統年間所編《文淵閣書目》著録明代宮廷藏有"《謀夏録》一部一册"⑥,或即修《永樂大典》據以抄入者。從至正間官藏

① 孫覿:《鴻慶居士集》卷三四《宋故顯謨閣學士左大中大夫汪公墓誌銘》,臺灣商務印書館影印《文淵閣四庫全書》本,1986年,第1135册,第363頁。
② 《錦綉萬花谷》卷一五"金虜"條,《北京圖書館古籍珍本叢刊》影印宋刻本,書目文獻出版社,1999年,第73册,第226—227頁。
③ 宋代典籍流傳過程中,同一部書在官私兩種系統有不同名稱的情況並不罕見,另外一個典型的例子是《三朝北盟會編》。此書徐夢莘家藏本系統題作《三朝北盟集編》,而進呈之後的實録院抄本系統則作《三朝北盟會編》。參見鄧廣銘、劉浦江:《〈三朝北盟會編〉研究》,《文獻》1998年第1期,第98頁。
④ 袁桷:《清容居士集》卷四一,《四部叢刊》影印元刊本,葉33b。
⑤ 《永樂大典目録》卷二五載該書卷九五〇二內容爲《裔夷謀夏録》(《永樂大典》,中華書局影印本,第10册,第286頁上欄)。
⑥ 楊士奇:《文淵閣書目》卷六"史雜",《宋元明清書目題跋叢刊》影印《讀畫齋叢書》本,中華書局,2006年,第66頁上欄。按是本此條下著録"闕"字,係後人所加,與明初內閣實際藏書情況無關。

到《永樂大典》所收，再到文淵閣著録，可謂一脉相承，反映出題名
"裔夷謀夏録"之本在由元至明官方藏書系統內的流傳情況。明中
期以後書目著録此書者極少①，萬曆年間張萱所編《內閣藏書目
録》亦不見其名，直至明末方復見於絳雲樓、汲古閣之著録，皆稱
《裔夷謀夏録》，其中汲古閣本乃明中期名臣吳寬（1435—1504）叢
書堂所抄②，或即據秘閣藏本抄出。入清以後，著録、傳本漸多，全
部題作此名。從這一大致的流傳過程來看，源出官方文獻的《金人
請盟背盟本末》系統很可能入元以後即已失傳，而題名《裔夷謀夏
録》的系統雖流傳亦鮮，但總算得以保全一綫，致使後人只知此名，
對其原本之名反倒不甚了然了。

　　考察書名著録的變化，不僅可以看出《裔夷謀夏録》兩種題名
系統的演變，更重要的是藉此觀察此書流傳、存佚的大致狀況。當
然，如果要進一步弄清此書的流傳過程，還需對此書的另一個重要
方面——卷數問題稍作考證。

　　上引汪藻進書札子僅稱《金人請盟背盟本末》（《裔夷謀夏
録》）與《青唐棄地復地本末》（當即汪藻另一部著作《青唐録》的本
名）合計十二冊，而未言其具體卷數。關於此書的卷數，衢本《郡齋
讀書志》卷六著録"《金人背盟録》七卷"③，《直齋書録解題》則稱
"《裔夷謀夏録》七卷"④，前者成書於宋孝宗淳熙十四年（1187）以

---

① 　按錢溥《秘閣書目》及葉盛《菉竹堂書目》著録"《謀夏録》一冊"，當皆抄自《文淵閣
　　書目》，而非實藏。
② 　《汲古閣珍藏秘本書目·史部》著録云："《裔夷謀夏録》一本，叢書堂抄本，三錢
　　（《海王邨古籍書目題跋叢刊》影印《士禮居叢書》本，中國書店，2008 年，第 204 頁
　　上欄）。"
③ 　晁公武：《郡齋讀書志》卷六雜史類，第 273 頁。袁本著録爲一卷。
④ 　陳振孫：《直齋書録解題》卷五雜史類，徐小蠻、顧美華點校，上海古籍出版社，1987 年，
　　第 153 頁。

前,後者則成於理宗淳祐年間(1241—1252),二者均爲實藏書目,且所題書名來自不同系統,却皆著録其爲七卷,可見此書在宋時的通行傳本爲七卷,當爲全本。但前引孫覿所撰汪藻墓誌銘則稱此書爲三卷,羅願《新安志》汪藻本傳及前引《宋史·藝文志》同①。按汪氏卒於紹興二十四年(1154),墓誌銘當作於此後不久,羅願《新安志》則成書於淳熙二年,從資料來源上看,所據恐即墓銘,而《宋史·藝文志》"三卷"的著録,反映出元代官方所藏本與碑傳所記當屬同一系統。可見,除了晁、陳二目所著録當時七卷的通行傳本外,此書尚有一個三卷本系統,雖在宋時流傳未廣,但却成爲元明以降該書的主要傳本。

　　如上所述,宋亡以後,《裔夷謀夏録》流傳已稀,其七卷本亦不再見於實藏著録。此書至明初内府所藏當即承元末之三卷本,《文淵閣書目》僅存一册,不知是否完帙,至明末錢謙益、毛晉亦僅著録一册,未詳卷數②。不過,錢氏殁後,絳雲樓餘燼多歸其族曾孫錢曾所有,後者在藏書目録中著録有"《裔夷謀夏録》三卷"③,可能就是絳雲樓的舊藏。據説,與錢曾同時的徐乾學傳是樓亦藏有一部三卷本④,未詳其所出。這些三卷本或皆與元明官藏之本存在關聯。

---

① 羅願:《新安志》卷七《汪内翰傳》,第 230 頁。

② 前引胡玉縉《四庫未收書目提要續編》稱《絳雲樓書目》著録《裔夷謀夏録》七卷,虞文亦引此説,據以論證此書七卷本至明末尚存。按《絳雲樓書目》傳本衆多,早期抄本均未見七卷之説(如黄永年舊藏順治年間抄本,見《中國著名藏書家書目彙刊·明清卷》,商務印書館,2005 年,第 12 册,第 52 頁)。惟通行之《粤雅堂叢書》本此書下有小注云"七卷、汪藻撰",然此本小注乃康乾時人陳景雲所作,"七卷"云云乃據前代書目抄補,不能視作絳雲樓當年的實藏情況。

③ 《述古堂藏書目》卷一雜史類,《海王邨古籍書目題跋叢刊》影印《粤雅堂叢書》本,第 1 册,第 79 頁上欄。

④ 徐乾學:《傳是樓書目·蠻夷》,國家圖書館藏道光八年(1828)味經書屋抄本,葉 71a。

　　無論是宋代通行的七卷本，還是清初藏書家所著録的三卷本，現在都已不可得見，歷經千年流傳至今者只剩下幾部一卷有餘的殘本，有關這些殘本的若干問題值得我們深入探討。

　　就管見所及，《裔夷謀夏録》現存六個抄本，分別藏於日本静嘉堂文庫、南京圖書館、上海圖書館（兩部）、臺北“國家圖書館”及北京師範大學圖書館①。經一一驗看，此六本具備三個共同特徵：其一，前有胡瀋序文；其二，題劉忠恕著；其三，内容分爲兩卷，第一卷完整，而第二卷至“百官謁殿稱賀”，以下皆闕佚。顯然，諸本當出於同一系統。

　　進一步考察文本細節可以發現，今存諸本或皆與上文所論三卷本系統有關。六本中静嘉堂文庫藏清抄本、南京圖書館藏清抄本及上海圖書館藏民國抄本三者書末皆有“《謀夏録》卷第三終”字樣②，而前兩卷末尾僅作“《謀夏録》卷一”“《謀夏録》卷二”，無“終”字③，則其原本當爲三卷。結合前述三卷本系統在元明時期的流傳過程，可以推斷今傳諸本之祖本很可能出自内府藏本，此本在流行過程中殘損泰半，最終只剩下今天所看到的模樣。那麽，現存諸本的共同面貌究竟定型於何時呢？我們可以從序文和傳本的抄成時間兩方面進行追索。

---

① 除這些殘本外，以往廣爲金史學界徵引的《北風揚沙録》實際上也是《裔夷謀夏録》的一個節録本。此書凡一千一百餘字，始見引於元末陶宗儀所編《説郛》，不著撰人，至明末陶珽重編《説郛》時改題宋陳準著，後人多踵其説。其實，該書全文見於今本《裔夷謀夏録》開首部分，當係宋元時人據傳本所節録，只不過對書名稍加改換罷了。

② 静嘉堂文庫本典藏號：760/1/9 48，鈐有“歸安陸／樹聲藏／書之記”、“静嘉堂藏書”等印，陸心源舊藏，即前引《麗宋樓書目》所著録者；南圖本典藏號：65119606，鈐有“錢塘丁氏藏書印”及“江南圖書館”等印，丁丙舊藏，即《善本書室藏書志》所著録者；上圖民國抄本典藏號：綫普 565650。

③ 此觀點乃受李京澤博士之啟發，謹致謝忱。

首先來看諸本共有序文的形成時間。序的作者胡潛，伯希和猜測其可能爲宋人[1]；虞雲國則更將其比定爲北宋末年的元祐黨人，並就此分析了其寫作序文的背景。然夷考序文，其中有"昔文起山所以有言曰：'妾婦生何益，男兒死未死'"云云，而"妾婦生何益，男兒死未死"一語實出自文天祥《虎頭山》詩，惟天祥自號文山，此處誤作起山，下半句末字原作"休"，此誤作"死"。據此可知，序文當作於宋亡之後，其作者絕不可能是元祐黨人胡潛。從其中激烈的華夷之辨來看，作者很可能是明中葉以後之人。由此可知，今存諸本共同面貌的形成不會早於明朝後期。

接下來，再看現存諸本的關係及抄成時間。今存六抄本中抄成最早者爲上海圖書館所藏清抄本（典藏號：綫善 21450），此本鈐有"道義讀過"、"廷式印信"、"掃塵齋積書記"、"禮培私印"諸印，前兩者爲晚清文廷式（1856—1904）藏印，後兩者則爲民國時王禮培（1864—1943）之印。此本不避乾隆、道光諱，揆其抄法，當爲清初鈔本，其中並無題記、序跋記其來源。不過幸運的是，臺北"國家圖書館"所藏抄本中却保留了關於上圖本來歷的綫索。臺圖本（典藏號：02179）爲李文田舊藏，首葉天頭有李氏題記云："光緒戊子（1888）十一月于典試江南回京遇萍鄉文芸閣孝廉云：頃自杭州來時，在杭肆見此書，問索錢若干，書賈云此乃殘缺不全之書，不用錢也。如愛之，且□去可耳。文欣然收之。尋諸家書目，罕有此書。亟假歸鈔一分，手校訖，記於卷端。五千卷室主人。"其中文芸閣即文廷式，五千卷室主人則是李文田自號，可知李氏此本實抄自文廷

① P. Pelliot, *Notes on Marco Polo*, I, p373.

式藏本①。無獨有偶，北師大圖書館亦藏有一部清抄本②，卷末有硃筆跋云："光緒己丑三月從文芸閣借抄校閱一過，留刻入叢書中，以備一種。孔昭熙校訖並記。"可見此本亦從文廷式藏本抄出，孔氏稱欲刻入叢書，但今未見此書有刻本，當未付梓。結合以上兩條題跋可以推知，文廷式於光緒十四年在杭州得到一部《裔夷謀夏錄》殘本，先後借予李文田、孔昭熙抄錄。將上圖所藏文廷式本與臺圖本、北師大本進行對比，上圖本誤者其餘二本亦誤，而上圖本不誤者，其餘二本則間有訛誤，由此可知，上圖清抄本當即臺圖本、北師大本之祖本，其至晚在清初已經抄成。

　　與以上三個存在明確源流關係的本子略有不同，静嘉堂文庫藏清抄本、南京圖書館藏清抄本及上海圖書館藏民國抄本皆有"《謀夏錄》卷第三終"字樣。前兩者皆避乾隆諱，而不避道光諱，當成於乾嘉時期，後者則晚至民國，三者當源出同一祖本。該祖本的抄成時間，目前尚無法確知，或許與上圖藏清初抄本亦頗有淵源。

　　綜合以上序文及傳本的情況，我們可以獲知，現存《裔夷謀夏錄》的版本系統應當大致形成於明末清初。揆諸情理，作爲該版本系統的共有要素之一，作者題爲"劉忠恕"的錯訛也很可能是在這一時期伴隨着胡潛序文一同出現的。就管見所及，在傳本之外最早將此書作者歸於劉忠恕的是乾隆四十二年（1777）至四十八年間

---

① 與其他抄本不同，此本正文首葉首行未題著者，當爲抄手所遺漏。封面題"宋胡潛撰"，下有小注云："胡潛序耳，以《三朝北盟會編》考之，則劉忠恕撰也。"序文首葉天頭又云："考之《三朝北盟會編》此錄乃汪藻撰也。"三者似皆爲李文田手迹，反映出李氏先後對此書作者有過截然不同的判斷。又李氏此本封面書名下有墨筆小注，殘存"據浙中明鈔"五字，似謂其所據文廷式藏本爲明抄本，未知何據，恐係揣度之語。

② 典藏號：0560。鄧之誠曾批閱此本，並寫有筆記。參見鄧瑞整理：《鄧之誠文史札記》1949 年 11 月 8 日，鳳凰出版社，2012 年，第 491 頁。

四庫館奉敕撰修的《滿洲源流考》,此書有"宋劉忠恕稱金之姓爲朱里真"云云①,按今本《裔夷謀夏録》正文首句即稱"金國本名朱里真"②,可知負責撰修《滿洲源流考》的館臣參考過《裔夷謀夏録》,且其所見之本當即題作劉氏所著③。這表明,最晚至乾隆年間,這一誤説已流行於世。經過乾嘉時期的傳抄、轉引,以訛傳訛,遂成通行之見,貽誤深遠。至於爲何會誤題作劉忠恕撰,囿於材料,目前尚不可知,只能留諸來日④。

四、今本《裔夷謀夏録》的史料來源與編纂特點

上節的分析基本搞清了汪藻《裔夷謀夏録》一書的來龍去脉,在此基礎上,本文還想對今存殘本内容的史料來源略加考索,藉以揭示其編纂特點與史料價值。

上文指出,《裔夷謀夏録》實際上是汪藻爲朝廷修纂《日曆》所備素材的一部分,成書於紹興九年。當時宋廷南渡未久,關於北宋末年的史事缺乏實録、國史這樣系統的史料可資利用,那麽,汪氏究竟是用什麽材料修撰此書的呢?

前引虞文在論述《裔夷謀夏録》的史料價值時,曾將此書與《契丹國志》天祚帝紀部分進行比勘,發現兩者有十餘段文字完全雷同,就此稱"顯而易見的結論是,葉隆禮編著《契丹國志》時不但參

---

① 《滿洲源流考》卷一"肅慎",臺灣商務印書館影印《文淵閣四庫全書》本,1986 年,第499 册,第 472 頁上欄。

② 《裔夷謀夏録》卷一,第 74 頁。

③ 由此亦可推知,修纂《四庫全書》時,《裔夷謀夏録》當存於翰苑,惟因其從書名到内容皆深爲館臣所忌,故未抄入全書,甚至未入存目。

④ 元人陸友撰《墨史》卷下"宋":"劉忠恕,吳中人,家有墨一挺,形制甚大,止曰'劉忠恕'三字。紋理剥落,試之,色澤如新(臺灣商務印書館影印《文淵閣四庫全書》本,1986 年,第 843 册,第 672 頁下欄)。"這是我們目前找到的唯一一條關於此人的記載,從中似乎亦無法看出其與《裔夷謀夏録》有何關聯。

考了劉忠恕的著作,而且大段大段地襲用了劉書的成文。"①虞文發現的文字雷同的確存在,不過其對此現象作出的解釋却頗可商榷。

首先,二者相關文字雖大部分雷同,但並非完全一致,而是互有參差,且《契丹國志》的文字往往較《裔夷謀夏録》更爲詳細。如天慶八年(1118)正月記載女真占天象一事,《裔夷謀夏録》云:"初,女真入寇,多占天象,如白氣經天、白虹貫日之類,契丹輒敗。是夕,有氣若火光,起東北,赫然如晝,軍中皆無鬥志。"②而《契丹國志》則作"初,女真入攻前後多見天象,或白氣經天,或白虹貫日,或天狗夜墜,或彗掃西南,赤氣滿空,遼兵輒敗。是夕,有赤氣若火光,自東起,往來紛亂,移時而散。軍中以謂凶兆,皆無鬥志。"③兩段記載詳略互見,相對而言後者更爲豐滿,顯然不會是出於前者。這樣的例子十分普遍,都説明此二書並非直接的源流關係,應該是有着共同的史源,只是各自採摭有所不同。

其次,結合宋代書目著録可以考知二者的共同史源。袁本《郡齋讀書志》著録《金人背盟録》,下有解題云:"右皇朝汪藻編,記金人叛契丹,迄於宣和乙巳犯京城,多採《北遼遺事》。"④前文已述,《金人背盟録》即《裔夷謀夏録》之別稱,在解題的最後一句中,晁公武點出《裔夷謀夏録》内容多源出《北遼遺事》。按《北遼遺事》一書,又名《亡遼録》,遼末進士史愿歸宋後所著,記載女真滅遼之事,是關於這段歷史的一手材料,今已亡佚。不過,此書在南宋流傳較

---

① 虞雲國:《静嘉堂藏〈裔夷謀夏録〉考略》,第496頁。
② 《裔夷謀夏録》卷一,第84—85頁。
③ 舊題葉隆禮:《契丹國志》卷一〇《天祚皇帝上》,賈敬顔、林榮貴點校,中華書局,2014年,第125頁。
④ 袁本《郡齋讀書志》前志卷二上,見孫猛《郡齋讀書志校證》,第273頁。衢本無末句。

廣,晁氏《郡齋讀書志》即著録爲二卷①,並摘録其序言,可見晁公武當時是有條件也極有可能將《裔夷謀夏録》與《北遼遺事》進行過對比,這纔看出了二者内容的源流關係。從成書時間看,《北遼遺事》成書於紹興元年以前,汪藻紹興二年至九年間寫作《裔夷謀夏録》時剛好可以利用此書。至於元朝書賈所作僞書《契丹國志·天祚皇帝》的史源,遼史學界其實早有確論。上世紀四十年代,傅樂焕通過對比《會編》所引《亡遼録》與《契丹國志》相關文字,精闢地指出"關於遼末年事,《亡遼録》實爲《國志》最要藍本"②。兩相印證可知,《裔夷謀夏録》與《契丹國志》大段的雷同文字彼此間並非源流關係,而是共同源出於史愿的《亡遼録》(《北遼遺事》),只不過節録詳略不同,互有參差罷了。換句話説,凡是《裔夷謀夏録》中與《契丹國志》存在文字雷同的部分當均採自《亡遼録》。對這些部分進行全面檢核,可以發現,它們涵蓋了《裔夷謀夏録》有關遼朝史事的絶大部分記載,散見在全書各個部分,占到殘本將近一半的篇幅,益可見晁公武"多採《北遼遺事》"之言不虛③。

　　細察《裔夷謀夏録》所抄《亡遼録》與前後文的銜接之處,可以進一步揭示汪藻編纂此書時對原始史料的處理方式。此書開首是一段關於女真總體情況的介紹(至"自相魚肉,争爲長雄"止),之後簡單交待岩版、楊割、阿骨打的家族傳承,而後開始記載女真與遼

①　衢本《郡齋讀書志》卷七僞史類,見孫猛《郡齋讀書志校證》,第 285 頁。

②　傅樂焕:《遼代四時捺鉢考五篇·論〈遼史天祚帝紀〉來源》,原刊《中央研究院歷史語言研究所集刊》10 本 2 分,1948 年;此據氏著《遼史叢考》,中華書局,1984 年,第 171 頁。關於《亡遼録》成書時間的考證,見同書第 170 頁。高宇博士曾對《契丹國志》相關記載源出《亡遼録》作過更爲全面、詳細的考證,參見氏著《〈契丹國志〉研究》,北京大學歷史學系博士學位論文,2012 年,第 31—37 頁。

③　前引王國維《傳書堂善本書志》質疑傳本《裔夷謀夏録》"多記遼亡事,亦覺名實不符,疑後人依托爲之",這實際上正是由於汪藻編纂此書時多抄《亡遼録》所致。

朝的交往歷史。值得注意的是，這些記載均用遼朝年號。如始自
"契丹壽昌二年（1096）"云云，記載楊割、阿骨打與遼朝結怨之緣
起，其下繼稱"逮本朝建中靖國元年，耶律延禧即位，號天祚，改壽
昌七年爲乾統元年"云云，記載阿骨打因海東青等事欲叛契丹，繼
而又稱"天祚改乾統十一年爲天慶元年，時政和元年也，其二年春，
天祚如混同江釣魚"，此下行文皆使用遼朝年號，直至天慶七年阿
骨打用楊朴之策稱帝爲止①。上述記載皆大略見於《契丹國志》，文
字雷同，可以斷定抄自《亡遼録》。不消説，一定是《亡遼録》一書全
以遼朝年號記事，爲了抄取方便，汪藻這纔在書中大量採用遼朝年
號，而用北宋年號與之對應。在天慶七年阿骨打稱帝的記載之後，此
書開始記述女真與宋朝的交往之事，叙事主體變爲宋，開始使用宋朝
政和七年、重合元年的年號，自馬政出使，直至李善慶出使金朝返
回②。這段記載自然與《亡遼録》無關，而應源自宋朝使臣出使後
的語録或報告。不過，紀年很快又回到遼朝系統——"天慶八年八
月"，記載阿骨打請求遼朝册封之事，直至雙方談判破裂，"天祚雖
復請和皆不報"爲止③，相關記載見《契丹國志》，亦出自《亡遼録》。
此後，以"宣和二年正月呼延慶至自女真"爲標志，叙事又回到宋方
系統，開始大量記載趙良嗣出使等事，至宣和三年八月二十日"再
遣呼延慶送歸"爲止，當取自趙良嗣《燕雲奉使行程録》等宋朝使臣
的記載④。其下從"金人自破上京，終歲不出師，契丹屯防如故"，
又進入遼方系統，主要記載耶律余覩叛遼、耶律淳自立等事，直至

---

① 《裔夷謀夏録》卷一，第76—85頁。
② 《裔夷謀夏録》卷一，第85—86頁。
③ 《裔夷謀夏録》卷一，第87—88頁。
④ 《裔夷謀夏録》卷一，第88—92頁。

卷一結束、卷二開首一句"天祚見在夾山,燕王安得自立"①,皆大略見於《契丹國志》,出自《亡遼録》,其中有"是歲天祚改天慶十一年爲保大二年""以保大三年爲建福元年"等明確的年號標識。

　　以上論證以《裔夷謀夏録》對《亡遼録》的抄録作爲突破口及典型例證,對此書卷一的史料來源進行了辨析,由此我們可以清楚地看出此書的編纂特點:汪藻在編纂此書時,實際上是對不同的史料作了較爲機械地剪裁與拼接。即將《亡遼録》中有關遼朝的記載與使臣語録、出使報告這樣有關宋方的記載成段地抄録下來,並大致按照時間順序穿插在一起,中間榫接之處往往用年號的變化或者"是歲"、"先是"、"初"這樣提示時間的詞語進行簡單的轉換。這樣的處理方式就導致該書行文並不是嚴格按照年月順序排列,特別是如果在同一時間宋、遼雙方不同史料都有記載,行文只是遷就原始史料各自的叙述順序,出現"花開兩朵,各表一枝"的現象,而不是將其有機地融合在一起②。

　　必須指出的是,上述分析是將《亡遼録》以外的文獻視作一個整體,或者説一個系統,以此與《亡遼録》進行比較。這樣做的出發點在於,其一,《亡遼録》出自本爲遼人的史愿之手,多記遼朝之事,與大多數宋方記載的叙述主體(表現爲年號等方面)有所不同;其二,源出《亡遼録》的文字可以通過《契丹國志》中的雷同部分得到

① 《裔夷謀夏録》卷一,第92—98頁。在這一大段取自《亡遼録》的文字中,插入一小段宣和三年十一月至四年正月有關女真與宋的關係,當出自宋方記載。

② 前引虞文所提的問題,即《會編》所引汪藻《謀夏録》中一條記載爲何不見於今本的相關部分,就需要從這個角度進行解釋。《會編》所引材料爲宣和四年九月女真遣烏歇使宋之事,而今本卷二雖有是年九月之記載,但内容則爲郭藥師叛遼之事,兩者顯然出自不同的原始史料。原本《裔夷謀夏録》應該是在叙述完遼朝方面的事情之後,再回過頭來寫烏歇使宋之事,但今本在郭藥師叛遼事之後,僅剩下另外一段關於契丹的記載,其餘文字皆已亡佚,自然無法和《會編》所引契合。

確證。這兩點都利於辨別、分析。這樣的分析方法可能會造成一種錯覺,汪藻似乎僅僅是將宋、遼兩個系統的文獻進行拼合。但實際情況顯然並非如此,《亡遼録》對於汪藻而言,只是所用衆多原始材料中的一部,他處理其他史料的方式與《亡遼録》不會有什麽差别。也就是説,即便在《亡遼録》以外的其他文獻之間,汪藻的編纂辦法也是一樣大段抄録、簡單連綴,而並未對所有材料加以真正的整合,用自己較爲統一的文字將其呈現出來。我們對書中的這些内容也逐一進行了檢核,發現其中大部分亦分别見引於《三朝北盟會編》《宋會要輯稿》《文獻通考》等書,只不過,它們所依據的原始史料已不存於世,而諸書徵引時又未注明出處,致使今人已無法一一確考其源了。

《裔夷謀夏録》之所以採用上述編纂方式,顯然與汪藻的撰作背景有關。此書乃紹興初年所編,根本没有系統的典籍可資參考,汪氏當時所面對的都是各種零碎的原始材料;如上所述,此書是爲官方編纂《日曆》所準備的基礎材料,理應盡可能保留原始文獻,同時或許也出於編纂時間的考慮,汪藻最終採取了雜糅抄撮,而非融會貫通、自爲一書的編纂方式,這纔使該書呈現出如今的面貌。

如果着眼於歷史編纂學,汪藻的上述做法自然無甚可取。不過,如果著眼於史料學,這樣相對機械的編纂方式剛好可以保持史料的原始面貌。除《亡遼録》以外,通過與其他文獻所引進行對比,目前可以確定汪藻抄撮的文獻至少還有馬擴《茆齋自序》、趙良嗣《燕雲奉使總録》、蔡絛《北征紀實》等書。在這些原始材料多已亡佚的今天,成書於紹興九年的《裔夷謀夏録》可以稱得上現存有關女真興起的最早記載之一,具有不容忽視的史料價值;同時,此書又可與《三朝北盟會編》《遼史》等書中的相關文字相互校勘,對於進一步整理、研究這些基本文獻亦具有重要意義,值得遼宋金史研究者予以充分重視。

附：《長編紀事本末》引《金盟本末》與今本《裔夷謀夏錄》對照表

	《長編紀事本末》	《裔夷謀夏錄》
1	《金盟本末》：宣和二年正月，呼慶至自女真。女真留之半年，責以中輟，且言登州移文之非，持其書來云："契丹修好不成，請別遣人通好。"時童貫受密旨，欲倚之復燕。二月，詔遣趙良嗣。	宣和二年正月，呼延慶至自女真。女真留之半年，責以中輟，且言登州移文之非，持其書來云："契丹修好不成，請別遣人通好。"時童貫受密旨，欲倚之復燕。二月，詔中奉大夫、右文殿修撰趙良嗣由登州往使。
2	（三年）十一月，金國使副曷魯、大迪烏自海上歸至其國。阿骨打得書，意朝廷絕之，乃命其弟固論國相勃及烈并粘罕、兀室等悉師渡遼而西，用降將余覩爲前鋒趍中京。（原注：此據《金盟本末》。）	十一月，曷魯自海上歸。阿骨打得書，意朝廷絕之，乃命其弟兀魯國相勃極烈并粘罕、兀室等悉師渡遼而西，用降將余覩爲前鋒。
3	建中靖國元年女真楊割死，阿骨打立。（原注：此據《金盟本末》《華夷直筆》《北遼事》《亡遼錄》增入。後此十一年爲政和元年，天祚改乾統十一年爲天慶元年，末附天祚荒淫，阿骨打與諸國謀叛事。）	逮本朝建中靖國元年，耶律延禧即位，號天祚，改壽昌七年爲乾統元年。楊割死，阿骨打立。因天祚不道，賞刑僭差，色禽俱荒……諸部皆潛附阿骨打，欲叛契丹。天祚改乾統十一年爲天慶元年，時政和元年也……
4	政和七年七月。先是，建隆以來，熟女真由薊州泛海至登州賣馬，故道雖存，久閉不通。于是女真蘇州漢兒高藥師、曹孝才及僧郎榮等，率其親屬二百餘人，以大舟浮海，欲趨高麗避亂，爲風漂達我界駝基島，備言："女真既斬高永昌，渤海漢兒群聚爲盜，契丹不能制。女真攻契丹累年，奪其地，已過遼河之西。"知登州王師中具奏其事。朝廷固欲交女真圖契丹，聞之甚喜，乃詔蔡京及童	先是，建隆以來，熟女真由薊州泛海至登州賣馬，故道猶存。政和七年秋，女真蘇州漢兒高藥師、曹孝才及僧法榮等率其親屬二百餘人，以大舟浮海來登州，具言女真攻契丹，數奪其地，已過遼河之西。登州守臣王師中以聞，詔蔡京、童貫議遣人偵其實，委師中選將校七人，各借以官，用平海指揮兵船載高藥師等同往。兵船至海北，見女真邏者，不敢前，復回

	《長編紀事本末》	《裔夷謀夏録》
	貫等共議，即共奏："國初時……"（七月初四日）庚寅，詔師中選差將校七人，各借以官，用平海軍指揮兵船載高藥師等賫市馬。詔泛海以往（八月三日）。高藥師等兵船至海北，見女真邏者，不敢前，復回青州（八月二十二日），稱已入蘇州界，女真不納，幾爲邏者所殺。青州安撫使崔直躬具奏其事……（原注：此據《金盟本末》，稍增以《北征紀實》。）	青州。青州安撫使崔直躬具奏其事。
5	（宣和）二年二月乙亥（四日），遣中奉大夫右文殿修撰趙良嗣、忠訓郎王瓌使金國。先是，呼慶以正月至自登州……仍以買馬爲名，其實約阿骨打夾攻契丹，取燕雲舊地，面約不賫國書。夾攻之約，蓋始乎此。（原注：此據《金盟本末》及《華夷直筆》，稍增以《封氏編年》及馬擴《自序》……《本末》不載遣良嗣等日月耳。）	二月，詔中奉大夫右文殿修撰趙良嗣由登州往使，忠訓郎王瓌副之，用祖宗故事，以買馬爲名，因約夾攻，取燕雲舊地，面約不賫書。
6	五月壬子，趙良嗣、王瓌等以四月甲申至蘇州，守臣高國寶迎勞甚恭。會阿骨打已出，分三路趨上京，以是月壬子會青牛山議所向。翌日，良嗣等至青牛山，阿骨打令從軍。每行數十里，輒鳴角吹笛，鞭馬疾馳，比明，行六百五十里至上京。引良嗣觀攻城，不旋踵而破。（原注：此據《金盟本末》及《華夷直筆》。）	四月十四日至蘇州，守臣高國寶迎勞甚恭。會四月三日女真已出師，分三路趨上京，以五月十五日會青牛山議所向。良嗣等五月十三日至青牛山，阿骨打令從軍，每行數十里，輒鳴角吹笛，鞭馬疾馳，比明，行六百五十里至上京。引良嗣觀攻城，不旋踵而破。

續表

	《長編紀事本末》	《裔夷謀夏録》
7	九月壬寅金國遣錫剌曷魯、大迪烏高隨來。詔衛尉少卿董耘館之，止作新羅人使引見。後三日對於崇政殿，上臨軒，剌曷魯等捧書以進，禮畢而退。初趙良嗣在上京，出御筆與阿骨打議，約以燕京一帶本漢舊地，約夾攻契丹取之。阿骨打命譯者曰："契丹無道，其土疆皆我有，尚何言。顧南朝方通歡，且燕京皆漢地，當特與南朝。"良嗣曰："今日約定，不可與契丹復和也。"阿骨打曰："有如契丹乞和，亦須以燕京與爾家方許和。"遂議歲賜。良嗣初許三十萬，辨論久之，卒與契丹舊數。良嗣問阿骨打："比議燕京一帶舊漢地，漢地則并西京是也。"阿骨打曰："西京我安用，止爲拏阿适，須一臨耳。（阿适，天祚小字也。）事竟亦與汝家。"良嗣又言："平營本燕京地。"高慶裔曰："平灤非一路。"阿骨打曰："此不須議。"又曰："吾軍已行，九月至西京，汝等到南朝請發兵相應。"以手札付良嗣等回，約以女真兵徑自平地松林趨古北口，南朝兵自雄州趨白溝夾攻，不如約即難依已許之約。阿骨打至松林，會大暑，馬牛疫，遽還，遣騶追良嗣，已過鐵州，且登舟矣。七月辛丑，回女真所居，阿骨打易國書，約來年同舉，黏罕、兀室曰："使副至南朝奏皇帝，勿如前時中絶也。"留良嗣飲食數日，及令契丹吳王妃歌舞。妃初配吳王，天祚私納之，復與其下通，遂因于上	良嗣出御筆與阿骨打議約，大抵以燕京本漢舊地，約夾攻契丹取之。阿骨打命譯者曰："契丹無道，其土疆皆我有，尚何言。顧南朝方通歡，且燕京皆漢地，當特與南朝。"良嗣曰："今日約定，不可與契丹復和也。"阿骨打曰："有如契丹乞和，亦須有燕京與爾家方許。"遂議歲賜。良嗣初許三十萬，辨論久之，卒與契丹舊數。良嗣問阿骨打："比議燕京一帶舊漢地，漢州則并西京是也。"阿骨打曰："西京我安用，止爲拏阿适，須一臨。（阿适，天祚小字也。）事竟亦與汝家。"良嗣又言："平營本燕京地。"高慶裔曰："平灤非一路。"阿骨打曰："吾軍已卜九月至西京，汝等到南朝請發兵相應。"以手札付良嗣等回，約以女真兵徑自平地松林趨古北口，南朝兵自雄州趨白溝夾攻，不如約則難依已許之約。阿骨打兵至松林，會大暑，馬牛疫，遽還，遣騶追良嗣，良嗣已過鐵州，且登州（舟）矣。七月初三日，回女真所居，阿骨打易國書約來年同舉，粘罕、兀室曰："使副至南朝奏皇帝，勿如前時中絶也。"留良嗣飲食數日，及令契丹吳王妃歌舞。妃初配吳王，天祚私納之，復與其下通，因于上京，女真破上京得之。女真謂良嗣曰："此契丹兒婦也，今作奴婢，爲使人歡。"十八日，女真錫

《長編紀事本末》	《裔夷謀夏録》
京，女真破上京得之。謂良嗣曰："此契丹兒婦也，今作奴婢，爲使人歡。"甲辰女真命錫剌曷魯勃菫爲大使，勃海大迪烏高隨爲副使，並人從二十餘人，持其國書來，其書云云。丙辰，詔遣武義大夫登州鈐轄馬政，借武顯大夫、文州團練使聘金國。是日錫剌曷魯等入辭于崇政殿，賜宴于顯靜寺，命趙良嗣押宴，王瓌送伴。馬政持國書及事目隨曷魯等行。書曰："大宋皇帝謹致書于大金皇帝，遠承信介，持示函書，具聆啓處之詳，殊副詹懷之素。契丹逆天賊義，干紀亂常，肆害忠良，恣爲暴虐。知夙嚴于軍旅，用綏集于人民，致罰有詞，遽聞爲慰。今者確示同心之好，共圖問罪之師。念彼群黎，舊爲赤子，既久淪於塗炭，思永靖於方陲。誠意不渝，義當如約。已差太傅、知樞密院事童貫勒兵相應，使回請示舉兵之日，以憑夾攻。所有五代以後陷没幽、薊等州舊漢地及漢民並居庸、古北、松亭、榆關，已議收復，所有兵馬彼此不得過關，外據諸色人及貴朝舉兵之後背散到彼飲（餘）處人户，不在收留之數。絹銀依與契丹數目歲交，仍置榷場計議之後契丹請和聽命，各無允從。"乃别降樞密院劄目付馬政，差馬政之子擴從行，事目曰："一、昨趙良嗣等到上京計議，燕京所統州城，自是包括西京在内，面得大金皇帝指揮言：'我本不須西京，止爲就彼拿阿适，	剌曷魯勃菫爲大使，勃海大迪烏高隨爲副使，並人從二十餘人，持其國書來云："奉御筆……仍置榷場"。乃以所獲契丹……六人付良嗣。九月四日入國門，詔衛尉少卿董耘館之，止作新羅人使引見。初七日見于崇政殿，上臨軒，引曷魯等捧書以進，見訖而退。十八日入辭於崇政殿，仍名王瓌送伴，及就差遣登州鈐轄、武義大夫馬政持書及事目，隨曷魯報聘。書曰："大宋皇帝謹致書於大金皇帝，遠承信介，持示函書，具聆啓處之詳，殊副詹懷之素。契丹逆天賊義，干紀亂常，肆害忠良，恣爲暴虐。知夙嚴於軍旅，用綏集於人民，致罰有辭，遽聞爲慰。今者確示同心之好，共圖問罪之師。念彼群黎，舊爲赤子，既久淪于塗炭，思永靖于方陲。誠意不渝，義當如約。已差太傅、知樞密院事童貫勒兵相應，使回請示舉兵的日，以憑夾攻。所有五代以後陷没幽、薊等州舊漢地及漢民，并居庸、古北、松亭、榆關，已議收復，所有兵馬彼此不得過關。外據諸色人及貴朝舉兵之後背散到彼餘處人户，不在收留之數。絹銀依與契丹數目歲交，仍置榷場計議。之後契丹請和聽命，各無允從。"乃别降樞密院劄目付馬政，差馬政之子擴從行。事目："一、昨趙良嗣等到上京計議，燕京所統州

《長編紀事本末》	《裔夷謀夏録》
將來悉與南朝。'趙良嗣又言欲先取蔚應朔三州,乃言候再三整會。今國書内所言,五代以後陷没幽、薊等舊漢地及漢民,即是幽、薊、涿、易、檀、順、營、平,山後雲、寰、應、朔、蔚、嬀、儒、新武,皆漢地也。内雲州改爲西京,新州改爲奉勝州,武州改爲歸化州。除山前已定外,其西京、歸化州、奉勝、嬀、儒等恐妨大金夾攻道路,候將來師還計議。蔚應朔三州,則正兩朝出兵夾攻之地,今議先次取復。一、今來國書内已盡許舊日所與契丹五十萬銀絹之數,本謂五代以後陷没幽薊一帶舊漢地及漢民,即并西京在内,不然安得許與銀絹如是之多。一、今所約應期夾攻,須大金軍至西京,大宋軍至燕京、應、朔以入,如此方應今來之約。其馬政回于國書内明示的至西京月日,賷憑相應。(原注:此據《金盟本末》及《華夷直筆》。)	城,自是包括西京在内,面得大金皇帝指揮言:'我本不須西京,止爲就彼拿阿适,將來悉與南朝。'趙良嗣等又言欲先陷蔚應朔三州,乃言候再來整會。今國書内所言,五代以後陷没幽、薊等州舊漢地及漢民,即是幽、薊、涿、易、檀、順、營、平,并山後雲、寰、應、朔、蔚、嬀、儒、新武,皆漢地也。(内雲州改爲西京,新州改爲奉聖州,武州改爲歸化州。)除山前已定外,其西京、歸化州、奉聖、嬀、儒等州,恐妨大金夾攻道路,候將來[師]還計議。蔚應朔三州,則正南朝出兵夾攻之地,合議先次取復。一、今國書内已盡許舊日所與契丹五十萬銀絹之數,本爲五代以後陷没幽薊一帶舊漢地及漢民,即並西京在内,不然安得許與銀絹如是之多。一、今所約應期夾攻,須大金軍至西京,大宋軍至燕京、應、朔以入,如此方應今來之約。其馬政回,于國書内明示的至西京月口,賷憑相應。"
8	十月末,馬政等達來流河虜帳前。留月餘,議論不決。虜以朝廷欲全還山前後故地、故民,意皆疑沓。以南朝無兵武之備,止以已與契丹銀絹坐邀漢地,且北朝所以雄盛邁古者,緣得燕地漢人。今一旦割還南朝,不唯國勢微削,兼退守五關之北,無以臨制南方,坐受其弊。若我將來滅契丹,盡有其地,則南朝何敢	十一月末,(馬政等)達淶流河虜帳前。留月餘,論不決,而虜以朝廷欲全還山前山後故地、故民,意皆疑沓。以爲南朝無兵武之備,止以已與契丹銀絹坐邀漢地,且北朝所以雄盛之過古者,緣得燕地漢人。今一旦割還南朝,不唯國勢微削,兼退守五關之地,無以臨制南方,以受其弊。若我將來

續表

《長編紀事本末》	《裔夷謀夏録》
不奉我幣帛，不厚我歡盟。設若我欲南拓土疆，彼以何力拒我，又何必跨海請好。俟平契丹，仍據燕地，與宋爲鄰。至時以兵壓境，更南展提封，有何不可。徐議未遲。唯粘罕云："南朝四面被邊，若無兵力，安能立國强大如此？未可輕之，當且良圖，少留人使。"阿骨打遂將馬擴隨行射獵，每晨，阿骨打坐一虎皮，雪上縱騎打圍。嘗曰："此吾國中最樂事也。"既還，諸酋具飲食，遞邀南使。十餘日始草國書，差大使曷魯、副使大迪烏與馬政等來回聘。書中大略云："前日趙良嗣等回，許燕京東路州鎮，已載國書。若不夾攻，應難已許。今若更欲西京，請就便計度收取。若難果意，冀爲報示。"（原注：此據《金盟本末》及《華夷直筆》。蓋此二書，皆因馬擴《自序》稍删潤之。《封氏編年》同此，但以十一月末爲十月二十九日丙申，既有的日，恐封氏得之。今改十一月末作十月末，仍并附初遣時。趙良嗣《總録》亦云十一月，當考。）	滅契丹，盡有其地，則南朝何敢不奉我幣帛，不願我交歡。若我欲南拓土疆，彼以何能拒我，又何必跨海講好。俟平契丹，仍據燕地，與南爲鄰。至時以兵壓境，更南展提封，有何不可。徐議未遲。唯粘罕云："南朝四面被邊，若無兵力，安能立國强大如此？未可輕之，當且良圖，少留人使。"阿骨打遂將馬擴隨行射獵，每晨，阿骨打坐一虎皮，雪上縱騎打圍。嘗曰："此吾國中最樂事也。"既還，令諸酋具飲食，遞邀南使。十餘日始草國書，差大使曷魯、副使大迪烏與馬政等來回聘。書中大略云："前日趙良嗣等回，許燕京路州鎮。書載若不夾攻，難應已許。今若更欲西京，請就便計度收取。若難果意，冀爲報示。"
9	三年二月壬午，金國使錫剌曷魯并大迪烏高隨至登州。先是，女真往來議論，皆主童貫，以趙良嗣上京阿骨打之約，欲便舉兵應之，故選西京宿將會京師。又詔環慶、鄜延與河北禁軍更戍。會方臘叛，貫以西軍討賊，朝廷罷更戍指揮。登州守	宣和三年二月十七日，曷魯等至登州。先是，女真往來議論，皆主以童貫，以趙良嗣阿骨打上京之約，欲便舉兵應之，故選西兵宿將會京師。又詔環慶、鄜延軍與河北禁軍更戍。會方臘叛，貫以西兵討賊，朝廷罷更戍指揮。登州

續表

《長編紀事本末》	《裔夷謀夏録》
臣以童貫未回,留曷魯等不遣。曷魯猖忿,屢出館,欲徒步入京師。尋詔馬政、王瓌引之詣闕。五月丙午,金國使曷魯、大迪烏入國門,詔國子司業權邦彦、觀察使童師禮館之。未幾,師禮傳旨邦彦等曰:"大遼已知金人海上往還,難以復如前議論。曷魯、大迪烏令歸。"邦彦驚曰:"如此則失其歡心,曲在朝廷矣。"師禮入奏,復傳旨:"候童貫回,徐議之。"曷魯、大迪烏留闕下凡三月餘。八月壬子,金國使曷魯、大迪烏辭,遣呼慶送歸,國書止付曷魯等,不復遣使,用王黼之議也。書辭曰:"遠勤專使,薦示華緘。具承契好之修,深悉疆封之諭。維夙惇於大信,已備載於前書。所有漢地等事,並如初議。俟聞舉軍到西京之期,以憑夾攻。"(原注:此據《金盟本末》并《華夷直筆》及《詔旨》。)	守臣以童貫未還,留曷魯等不遣。曷魯猖忿,屢出館,欲徒步入京師。尋詔馬政、王瓌引之詣闕。五月十三日入國門,國子司業權邦彦、觀察使童師禮館之。未幾,師禮傳旨邦彦等曰:"大遼已知金人海上往還,難以復如前議,諭遣曷魯等歸。"邦彦慮失歡,令師禮入奏,復得旨,候童貫回。曷魯凡留三月餘。八月二十日,王黼議復國書,止付曷魯等還,不遣遣使。書曰:"遠勤專使,薦示華緘。具承契好之修,深悉封疆之諭。惟夙敦于大信,已備載于前書,所有漢地等事,並如初議。俟聞舉兵至西京的期,以憑夾攻。"

説明:1.表中先列《長編紀事本末》直接引用《金盟本末》者,后依次列出參合引用之例;2.所引《長編紀事本末》係據廣雅書局本,宛委别藏本多有譌改,且無第3條記載;3.所引《裔夷謀夏録》爲大象出版社點校本,其中間有誤校,今依諸抄本回改。

——原刊《文史》2016年第2輯,收入本書時稍有改動

附録二:遼代帝王簡謚鈎沉

——以王士點《禁扁》爲中心

　　古代君王之有謚號始於西周,後世除秦暫廢謚法外,歷代相沿而不替。唐以前謚號從簡,多爲一字或兩字,方便記録且易於區別,故後人習慣以此指稱故去之帝王;對於其中兩字及個別三字謚號,往往取一字作爲簡稱(爲表述方便,本文權稱之爲"簡謚")。逮至盛唐,武后、玄宗大變謚法,以多字謚號追加本朝諸帝,立爲定制。此後歷代争相效仿,累疊十數字乃至二十餘字者往往有之。如此複雜的謚號自然不便記誦,亦難省作簡稱,故後人很少採用謚號,特別是一字簡謚來指稱有唐以降歷代帝王①——這大概是目前學界所共知的常識。然而,我們却在元人王士點所著《禁扁》中發堄了一段與此不大契合的記載,其中包含了一套以一字簡謚指稱遼代帝王的完整系統。這樣的稱謂系統在現存有關遼代史事的記載中實屬罕見,却至今尚未進入遼金元史研究者的視野。有鑒於此,本文擬從《禁扁》一書的整體情況入手,對這段記載的内容、史源加以分析,進而勾稽《遼史》、遼代石刻等相關文獻,力圖揭示出

① 關於歷代皇帝謚號的演變情況,參見汪受寬:《謚法研究》,上海古籍出版社,1995年,第17—39、55—62頁。

這套看似特別的稱謂系統出現的原因。

一 《禁扁》所記遼帝簡謚系統及其史料來源

關於《禁扁》一書,史學界關注較少,亦無專門研究。此書作者王士點(? —1359),字繼志,東平人,王構之子。歷通事舍人、翰林修撰,後遷秘書監管勾,累官淮西僉憲、四川行省郎中、四川廉訪副使等。參與纂修《經世大典》,與商企翁合著《秘書監志》十一卷,獨著存世者惟《禁扁》一書。《禁扁》係採摭抄取歷代典籍所見宮殿、城池、苑囿等名,匯爲一編。書名取自三國時期何晏《景福殿賦》中"爰有禁楄,勒分翼張"一語,意爲禁中門户①。凡五卷(甲乙丙丁戊),分十五篇,宮、室、苑、囿、園、圃、田、莊等一百一十六門,每門下依朝代次序羅列相關名目,上起周下迄元,名下間有雙行夾注。此書正文前有至順元年(1330)歐陽玄序及至順四年虞集序,又有王士點自撰凡例、叙目及引用書目,其中叙目下有"至順壬申十月望書於教忠坊"一語(壬申即至順三年)。由此可知,此書當撰成於至順年間。又據虞集序稱此書係王氏"在史館暇日所編",則王士點編撰此書時爲翰林修撰,供職於翰林國史院②。通行版本有康熙四十五年(1706)揚州詩局刻《楝亭十二種》本、民國十年上海古書流通處影印《楝亭十二種》本,又有多部明、清抄本及文淵、文津閣

---

① 參見《四庫全書總目》卷六八地理類一《禁扁》提要,中華書局影印浙江書局本,2008年,第595頁。
② 按王士點始任翰林修撰之時間無考,據《秘書監志》卷九"題名·管勾"(高榮盛點校,浙江古籍出版社,1992年,第185頁)稱其於至正二年(1342)四月自翰林撰修遷秘書監勾管,知王氏至此時方離開翰林國史院。

《四庫全書》寫本，諸本間並無顯著不同①。

　　本文所要重點討論的這段記載見於《禁扁》卷甲"宮"字門下，其中臚列遼代宮殿名曰：

　　　　日月；温泉（會同元年幸）；洪義（國語算斡朶，太祖作）；永興（國阿輦斡朶，武帝作）；積慶（耶魯盌斡朶，和帝作）；延昌（朶里本斡朶，宣帝作）；章敏（監母斡朶，重熙中作）；長寧（蒲盌斡朶，安帝作）；崇德（孤穩斡朶，成帝作）；興聖（女古斡朶，成帝作）；敦睦（赤石得本斡朶，文帝作）；永昌（阿魯盌斡朶，豫王作）；延慶（窩篤盌斡朶，章帝作）；長春（聖宗御）；太和；延和（述律太后）；龍眉（即臨潢）；興平（慶州，即大安）。②

　　這段記載的正文是王士點所抄録的遼代宮殿之名，括號中的文字本爲雙行小注。其中最值得注意的是自"洪義"至"延慶"這段有關遼代諸帝斡魯朶（"斡朶"）的記載。我們知道，斡魯朶是遼朝一項特殊的政治軍事制度，關於其内涵及外延，學界雖多有爭議，但基本可以確定當爲跟隨契丹皇帝四處遊徙的行宮，而非一般意義上的宮殿。很明顯，王氏並不理解斡魯朶制度的真正涵義，誤將諸宮帳之"宮"等同於日月宮、温泉宮這樣的實體宮殿，這纔將其抄録了

---

① 筆者所寓目之抄本包括上海圖書館藏崇禎辛巳年（1641）重裝本、國家圖書館藏毛氏汲古閣抄本、浙江大學圖書館藏朱彝尊抄本、清華大學圖書館藏豐華樓舊藏抄本、臺北"國家圖書館"藏康熙二十六年抄本、傅斯年圖書館藏四庫底本及遼寧圖書館藏盛楓抄本（殘），皆大同而小異。又文淵閣《四庫全書》本《禁扁》中的民族語詞匯已遭館臣改譯，而文津閣本則多仍其舊。
② 《禁扁》卷甲"宮·遼"，《楝亭十二種》本，葉8b。按本文所引《禁扁》係以《楝亭十二種》本爲底本，參校諸抄本所得。

下來①。

　　關於遼代的斡魯朵制度,《遼史·營衛志》記載頗詳,其中涉及諸宮的設置及歸屬,剛好可與《禁扁》所記相參照②。茲將兩書所記遼帝斡魯朵情況,依《遼史》所記順序表列如下:

表1:《遼史》《禁扁》所記遼帝斡魯朵情況對照表

斡魯朵名	所屬帝后	
	《遼史》	《禁扁》
算(國語算)——弘(洪)義宮	太祖	太祖
國阿輦——永興宮	太宗	武帝
耶魯盌——積慶宮	世宗	和帝
蒲速盌(蒲盌)——長寧宮	應天皇太后	安帝
奪(朵)里本——延昌宮	穆宗	宣帝
監母——彰愍(章敏)宮	景宗	重熙中(興宗年號)
孤穩——崇德宮	承天太后	成帝
女古——興聖宮	聖宗	成帝
窩篤盌——延慶宮	興宗	章帝
阿思——太和宮	道宗	(混入普通宮殿之中)

---

① 按此誤在漢人的著述中較爲普遍,如王應麟即從宋朝《國史》中抄得九個斡魯朵宮帳名,列入《玉海》卷一五八"歷代宮室·契丹"之中(廣陵書社影印光緒九年浙江書局本,2003年,第2906頁);元朝書賈作《契丹國志》亦將此置入"宮室制度"門下(賈敬顔、林榮貴點校,中華書局,2014年,第251頁),直至清末繆荃孫作《遼故宮考》(《藝風堂文集》卷二,張廷銀、朱玉麒主編《繆荃孫全集·詩文》,鳳凰出版社,2014年,第54頁)仍承襲此誤。

② 《遼史》卷三一《營衛志上·宮衛》,中華書局點校本,2003年,第362—370頁。

續表

斡魯朵名	所屬帝后	
	《遼史》	《禁扁》
阿魯盌——永昌宮	天祚帝	豫王
赤寔(石)得本——敦睦宮	孝文皇太弟	文帝

注:表中斡魯朵名以《遼史》所記爲準,括號内爲《禁扁》之異文。

對比表中的相應條目可知,二者除個别文字歧異外,尚有兩點顯著差别:

其一,《禁扁》係以一字簡謚指稱遼代皇帝,而《遼史·營衛志》則稱之以廟號。將《遼史》本紀所載太宗以下諸帝謚號與《禁扁》所記簡謚加以比照,可發現剛好一一對應,即:

太宗孝**武**惠文皇帝——武帝

世宗孝**和**莊憲皇帝——和帝

穆宗孝**安**敬正皇帝——安帝

景宗孝**成**康靖皇帝——成帝

聖宗文武大孝**宣**皇帝——宣帝

興宗神聖孝**章**皇帝——章帝

道宗仁聖大孝**文**皇帝——文帝

天祚帝(此係尊號,無謚號),金皇統元年二月封豫王

顯然,《禁扁》所見之一字簡謚係取自謚號全稱中"孝"字之後的字眼。

其二,《禁扁》在斡魯朵宫名與所屬皇帝的對應關係上存在許多錯誤。結合上述謚號與廟號的對應關係可以看出,兩組記載在

宮與所屬皇帝的匹配上有不少差異。學界早已確知,《遼史·營衛志》的上述記載與《續資治通鑑長編》等宋代文獻所記遼帝諸宮完全吻合①,應爲無可置疑的確實記載。相比之下,《禁扁》所記差誤頗多,具體表現在:將"延昌"至"敦睦"六宮的歸屬全部記錯,張冠李戴,應天、承天兩位太后不見踪影,而景宗(成帝)、興宗(章帝,年號重熙)則一人兼領二宮;又在斡魯朵諸宮中漏記道宗(文帝)之太和宮,而將其與長春宮、延和宮這樣的普通宮殿混記在一起。一段文字竟顛亂如此,着實令人費解。

　　儘管這段記載存在嚴重問題,但我們却不能因此而忽視其獨特的史料價值,即其中所保留的遼朝皇帝簡謚。這樣一套完整的稱謂系統,在其他史料中從未出現過,同時,它又與本文開首所提到的指稱唐以後帝王的習慣不相吻合。我們不禁要問,這套遼帝簡謚究竟從何而來? 是信而有徵,還是王氏的憑空臆造? 這些問題須從《禁扁》一書的史源説起。

　　上文提到,《禁扁》乃王士點抄取諸書而成,卷首有《引用書目》一篇,共列書籍三十七種,其中赫然有《遼史》一部。按《禁扁》撰成於至順年間(1330—1333),而我們熟知的元修《遼史》則成書於至正四年(1344),顯然不可能構成王氏編纂《禁扁》時的史料來源。那麽,王氏所據《遼史》究竟爲何呢? 如所周知,金朝陳大任曾修有一部《遼史》,成書於章宗泰和七年(1207)②,此書流傳至元末,元人重修《遼史》即以其爲藍本。據今本《遼史·禮制序》可知,陳氏

---

① 參見《續資治通鑑長編》卷一一〇天聖九年(1031)六月丁丑,中華書局點校本,2004年,第2561頁。

② 《金史》卷一二《章宗紀四》泰和七年十二月壬寅,中華書局點校本,1975年,第282頁。

《遼史》在元代藏於國史院中①,而如上所述,王士點編纂《禁扁》時恰在翰林國史院供職,剛好可以利用是書,由此看來,《禁扁·引用書目》中所出現的"遼史"當指陳大任《遼史》②。進一步考察這份書目可知,其中關涉遼代史事者僅有這部《遼史》,則王氏《禁扁》中的遼代記載均應來自陳氏之書。因此,我們可以做出初步判斷,上文所引遼帝簡諡系統並非出於王氏臆造,而很可能即源自金人陳大任所著《遼史》——這一判斷將在下節的論述中得到進一步證實。

二　元修《遼史》所見遼帝簡諡釋疑

《禁扁》所記載的遼帝簡諡系統的確十分罕見,但這並不意味着此種指稱遼帝的方法在其他文獻中完全無迹可尋。實際上,元修《遼史》中也可以找到與之類似的零星記載,只不過在《禁扁》的上述材料發現以前,這些蛛絲馬迹並未引起史家的充分注意罷了。

經全面檢核,今本《遼史》共有三處以簡諡指稱遼代帝王,分別見於《地理志》《皇子表》及《公主表》,茲考證如下。

(一)《地理志》"中京道·興中府"下有云:"黔州,阜昌軍,下,刺史。本漢遼西郡地。太祖平渤海,以所俘户居之,隸黑水河提轄司。安帝置州,析宜、霸二州漢户益之。初隸永興宫,更隸中京,後置府,來屬。"③其中稱黔州乃"安帝"所置,關於此"安帝"之所指,向來議者紛紛而莫衷一是。清人所修《四庫全書》本《遼史》徑改

---

① 《遼史》卷四九《禮志》,第834頁。
② 按至正以前,元人曾多次議修《遼史》而未成。參見馮家昇:《遼史源流考》,收入氏著《遼史證誤三種》,中華書局,1959年,第15—19頁。
③ 《遼史》卷三九《地理志三》,第487頁。

"安帝"爲"世宗"①,未詳何據,想來是因爲此種稱謂過於罕見而未解其義,遂妄下雌黄。這一改動爲後出的道光殿本《遼史》所因襲②,從而對此後遼代地理的研究者產生了一定誤導。如清末李慎儒作《遼史地理志考》即照抄其文而未加辨析③。近人馮家昇曾對此提出假設:"按穆宗諡曰'孝安敬正皇帝',則安帝或即穆宗乎?"④言語之間仍存猶疑。向南則認爲"遼無安帝",馮氏之説"恐亦屬揣度之詞","據《北蕃地理》載:'黔州,遼主耶律德光初置。'在無新的資料可證時,只能依此。"⑤其中所引《北蕃地理》係指宋人所著《武經總要》⑥,向氏之所以貿然用宋代文獻來否定《遼史》的記載,顯然也是由於無法確定"安帝"爲誰的緣故。後來出版的《〈遼史·地理志〉匯釋》一書在此處也僅僅抄錄馮、向二人之説,而無實質推進⑦。

前人對於此段記載的改動、猜測與爭議,恐怕都是由於"安帝"這種稱謂太過罕見,不明所指,但如今《禁扁》中這套遼帝簡諡系統的發現,足以打消種種疑慮,此處"安帝"即屬於這一稱謂系統,確指遼穆宗無疑,今本《遼史·地理志》的這段記載出自更爲原始的記載,不宜輕易否定。

(二)《皇子表》記載遼道宗皇子耶律濬,"幼能言,好學,知書。

---

① 臺北商務印書館影印文淵閣《四庫全書》本,1986 年,第 289 册,第 266 頁;北京商務印書館影印文津閣《四庫全書》本,1986 年,第 283 册,第 725 頁。

② 《遼史》卷三九,道光四年(1824)武英殿校刻本,葉 6b。

③ 李慎儒:《遼史地理志考》卷三,光緒二十八年丹徒李氏刻本,葉 14a。

④ 馮家昇:《遼史初校》,收入氏著《遼史證誤三種》,第 182 頁。

⑤ 向南:《〈遼史·地理志〉補正》,《社會科學輯刊》1990 年第 5 期,第 84 頁。

⑥ 曾公亮:《武經總要》前集卷二二《北蕃地理》"中京四面諸州"條,《中國兵書集成》影印明萬曆金陵書林唐富春刻本,解放軍出版社、遼瀋書社,1988 年,第 4 册,第 1100 頁。

⑦ 張修桂、賴青壽:《〈遼史·地理志〉匯釋》,安徽教育出版社,2001 年,第 152 頁。

文帝屢曰:'此子聰慧,殆天授。'七歲從獵,連中二鹿,上謂左右曰:'祖先騎射絕人,威振天下,是兒雖幼,當不墜祖風。'後復遇十鹿,射之,得九,帝喜,爲設宴"①。這段文字記載的是耶律濬早年聰慧勇武,深得其父賞識的故事,其中"文帝"(亦見前引《禁扁》)與下文出現的"上""帝"一樣,當指遼道宗。

(三)《公主表》記載昭懷太子耶律濬之女延壽,"幼遭乙辛之難,與兄天祚俱養於蕭懷忠家。後李氏進《挾穀歌》,文帝感悟,召還宮"②。此稱太子濬被耶律乙辛謀害致死後,其女延壽流落民間,後道宗(文帝)悔悟,方纔接回宮中。

以上三則記載中出現的"安帝"、"文帝",自然不會是元人修史時所增加的內容,而應該出自其所據更爲原始的史料。元修《遼史》的主要史源爲遼耶律儼《皇朝實録》與金陳大任《遼史》,具體到其中的《地理志》《皇子表》和《公主表》,我們已確知其史源。元末纂修《地理志》乃以陳大任舊志爲藍本而稍加增益(參見本書第六章),《皇子表》《公主表》則改編自陳大任書之《皇族傳》(參見本書第二章第三節)。由此可知今本《遼史》所見上述稱謂當爲陳氏舊史之遺文。

將以上論斷與第一節對《禁扁》所記遼帝簡謚史源的分析相參合,不難發現,二者剛好可以相互發明,彼此補充。一方面,今本《遼史》中保留的三處遼帝簡謚,有力地證明《禁扁》中出現的這套稱謂系統絕非王士點臆造,而確實源自更爲原始的記載,即其《引用書目》中所列的金陳大任《遼史》。另一方面,《禁扁》的記載表明陳大任《遼史》曾以一字簡謚指代遼朝皇帝,這種用法在目前包

---

① 《遼史》卷六四《皇子表》,第 993—994 頁。
② 《遼史》卷六五《公主表》,第 1010—1011 頁。

括遼代石刻在内的其他文獻中均難覓踪迹(説詳下文),而今本《遼史》的《地理志》《皇子表》及《公主表》中恰好也出現了這樣的稱謂,這從一個側面佐證了上文關於三者史源的判斷。

綜合以上分析,我們可以確定《禁扁》中的遼代皇帝簡謚出自陳大任《遼史》,而從《禁扁》及今本《遼史》所殘存的遼帝一字謚號來看,陳氏《遼史》中用此種方法指稱遼帝應該比較普遍①。元人修史時可能出於當時的習慣對其中大量出現的一字簡謚進行了改動,不過偶有遺漏,這纔在今本中殘留下了一鱗半爪的原始記載。

三 遥遵漢法:遼代帝王簡謚出現的原因

通過與今本《遼史》中相關記載參互印證,我們基本搞清了《禁扁》中所見遼代帝王一字簡謚系統的性質與來源。然而問題並未到此結束,在唐以後絶少使用簡謚來指稱皇帝的大背景下,爲什麼會在陳大任《遼史》中出現這樣一套特別的稱謂系統呢?其中緣由是否牽涉到什麼不爲人知的史實?要回答這些問題,還須對遼代皇帝謚號的特點及其制度淵源做一番考察。

上文提到,武則天、唐玄宗開始實行的多字帝王謚號制度,對後世産生了深遠影響。這不僅體現爲謚號本身的繁瑣冗長,同時也體現在謚號的内在結構及人們對於謚號的使用情況上。因此作爲討論遼代謚號問題的背景和前提,我們首先需要瞭解一下唐代皇帝的謚號及其使用情況。

---

① 在《禁扁》一書中,除上引有關斡魯朵的記載外,還有一處用到遼帝簡謚,見於該書卷乙"殿"字門下(葉16a),其中記一遼代殿名曰"宣政",其下小注曰:"武帝即位於此。"按此武帝即遼太宗,今本《遼史》卷三《太宗紀上》(第28頁)稱其於天顯元年十一月壬戌即位,"壬申御宣政殿,群臣上尊號曰嗣聖皇帝",知此殿爲上尊號而非即位之所,《禁扁》所記略有差誤。

唐前期皇帝謐號較爲簡單,如高祖初謐爲大武皇帝,太宗爲文皇帝,高宗爲天皇大帝,中宗爲孝和皇帝等,到武后、玄宗以後不斷加謐,不僅字數一直增加,連用字也多有變更,此後即位的諸帝謐號亦屢經改動。兹將唐朝諸帝最終確定之謐號臚列如下:

> 高祖神堯大聖大光孝皇帝、太宗文武大聖大廣孝皇帝、高宗天皇大聖大弘孝皇帝、中宗孝和大聖大昭孝皇帝、睿宗玄真大聖大興孝皇帝、玄宗至道大聖大明孝皇帝、肅宗文明武德大聖大宣孝皇帝、代宗睿文孝武皇帝、德宗神武孝文皇帝、順宗至德大聖大安孝皇帝、憲宗昭文章武大聖至神孝皇帝、穆宗睿聖文惠孝皇帝、敬宗睿武昭愍孝皇帝、文宗元聖昭獻孝皇帝、武宗至道昭肅孝皇帝、宣宗聖武獻文孝皇帝、懿宗睿文昭聖恭惠孝皇帝、僖宗惠聖恭定孝皇帝、昭宗聖穆景文孝皇帝、哀皇帝。[①]

很顯然,這些謐號相對統一、固定的結構只是最後三字均爲"孝皇帝"(其間代宗、德宗兩謐號稍有變化,但旋即恢復)。除此之外,再無一以貫之的用字方法或結構,似乎也很難看出其中的某個字具有獨立的區別辨識意義,換句話説,我們無法找出謐號中的一個字來代指這個皇帝。這一點在當時人對於皇帝謐號的使用上可以得到很好地説明。遍檢唐人文集、墓誌等材料可以發現,首先,在總體上,當時人使用廟號的情況已遠遠多於謐號,兩者完全不處於同一個數量級上。其次,在前後變化方面,唐中前期使用謐號相對較

---

① 參見《唐會要》卷一"帝號上"至卷二"帝號下"(上海古籍出版社,2012年,第2—18頁)。關於唐代皇帝謐號的前後變化,參見陳俊强:《皇權的另一面:北朝隋唐恩赦制度研究》所列《唐代帝王謐號表》,北京大學出版社,2007年,第97—98頁。

多,而後期則越來越少。再者,在具體謚號使用上,除了最初謚號較爲簡單的高祖、太宗、高宗、中宗外,人們在使用皇帝謚號時多用其全稱,即使用其中兩個字的簡稱(通常爲"孝"字前面的兩字),也往往會在前面加上廟號,很少單獨出現。至於取其中一字作爲簡謚的情況,就更少之又少了①。當時人尚且如此,對於時過境遷的後代人來講,就更難以用一套統一的簡謚來指稱所有的唐朝皇帝了②。

唐朝皇帝多字謚號的基本結構在五代及之後的宋代都得到了沿襲。除亡國之君及個別皇帝(周世宗、宋太宗)外,其餘諸帝謚號均以"孝"字結尾,結構、用字並無定法③。同時,在唐代文獻中尚有一定數量的皇帝謚號出現,這種情況在五代、宋就變得愈加稀少,在當時人的記載中很難再找到用謚號指稱本朝皇帝的例子,遑論一字簡謚。如果説唐代在稱謂方法上還處於從謚號向廟號的新舊過渡期的話,那麼,進入五代、宋以後,這種轉變已基本完成,以謚號指稱皇帝這樣古老的方法似乎已經淡出了歷史舞臺。

然而,大概很少有人注意到,在與五代北宋相始終、長期統治北中國的遼朝,上述發展趨勢却並不適用。

讓我們先來看看,相比唐、五代、宋,遼朝皇帝謚號本身究竟有何不同。兹根據《遼史》諸帝本紀所記謚號,列表於下。

---

① 當時用簡稱似乎亦無一定之規,如唐太宗初謚"文皇帝",後來雖加謚,但民間仍多沿用此稱法,然檢寶曆元年(825)《李濟墓誌銘》(周紹良、趙超編:《唐代墓誌彙編續集》,上海古籍出版社,2001 年,第 872 頁)又有"貞元中,德宗文皇帝初年"的説法,竟將德宗的謚號簡稱與太宗混同,亦可見當時謚號簡稱較少,且並不規範。

② 當然,這種情況並不絕對,如大衆耳熟能詳的"唐明皇"所用的就是玄宗的一字簡謚。

③ 五代諸帝謚號參見《五代會要》卷一"帝號",上海古籍出版社,2006 年,第 1—8 頁;宋朝皇帝謚號參見《宋史》諸帝本紀。

表2:遼代皇帝謚號表

皇帝	加謚時間	謚號
太祖	天顯元年(926)	昇天皇帝
	統和二十六年(1008)	大聖大明天皇帝
	重熙二十一年(1052)	大聖大明神烈天皇帝
太宗	統和二十六年	孝武皇帝
	重熙二十一年	孝武惠文皇帝
世宗	應曆二年(952)	孝和皇帝
	統和二十六年	孝和莊憲皇帝
穆宗	重熙二十一年	孝安敬正皇帝
景宗	統和元年(984)	孝成皇帝
	重熙二十一年	孝成康靖皇帝
聖宗	景福元年(1031)	文武大孝宣皇帝
興宗	清寧元年(1055)	神聖孝章皇帝
道宗	乾統元年(1101)	仁聖大孝文皇帝
天祚		無

從上表中可看出兩點:其一,遼朝皇帝謚號明顯存在一個由簡入繁的變化過程,分爲兩個階段。前期應曆二年、統和元年、統和二十六年爲世宗、景宗、太宗所上者均爲"孝某皇帝"的兩字謚號;統和二十六年首次出現"大聖大明天皇帝"、"孝和莊憲皇帝"這樣的多字謚號,但僅用於對已有謚號的帝王的增謚。後期自興宗朝開始,即將聖宗朝萌芽的多字謚推而廣之,不僅對前朝已有謚號大加增謚,而且對初次上謚的聖宗、穆宗亦直接加以多字謚號,這種做法爲其後繼之道宗、天祚所承襲,成爲定制,因而穆、聖、興、道四宗後來再無增謚。其二,無論前後期如何變化,"孝某"這樣的字眼

始終是其中穩定不變的結構,這也是遼代皇帝謚號區別於唐宋的最顯著特徵。

以上謚法制度上的變化與特徵,在實際使用上又會産生怎樣的影響呢? 由於遼代的傳世文獻極少,要瞭解當時人對於上述謚號的接受和使用情況,我們只能求諸出土石刻。遼代石刻在數量上算不得十分豐富,且大部分爲基層社會或佛教的相關文獻,内容涉及皇帝之事者自然不會太多,但即便如此,其中仍有相當數量的石刻以謚號指稱本朝皇帝。爲與本文重點討論的《禁扁》所見簡謚加以對應,兹僅列出其中涉及遼太宗至道宗謚號者,凡二十三方。

表3　遼代石刻所見本朝皇帝謚號表

	出處	内容
1	統和三年《王瓚墓誌》	孝感(成)皇帝加積慶宮漢兒副部署。
2	統和三年《韓匡嗣墓誌》	屬孝成皇帝績紹宗祧,振拔淹滯……以乾亨五年,孝成皇帝登遐。
3	統和十一年《韓匡嗣妻秦國太夫人墓誌》	俄屬景宗成皇帝中興寶祚。
4	統和十五年《韓德威墓誌》	景宗孝成皇帝以公莅事有能聲。
5	開泰九年《耿延毅墓誌》	孝武天顯中,石晉乞師討朱邪氏。
6	重熙六年《韓橁墓誌》	孝宣皇帝敦諭久之。
7	重熙十四年《蕭和妻秦國太妃耶律氏墓誌》	聖宗大孝宣皇帝浚哲乘乾,清寧接統。
8	重熙十五年《秦晉國大長公主墓誌》	太宗孝武皇帝應天順人,奄有區夏……景宗成皇帝接四聖以承祧,承天皇太后冠十臣而輔政……聖宗大孝宣皇帝,同母弟也。

續表

	出處	内容
9	重熙二十二年《耶律宗教墓誌》	實孝成皇帝之諸孫。
10	清寧四年《蕭旻墓誌》	聖元皇帝吞二遼以建極,孝武皇帝降三晉以來庭。聖宗大孝宣皇帝續五聖以承祧,統八紘而闡化。
11	清寧四年《聖宗欽哀皇后哀册》	於孝宣有婦順之容,所以承愛敬;於孝章有王業之訓,所以享推稱。
12	清寧八年《耶律宗政墓誌》	太宗孝武皇帝,大勛克集……曾祖大遼天授皇帝,本孝武皇帝之猶子。
13	清寧九年《聖宗淑儀贈寂善大師墓誌》	大師生而端麗,合於法相。當孝宣帝臨朝,以良家子入選,時年二十一。
14	咸雍元年《耶律宗允墓誌》	會聖宗皇帝鼎駕奄升,孝章皇帝瑶圖嗣續。
15	咸雍八年《耶律宗愿墓誌》	惟皇孝成,與子天輔……孝章皇帝實羽翼於天生,注腹心於兄愛。
16	大康七年《聖宗仁德皇后哀册》	屬孝宣奄促於仙游,庚玄寧躬嚴於時祭。
17	大安十年《耶律慶嗣墓誌》	事興宗孝章皇帝,陟降三府,出入二省。
18	壽昌元年《永清公主墓誌》	景宗孝彰(成)皇帝之嗣女也,聖宗孝宣皇帝之侄孫……祖曰高七,聖宗孝成(宣)皇帝之季弟。
19	壽昌二年《皇弟秦越國妃蕭氏墓誌》	宰相初尚聖宗孝宣皇帝次女晉國公主。

	出處	内容
20	乾統元年《梁援墓誌》	天顯中,我太宗孝武皇帝平一天下……實我大孝文皇帝龍飛之第一榜也……孝文皇帝不令致辨……孝文皇帝登遐,遂充玄宮都部署。
21	乾統五年《劉文用墓誌》	皇遼統和初,孝成皇帝尚幼,太后稱制。
22	天慶二年《蕭義墓誌》	我道宗大孝文皇帝,嗣守丕圖,奄有諸夏。
23	天慶四年《王師儒墓誌》	道宗孝文皇帝以今上始出閤……孝文始君,鋭意儒術。

　　資料來源:向南:《遼代石刻文編》,河北教育出版社,1995 年;向南、張國慶、李宇峰:《遼代石刻文續編》,遼寧人民出版社,2010 年。

　　由上表可以看出,遼代石刻中的皇帝謚號有些是與廟號同時出現的,但也有許多是單獨出現,如例 1、2、6、9、11、13、15、16、21等,這説明當時謚號仍然具有很强的獨立標識意義,並不依附於廟號。更重要的是,遼人在使用謚號來指稱耶律德光以下的遼朝諸帝時,並不使用全稱,而習慣用"孝某"皇帝這樣的兩字謚號。這一習慣並不僅僅局限於初謚爲兩字謚且當時未及增謚的皇帝(如例1—5 等),同時也適用於另外兩種情況:(1)初爲兩字謚,後來增爲多字謚,且在增加後的謚號中"孝某"二字並不與"皇帝"二字相鄰者,如例 6、8、10、12、20 中的"孝武",例 9、15、21 中的"孝成"等;(2)初次謚號即爲多字謚者,如例 7、10、11、13、18、19 中的"孝宣",例 11、14、17 中的"孝章",例 20、22、23 中的"孝文"等。由此可見,儘管遼帝謚號經歷了由兩字到多字的變化過程,但在當時人的實際使用中,原本的兩字謚,即"孝某"這樣穩定的結構,始終是其中最核心、最具辨識度的部分,因而一直被用作所有皇帝的統一稱謂方法。

通過以上分析,我們已經清楚地看出,遼朝皇帝謚號雖然也採用了多字謚的形式,但其在用字結構的統一性及使用情況的普遍性上,都與其前代的唐及同時代的五代、宋有着明顯的差異,可謂"形同而實異"。那麼,遼代這套謚法,特別是其中統一、固定的核心部分"孝某皇帝",究竟是從何而來的呢? 舍唐而另溯其源,我們很容易就會發現,漢代皇帝所用的正是這樣一套簡單而統一的謚號。除兩位開國之君漢高祖劉邦、光武帝劉秀外,其餘二十一帝皆稱"孝某皇帝",依次爲孝惠、孝文、孝景、孝武、孝昭、孝宣、孝元、孝成、孝哀、孝平、孝明、孝章、孝和、孝殤、孝安、孝順、孝沖、孝質、孝桓、孝靈、孝獻,顔師古注《漢書》時即對此作出解釋:"孝子善述父之志,故漢家之謚,自惠帝已下皆稱'孝'也。"[1]前人在談及漢代皇帝謚法對後世的影響時,往往只看到後代謚號中多用"孝"字[2],却没有注意到這套謚法與遼代皇帝謚號的淵源關係。在我看來,遼代皇帝謚號中固定的核心内容"孝某"很可能就是採行漢代謚法的結果。

接下來的問題是,遼代皇帝謚號爲何要"捨近求遠",取法漢代呢? 由於相關史料的嚴重匱乏,我們目前尚未找到直接證據來解釋這一現象,只能結合契丹王朝與漢制的關係及其漢化的總體進程中作一推斷。

關於遼朝制度與漢朝的淵源,《遼史·后妃傳序》有一段爲人熟知的記載:"太祖慕漢高皇帝,故耶律兼稱劉氏;以乙室、拔里比

---

① 　見《漢書》卷二《惠帝紀序》,中華書局,1962 年,第 86 頁。

② 　汪受寬:《謚法研究》,第 26、56 頁。

蕭相國,遂爲蕭氏。"①是稱遼朝皇族耶律氏漢姓爲劉,而后族姓蕭,皆係比附漢高祖與蕭何而來。此段序文出自元朝史官之手,然具體内容卻並非面壁虛構,當有更早的文本來源。許衡至元三年《時務五事》曰:"遼耶律改劉氏,都臨潢,徙無常處,九帝,二百一十八年。"②本書第一章第三節已指出,許氏此説當得自陳大任《遼史》,因知至少陳氏書已將遼朝皇族姓氏記爲劉姓。類似的説法在遼朝當時人的記述中亦可找到蹤跡,近年内蒙古多倫縣小王力溝遼代墓葬出土統和十一年(993)《大契丹故貴妃蘭陵蕭氏玄堂誌銘》曰:"耶律,漢室之宗劉氏也,世娶蘭陵,周王之重姜姓也。"③此墓主爲遼朝貴妃,誌銘的説法一定程度上可以反映當時的官方口徑,則至晚在聖宗前期,遼朝皇族已比附漢朝宗室而以劉爲姓。據宋人龐元英稱:"余嘗見樞密都承旨張誠一説:昔年使北虜,因問耶律蕭姓所起,彼人云:昔天皇王問大臣云:自古帝王英武爲誰邪?其大臣對曰:莫如漢高祖。又問將相勳臣孰爲優?對以蕭何。天皇王遂姓耶律氏,譯云劉也,其后亦錫姓蕭氏。"④按張誠一使遼在宋神宗熙寧七年(遼道宗咸雍十年,1074)⑤,其所記録的遼人言説正可與《遼史》及新出墓誌相印合,説明將皇族、后族之漢姓與漢初君相建立關聯,在遼中後期應該是一種十分普遍的認識。

---

① 《遼史》卷七二《后妃傳》,第 1198 頁。
② 許衡:《許衡集》卷七《時務五事·立國規摹》,許紅霞點校,中華書局,2019 年,第265 頁。
③ 拓本見内蒙古文物考古研究所等:《内蒙古多倫縣小王力溝遼代墓葬》,《考古》2016年第 10 期,第 78 頁。
④ 龐元英:《文昌雜録》卷五,金圓點校,《全宋筆記》第二編第 4 册,大象出版社,2006年,第 176 頁。"北虜",四庫本系統諱改作"北遼",點校本因之,今據《雅雨堂叢書》本校正。
⑤ 參見傅樂焕:《宋遼聘使表稿》,《遼史叢考》,中華書局,1984 年,第 215 頁。

　　草原民族入主中原,多以攀附華夏早期聖王作爲構建自身合法性的重要途徑,漢朝常常成爲其攀附的對象,如十六國中屠各劉氏所建漢趙政權即是其中典型①。從以上舉證可知,遼朝前期亦曾有過攀附漢朝的舉動,而謚號遠祖漢法或許亦可在這一背景加以理解。契丹初入中原,文化、制度質實草昧,對於當時中原王朝盛行的浮誇溢美、繁文縟節的皇帝謚號,既無法理解亦缺乏興趣,但爲籠絡漢人,又不可能全付闕如,故而採用了更爲原始樸素、方便易行的漢朝謚法,即"孝某皇帝"的兩字謚號(始見於世、穆之際);澶淵之盟以後,漢化漸深,各項制度趨於完善,受唐宋風氣濡染,開始用多字謚號爲已故皇帝進行加謚,至興宗即位後全部改用多字謚號,表面看來似與唐宋相近。然而,與唐宋制度同中有異的是,契丹皇帝謚號的核心部分並未因字數的增加而有絲毫的改變,始終保留了漢代謚法"孝某"的固定結構,在實際使用中亦僅採此二字而不作全稱——這樣的做法或許是約定俗成、習慣使然,也可能是雜糅前制、有意創新,無論如何,一套獨特的"漢制爲體,唐制爲用"的皇帝謚號就此形成。

　　在弄清楚遼代皇帝謚號的特點及其來源之後,我們終於可以對《禁扁》所記簡謚系統出現的原因做出一個合理的解釋。漢代皇帝謚號中皆有"孝"字,因而真正具有區別意義的只是"孝"字後面的字,當時人及後世即習慣以此字作爲對皇帝的簡稱,這纔出現了文帝、景帝這樣一套統一的稱謂系統。同理,遼人始終習慣以"孝某皇帝"指稱帝王,自然也就很容易發展出一字謚來作爲簡稱的用法。在現存的石刻材料中,並未見到如《禁扁》《遼史》中保留的諸

---

① 　最新研究參見温拓:《屠各劉氏先世建構再探》,《中央民族大學學報》2019 年第 5 期,第 81—87 頁。

如“武帝”、“和帝”這樣的稱法，僅有表 3 例 3、例 8 中出現的“景宗成皇帝”，或許可以作爲遼人使用單字簡諡的例證，可見單字諡的用法在遼朝當時似乎並不普遍。前文對於《禁扁》的分析表明，金修《遼史》曾大量且系統地採用過此種獨特的稱謂方法，這一方面可能是由於金源史官注意到了遼人諡號不同於唐宋的特點，同時亦當與修史時的獨特背景有關。金章宗泰和六年，詔避金世宗父睿宗宗堯之諱，改稱“宗室”爲“内族”，改“宗州”爲“瑞州”，改“大宗正府”爲“大睦親府”，而陳大任正是在當年七月“妨本職專修《遼史》”，次年十二月纂成。彼時避諱之禁剛剛推行，作爲官修正史自當嚴格遵行，今本《遼史》中屢屢出現的“内族”之稱即源於此（參見本書第四章第一節），因而我懷疑金修《遼史》之所以一改唐宋以來皆稱廟號的慣例而改以諡號，可能亦有避“宗”字諱的考慮。由此看來，本文所分析的遼帝簡諡稱謂系統根源於或曰脱胎於契丹王朝當時遠祖漢法的諡號制度，而其最終在史書中的固化、定型則有賴於陳大任修史時對遼帝稱謂的統一處理。

遺憾的是，至元末重修《遼史》之時，諡號早已不再用來稱呼皇帝，而史臣對於遼代皇帝諡號的特點亦懵懂無知，在他們看來，陳氏舊史中出現的簡諡系統難免有點不倫不類，這纔大加改動。不久之後，至正間即僅存孤本的陳氏之書在鼎革兵燹中灰飛煙滅，而元修《遼史》則大行於世，成爲後人瞭解、研究遼代史事最主要的典籍，與之相伴隨，此書編修過程中存在的種種問題與缺陷也永遠地留給了治史者。可以想像，如果没有王士點在《禁扁》中誤打誤撞地抄録下這套簡諡系統，有遼一代遙遵漢法、在當時獨樹一幟的皇帝諡號制度，可能真的要永遠湮没無聞了。

游牧、農耕兩大文明在接觸過程中文化、制度的相互影響及共同衍進，無疑是一個多面相、多層次的複雜問題。即便僅就所謂草原民族的"漢化"這一單向命題而言,或許也並不如我們通常所想像的那樣簡單:僅僅會機械吸收時代較近的中原王朝的制度文化,而是有可能直接從中原文化、制度的源頭上汲取營養——契丹皇帝謚號制度遠祖漢代,顯然就是這樣一個經典的案例。

　　——原刊《民族研究》2015 年第 3 期,收入本書時略有改動

附録三:《説郛》本王易《燕北録》名實問題發覆

一、問題緣起:作者出使時間與文本記載時間的矛盾

陶宗儀《説郛》收録《重編燕北録》一部,題原本三卷,宋王易著①。此本凡十三條,一直以來被視作王氏《燕北録》存世的最主要版本,其中有關契丹禮儀、法制、風俗等多方面的珍貴材料受到相關研究者的高度重視,特別是書中描摹的六個契丹字,更是傳世文獻中關於該文字僅有的直接記録②,每每爲治契丹語文學者所稱引。然而,與其中史料被大加利用形成鮮明對比的是,學界對於《説郛》所收《燕北録》這部文獻本身的來歷卻鮮有關注,以至於許多本應在使用之前先予釐清的重要問題遭到了忽視。本文的研究就是着眼於此的一點嘗試,它將證明這十三條廣爲徵引的珍貴記載或許與王易《燕北録》並無關涉。

讓我們從前人對王易及其《燕北録》的認識説起。關於王易其

① 《説郛》卷三八,中國書店影印涵芬樓本,1986 年,葉 16a(以下所引《説郛》皆以此爲底本,參校他書,詳見附録)。宛委山堂重編本無"重編"二字,當係後人妄删,已非陶氏之書原貌;《四庫全書》所收《説郛》徑將此書全部删去。
② 陶宗儀《書史會要》卷八"遼"有類似記載,當亦據此轉録。

人,大部分研究者或避而不談,或稱生平未詳。只有少數學者曾對此作過切實而有益的探索,這些成果由於關注點的不同,明顯分爲兩途。第一種意見的代表是《契丹小字研究》小組,他們注意到《説郛》本《燕北録》首條有如下記載:"清寧四年戊戌歲十月二十三日,戎主一行起離靴甸,往西北約二百七十餘里,地名永興甸,行柴册之禮。"根據其中的明確繫年,研究小組認爲王易當在遼道宗清寧四年(宋仁宗嘉祐三年,1058)出使遼朝,並寫下了《燕北録》一書。又因劉摯《忠肅集·宮苑使閤門通事舍人王公墓誌銘》記載傳主王易(1004—1081)曾出使遼朝,而將二者比定爲一人,考證出其籍貫生平①。另一種觀點則爲李裕民所提出,他注意到南宋中前期學者程大昌(1123—1195)曾在《演繁露》中徵引此書,且云"國初有王易者,著《燕北録》",並根據《長編》中慶曆二年(1042)八月王易奉命出使契丹的記載,將《燕北録》的創作時間斷在慶曆二年末或三初②。兩種觀點各有發明,使我們基本可以確定,《燕北録》的作者應該就是出使遼朝的王易,但二者又都未能綜合所有材料進行考察,前者並未注意到程大昌的引文及《長編》的記載,後者則對《説郛》所收之本未加考慮。倘若將這兩種大相徑庭的意見放在一起,問題就馬上顯現出來:慶曆二年出使遼朝的王易怎麼會記載嘉祐三年之事?

　　對於這一問題,前賢實際上已經多少有所察覺。劉浦江注意到《長編》記載王易曾於慶曆二年和皇祐四年(1052)兩次以賀正旦副使的身份出使遼朝,而嘉祐三年(1058)並無其出使的記載,且劉摯所寫王易墓誌記載其充當契丹國信副使當在慶曆末至皇祐初,

① 清格爾泰、劉鳳翥等《契丹小字研究》,中國社會科學出版社,1985年,第628頁。
② 李裕民《宋高麗關係史編年(續五)》,《城市研究》1998年第4期。如下文所示,王氏實際上曾兩度出使契丹,《燕北録》究竟作於哪次出使之後尚不得而知。

與嘉祐三年不符。但劉文對此所作的解釋是,《説郛》本《燕北録》首條所記柴册儀時間與《遼史·道宗紀》僅相差數日[1],可見前者所記十分可信,估計王易嘉祐三年可能也曾出使遼朝,而墓誌行文稍有差池[2]。劉文注意到了作者出使時間與文本記載時間的齟齬,但僅從記載的可靠性出發爲之彌縫,而未及查考更多相關材料,從文獻源流的角度加以深究。

在我看來,這一明顯的矛盾恐怕不能簡單歸咎於《長編》或墓誌的漏記、誤記。關於王易的兩次出使,《長編》記載明確,卷一三七慶曆二年八月壬辰云:"鹽鐵判官兵部員外郎方偕爲國主正旦使,禮賓副使王易副之。"卷一七三皇祐四年八月癸巳云:"太常博士、直集賢院、同修起居注、判鹽鐵勾院韓絳爲契丹正旦使,東頭供奉官、閤門祗候王易副之。"[3]王易墓誌稱其於慶曆末至皇祐初"遷西頭供奉官,再任,俄充契丹國信副使"[4],應該是指皇祐四年(1052)這次出使,惟《長編》中的東頭供奉在墓誌中作西頭供奉。明確了以上基本事實,我們再從兩個層次來排除王氏曾於嘉祐三年第三次出使的可能。其一,宋遼交聘,制度謹嚴,除個別突發情况外,每年僅有賀正旦、賀生辰使節,新皇登基又有賀登位、祭奠使、弔慰使等。宋朝官方有着嚴密健全的檔案、修史機制,對於所有赴遼使者都有詳細記録,它們通過李燾《長編》《宋會要輯稿》

① 《遼史》卷二一《道宗紀一》繫此事於清寧四年十一月六日癸酉,《説郛》本《燕北録》則繫於是年十月二十三日。

② 劉浦江:《契丹族的歷史記憶——以"青牛白馬"説爲中心》,原載《漆俠先生紀念文集》,河北大學出版社,2002年,此據氏著《松漠之間——遼金契丹女真史研究》,中華書局,2008年,第111頁。

③ 李燾:《續資治通鑑長編》,中華書局,2004年,第3289、4169頁。

④ 劉摯:《忠肅集》卷一二《宮苑使閤門通事舍人王公墓誌銘》,裴汝誠、陳小平點校,中華書局,2002年,第258頁。

《宋史》等書所抄録的《實録》《國史》文字保留至今。特別是《長編》，逐日繫事，每年的出使情況靡有遺漏，而《長編》仁宗朝的記載並無闕佚，因此基本可以排除如下可能：嘉祐三年曾有過一次完全不見於任何記載的出使活動。其次，嘉祐三年遣使赴遼只有正月、八月兩次，遣使理由及所有十二位正副使節皆詳見於《長編》，傅樂焕《宋遼聘使表稿》逐一列出，根本不存在漏記的可能①。可以斷定，王易除慶曆二年及皇祐四年外，並未在嘉祐三年第三次出使契丹。既然如此，我們就不得不對這一不可調和的矛盾進行新的審視：作者出使與文本記載在時間上的抵牾是否存在其他解釋？如果將視野放寬，對《説郛》本《燕北録》的内容與其他類似記載進行比較，我們就會發現，這可能會牽扯到一椿"張冠李戴"的文獻學公案。

二、局部雷同：武珪《燕北雜録》的對比與啓示

在宋人記載遼朝風物的衆多著述中，有一部書與《燕北録》僅有一字之差，名喚《燕北雜録》（又名《燕北雜記》），作者武珪。此書今亦無傳本，學界通常所知者，僅見曾慥《類説》引十九條，陳元靚《歲時廣記》引十一條②。引起我們注意的是，《類説》所引《燕北雜記》有一條記載與《説郛》本《燕北録》高度雷同。

《説郛》本《燕北録》第四條云："戎主及契丹臣庶等如見旋風時，便合眼，用鞭子空中打四十九下，口道坤不克七聲（原注：漢語

---

① 傅樂焕：《宋遼聘使表稿》，收入氏著《遼史叢考》，中華書局，1984年，第209頁。嘉祐三年出使之人：正月朱處約、潘若沖爲祭奠使副，李中師、雍規爲弔慰使副，八月王鼎、王咸有爲國母生辰使副，李及之、王希甫爲國主生辰使副，朱壽隆、王知和爲國母正旦使副，祖無擇、王懷玉爲國主正旦使副。

② 涵芬樓本《説郛》引《燕北雜記》五條，皆見於《類説》，且文字基本相同，當自《類説》轉引。其餘宋元文獻如《契丹國志》《海録碎事》《敬齋古今黈》等亦有零星引用，皆未出《歲時廣記》及《類説》之範圍。

溤風也）以禳厭。"①與之極其相似的記載見於《類説》卷四引《燕北
雜記》："旋風　契丹見旋風合眼，用鞭望空打四十九下，口道坤不
克七聲。"②兩相比較，主體記事完全相同，而在具體文字稍有參差，
前者詳而後者略。對比《類説》與《歲時廣記》所引《燕北雜録》，
《歲時廣記》引十一條中有十條見於《類説》，但同一記載《廣記》所
引文字往往加詳，二者顯然並非傳抄關係，當屬同源異流，《類説》
所引多有删節③，上引"旋風"一條較《説郛》本《燕北録》文字稍略，
想必也是同樣的情況。兩段史料所述契丹風俗，不見於其他任何
記載，二者顯然同出一源。如此罕見而相似的記載出現在兩部作者
迥異的著作之中，而兩書的題名又恰恰僅有一字之差，怎能不令人心
生疑竇？要解決此問題，就必須對這兩部書作一對比研究，以弄清二
者究竟有何關聯，而這實際上也正是上節所示矛盾的癥結所在。

　　先來看看武珪《燕北雜録（記）》的基本情況。對於此書，宋人
曾有過零星的記載。《直齋書録解題》著録云："《燕北雜録》五卷
《西征寨地圖》附，思卿武珪記，嘉祐六年宮苑使、知雄州趙（某）進
於朝，珪（亦）自契丹逃歸，事見《國史傳》。"④其中稱進書人姓趙而
名脱一字，據《長編》有關此時知雄州人選的記載可以考知，此人當
即趙滋⑤。又鄭樵《通志》有"《燕北雜記》三卷"⑥，當係鄭氏據所

---

① 涵芬樓本《説郛》卷三八，葉18a。
② 曾慥：《類説》卷五，明天啓六年刻本，葉3a。《歲時廣記》未引此條。
③ 《四庫全書總目》已指出《歲時廣記》引用材料"備録原文，詳記所出"（卷六七"史
　部・時令類"《歲時廣記》，中華書局影印浙本，2008年，第592頁）。
④ 陳振孫：《直齋書録解題》卷五偽史類，徐小蠻、顧美華點校，上海古籍出版社，2006
　年，第139頁。括號内爲《文獻通考・經籍考》之異文。
⑤ 《長編》卷一九三嘉祐六年五月庚戌條（第4671—4672頁）稱"宮苑使、忠州刺史趙
　滋知雄州"云云。
⑥ 鄭樵：《通志》卷六六《藝文略四》"蠻夷"，王樹民點校《通志二十略》，中華書局，
　2009年，第1586頁。

見書目轉抄。《宋史·藝文志》則著録爲"《燕北雜録》一卷","不知作者"①，從該書的進呈時間判斷，宋志此條當出自《兩朝國史·藝文志》。關於武珪其人其書，學界以往討論不多，所知亦多僅止於以上著録②。其實，在傳世典籍中還可以找到其他一些重要信息。據《宋會要輯稿》記載，嘉祐六年三月，"以北人武珪爲下班殿侍，以上所畫《契丹廣平淀受禮圖》。武珪本鎮州（人），陷虜多年，頗知虜中之事，爲沿邊安撫司指使，至是因獻圖特録之"③。《長編》嘉祐六年三月也有類似的記載："契丹歸明人武珪爲下班殿侍、河北沿邊安撫司指使。武珪本鎮州人，陷敵歲久，頗知敵事，至是，上所畫《契丹廣平淀受禮圖》，特録之。"④從這些記載我們可以看出，武珪確於嘉祐六年回到宋朝，爲宋廷提供了許多關於契丹的情報，其中就包括由他記録、趙滋進呈的《燕北雜録》一書，還因此得到了官職。

另外一則關於《燕北雜録》的重要綫索見於程大昌《演繁露》卷三"北虜於達魯河鉤魚"條：

> 《燕北雜録》載契丹興宗重熙年間衣制、儀衛、打圍、射鹿、鉤魚等事，於景祐五年十月撰進，不書撰人姓名，而著其所從聞曰：思鄉人武珪在虜十餘年，以善歌隸帳下，故能習虜事詳

① 《宋史》卷二〇三《藝文志二》，中華書局，1995 年，第 5123 頁。
② 陳第《世善堂藏書目録》卷上"偏據僞史"著録"《燕北雜録》五卷（武珪）"（《叢書集成初編》本，中華書局，1985 年，第 25 頁），或以此謂武氏之書至明末尚有全本。按陳第此目傳世之本疑點衆多，王重民、顧頡剛早已論及（王重民《中國目録學史料》（四），吉林省圖書館學會會刊，1981 年第 5 期；《耄學叢記》，收入《顧頡剛讀書筆記》卷一四，中華書局，2010 年，第 171—172 頁），此條記載亦不可輕信。
③ 《宋會要輯稿》蕃夷二之一九，中華書局影印本，2012 年，第 7701 頁。
④ 《長編》卷一九三嘉祐六年三月戊戌條，第 4663 頁。此記載中之"敵"字，原皆當作"虜"（見《宋會要輯稿》），係四庫館臣所改。

悉。凡其所録，皆珪語也。達魯河鈎牛魚，北方盛禮，意慕中
國賞花釣魚，然非釣也，鈎也。此之所記於虜爲道宗清寧四
年，其甲子則戊戌正月也。達魯河東與海接，歲正月方凍，至
四月而泮。其鈎是魚也，虜主與其母皆設次冰上，先使人於河
上下十里間，以毛網截魚，令不得散逸，又從而驅之，使集冰
帳。其床前預開冰竅四，名爲冰眼，中眼透水，旁三眼環之不
透，第斫減令薄而已，薄者所以候魚，而透者將以施鈎也。魚
雖水中之物，若久閉於冰，遇可出水之處，亦必伸首吐氣，故透
水一眼，必可以致魚，而薄不透水者，將以伺視也。魚之將至，
伺者以告，虜主即遂於斫透眼中用繩鈎擲之，無不中者。既
中，遂縱繩令去，久，魚倦，即曳繩出之，謂之得頭魚。頭魚既
得，遂相與出冰帳，於別帳作樂上壽。[1]

在這段記載中，程氏簡要介紹了其所見《燕北雜録》的情況，稱此書
乃"景祐五年十月撰進"，與前引《宋會要》《長編》《書録解題》三書
所述"嘉祐六年"皆不合，恐有訛誤。但程氏的記載卻讓我們得知
了關於武珪其人其書的許多重要信息：首先，武珪在契丹的時間和
身份。文中稱武珪"在虜十餘年"，以其歸宋之嘉祐六年逆推，則其
最晚在皇祐四年（1052）以前即已入遼，且"以善歌隸帳下"，即於遼
廷任職。也就是說，他有機會親歷並記録下這十餘年間（即興宗後
期至道宗初期）遼朝所發生之事[2]。其次，程氏還徵引了一段不見

---

[1]　程大昌：《演繁露》，許沛藻、劉宇點校，《全宋筆記》第四編第 8 册，大象出版社，2008
　　年，第 179—180 頁。此記載之標題係據《續古逸叢書·子部》影印宋刻本校改（題
　　作《程氏演蕃露》，江蘇古籍出版社，2001 年，第 593 頁）。

[2]　程氏稱《燕北雜録》"載興宗重熙年間"事，而其後所引又爲遼道宗初年事，可知此書
　　内容以興宗朝事爲主，而兼及道宗朝事。又上引《書録解題》稱"思卿（轉下頁注）

於《類説》及《歲時廣記》的《燕北雜録》佚文。這段佚文明確提到
了時間是遼道宗清寧四年(嘉祐三年),與本文開首所説《説郛》本
《燕北録》首條有明確紀年者可謂若合符契,一爲是年正月之鈎魚,
一爲十月之柴册儀,且二者記載的細密程度亦十分相像①。

行文至此,有必要停下來稍加梳理。我們首先發現,王易出使
的時間與《説郛》本《燕北録》首條記載的時間不合,换句話説,1042
年、1052年兩度出使遼朝的王易恐怕無法詳細記録1058年纔發生
的契丹柴册儀。其次,本節開首所舉《燕北録》與武珪《燕北雜録》
的雷同文字,讓我們將這兩部書名極爲類似的文獻聯繫在一起。
再加上程大昌《演繁露》所記武珪之書的具體時間和記述風格又恰
恰與《説郛》本《燕北録》首條記載相當接近。有此三點,至少可以
作出如下推論:《説郛》本《燕北録》開首那段關於1058年契丹柴册
儀的記載,很可能是武珪《燕北雜録》的内容,而與王易《燕北録》
無涉。

三、張冠李戴:《燕北雜録》與《説郛》本《燕北録》關係探微

有了上文對於《説郛》本《燕北録》首條的明確判斷,加上"旋
風"一條的高度雷同,我們自然可以循着這一思路進一步追問:《説
郛》所收《燕北録》,究竟是偶爾混入了武珪《燕北雜録》的零星記
載,還是全部來自武氏之書? 要回答這一問題,就有必要對此本所
收十三條内容作一通體考察。

(接上頁注)武珪",論者多因此稱武珪字"思卿",然程大昌此處記作"思鄉人武珪",似
更近情理,疑《書録解題》"卿"乃"鄉"形近之誤。

① 除此條外,《演繁露》卷一尚引《燕北雜禮》一則,不著撰人,所記乃遼興宗、道宗間衣
服制度之事。按"燕北雜禮"一名不見他書,疑此亦當爲《燕北雜録》佚文,惟書名末
字誤作"禮"。

　　《説郛》本王易《燕北録》所收十三條(可參見本文附録),除第一條記載 1058 年柴册儀外,第二條記載契丹皇后及普通婦女的生育習俗;第三條記載契丹帝后臣僚應對降雪、月蝕、日蝕等氣候天象變化的習俗;第四條即上引又見於《燕北雜録》的鞭打旋風;第五條記載遼朝軍隊的漢名和契丹名;第六至八條則是對於契丹銀牌、長牌、木牌的記載,其中皆附圖,且描摹契丹文字,三條可視作一整體;第九至十二條是對契丹刑法的記載,涉及鐵瓜、沙袋的形制及其使用範圍,行文相互關聯,亦可視爲一個整體;第十三條記載契丹四時捺鉢的地點。

　　首先需要指出的是,沒有任何跡象表明,《説郛》本《燕北録》首條與其餘諸條有何不同,更不能視其爲混入之文。相反,它們在內容、行文方面的諸多一致之處倒是很容易找到。如首條首句稱"清寧四年戊戌歲十月二十三日戎主一行起離靴甸",同條下文又稱"五日卻來靴甸,受南朝禮物",而第十三條記載冬捺鉢之具體地點正爲"靴甸",按"靴甸"即廣平淀,當時又有藕絲淀、大平地、中會川、長寧淀等多種異稱①,其中稱"靴甸"者並不多見,而上述三條卻一致記作此名,顯然存在緊密的內在關聯。再如,首條記載契丹軍旗"旗上錯成番書**旵**字(漢語正軍字)",而第六、七、八三條皆有"上是番書某字"的記載,行文風格如此一致,很難想像出於不同作者之手。如此看來,將《説郛》本《燕北録》視作一個整體,能夠得到更多的證據支持。換句話説,着眼於文獻內在的統一性可以提出如下猜想:《説郛》本《燕北録》其餘諸條可能與其首條記載一樣,亦出自武珪《燕北雜録》。

---

① 參見傅樂焕《遼代四時捺鉢考五篇·廣平淀考》《廣平淀續考》,收入氏著《遼史叢考》,第 63—75、173—178 頁。

接下來，從王易《燕北録》與武珪《燕北雜録》的差異上來進一步論證上述觀點。

（一）文體和内容的差別。我們知道，宋人關於遼、金等周邊少數民族政權内部的實時消息一般有兩大來源，由此也形成了兩類内容、風格差異較大的文體。一種是出使歸來的使臣所寫的報告，即通常所説的語録或行程録；另一種則是歸明人、歸正人以及因故羈留北地的使臣返回宋朝後的回憶和追述。前者以使者的時間、行程爲主綫，穿插叙述在北地的所見所聞，因而其所記多一時一地發生之事，叙述亦相對表淺，如王曾《上契丹事》、陳襄《使遼語録》、樓鑰《北行日録》等等①；而後者則通常是基於長年留居當地的經歷而形成的更爲系統、詳實的記録，史料價值往往遠高於前者，如趙至忠《虜廷雜記》、洪皓《松漠紀聞》、張棣《金虜圖經》等。

以上述二分的視角來審視《燕北録》，很容易看出其中存在的明顯問題。王易兩次出使皆爲正旦使，依慣例，八月任命，準備一兩月，提前一月出發，大概於十二月至遼，一月返回②，其所著《燕北録》應該是一部典型的行程録，所記當爲沿途見聞之事。程大昌《演繁露》引此書兩條，皆不見於《説郛》本，如"襆頭垂脚不垂脚"條云："國初有王易者，著《燕北録》，載契丹受諸國聘覿，皆繪畫其人物冠服，惟新羅使人公服襆頭略同唐裝，其正使著窄袖短公服横

---

① 參見傅樂焕《宋人使遼語録行程考》，《遼史叢考》，第1—28頁；劉浦江《宋代使臣語録考》，張希清主編《10-13世紀中國文化的碰撞與融合》，上海人民出版社，2006年，第253—296頁。

② 據《遼史》卷一九《興宗紀二》，王易慶曆二年（遼重熙十一年）首次出使，當在是年十二月己未至遼（第228頁）；而對王氏第二次出使，則《遼史》則無相關記載。有關北宋中期以後正旦使赴遼的一般行程推算，參見傅樂焕《宋遼聘使表稿》附《遼帝后生辰改期受賀考》，《遼史叢考》，第241頁。

烏,正與唐制同,其上節亦服紫同正使,惟襆頭則垂脚……"①同書
卷一三"牛魚"條引王易《燕北録》云:"牛魚嘴長鱗硬,頭有脆骨,
重百斤,即南方鱣魚也。"②以上引文也是除《説郛》本外《燕北録》
一書現今僅存的内容,衡以上文關於王易之書的判斷,盡相符合。
前者自然是王氏在遼廷朝覲時所見,而後者則是因其出使時正值
歲末,剛好得以觀摩遼帝冬捺鉢鈎牛魚,遂有此記録。

　　與程氏引文明顯不同的是,《説郛》所收《燕北録》的記載涉及
契丹社會的方方面面,且所記事情發生的時間往往跨度較大,絶不
是王易一兩次出使所能親歷。如此本第三條云:"戎主及契丹臣庶
每年取祈降雪,戎主、太后嚏噴時,但是近位番漢臣僚等並齊道'治
兜離',漢語萬歲也。契丹如見月蝕,當夜備酒饌相賀,戎主次日亦
有宴會。如日蝕,即盡望日唾之,仍背日坐。戎主及契丹臣庶,每
聞霹靂聲,各相鈎中指,只作唤雀聲,以爲禳厭也。"王易使遼皆在
冬季,發生霹靂這樣氣象的幾率微乎其微,而要在兩次短暫的出使
中,碰巧遇到祈降雪的活動及月蝕、日蝕、霹靂所有這些天象氣候,
更是難上加難。又如此本第十三條云:"四時捺鉢,春捺鉢多於長
春州東北三千里就爍甸住坐,夏捺鉢多於永安山住坐,秋捺鉢無定
止,冬捺鉢多在靴甸住坐。所謂捺鉢者,戎主所至處也。"其中春捺
鉢、冬捺鉢具體到了某一個甸,且冬捺鉢地靴甸與此本首條所見兩
處"靴甸"完全一致,當爲作者親歷,而兩次出使皆在年末的王易顯
然不可能如此具體而微地記録下一年四季的捺鉢之地。其餘記載
多與此類似,特别是大量關於契丹語言、文字的記録,以及各階層

---

① 程大昌:《演繁露》卷一二,第100頁。其中稱王易爲"國初"之人,這在今天看來或
　許不够準確,但可能恰恰反映了當時人對於本朝歷史分期的看法。
② 程大昌:《演繁露》卷一三,第109頁。

婦人生産習俗、戎主太后寢帳内事及日常法律等情況的詳實描述，若無長期深入的留心觀察，斷不可能完成。尋常使者如王易，所記見聞中有個别内容並非親歷，道聽塗説，自然不難理解，但此書中如此衆多乃至幾乎所有的記載皆得自傳聞，所記之事卻又如此詳實、可靠，就不得不令人生疑了。

如果以同樣的二分視角來考察武珪《燕北雜録》一書，恰恰可以得到完全不同的印象。前文已述，武珪在遼爲官、生活十餘年，這樣的條件使得他完全有機會、有能力完成上述系統而精微的記載。更重要的是，《説郛》本《燕北録》的許多内容，與《類説》《歲時廣記》所引《燕北雜録》在記録風格和行文用字上頗有類似之處，其中最爲顯著的例子莫過於對契丹語言、文字的使用和記録——這背後所反映的契丹語能力，無疑是武珪、王易二人在寫作方面存在的最大差别。

（二）作者契丹語能力的差異。據《類説》《歲時廣記》所引，武珪《燕北雜録》在記録契丹風物時，常常會在描述中加上契丹本民族語言對此事物的稱呼。如《歲時廣記》卷七"嬭捏離"條引武珪《燕北雜記》云："每正月一日，戎主以糯米飯、白羊髓相和爲團，如拳大，於逐帳内各散四十九個。候五更三點，戎主等各於本帳内總中擲米團在帳外，如得雙數，當夜動蕃樂，飲宴；如得隻數，更不作樂，便令師巫十二人，外邊繞帳撼鈴執箭唱叫，於帳内諸火爐内爆鹽，并燒地拍鼠，謂之'驚鬼'。本帳人第七日方出，乃禳度之法，番呼此謂之'嬭捏離'。漢人譯曰：'嬭'是'丁'，'捏離'是'日'。"① 同書卷二三"討賽離"引《燕北雜記》云："五月五日午時，採艾葉與

_____

① 《歲時廣記》卷七"嬭捏離"，《叢書集成初編》本，中華書局，1985年，第76頁。又見《類説》卷五，所引多有簡略。

綿相和,絮衣七事,戎主著之,番漢臣僚各賜艾衣三事。戎主及臣
僚飲宴,渤海厨子進艾糕,各點大黄湯下,番呼此節爲'討賽
離'。"①在介紹完契丹風俗時,加上一句"番呼"云云,來標注其契
丹語名,這樣的行文習慣在《類説》《歲時廣記》的徵引中隨處可見。
而類似的文字在《説郛》本《燕北録》中也不難找到蹤跡,此本第九
條云:"鐵瓜(番呼鬚覩)以熟鐵打作八片,虚合成,用柳木作柄,約
長三尺,兩頭鐵裹,打數不過七下。"第十條:"沙袋(番呼郭不離)以
牛皮夾縫,如鞋底,内盛沙半升以來,柄以柳木作,胎亦用牛皮裹,
長二尺,打數不過五百。"與上引《燕北雜録》的行文習慣完全吻合,
《説郛》本《燕北録》頻頻出現的"番書"(即契丹文字,見第一、七、
八、九條),以及其他契丹語詞(如第三條之"治兜離"、第五條之
"蕃珂忍"),想來也與此行文習慣及語言能力有莫大的關聯。顯
然,掌握這些契丹文字,得益於武珪長期在契丹生活的耳濡目染,
某種程度上可以説是其生存、爲官的必備技能之一,這纔使得他在
歸宋之後能够將其如實地記録下來。相比之下,宋人派往遼朝的
使者,除余靖這樣的個例外,通曉契丹語者極少,各種外交活動尚
且需要通事從中傳話、轉譯②,又怎麼可能不厭其煩而且準確切實
地記下如此衆多的契丹語言、文字? 我想這正是契丹文字的真實
模樣不見於其他宋人記載的根本原因,同時也構成了武珪《燕北雜
録》最大的特色、價值所在。

　　以上的分析基本涵蓋了《説郛》本《燕北録》的全部十三條記
載,可以看出,它們的確是一個内部統一、聯繫緊密、特點鮮明的整
體,其中的内容很可能完全出自武珪《燕北雜録》。我們不得不承

---

① 《歲時廣記》卷二三"討賽離",第278頁。又見《類説》卷五,所引稍有節略。
② 參見仝相卿《宋朝對遼外交活動中的"翻譯"初探》,《史學月刊》2013年第8期,第
　119—124頁。

認,《説郛》所收所謂"王易《燕北録》"恐怕是一部徹頭徹尾的名實不符之書①。

那麼,這一情況究竟是如何産生的呢? 如前所述,王易《燕北録》在宋代鮮見於諸家書目著録,現存文獻僅有程大昌一家徵引,足見其在當時傳本已稀②。今存《説郛》本稱其所收乃"重編《燕北録》",其實本身就透漏出並非原本的信息。據我推測,此書在南宋以後或已亡佚,後人僅知其名而未得其實,有藏家獲武珪《燕北雜録》一本,未題撰人,而書名又恰好在流傳過程中脱一"雜"字,遂誤以其爲王氏之書,進而對該書加以重新編排並補題作者③。這一重編後的本子在元末明初爲陶宗儀所得,收入《説郛》,遂成爲後世所傳王易《燕北録》的唯一版本④——以上或許就是這椿"張冠李戴"案的真相。

本文意在論證《説郛》本《燕北録》的名實不符,但這絶不是要否定其中内容的史料價值。恰恰相反,如若以上論斷不差,這十三條記載果真出於在遼爲官多年、通曉契丹語文的武珪之手,那麼,它們的史料價值不僅不會有絲毫折損,反而會顯得更加珍貴。傳

---

① 拙文發表後,獲見昌彼得《説郛考》一書(文史哲出版社,1979年)。其中《書目考》有"重編燕北録"一條(第249頁),稱王易始末未詳,但注意到《説郛》所收此書"契丹主見旋風"條與《類説》所引武珪《燕北雜録》同,推測"此所謂重編燕北録者,當即重編珪之書"。按昌説雖失之簡單,但其關於兩書關係的基本判斷仍然具有不可忽視的學術史意義。

② 按尤袤《遂初堂書目》"地理類"著録《燕北録》一部(《叢書集成初編》本,中華書局,1985年,第16頁),未題作者、卷數,或即此書。

③ 前引鄭樵《通志》記《燕北雜録》有三卷本,而此所謂重編《燕北録》又恰是三卷,或亦可爲上述推測之一助。

④ 陶宗儀作《説郛》時似乎並未看到武珪《燕北雜録》的傳本,只是從《類説》中轉引了五條,自然也無法發現所謂"王易《重編燕北録》"與武氏之書的關係。

世文獻關於契丹字形貌僅有的直接記録當歸於武氏《燕北雜録》，現存宋人記載中保留契丹語材料最集中者亦非它莫屬，而《説郛》中這十三條近兩千字的内容則是此書最大宗的遺文①。以往治遼史及契丹語文學者利用此書，時因不明來歷而心懷疑慮，倘藉此小文而有所紓解，則亦筆者之幸也。

---

① 按《類説》引《燕北雜録》十九條約七百字，《歲時廣記》引十一條約一千餘字，而《説郛》卷三八所引十三條則多達一千八百餘字。三者所引契丹語文材料删又重複共得二十七則。

附:武珪《燕北雜録》佚文輯校[①]

1　清寧四年戊戌歲十月二十三日,戎主一行起離靴甸,往西北約二百七十餘里[②],地名永興甸,行柴册之禮。于十一月一日先到小禁圍内宿泊,二日先于契丹官内揀選九人與戎主身材一般大小者,各賜戎主所著衣服一套,令結束。九人假作戎主,不許别人知覺,于當夜子時與戎主共十人,相離出小禁圍,入大禁圍内。分頭各入一帳,每帳内只有蠟燭一條、椅子一隻,並無一人。于三日辰時,每帳前有契丹大人一員,各自入帳列何骨臕[③](漢語捉認天子也[④]),若捉認得戎主者,宣賜牛羊駝馬各一千。當日,宋國大王(戎主親弟)于第八帳内捉認得戎主,番儀須得言道:我不是的皇帝,其宋國大王卻言道:你的是皇帝。如此往來番語三遍,戎主方始言是,便出帳來,著箱内番儀衣服畢,次第行禮。先望日四拜,次拜七祖殿、木葉山神,次拜金神,次拜太后,次拜赤娘子,次拜七祖

---

① 　附録中"( )"内爲原本小注,"【 】"内爲筆者按語。底本無誤者概不出校。
② 　二百七十　厲鶚《遼史拾遺》(《中華再造善本》影印清抄本,國家圖書館出版社,2009 年)引"王易燕北録"同,宛委山堂重編本(以下簡稱"宛委本",見《説郛三種》影印本,上海古籍出版社,2012 年,第 2583—2586 頁)作"二百八十"。
③ 　列何骨臕　"何",《遼史拾遺》所引同,宛委本作"阿",未知孰是。
④ 　捉認天子　"子",原作"時",與上下文義不諧。《遼史拾遺》引此句作"捉認天子";宛委本作"題認大字",雖誤甚,然亦可佐證末字當作"子"。今據改。

眷屬,次上柴籠受册,次入黑龍殿受賀。當日行禮罷,與太后、太叔同出大禁圍,却入小禁門内,與近上番儀臣僚夜宴,至三更退。四日歇泊。五日却來靴甸,受南朝禮物。小禁圍在大禁圍外東北角,内有氈帳二三座,大禁圍每一面長一百一十步,有氈帳十座,黑氈兵幙七座。大小禁圍外有契丹兵甲一萬人,各執鎗刀、旗鼓、弓箭等,旗上錯成番書**归**字(漢語正軍字)。七祖者,太祖、太宗、世宗、穆宗、景宗、聖宗、興宗也。赤娘子者,番語謂之"掠胡奥",俗傳是陰山七騎所得黃河中流下一婦人,因生其族類,其形木雕彩裝,常時于木葉山廟内安置,每一新戎主行柴册禮時,于廟内取來作儀注,第三日送歸本廟。七祖眷屬七人俱是木人,着紅錦衣,亦于木葉山廟内取到。柴籠之制①,高三十二尺②,用帶皮榆柴叠就,上安黑漆木壇三層,壇上安御帳,當日戎主坐其中,下有契丹臣僚三百餘人。【涵芬樓本《説郛》卷三八,以下至第 13 條皆出於此】

　　2　生產。皇后生產,如過八月,先起建無量壽道場,逐日行香禮拜一月,與戎主各帳寢。預先造團白氈帳四十九座,内一座最大,徑圍七十二尺。皇后欲覺產時,于道場内先燒香,望日番拜八拜,便入最大者帳内。其四十八座小帳于大帳周圍放卓,每帳各用有角羊一口,以 ·人紐羊角,候皇后欲產時,令諸小帳内人等,一時用力紐羊角,其聲俱發,内外人語不辨,番云:此羊代皇后忍痛之聲也。仍以契丹翰林院使抹却眼,抱皇后胸,穩婆是燕京高夫人,其皇后用甘草苗代桿草臥之。若生兒時,方產了,戎主著紅衣服,于前帳内動番樂,與近上契丹臣僚飲酒,皇后即服酥調杏油半盞③。如生女時,戎主着皂衣,動漢樂,與近上漢兒臣僚飲酒,皇后即服黑

---

① 柴籠之制　"籠",原誤作"龍",據上文改。
② 三十二尺　《遼史拾遺》所引同,宛委本作"三十三尺"。
③ 酥調杏油　原作"調酥杏油",據本段下文及宛委本乙正。

豆湯調鹽三分①。其用羊差人牧放，不得宰殺，直至自斃。皇后至第九日卻歸戎主帳。其餘契丹婦人産時，亦望日番拜八拜，候入帳內，以手帕子抹卻契丹醫人眼，抱婦人胸，臥甘草苗。若生兒時，其夫面塗蓬子胭脂，産母亦服酥調杏油②（其蓬子八月收，以粗布絞汁，用時浸布水塗面，番婦人時常亦用作妝飾）。或生女時，面塗炭墨③，産母亦服黑豆湯調鹽④。番言用此二物塗面，時宜男女。貧者不具此儀。

　　3　戎主及契丹臣庶每年取祈降雪，戎主、太后噴嚏時，但是近位番漢臣僚等並齊道“治兜離”⑤，漢語萬歲也。契丹如見月蝕，當夜備酒饌相賀，戎主次日亦有宴會。如日蝕，即盡望日唾之，仍背日坐。戎主及契丹臣庶，每聞霹靂聲，各相鈎中指，只作喚雀聲，以爲禳厭也。

　　4　戎主及契丹臣庶等如見旋風時，便合眼，用鞭子空中打四十九下，口道“坤不克”七聲⑥（漢語塊風也⑦），以禳厭之⑧。【此條又見《類説》，文字稍略。】

　　5　凡兵馬，應是漢兵，多以“得勝”或“必勝”二字爲號，諸番兵以蕃珂忍號⑨，漢語龍虎二字也。

　　6　銀牌有三道（上是番書“朕”字），用金鍍銀成，見在內侍左

---

① 調鹽三分　宛委本作“調鹽三錢”，疑是。
② 酥調杏油　“油”字原脱，據本段上文及宛委本補。
③ 面塗炭墨　宛委本此句上有“其夫”二字。
④ 黑豆湯調鹽　“鹽”字原脱，據本段上文及宛委本補。
⑤ 治兜離　宛委本作“治爕離”，厲鶚《遼史拾遺》引“燕北録”同。
⑥ 坤不克　“坤”原作“神”，據宛委本及《類説》改。
⑦ 漢語塊風也　“塊”，《遼史拾遺》引作“魂”，似皆不通，宛委本作“鬼”，疑是。
⑧ 以禳厭之　“之”字原脱，據宛委本補。
⑨ 蕃珂忍　宛委本作“蔓珂忍”，《遼史拾遺》引作“蔓珍思”。

承宣宋璘處收掌①，用黑漆匣盛。每日於戎主前呈封一遍，或有緊急事宜，用此牌帶在項上，走馬于南北大王處抽發兵馬，餘事即不用也。

7　長牌有七十二道（上是番書"敕走馬"字），用金鍍銀成，見在南內司收掌。每遇下五京諸處取索物色及進南朝野味鹿茸果子，用此牌信，帶在腰間。左邊走馬。【圖略】

8　木刻牌子約有一十二道（上是番書"急"字②），左面刻作七刻，取本國已歷之世也。右面刻作一刻，旁是番書"永"字，其字只是用金鍍銀葉陷成，長一尺二寸已來。每遇往女真、達靼國取要物色、抽發兵馬，用此牌信帶在腰間。左邊走馬，其二國驗認爲信。【圖略】

9　鐵瓜（番呼鬚覘）以熟鐵打作八片，虛合成，用柳木作柄，約長三尺，兩頭鐵裹，打數不過七下。【圖略】

10　沙袋（番呼郭不離）以牛皮夾縫，如鞋底，內盛沙半升以來③，柄以柳木作，胎亦用牛皮裹，長二尺，打數不過五百。【圖略】

11　戎主、太后寢帳內事不論大小，若傳播出外，捉獲者，其元傳播人處死，接聲傳人決沙袋五百。

12　契丹盜衣服錢絹諸物等捉獲，贓重或累倍估計價，每五貫文決沙袋一下，累至一百五十文決沙袋五百，配役五年。若更有錢時，十貫文打骨鈸一下，至骨鈸五十已上更有錢時處死。

---

① 左承宣宋璘　《遼史拾遺》所引同，宛委本作"右丞宣朱璘"。按遼代文獻未見有名"朱麟"者，《高麗史》卷七文宗元年（1047，遼重熙十六年）九月壬午有"契丹遣福州管內觀察使宋璘來冊王"，或即此人，惟左、右丞宣未知孰是。

② 番書急字　"急"，原作"魚"，據宛委本改。

③ 內盛沙半升以來　"升"字原脫，宛委本同，《遼史拾遺》引作"內盛沙半升"，據補。"以來"，與上文第8條"長一尺二寸已來"用法同，表約數之意。

13　四時捺鉢,春捺鉢多于長春州東北三十里就濼甸住坐①,夏捺鉢多于永安山住坐,秋捺鉢無定止,冬捺鉢多在靼甸住坐②。所謂捺鉢者,戎主所至處也。

14　每正月一日,戎主以糯米飯、白羊髓相和爲團,如拳大,於逐帳内各散四十九個。候五更三點,戎主等各於本帳内牕中擲米團在帳外,如得雙數,當夜動蕃樂,飲宴;如得隻數,更不作樂,便令師巫十二人,外邊繞帳撼鈴執箭唱叫,於帳内諸火爐内爆鹽,并燒地拍鼠,謂之"驚鬼"。本帳人第七日方出,乃禳度之法,番呼此謂之"嫻捏離"。漢人譯曰"嫻"是"丁","捏離"是"日"③。【《歲時廣記》卷七"嫻捏離";略見《契丹國志》卷二七"正旦";《類説》卷五"壓禳法"引此條多有節略。】

15　二月一日,番中姓蕭者並請耶律姓者於本家筵席,番呼此節爲"瞎里吗"。漢人譯云"瞎里"是"請","吗"是"時"。【同上卷一三"瞎里吗";又略見《類説》卷五"耶律請蕭姓"、《契丹國志》卷二七"中和"。】

16　三月三日,戎人以木雕爲兔,分兩朋走馬射之。先中者勝,其負朋下馬,跪奉勝朋人酒,勝朋於馬上接杯飲之,番呼此節爲"淘裏化"。漢人譯云"淘裏"是"兔","化"是"射"。【同上卷一八"淘裏化";又略見《類説》卷五"木兔"、《契丹國志》卷二七"上巳"。】

17　四月八日,京府及諸州各用木雕悉達太子一尊,城上昇行,放僧尼、道士、庶民行城一日爲樂。【同上卷二〇"雕悉達";又見《契丹國志》卷二七"佛誕日",《類説》無此條。】

---

① 春捺鉢多於長春州東北三十里就濼甸住坐　"春捺鉢"三字原脱,"三十"原作"三千",據宛委本改補;"濼"原作"爍",宛委本作"樂",據《遼史拾遺》引文改。
② 秋捺鉢無定止冬捺鉢多在靼甸住坐　"無定止冬捺鉢"六字原脱,據宛委本補。
③ 番呼此嫻捏離及捏離是日　二"捏"字,《契丹國志》同,《類説》皆作"擔"。

18　五月五日午時，採艾葉與綿相和，絮衣七事，戎主著之，番漢臣僚各賜艾衣三事。戎主及臣僚飲宴，渤海厨子進艾糕，各點大黄湯下，番呼此節爲“討賽離”。【同上卷二三“討賽離”；又略見《契丹國志》卷二七“端五”；《類説》卷五“艾衣”所引多有删節。】

19　七月十三日夜，戎主離行宫，向西三十里卓帳宿，先於彼處造酒食。至十四日，應隨從諸軍並隨部落動番樂設宴，至暮，戎主卻歸行宫，謂之迎節。十五日動漢樂大宴，十六日早卻往西方，令隨行軍兵大嗾三聲，謂之“送節”，番呼此節爲“賽離捨”。漢人譯云：“賽離”是“月”，“捨”是“好”，謂月好也。【同上卷三一“賽離捨”；又見《契丹國志》卷二七“中元”；《類説》卷五“三節”所引多有删節。】

20　八月八日，戎主殺白犬，於寢帳前七步埋其頭，露其嘴。後七日移寢帳於埋狗頭地上，番呼此節爲“捏褐嬭”①。漢人譯云：“捏褐”是“狗”，“嬭”是“頭”。【同上卷三三“捏褐妳”；又見《類説》卷五“埋狗”、《契丹國志》卷二七“中秋”。】

21　戎主九月九日打圍斗射虎，少者輸重九一筵席。射罷，於高地處卓帳，與番臣漢臣登高，飲菊花酒，出兔肝切生②，以鹿舌醬拌食之。番呼此節爲“必里遲離”，漢人譯云九月九日也。【同上卷三六“必里遲”；又見《契丹國志》卷二七“重九”；此條《類説》卷五“打圍斗射虎”所引頗有異同：九月九日打圍斗射虎，少者輸重九一筵席。射罷，於地高處卓帳，飲菊花酒，出兔肝切生，以鹿舌醬拌食之，呼此節爲一十賽（一十是九，賽是九）。】

22　十月内，五京進紙造小衣甲并鎗刀器械各一萬副。十五

① 番呼此節爲捏褐嬭及捏褐是狗　二“捏”字，原作“擔”，《類説》同，據《契丹國志》改。按契丹小字 、蒙古語“Nahai”，於義爲“狗”，音與“捏褐”合。

② 出兔肝切生　“出”字原脱，據《類説》《契丹國志》補。

日一時堆垛,戎主與押番臣寮望木葉山,奠酒拜,用番字書狀一紙,同焚燒奏木葉山神①,云"寄庫",番呼此爲"戴辣"。漢人譯云"戴"是"燒","辣"是"甲"。【同上卷三七"戴辣時";又見《契丹國志》卷二七"小春";《類説》卷五"木葉山"所引節略頗多。】

23 戎人冬至日殺白馬、白羊、白雁②,各取其生血代酒③,戎主北望拜黑山,奠祭山神。言契丹死,魂爲黑山神所管。又彼人傳云:凡死人悉屬此山神。【同上卷三八"奠黑山";亦見《契丹國志》卷二七"冬至";《類説》卷五"奠黑山"所引文字稍略。】

24 臘日,戎主帶甲戎裝,應番漢臣諸司使已上並戎裝。五更三點坐朝,動樂飲酒罷,各等第賜御甲、羊馬,番呼此節爲秒離咠。漢人譯云:"秒離"是"戰","咠"是"時",謂戰時也。【卷三九"秒離咠";又見《契丹國志》卷二七"臘月";《類説》卷五"戎裝飲"所引文字稍略。】

25 六月十八日,耶律姓却請蕭姓者,亦名瞎里咠。【《類説》卷五,天啟六年刻本。以下至第32條皆出於此。】

26 番呼種田爲提烈。

27 正月十三日,放契丹做賊三日,如盜及十貫以上,依法行遣,呼爲鶻呂咠(鶻呂是偷④,咠是時)。【此條亦見《契丹國志》卷二七"治盜"。】

28 戎主別有鼓十六面,發更時擂動,至二點住,三更再擂,呼爲"倍其不離鼓"(是驚鬼)。

29 契丹富豪民要裏頭巾者,納牛、駝七十頭,馬百疋,并給契

---

① 同焚燒奏木葉山神 "奏"字原闕,據《契丹國志》補。
② 白馬白羊白雁 《類説》《契丹國志》皆作"白羊、白馬、白雁"。
③ 生血代酒 "代",《類説》《契丹國志》皆作"和",於義更勝。
④ 呼爲鶻呂咠鶻呂是偷 二"呂"字,《契丹國志》皆作"里"。

丹名目,謂之"舍利"。【此條亦見《契丹國志》卷二七"舍利"。】

30　契丹行軍不擇日,用艾和馬糞,於白羊琵琶骨上灸,灸破便出行,不破即不出。

31　番兵每遇午日,如不逢兵,亦須排陣望西大喊七聲,言午是番家大王之日。【此條亦見《契丹國志》卷二七"午日"。】

32　北界漢兒方爲契丹淩辱,罵作十里鼻。十里鼻,奴婢也。

33　《燕北雜録》載契丹興宗重熙年間衣制、儀衛、打圍、射鹿、鈎魚等事,於景祐五年十月撰進,不書撰人姓名,而著其所從聞曰:思鄉人武珪在虜十餘年,以善歌隸帳下,故能習虜事詳悉。凡其所録,皆珪語也。達魯河鈎牛魚,北方盛禮,意慕中國賞花釣魚,然非釣也,鈎也。此之所記於虜爲道宗清寧四年,其甲子則戊戌正月也。達魯河東與海接,歲正月方凍,至四月而泮,其鈎是魚也。虜主與其母皆設次冰上,先使人於河上下十里間,以毛網截魚,令不得散逸,又從而驅之,使集冰帳。其床前預開冰竅四,名爲冰眼,中眼透水,旁三眼環之不透,第斫減令薄而已,薄者所以候魚,而透者將以施鈎也。魚雖水中之物,若久閉於冰,遇可出水之處,亦必伸首吐氣,故透水一眼,必可以致魚,而薄不透水者,將以伺視也。魚之將至,伺者以告,虜主即遂於斫透眼中用繩鈎擲之,無不中者。既中,遂縱繩令去,久,魚倦,即曳繩出之,謂之得頭魚。頭魚既得,遂相與出冰帳,於別帳作樂上壽。【程大昌《演繁露》卷三"北虜於達魯河鈎魚"條,許沛藻、劉宇點校,《全宋筆記》第四編第8册,大象出版社,2008年,第179—180頁;標題據《續古逸叢書·子部》影印宋刻本校改,江蘇古籍出版社,2001年,第593頁。】

34　今使北者,其禮例中所得有韋而紅,光滑可鑒。問其名則徐吕皮也,問其何以名之,則曰:"徐氏、吕氏二氏,實工爲此也。"此説出於虜傳,信否殊未可知矣。予案《燕北雜禮》所載虜事曰:"契丹興宗嘗禁國人服金玉犀帶及黑斜喝里皮，并紅虎皮靴。及道宗及位，以爲靴帶也者，用之可以華國，遂弛其禁，再許服用，此即靴帶之制矣。及問徐吕皮所自出，則曰：'黑斜喝里皮，謂回紇野馬皮也，用以爲靴，騎而越水，水不透裏，故可貴也。紅虎皮者，回紇獐皮也，揉以硇砂，須其頓熟，用以爲靴也。'"本此而言，則知徐吕皮也者，斜喝里聲之轉者也。然斜喝里之色黑，而徐吕之色紅，恐是野馬難得，而硇砂熟韋可以常致，故染而紅之，以當獐皮也，爲欲高其名品，遂借斜喝里以爲名呼也。【同上"徐吕皮"條，第 146 頁；個別文字據《續古逸叢書》影印宋刻本第 578—579 頁校改。其中所謂"燕北雜禮"者，未見他處，疑"禮"爲"録"或"記"之誤，《遼史拾遺》卷一五"儀衛志二"引此條即作《燕北雜記》。】

——原刊《文史》2017 年第 3 輯

附録四：《遼史補注》與史注傳統

　　著名遼金史專家陳述(1911—1992)所著《遼史補注》近日在中華書局出版,誠可謂遼史學界一大盛事。此書始撰於上世紀三十年代,歷經數十載的改撰增補,至作者去世時仍未完全定稿,實乃陳氏最重要的遺著,更是其畢生研究遼史之結晶。全書依元修《遼史》舊有卷帙,先録原文,繼而廣徵相關文獻,逐段加以補注。據粗略統計,《補注》所引文獻逾九百種①,雖然此項數據對直接徵引與轉引文獻未加區分,所得結果當較實際情況爲多,但仍可大致反映該書在搜羅史料方面所投入的心血及取得的成就。今本共編爲十册,排版字數約二百四十萬字,較原中華書局點校本(主要點校者亦爲陳述)之九十萬字增廣頗多。如此鴻篇巨制,堪稱遼代史料之淵藪,治斯學者自須常備案頭,反復研磨,其中的學術意義也只有在研究各具體問題的後來人與之産生對話、碰撞時纔能真正彰顯;同理,對於這筆學術遺産的全面評價,當然也需要學界經過很長一段時間的消化吸收方可切實展開。與書中宏富的内容一樣,《遼史補注》的編纂形式本身其實亦頗值得考究,其中不僅關涉到古代史

① 　參見景愛《陳述學術評傳》附録三《遼史補注徵引文獻》,花木蘭出版社,2006年,第51—52頁。按其所據當爲出版前之稿本。

書補注傳統之源流、優長與不足，同時也蘊含着對遼史學界既有成果的總結、對新興取向的提示，本文即嘗試從這一角度略作管窺。

一、從陳寅恪《遼史補注序》説起

二十世紀四十年代初，陳述撰成《遼史補注序例》（今中華書局本題作《自序》），陳寅恪爲之序，開首即云："裴世期之注《三國志》，深受當時内典合本子注之薫習，此蓋吾國學術史之一大事，而後代評史者局於所見，不知今古學術系統之有别流，著述體裁之有變例，乃以喜聚異同，坐長煩蕪爲言，其實非也。"①陳寅恪提出此説實際上是基於兩個背景：其一，南朝宋裴松之注《三國志》是現存第一部以大量增補史事爲主要内容的史注著作；其二，以劉知幾爲代表的後世史評家多批評裴氏"喜聚異同，不加刊定，恣其擊難，坐長煩蕪"②。陳寅恪認爲裴注所開創的史注傳統取材詳備，實有保存史料之功，又見陳述《序例》"所論寧詳毋略之旨"正與此合，故稱"《補注》之於《遼史》，亦將如裴注之附陳志，並重於學術之林"。《遼史補注》在正式問世之前的七十多年間一直享有盛譽，爲學界所期待、矚目，很大程度上與陳寅恪此序的高度評價及其中所論古史補注傳統源出佛典説的廣泛流傳密不可分。

將《三國志》裴注這類史注體例之淵源追溯至佛家經典合本子注，是陳寅恪的著名論斷之一，除此序文外，尚見於氏著《楊樹達〈論語疏證〉序》《讀〈洛陽伽藍記〉書後》《徐高阮重刊〈洛陽伽藍記〉序》諸篇。所謂"合本子注"並非佛典固有成詞，而是陳氏提出

---

① 《陳寅恪序》，陳述：《遼史補注》，中華書局，2018 年，第 1 頁。此文原題"遼史補注序"，手稿首頁書影見《遼史補注》卷首。
② 劉知幾：《史通》卷五《補注》，浦起龍《史通通釋》，王煦華整理，上海古籍出版社，2009 年，第 123 頁。

的一個新概念，他在《支湣度學説考》稱“中土佛典譯出既多，往往同本而異譯，於是有編纂‘合本’以資對比者焉”，“其大字正文，母也，其夾注小字，子也，蓋取别本之義同文異者，列入小注中，與大字正文互相配擬，即所謂‘以子從母’，‘事類相對’者也”。可知，陳氏所謂“合本子注”是指彙集不同佛經譯本，製成“合本”，加以比較研究，以一本爲正文（母本），復以小注形式呈現異文（子注）。他認爲裴注聚異同、存史料之法即受此影響。有研究者指出，“合本子注”概念的核心當在於“合本”，其特點在於羅列平行文本進行對勘，而陳氏本人對於這一概念的理解和闡述亦存在前後矛盾之處①。

　　對於陳氏援内典爲裴注來源的觀點，周一良表示過明確質疑，認爲裴注“多爲補遺訂誤，而非字句出入，往往連篇累牘，達千百言，這與同本異譯簡單明瞭的情況有很大不同”②，指出了二者在注釋内容和篇幅方面的巨大差異；胡寶國則在肯定周説的基礎上進一步從經學影響的消退、南朝知識至上的風氣及晋宋之際書籍整理、學術總結的盛行等方面分析了裴注的成因③，重新闡釋了裴注出現的歷史背景，客觀上也消解了陳氏之説。儘管仍多有論者力主陳説，但似乎又都無法掇出切實的論據，如認爲“合本子注對史注内容是否起到影響或許還存在争議，但在體式上，子注對史注，

①　參見吴晶：《陳寅恪“合本子注”説新探》，《浙江社會科學》2008 年第 12 期，第 84—88 頁；于溯：《陳寅恪“合本子注”説發微》，《史林》2011 年第 3 期，第 84—90 頁；陳志遠：《“合本子注”再檢討》，《漢語佛學評論》第 6 輯，上海古籍出版社，2018 年，第 101—117 頁。

②　周一良：《魏晋南北朝史學著作的幾個問題》，收入《魏晋南北朝史論集續編》，北京大學出版社，1991 年，第 91 頁。

③　參見《漢唐間史學的發展（修訂本）》，北京大學出版社，2014 年，第 71—85 頁；《知識至上的南朝學風》，《文史》2009 年第 4 輯，第 151—170 頁；《東晋南朝的書籍整理與學術總結》，《中國史研究》2017 年第 1 期，第 59—72 頁。

尤其對史書自注無疑產生了許多積極的作用"①,其所謂子注體式是指史書小注的出現始於裴注,這顯然忽視了經學注解中早已出現的小注傳統(如最爲典型的漢代章句等),而裴松之本人即爲當時的經傳學家,著有《集注喪服經傳》,其以經學之小注形式融史學之時代内容,似更近情理。綜合現有研究成果來看,陳寅恪之説從内容、形式等方面都很難得到史料的支撑,中國古代史書補注傳統的出現似乎還是應該放在史學脱胎於經學而在魏晋以後逐漸取得獨立地位的内在理路中理解,晋宋之際的社會風氣、物質學術條件的轉變構成其背後的實際動因。

陳寅恪《遼史補注序》在上引開首一段後又稱"趙宋史家著述,如《續資治通鑑長編》《三朝北盟會編》《建炎以來繫年要録》,最能得昔人合本子注之遺意",是將南宋史家長編考異之學亦歸於合本子注之餘脉。似乎在陳氏看來,凡以小注保存不同材料之史注皆可溯源於此。但這裏存在的問題就更爲明顯:首先,史家自注與後人補注在功能上存在本質區别,著史者自撰考異,實欲明正文去取之原則,信以傳信,疑以傳疑,而與後人補注前史時盡力搜羅、鋪陳排比大異其趣;其次,宋人長編考異之學始自司馬光《通鑑考異》,陳氏所舉南宋三史皆祖法於此,然温公《考異》並非附於《通鑑》原文,而在書外别本單行,與前代史注判然有别,更與佛家合本子注相去甚遠。

《遼史補注序》又云:"回憶前在絶島,蒼黄逃死之際,取一巾箱坊本《建炎以來繫年要録》抱持頌讀,其汴京圍困屈降諸卷,所述人事利害之迴環,國論是非之紛錯,殆極世態詭變之至奇。然其中頗

---

① 趙宏祥:《自注與子注——兼論六朝賦的自注》,《文學遺産》2016 年第 2 期,第 65—74 頁。

復有不甚可解者,乃取當日身歷目觀之事,以相印證,則忽豁然心通意會。平生讀史凡四十年,從無似此親切有味之快感,而死亡饑餓之苦遂亦置之量外矣。由今思之,倘非其書喜聚異同,取材詳備,曷足以臻是耶?"從中可以看出,陳寅恪之所以對於"喜聚異同,取材詳備"的注史體裁大加推許,特別表彰佛家合本子注形式的積極影響,甚至帶有強烈的感情色彩,實與其切身遭際、家國命運有關,似不可一概以學術因素論之。

二、"考證之學,譬如積薪"

裴松之開創聚合材料、補注史書之傳統,但在此後相當長的歷史時期中,這種體裁並未取代原本的名物訓詁之法而成爲古代史書注解的主流。直至清代乾嘉時期,考據學風大盛,與此史書補注之旨頗相契合,因而涌現出一批模仿裴注之作,如惠棟《後漢書補注》,杭世駿《三國志補注》《金史補闕》,趙一清《三國志注補》,彭元瑞、劉鳳誥《五代史記補注》等。其中與《遼史》相關者,主要爲厲鶚《遼史拾遺》、楊復吉《遼史拾遺補》,而將此二者合爲一書,正構成了陳述撰作《遼史補注》的萌芽和基礎①。《遼史補注序例》稱"補者效褚少孫之補《史記》,注者效裴松之之注三國",其實,全書補撰的部分只占很小一部分,主要還是注文,可見此書的基本定位就是遠祖裴注,近仿厲、楊二氏之書,以後者爲實際基礎再行增補。

清末民初,補注之學出現了繼乾嘉之後的又一個高潮,如唐景崇《新唐書注》,王先謙《漢書補注》《後漢書集解》《新舊唐書合注》,吳士鑒《晋書斠注》等,皆屬此類。針對劉知幾批評補注之體爲"吐果之核、棄藥之滓",陳述在《遼史補注序例》中反駁曰:"有

---

① 參見《遼史補注後記》,第3773頁。

未盡然者，即補注所資，是否爲修史時所已見，縱令修史所捐，是否仍有助於考史，是則王先謙、吳士鑒、唐景崇等所以仍有兩漢、晉、唐諸書之補注也。"①顯然，陳氏是有意識地將自己的工作納入到傳統注史的譜系之中，《遼史補注》亦可看作當時學術風尚影響下的產物。

同時還應該注意到，《遼史補注》之作，實際上是對有清以來關於《遼史》實證研究成果的全面吸收。除厲鶚、楊復吉二書外，書中引用了大量清人關於《遼史》及遼代史事的考證，主要包括顧炎武《日知錄》、顧祖禹《讀史方輿紀要》、朱彝尊《曝書亭集》、姜宸英《湛園札記》、何焯《義門讀書記》、乾隆殿本《遼史》考證、錢大昕《廿二史考異》《十駕齋養新錄》《養新餘錄》《潛研堂集》《諸史拾遺》、趙翼《廿二史劄記》、王鳴盛《十七史商榷》、清廷官修《滿洲源流考》《日下舊聞考》、李友棠《遼史紀事本末》、畢沅《續資治通鑑·考異》、江師韓《韓門綴學》、阮葵生《茶餘客話》、俞正燮《癸巳類稿》、周春《遼詩話》、道光殿本《遼史》考證、梁章鉅《浪迹叢談》、張穆《蒙古游牧記》、戴熙《古錢叢話》、何秋濤《朔方備乘》、文廷式《純常子枝語》、李慎儒《遼史地理志考》等數十種②。同時，民國年間專門考訂《遼史》之著作如陳漢章《遼史索隱》、若誠久治郎《遼史索引》、譚其驤《遼史訂補》、張元濟《遼史校勘記》、羅繼祖《遼史校勘記》、馮家昇《遼史初校》等，亦成爲陳述著書的直接資料來源。這些考證成果都以校補、考據爲共同特點，一方面構築了《遼史補注》的創作基礎，另一方面也規定了長期以來遼史研究的基本取向。

---

① 《序例》，《遼史補注》，第 11 頁。

② 除此之外，朱明鎬《史糾》、徐乾學《資治通鑑後編·考異》、邵晉涵《舊五代史考異》、姚範《援鶉堂筆記》、秦蕙田《五禮通考》、沈家本《歷代刑法考》、汪輝祖《九史同姓名略》等書亦有對《遼史》的考證研究，《補注》未及徵引。

　　元修《遼史》素以簡陋著稱,對於遼史研究者而言,"窮盡史料"既是可能的,也是必須的①,而補注這一體裁正是在實證層面窮盡史料的最好方法,陳述更是這方面的先行者、實踐者。從《遼文匯》到《全遼文》,從《遼金聞見匯録》到《遼會要》,無一不是這一取向的體現,直至《遼史補注》蔚爲大觀。

　　綜上可知,《遼史補注》既可視作補注傳統作用於《遼史》研究的集成之作,又是對有清以來考訂遼代史事成果的傾力囊括,同時也是陳述畢生學術追求的收束凝縮,具有多重的總結性質。此書的問世,在某種意義上講,標志着遼史研究史料體系的基本確立。在史料匱乏的遼史研究領域,新材料的開拓往往是可遇而不可求的。就可預期的未來而言,元修《遼史》在史料體系中所占據的核心地位仍然不可撼動。探索新史料的工作當然永遠不會停歇,只不過經過《遼史補注》"竭澤而漁"式的搜討,後來者很大程度上只能在其基礎上進行局部、零星的補充,而很難從根本上改變、突破這一史料體系的主體架構。

　　關於《遼史補注》一書對既往研究的繼承、總結性質,作者有着明確的認識和清晰的表述。《補注序例》稱"寅恪先生有言:'考證之學,譬如積薪。'今即就前賢所積者,續爲增補,用資參證。"此處所借用陳寅恪"積薪"之喻,見於陳氏《三論李唐氏族問題》:"夫考證之業,譬諸積薪,後來者居上,自無膠守成見,一成不變之理。寅恪數年以來關於此問題先後所見亦有不同,按之前作二文,即已可知。"②細味陳氏原文,似與《補注序例》引述之旨趣略有差別。陳寅恪所強調者本爲後來居上、後出轉精之意,陳述引用時稍改原

---

① 參見劉浦江:《窮盡·旁通·預流:遼金史研究的困厄與出路》,《歷史研究》2009年第6期,收入《宋遼金史論集》,中華書局,2017年,第3—5頁。

② 收入陳寅恪:《金明館叢稿二編》,生活·讀書·新知三聯書店,2001年,第346頁。

義,所欲突顯的無疑是《遼史補注》不斷累加、層層遞增的特點,而這種特點實際上關涉到補注之體及遼史研究所存在的某些方法論層面的問題。

三、"返於《遼史》之前"

陳述在《補注序例》中將撰作此書之目標概括爲"但願返於《遼史》之前,使大遼一代北方諸族及其與中原相涉之史迹,彙集於此,信而有徵"。類似的義涵在其三十年代所作《自序》中還曾表述爲"至於把顛倒了的歷史再顛倒過來,更需要豐富準確的史料,更需要廣聚異同"①。其中"返於《遼史》之前"、"把顛倒了的歷史再顛倒過來"的提法與當今史學界常常探討的"接近或回到歷史現場"頗有幾分神似,反映了陳氏作爲一名現代史家的學術追求。

在陳述看來,實現上述目標的主要途徑在於不斷地彙集史料、廣聚異同,其以"積薪"爲喻強調不斷累加、層層遞增的重要性正在於此。我們姑且將這種研究方法稱作對史料做"加法",即以一種核心史料爲基本骨架,廣泛搜羅各種不同材料,不斷填充血肉,史料多一分,對問題的認識可能就豐富一點,從這個意義上講,補注之體可以稱得上是對史料做加法的典範。就《遼史補注》而言,元修《遼史》自然構成了其中的骨架,而補充的諸多材料則是從局部、細節上對其進行補充與修正。

毫無疑問,在史學的積累階段,史料的"加法"具有極其重要的奠基作用。然而問題在於,只憑藉這樣的"加法"究竟能在多大程度上達到"返於《遼史》之前"的目標呢?

漢魏時期,史學附庸於經學,史注亦脫胎於經注。補注之體創

---

① 《自序》,《遼史補注》,第8頁。

於晉宋之際,其重要背景是史學逐步從經學中獨立出來,但此種注釋體裁的基本操作邏輯始終帶有明顯的經學色彩,即將史著視作一經典文本,以他書加以附益、補充。在這樣的脉絡和視野下,注史者往往會在不自覺間先接受所注史書呈現出的叙述框架,再以其他史料參合、補正,而對於史書本身的生成過程、文獻源流、史料層次及叙述策略,似乎缺乏必要的甄別和研判。這在古代經史注家那裏自然無可厚非,但若着眼於現代的史學研究,則恐有未安之處。

以《遼史》爲例,其中紀、志、表、傳各部分多有元末史官雜抄諸書所新作者,並無遼金舊史原本之獨立史源作爲依憑,因而這些文本很大程度上只能視作元人對於遼朝歷史的理解和再闡釋,或可名之曰"元人的遼史觀",這種理解、闡釋往往與遼朝當時的實際情況存在較大的差距。如《營衛志・部族上》一直被視作研究契丹建國以前部族發展歷史的核心文獻,但這其實是元人雜糅中原歷代正史契丹傳及遼金舊史零星記載而成的一部二手文獻,其中所述遼代部族的定義、契丹早期史的發展脉絡,對研究者產生了巨大的誤導;又如《百官志》亦爲元人抄撮舊史紀、傳敷衍成篇,其所構建的遼代官制體系可謂漏洞百出,根本無法反映當時的實態;再如《部族表》《屬國表》之設,特別是所謂"部族""屬國"之區分,常常成爲研究者熱衷討論的議題,但實際上遼金舊史並未設"表",上述稱謂皆係元人新作時强立之名目,自然不可以此討論遼代的族群關係和國際關係。這類存在系統性、方向性問題的文本在元修《遼史》中比比皆是。如果不對其加以徹底批判、拆解,而仍以其中所見叙述框架爲基礎加以補注、增廣,就很容易被元人的遼史觀所牽引,隨着《遼史》既定的口徑去講述遼朝當時的史事。如此一來,距離"返於《遼史》之前"的目標恐怕會越來越遠。

以上論説絕無苛求賢者之意,而是希望能夠在充分尊重、利用前人積累的基礎上,從當代學術的問題意識出發,提出另外一種視角和方法,即有時候我們在對史料做加法的同時,也需要適當考慮"減法"。治史者一方面要處理支離破碎的史料,另一方面又需要審慎地考慮史料背後所隱含的整體叙述。一種歷史叙述的整體性、連續性越強,越容易被人先入爲主地接受,其實這樣的叙述框架更加值得警惕。與傳統的史注工作不同,面對核心文本所呈現出的看似整飭的歷史叙述,我們要做的首要工作應該是抽絲剥繭,正本清源,通過區分不同叙述主體、不同來源的史料,剔除干擾性因素,盡力回歸歷史主體自身的叙述,繼而展開進一步的分析、研究,必要時需要以打破既有歷史叙述連續性的方式來求得新的連續性。如此對待史料的態度,或許更有助於突破元修《遼史》的禁錮,接近遼朝當時的歷史現場。

　　"加法"與"減法",並非截然對立的兩種視角,而是相輔相成,互爲表裏。所謂"加法"通常表現爲考據舉證、網羅材料,而所謂"減法"則可以歸結爲立足於史源學的文本批判。在做加法之前,首先須對所獲文本進行溯源、拆解,將其置於不同的叙述脉絡和史料層次中加以考量、運用;而在做減法之時,自然亦離不開排比、參證之功,只有在充分掌握史料的基礎上方可能開展切實、有效的批判。因此,二者其實應該是現代學術視野中史料處理方法的一體兩面,只不過在既往的遼史研究中,我們對於加法強調較多,而對減法的關注則頗顯不足。

　　《遼史補注》可以看作前輩遼史大家對史料做加法的扛鼎之作,無疑會成爲後學晚輩不斷汲取營養、開拓創新的根基所在。站在巨人的肩膀上,新生代遼史學人有責任在不忘加法的同時,嘗試減法,立中有破,破中有立,不斷推動整個研究領域的深化與發展。

——原刊《文匯報》2018 年 6 月 15 日第 7-8 版

參考文獻

一、古籍文獻

《史記》,〔漢〕司馬遷撰,中華書局點校本修訂本,2014 年。

《漢書》,〔漢〕班固撰,中華書局點校本,1962 年。

《魏書》,〔北齊〕魏收撰,中華書局點校本修訂本,2018 年。

《隋書》,〔唐〕魏徵撰,中華書局點校本修訂本,2019 年。

《舊唐書》,〔後晉〕劉昫等撰,中華書局點校本,1975 年。

《新唐書》,〔宋〕歐陽脩、宋祁撰,中華書局點校本,1975 年。

《舊五代史》,〔宋〕薛居正撰,中華書局點校本修訂本,2015 年。

《新五代史》,〔宋〕歐陽脩撰,中華書局點校本修訂本,2015 年。

《遼史》,〔元〕脱脱等撰,影印百衲本,臺灣商務印書館,1988 年;臺北商務印書館影印文淵閣《四庫全書》本,1986 年,第 289 册;北京商務印書館影印文津閣《四庫全書》本,1986 年,第 283 册;道光四年武英殿刻本;中華書局點校本,1974 年;中華書局點校本修訂本,2016 年。

《遼史拾遺》,〔清〕厲鶚撰,《中華再造善本》影印清抄本,國家圖書館出版社,2009 年。

《西遼紀年表》,〔清〕汪遠孫撰,《二十五史補編》,中華書局,

1955 年。

《遼史地理志考》,〔清〕李慎儒撰,光緒二十八年丹徒李氏刻本。

《西遼立國始末考》,〔民國〕丁謙撰,《古學彙刊》本,1912 年。

《金史》,〔元〕脱脱等撰,中華書局點校本,1975 年。

《宋史》,〔元〕脱脱等撰,中華書局點校本,1985 年。

《元史》,〔明〕宋濂等,中華書局點校本,1976 年。

《廿二史考異》,〔清〕錢大昕撰,方詩銘、周殿杰點校,上海古籍出版社,2010 年。

《廿二史劄記校證》,〔清〕趙翼撰,王樹民校證,中華書局,2013 年。

《資治通鑑》,〔宋〕司馬光撰,中華書局標點本,1957 年。

《續資治通鑑長編》,〔宋〕李燾撰,《中華再造善本》影印宋刻本,國家圖書館出版社,2003 年;《續資治通鑑長編(四庫全書底本)》,中華書局影印本,2016 年;中華書局點校本,2004 年。

《靖康要録箋注》,〔宋〕汪藻撰,王智勇箋注,四川大學出版社,2008 年。

《三朝北盟會編》,〔宋〕徐夢莘撰,上海古籍出版社影印許涵度刻本,1986 年。

《建炎以來繫年要録》,〔宋〕李心傳撰,胡坤點校,中華書局,2013 年。

《大事記續編》,〔明〕王禕撰,《四庫提要著録叢書》影印明刻本,北京出版社,2010 年,史部第 6 册。

《資治通鑑長編紀事本末》,楊仲良撰,《宋史資料萃編》第二輯影印廣雅書局本,文海出版社,1967 年。

《皇朝中興紀事本末》,〔宋〕熊克撰,國家圖書館出版社影印清抄本,2005 年。

《通志二十略》,〔宋〕鄭樵撰,王樹民點校,中華書局,2009 年。

《契丹國志》,舊題〔宋〕葉隆禮撰,賈敬顏、林榮貴點校,中華書局,2014 年。

《大金國志校證》,舊題〔宋〕宇文懋昭撰,崔文印校證,中華書局,1986 年。

《松漠記聞》,〔宋〕洪皓撰,顧氏文房小說本。

《裔夷謀夏錄》,舊題〔宋〕劉忠恕撰,靜嘉堂文庫藏清抄本,典藏號:760/1/9 48;南京圖書館藏清抄本,典藏號:65119606;上海圖書館藏清抄本,典藏號:綫善 21450;上海圖書館藏民國抄本,典藏號:綫普 565650;臺北"國家圖書館"藏清抄本,典藏號:02179;北京師範大學圖書館藏清抄本,典藏號:0560;黃寶華整理,《全宋筆記》第五編第 1 冊,大象出版社,2012 年。

《高麗史》,〔朝鮮〕鄭麟趾撰,平壤:朝鮮科學院古典研究室,1957 年。

《弇州史料前集》,〔明〕王世貞撰,〔明〕董復表輯,《四庫禁燬書叢刊》影印萬曆四十二年刻本,北京出版社,2000 年,史部第 48 冊。

《歷代名臣奏議》,〔明〕黃淮、楊士奇編,上海古籍出版社影印永樂十四年刻本,1989 年。

《五朝名臣言行錄》,〔宋〕朱熹撰,《中華再造善本》影印淳熙刻本,國家圖書館出版社,2003 年。

《禁扁》,〔元〕王士點撰,《楝亭十二種》本;上海圖書館藏崇禎辛巳年重裝本;國家圖書館藏毛氏汲古閣抄本;浙江大學圖書館藏朱彝尊抄本;清華大學圖書館藏豐華樓舊藏抄本;臺北"國家圖書館"藏康熙二十六年抄本;傅斯年圖書館藏四庫底本。

《元一統志》,〔元〕孛蘭肸等撰,趙萬里校輯,中華書局,

1966 年。

《大元大一統志考證》，〔民國〕金毓黻撰，《遼海叢書》本。

《新安志》，〔宋〕羅願撰，王小波等點校，《宋元珍稀地方志叢刊甲編》第 8 册，四川大學出版社，2007 年。

《欽定熱河志》，〔清〕和珅等纂，臺北商務印書館影印《文淵閣四庫全書》本，1986 年，第 495—496 册。

《欽定滿洲源流考》，〔清〕阿桂等纂，臺北商務印書館影印《文淵閣四庫全書》本，1986 年，第 499 册。

《盛京通志》，〔清〕阿桂等纂，《四庫提要著録叢書》影印乾隆武英殿刻本，北京出版社，2010 年，史部第 219—221 册。

《歲時廣記》，〔宋〕陳元靚撰，《叢書集成初編》本，中華書局，1985 年。

《使遼語録》，〔宋〕陳襄撰，顧宏義、李文點校，《宋代日記叢編》本，上海書店出版社，2013 年。

《宣和乙巳奉使金國行程録》，〔宋〕許亢宗撰，崔文印《靖康稗史箋證》本，中華書局，2010 年。

《西游録》，〔元〕耶律楚材撰，向達校注，中華書局，1981 年。

《南宋館閣録》，〔宋〕陳騤撰，張富祥點校，中華書局，1998 年。

《秘書監志》，〔元〕王士點、商企翁撰，高榮盛點校，浙江古籍出版社，1992 年。

《通典》，〔唐〕杜佑撰，王文錦等點校，中華書局，1988 年。

《唐會要》，〔宋〕王溥，上海古籍出版社，2012 年。

《五代會要》，〔宋〕王溥，上海古籍出版社，2006 年。

《宋會要輯稿》，〔清〕徐松輯，中華書局影印本，1957 年。

《建炎以來朝野雜記》，〔宋〕李心傳撰，徐規點校，中華書局，2000 年。

《文獻通考》,〔元〕馬端臨撰,中華書局點校本,2011年。

《欽定續文獻通考》,〔清〕嵇璜等纂,臺北商務印書館影印《文淵閣四庫全書》本,1986年,第626-631册。

《太常因革禮》,〔宋〕歐陽脩撰,《叢書集成初編》本,中華書局,1985年。

《經史避名匯考》,〔清〕周廣業撰,徐傳武、胡真校點,上海古籍出版社,2015年。

《遂初堂書目》,〔宋〕尤袤撰,《叢書集成初編》本,中華書局,1985年。

《郡齋讀書志校證》,〔宋〕晁公武撰,孫猛校證,上海古籍出版社,1990年。

《直齋書錄解題》,〔宋〕陳振孫撰,徐小蠻、顧美華點校,上海古籍出版社,1987年。

《文淵閣書目》,〔明〕楊士奇撰,《宋元明清書目題跋叢刊》影印《讀畫齋叢書》本,中華書局,2006年。

《世善堂藏書目錄》,舊題〔明〕陳第撰,《叢書集成初編》本,中華書局,1985年。

《絳雲樓書目》,〔清〕錢謙益撰,《中國著名藏書家書目彙刊·明清卷》影印黃永年舊藏順治年間抄本,商務印書館,2005年,第12册。

《傳是樓書目》,〔清〕徐乾學撰,國家圖書館藏道光八年味經書屋抄本。

《汲古閣珍藏秘本書目》,〔清〕毛扆撰,《海王邨古籍書目題跋叢刊》影印《士禮居叢書》本,中國書店,2008年。

《四庫全書總目》,〔清〕永瑢等纂,中華書局影印浙江書局本,1965年。

《山左金石志》,〔清〕畢沅、阮元撰,《山東文獻集成》影印嘉慶二年儀徵阮氏小琅嬛館刻本,山東大學出版社,2011年,第4輯第23册。

《善本書室藏書志》,〔清〕丁丙撰,中華書局影印光緒二十七年刻本,1990年。

《皕宋樓藏書志》,〔清〕陸心源撰,中華書局影印光緒八年刻本,1990年。

《四庫未收書目提要續編》,〔民國〕胡玉縉撰,收入《續四庫提要三種》,上海書店出版社,2002年。

《傳書堂善本書志》,〔民國〕王國維撰,《王國維全集》第九卷,浙江教育出版社、廣東教育出版社,2009年。

《史通通釋》,〔唐〕劉知幾撰,浦起龍通釋,王煦華整理,上海古籍出版社,2009年。

《朱子語類》,〔宋〕黎靖德編,王星賢點校,中華書局,1994年。

《武經總要》,〔宋〕曾公亮等纂,《原國立北平圖書館甲庫善本叢書》影印明刻本,國家圖書館出版社,2013年,第483册。

《大明清類天文分野之書》,〔明〕佚名撰,《原國立北平圖書館甲庫善本叢書》影印洪武刻本,國家圖書館出版社,2013年,第511册。

《墨史》,〔元〕陸友撰,臺北商務印書館影印《文淵閣四庫全書》本,1986年,第843册。

《歸田録》,〔宋〕歐陽脩撰,李偉國點校,中華書局,1981年。

《東齋記事》,〔宋〕范鎮撰,汝沛點校,中華書局,1980年。

《文昌雜録》,〔宋〕龐元英撰,金圓點校,《全宋筆記》第二編第4册,大象出版社,2006年。

《雲麓漫鈔》，〔宋〕趙彦衛撰，傅根清點校，中華書局，1996年。

《演繁露》，〔宋〕程大昌撰，許沛藻、劉宇點校，《全宋筆記》第四編第8冊，大象出版社，2008年；《續古逸叢書》影印宋刻本，江蘇古籍出版社，2001年。

《玉堂嘉話》，〔元〕王惲撰，楊曉春點校，中華書局，2006年。

《中堂事記》，〔元〕王惲撰，《金元日記叢編》，顧宏義、李文整理標校，上海書店出版社，2013年。

《説郛》，〔元〕陶宗儀編，中國書店影印涵芬樓本，1986年；《説郛三種》影印宛委山堂本，上海古籍出版社，2012年。

《日知録集釋》，〔清〕顧炎武撰，黃汝成集釋，欒保群、吕宗力點校，上海古籍出版社，2006年。

《十駕齋養新録》，〔清〕錢大昕撰，楊勇軍整理，上海書店出版社，2011年。

《太平御覽》，〔宋〕李昉撰，中華書局影印宋刻本，1960年。

《類説》，〔宋〕曾慥撰，明天啓六年刻本。

《錦綉萬花谷》，〔宋〕佚名撰，《北京圖書館古籍珍本叢刊》影印宋刻本，書目文獻出版社，1999年，第73冊。

《玉海》，〔宋〕王應麟撰，廣陵書社影印浙江書局本，2003年。

《桯史》，〔宋〕岳珂撰，吳企明點校，中華書局，1981年。

《歸潛志》，〔金〕劉祁撰，崔文印點校，中華書局，1983年。

《長春真人西游記》，〔元〕李志常撰，尚衍斌、黃太常校注，北京：中央民族大學出版社，2016年。

《磻溪集》，〔元〕丘處機撰，《正統道藏》，文物出版社，1994年，第25冊；《中華再造善本》影印金刻本。

《葆光集》，〔元〕尹志平撰，《正統道藏》，文物出版社，1994年，第 25 册。

《忠肅集》,〔宋〕劉摯撰,裴汝誠、陳小平點校,中華書局,2002 年。

《鄱陽先生文集》,〔宋〕彭汝礪撰,《宋集珍本叢刊》影印清抄本,綫裝書局,2004 年,第 24 册。

《鴻慶居士集》,〔宋〕孫覿撰,臺北商務印書館影印《文淵閣四庫全書》本,1986 年,第 1135 册。

《周益公文集》,〔宋〕周必大撰,《宋集珍本叢刊》影印明澹生堂鈔本,綫裝書局,2004 年,第 50 册。

《湛然居士文集》,〔元〕耶律楚材撰,謝方點校,中華書局,1986 年。

《許衡集》,〔元〕許衡撰,許紅霞點校,中華書局,2019 年。

《王惲全集彙校》,〔元〕王惲撰,楊亮、鍾彥飛點校,中華書局,2013 年。

《圭齋文集》,〔元〕歐陽玄撰,《四庫提要著録叢書》影印成化七年劉釪刻本,北京出版社,2010 年,集部第 111 册。

《滋溪文稿》,〔元〕蘇天爵撰,陳高華、孟繁清點校,中華書局,1997 年。

《帝王韻紀》,〔高麗〕李承休撰,亦樂圖書出版影印本,1999 年。

《動安居士集》,〔高麗〕李承休撰,杜宏剛、邱瑞中、崔昌源輯《韓國文集中的蒙元史料》影印本,廣西師範大學出版社,2004 年。

《藝風堂文集》,〔清〕繆荃孫撰,張廷銀、朱玉麒主編《繆荃孫全集·詩文》,鳳凰出版社,2014 年。

《中州集》,〔金〕元好問撰,蕭和陶點校,華東師範大學出版社,2014 年。

《元好問文編年校注》,〔金〕元好問撰,狄寶心校注,中華書局,

2012 年。

《國朝文類》,〔元〕蘇天爵編,《四庫提要著録叢書》影印元西湖書院刻明修本,北京出版社,2010 年,集部第 142 册。

《元朝名臣事略》,蘇天爵撰,姚景安點校,中華書局,1996 年。

Rashīd al-Dīn, *Jāmi' al-tavārīkh*, *tārīkh-i Īrān va Islāmī*, Mu ḥammadan Rawshan（ed. & annotated）, Tehran：Miras-i Maktub, 2013.

Tabakāt-i-Nāsirī, *A General History of the Muhammadan Dynasties of Asia*, trans. By Raverty, London, 1881.

Ibn al-Athir, translated by D. C. Richard, *The Chronicle of Ibn al-Athir for The Crusading Period from al-Kamil fi'l-Ta'rikh*, Aldershot：Ashgate, 2008.

二、研究專著

《契丹史論證稿》,陳述著,國立北平研究院史學研究所,1948 年,後增訂爲《契丹政治史稿》,人民出版社,1986 年。

Wittfogel, Karl & Feng Chia-sheng, *History of Chinese Society*：*Liao（907-1125）*, Philadelphia：American Philosophical Society, 1949.

《西遼史》,布萊資須納德（E. Bretschneider）著,梁園東譯注,中華書局,1955 年。

Paul Pelliot, *Notes on Marco Polo*, Paris, 1959-73.

《遼史證誤三種》,馮家昇著,中華書局,1959 年。

《中國史學史》,金毓黻著,商務印書館,1999 年。

《契丹社會經濟史稿》,陳述著,生活·讀書·新知三聯書店,1963 年。

《契丹史略》,張正明著,中華書局,1979 年。

《説郛考》,昌彼得著,文史哲出版社,1979 年。

《元代奎章閣及奎章人物》,姜一涵著,聯經出版事業公司,1981 年。

《遼史稿》,舒焚著,湖北人民出版社,1984 年。

《遼史叢考》,傅樂煥著,中華書局,1984 年。

《契丹小字研究》,清格爾泰、劉鳳翥等著,中國社會科學出版社,1985 年。

《遼金元明北京地區人口地理研究》,韓光輝著,北京大學博士學位論文,1987 年。

《西遼史研究》,魏良弢著,寧夏人民出版社,1987 年。

《東胡史》,林幹著,内蒙古人民出版社,1989 年。

《北京圖書館藏中國歷代石刻拓本彙編》,中州古籍出版社,1989 年,第 45 册。

《契丹王朝政治軍事制度研究》,楊若薇著,中國社會科學出版社,1991 年。

《中國人口發展史》,葛劍雄著,福建人民出版社,1991 年。

《元史探源》,王慎榮著,吉林文史出版社,1991 年。

《契丹族系源流考》,趙振績著,臺北:文史哲出版社,1992 年。

《遼夏金經濟史》,漆俠、喬幼梅著,河北大學出版社,1994 年。

《契丹禮俗考論》,田廣林著,哈爾濱出版社,1995 年。

《遼代石刻文編》,向南編,河北教育出版社,1995 年。

《謚法研究》,汪受寬著,上海古籍出版社,1995 年。

《北京歷史人口地理》,韓光輝著,北京大學出版社,1996 年。

《西遼史論・耶律大石研究》,紀宗安著,新疆人民出版社,1996 年。

《契丹古代史論稿》,于寶林著,黃山書社,1998年。

《遼金史論》,劉浦江著,遼寧大學出版社,1999年。

《遼金農業地理》,韓茂莉著,社會科學文獻出版社,1999年。

《中國人口史》第三卷《遼宋金元時期》,吳松弟著,復旦大學出版社,2000年。

《〈遼史·地理志〉匯釋》,張修桂、賴青壽著,安徽教育出版社,2001年。

《中國禮制史(宋遼夏金卷)》,陳戍國著,湖南教育出版社,2001年。

《耶律楚材評傳》,劉曉著,南京大學出版社,2001年。

《唐代墓誌彙編續集》,周紹良、趙超編,上海古籍出版社,2001年。

《契丹小字釋讀問題》,清格爾泰編著,東京外國語大學亞非語言文化研究所,2002年。

《〈宋史·藝文志〉考證》,陳樂素著,廣東人民出版社,2002年。

《五代宋金元人邊疆行記十三種疏證稿》,賈敬顏著,中華書局,2004年。

Michal Biran, *The Empire of the Qara Khitai in Eurasian History*, New York, 2005。

《遼金元三史樂志研究》,王福利著,上海音樂學院出版社,2005年。

《舊五代史新輯會證》,陳尚君會證,復旦大學出版社,2005年。

《陳述學術評傳》,景愛著,花木蘭出版社,2006年。

《皇權的另一面:北朝隋唐恩赦制度研究》,陳俊強著,北京大學出版社,2007年。

《松漠之間——遼金契丹女真史研究》,劉浦江著,中華書局,

2008 年。

《中國歷史·哈喇汗王朝史 西遼史》,魏良弢著,人民出版社,2010 年。

《遼代石刻文續編》,向南、張國慶、李宇峰編,遼寧教育出版社,2010 年。

《契丹民族史》,孫進己、孫泓著,廣西師範大學出版社,2010 年。

《顧頡剛讀書筆記》,顧頡剛著,中華書局,2010 年。

《蒙古入侵時期的突厥斯坦》,巴托爾德(W. Barthold)著,張錫彤、張廣達譯,上海古籍出版社,2011 年。

《遼金軍制》,王曾瑜著,河北大學出版社,2011 年。

《〈契丹國志〉研究》,高宇著,北京大學博士學位論文,2012 年。

《新出契丹史料の研究》,愛新覺羅·烏拉熙春、吉本道雅著,京都:松香堂書店,2012 年。

《鄧之誠文史札記》,鄧之誠著,鄧瑞整理,鳳凰出版社,2012 年。

《中國已佚實錄研究》,謝貴安著,中華書局,2013 年。

《契丹小字詞匯索引》,劉浦江、康鵬主編,中華書局,2014 年。

《漢唐間史學的發展(修訂本)》,胡寶國著,北京大學出版社,2014 年。

《宋遼夏金經濟史研究(增訂版)》,喬幼梅著,上海古籍出版社,2015 年。

《遼朝部族制度研究——以行政區劃的部族爲中心》,張宏利著,吉林大學博士學位論文,2015 年。

《〈遼史·百官志〉考訂》,林鵠著,中華書局,2015 年。

《歷代〈輿服志〉圖釋·遼金卷》,李薴著,東華大學出版社,2016 年。

《宋遼金史論集》,劉浦江著,中華書局,2017 年。

《中國行政區劃通史·遼金卷(修訂本)》,余蔚著,復旦大學出版社,2017 年。

《〈金史〉纂修考》,邱靖嘉著,中華書局,2017 年。

《圖像、文獻與文化史:游牧政治的映像》,陳曉偉著,河北大學出版社,2017 年。

《遼朝禮制研究》,王凱著,吉林大學博士學位論文,2017 年。

《記憶·遺忘·書寫:基於史料批判的契丹早期史研究》,苗潤博著,北京大學博士學位論文,2018 年。

《宋代志怪傳奇敘錄(增訂本)》,李劍國著,中華書局,2018 年。

《遼史補注》,陳述著,中華書局,2018 年。

《南望:遼前期政治史》,林鵠著,生活·讀書·新知三聯書店,2018 年。

《"元史藝文志"與南宋以降目錄學與學術史諸問題研究》,魏亦樂著,南開大學博士學位論文,2019 年。

三、研究論文

《遼史地理考》,劉師培撰,《國粹學報》4 卷 3、5 期,1908 年。

《契丹勃興史》,松井等撰,《滿鮮地理歷史研究報告》第 1 輯,1915 年。

《契丹祀天之俗與其宗教神話風俗之關係》,馮家昇撰,原載燕京大學《史學年報》第 1 卷 4 期,1932 年 6 月,收入《馮家昇論著輯粹》,中華書局,1987 年。

《〈遼史·地理志〉補正》,譚其驤撰,《禹貢半月刊》1 卷 2 期,1934 年 3 月。

《遼金史〈地理志〉互校》,馮家昇撰,《禹貢半月刊》1 卷 4 期,1934 年 4 月。

《耶律大石年譜》,唐長孺撰,《國學論衡》第 1 卷第 7、8 期,1936 年,收入《山居存稿三編》,中華書局,2011 年。

《西遼建國始末及其紀年》,羽田亨撰,馮家昇譯,《禹貢半月刊》5 卷 7 期,1936 年。

《遼史食貨志に見はれたる経済思想》,穗積文雄撰,京都法學會編《經濟論叢》49 卷 6 號,1939 年 12 月。

《遼史天祚紀證釋》,唐長孺撰,國立師範學院史地系編《史地教育特刊》,1942 年,收入《山居存稿》,中華書局,2011 年。

《遼史營衛志に於ける耶律儼の曲筆について》,北川房治郎撰,《歷史學研究》13 卷 8 號,1943 年 9 月。

《遼にいわゅる禮と禮書の成立》,島田正郎撰,《法律論叢》25 卷 1 號,1951 年 9 月。

《遼金宋三史的編纂と北族王朝的立場》,愛宕松男撰,東北大學《文化》15 卷 4 號,1951 年。

《遼史兵衛志“御帳親軍”“大首領部族軍”兩事目考源辨誤》,鄧廣銘(署名鄺又銘)撰,《北京大學學報》1956 年第 2 期。

《耶律大石新傳——附西遼年表》,胡秋原撰,《大陸雜誌》17 卷 6 期,1958 年。

《契丹的部落組織和國家的産生》,蔡美彪撰,《歷史研究》1964 年第 5、6 期合刊,收入氏著《遼金元史考索》,中華書局,2012 年。

《遼史世表探源》,王吉林撰,《大陸雜誌》33 卷 5 期,1966 年 9 月。

《宋遼金史的纂修與正統之争》,陳芳明撰,《食貨月刊》復刊 2 卷 8 期,1972 年。

《遼史世表長箋》,楊家駱撰,收入《遼史彙編》,臺北鼎文書局,1973 年,第 1 册。

《〈遼史·地理志〉州軍方位考實》,趙鐵寒撰,《食貨月刊》復刊 9 卷 3、4 期,1979 年 6 月。

《中國目録學史料》(四),王重民撰,《吉林省圖書館學會會刊》1981 年第 5 期。

《關於西遼史的幾個問題》,周良霄撰,《中華文史論叢》1981 年第 3 輯。

《耶律大石北行史地雜考》,陳得芝撰,《歷史地理》第 2 輯,上海人民出版社,1982 年。

《契丹小字石刻撰人考》,沈匯撰,《考古與文物》1982 年第 6 期。

《遼金"二税户"研究》,張博泉撰,《歷史研究》1983 年第 2 期。

《〈虜廷雜記〉與契丹史學》,李錫厚撰,《史學史研究》1984 年第 4 期。

《關於西遼紀年的幾個問題》,張敏撰,《遼金契丹女真史研究》1986 年第 2 期。

《耶律大石創建西遼帝國過程及紀年新探》,余大鈞撰,《遼金史論集》第 1 輯,上海古籍出版社,1987 年。

《〈宋史·藝文志〉集部重複條目考》,沈治宏撰,《圖書館員》1989 年第 2 期、第 3 期。

《〈宋史·藝文志〉史部重複條目考》,沈治宏撰,《圖書館工作》1989 年第 4 期。

《〈宋史·藝文志〉經部重複條目考》,沈治宏撰,《圖書館雜誌》1989 年第 5 期。

《元好問〈壬辰雜編〉探賾》，陳學霖撰，《晉陽學刊》1990 年第
5 期。

《〈遼史・地理志〉補正》，向南撰，《社會科學輯刊》1990 年第
5 期。

《〈元史・地理志〉資料探源》，王頲撰，《歷史地理》第 8 期，上
海人民出版社，1990 年。

《〈遼史・地理志〉資料探源》，王頲撰，《大陸雜誌》83 卷 6 期，
1991 年，其後改題爲《松漠記地——〈遼史・地理志〉資料源流及
評價》，收入氏著《駕澤搏雲：中外關係史地研究》，海口：南方出版
社，2003 年。

《魏晉南北朝史學著作的幾個問題》，周一良撰，收入《魏晉南
北朝史論集續編》，北京大學出版社，1991 年。

《〈宋史・藝文志〉子部著録圖書重複考》，沈治宏撰，《宋代文
化研究》第 2 集，四川大學出版社，1992 年。

《〈遼史・地理志〉校讀記》，嵇訓杰撰，《文史》第 37 輯，中華
書局，1993 年。

《試論遼朝的賦稅制度》，陳衍德撰，《中國社會經濟史研究》
1994 年第 3 期。

《耶律大石北奔年代考》，柴平撰，《歷史研究》1994 年第 6 期。

《蒙元時期大汗的斡耳朵》，張廣達撰，收入氏著《西域史地叢
稿初編》，上海古籍出版社，1995 年。

《静嘉堂藏〈裔夷謀夏録〉考略》，虞雲國撰，《書目季刊》1995
年第 29 卷第 3 期，收入氏著《兩宋歷史文化叢稿》，上海人民出版
社，2011 年。

《〈舊唐書〉的史料來源》，謝保成撰，《唐研究》第 1 卷，北京大

學出版社,1995 年。

《脩端〈辯遼宋金正統〉的撰寫年代及正統觀考述》,李治安撰,《内陸亞洲歷史文化研究——韓儒林先生紀念文集》,南京大學出版社,1996 年。

《談契丹之旗鼓》,姜艷芳撰,《北方文物》1998 年第 1 期。

《〈遼史·地理志〉考補——上京道、東京道失載之州軍》,馮永謙撰,《社會科學戰綫》1998 年第 4 期。

《〈遼史·地理志〉考補——中京道、南京道、西京道失載之州軍》,馮永謙撰,《北方文物》1998 年第 3 期。

《宋高麗關係史編年(續五)》,李裕民撰,《城市研究》1998 年第 4 期。

《耶律大石西行路綫研究》,錢伯泉撰,《西域研究》1999 年第 3 期。

《契丹部族制度初探》,武玉環撰,《史學集刊》2000 年第 1 期。

《遼中期以後的捺鉢及其與斡魯朵、中京的關係》,李錫厚撰,收入氏著《臨潢集》,河北大學出版社,2001 年。

《遼の斡魯朵の存在形態》,高井康典行撰,《内陸亞細亞史研究》14 號,1999 年 3 月;何天明中譯本,《蒙古學信息》2001 年第 4 期。

《三論李唐氏族問題》,陳寅恪撰,《金明館叢稿二編》,生活·讀書·新知三聯書店,2001 年。

《遼、金、元三代的避諱》,王建撰,《貴州文史叢刊》2002 年第 4 期。

《金山以西交通與耶律大石西征路綫新證》,王頲撰,《西北師大學報》2002 年第 6 期。

《脩端〈辯遼宋金正統論〉をめぐって——元代における〈遼

史〉〈金史〉〈宋史〉三史編纂の過程》，古松崇志撰，《東方學報》第75 册，2003 年。

《〈宋史·食貨志〉的史源和史料價值》，梁太濟撰，收入氏著《唐宋歷史文献研究叢稿》，上海古籍出版社，2004 年。

《"分三耶律爲七　二審密爲五"辨析——契丹遥輦氏阻午可汗二十部研究之二》，肖愛民撰，《内蒙古社會科學》2005 年第2 期。

《遼朝大賀氏考辨——契丹遥輦氏阻午可汗二十部研究之四》，肖愛民撰，《内蒙古師範大學學報》2005 年第4 期。

《〈大元大一統志〉存文研究》，龐蔚撰，暨南大學碩士學位論文，2006 年。

《契丹遥輦氏阻午可汗二十部考辨》，肖愛民撰，(韓國)《宋遼金元史研究》第11 號，2006 年12 月。

《〈大明清類天文分野〉之書考釋與歷代星野變遷》，韓道英撰，暨南大學碩士學位論文，2008 年。

《讀高麗李承休〈賓王録〉——域外元史史料札記之一》，陳得芝撰，《中華文史論叢》2008 年第2 期。

《陳寅恪"合本子注"説新探》，吳晶撰，《浙江社會科學》2008 年第12 期。

《〈亡遼録〉與〈遼史·地理志〉所載節鎮州比較研究》，曹流撰，《北大史學》第14 輯，北京大學出版社，2009 年。

《知識至上的南朝學風》，胡寶國撰，《文史》2009 年第4 輯。

《略論遼金的避諱》，黃緯中撰，《史學匯刊》第26 期，2010 年。

《東丹國廢罷時間新探》，康鵬撰，《北方文物》2010 年第2 期。

《〈遼史·西夏外紀〉"西夏紀事"探源》，陳曉偉撰，《西夏學》第8 輯，上海古籍出版社，2011 年。

《陳寅恪"合本子注"説發微》，于溯撰，《史林》2011 年第 3 期。

《汪藻史學成就探究》，馬玲莉撰，上海師範大學碩士學位論文，2012 年。

Зайцев В. П. Рукописная книга большого киданьского письма из коллекции Института восточных рукописей РАН // Письменные памятники Востока，№ 2（15），осень—зима 2011. М.：Наука，Издательская фирма Восточная литература，2011. 任震寰中譯本見《俄羅斯科學院東方文獻研究所收藏的契丹大字手稿書》，《隋唐遼宋金元史論叢》第 3 輯，上海古籍出版社，2013 年。

《内蒙古巴林左旗遼代祖陵龜趺山建築基址》，董新林、塔拉、康立君撰，《考古》2011 年第 8 期。

《耶律儼〈皇朝實録〉與〈遼史〉》，楊軍撰，《史學史研究》2011 年第 3 期。

《遼史·地理志東京遼陽府條小考——10-14 世紀遼東歷史地理的認識》，吉本道雅撰，收入《遼金歷史與考古國際學術研討會論文集》，遼寧教育出版社，2011 年。

《遼史·地理志東京遼陽府條記事謬誤探源》，姜維公撰，《中國邊疆史地研究》2011 年第 2 期。

《契丹早期部族組織的變遷》，楊軍撰，《絲瓷之路——古代中外關係史研究 II》，商務印書館，2012 年。

《吉爾吉斯發現的"續興元寶"與西遼年號考》，別利亞耶夫、斯達諾維奇撰，李鐵生譯，《中國錢幣》2012 年第 1 期。

《〈遼史·曆象志〉溯源——兼評晚清以來傳統曆譜的系統性缺陷》，邱靖嘉撰，《中華文史論叢》2012 年第 4 期

《宋國史契丹傳考略》，顧宏義、鄭明撰，《遼金史論集》第十三

輯,中國社會科學出版社,2013 年。

《耶律淳政權"世號爲北遼"説質疑》,葛華廷、高雅輝撰,《遼金歷史與考古》第 4 輯,遼寧教育出版社,2013 年。

《宋朝對遼外交活動中的"翻譯"初探》,仝相卿撰,《史學月刊》2013 年第 8 期

《"遼"國號新解》,姜維公撰,《吉林大學學報》2014 年第 1 期。

《遼高玄圭墓誌考釋》,康鵬、左利軍、魏聰聰撰,《北方文物》2014 年第 3 期。

《契丹國舅别部世系再檢討》,苗潤博撰,《史學月刊》2014 年第 4 期。

《〈大明清類天文分野〉索隱》,張兆裕撰,《明史研究論叢》第 12 輯,中國廣播電視出版社,2014 年。

《從〈新修玉篇〉看金代刻書避諱》,馮先思撰,《版本目録學研究》第 5 輯,北京大學出版社,2014 年。

《遼道宗"壽隆"年號探源——金代避諱之新證》,邱靖嘉撰,《中華文史論叢》2014 年第 4 期。

《契丹始祖傳説與契丹族源》,楊軍撰,《首都師範大學學報(社會科學版)》2014 年第 6 期。

《〈遼史·地理志〉辨誤》,李錫厚撰,《隋唐遼宋金元史論叢》第 4 輯,上海古籍出版社,2014 年。

《遼代斡魯朵管理體制研究》,余蔚撰,《歷史研究》2015 年第 1 期。

《耶律大石西遷相關問題研究》,韓鈞撰,新疆師範大學碩士學位論文,2015 年。

《試析金代"治中"出現之原因——兼論金朝對"尹"字的避諱》,孫建權撰,《中華文史論叢》2015 年第 3 期。

《遼代斡魯朵研究》，楊軍撰，《學習與探索》2015 年第 5 期。

Зайцев В. П. Идентификация киданьского исторического сочинения в составе рукописной книги-кодекса Nova H 176 из коллекции ИВР РАН и сопутствующие проблемы // Acta linguistica Petropolitana：Труды Института лингвистических исследований. Том XI, часть 3. СПб.：Наука, 2015.

《自注與子注——兼論六朝賦的自注》，趙宏祥撰，《文學遺產》2016 年第 2 期。

《捺鉢與行國政治中心論——遼初“四樓”問題真相發覆》，陳曉偉撰，《歷史研究》2016 年第 6 期。

《内蒙古多倫縣小王力溝遼代墓葬》，内蒙古文物考古研究所等撰，《考古》2016 年第 10 期。

《東晋南朝的書籍整理與學術總結》，胡寶國撰，《中國史研究》2017 年第 1 期。

《遼代捺鉢考》，楊軍、王成名撰，《安徽史學》2017 年第 2 期。

《西遼與金朝的對立與成吉思汗興起》，松田孝一撰，烏雲高娃譯，收入《楊志玖教授百年誕辰紀念文集》，天津古籍出版社，2017 年。

《〈遼史·地理志〉與〈百官志〉所載州比較研究》，陳俊達撰，《蘭臺世界》2017 年第 19 期。

《〈遼史·地理志〉所載節度州考》（上、下），陳俊達撰，《赤峰學院學報》2017 年第 11、12 期。

《箕子八條之教與遼朝禮制淵源考論》，李月新撰，《内蒙古社會科學》2018 年第 5 期。

《遼代斡魯朵及相關問題辨析》，楊逍撰，《内蒙古社會科學》2018 年第 6 期。

《"合本子注"再檢討》,陳志遠撰,《漢語佛學評論》第 6 輯,上海古籍出版社,2018 年。

《〈遼史·地理志〉武安州條釋疑》,葛華廷撰,《遼金歷史與考古》第 9 輯,科學出版社,2018 年。

《從東夷到北狄:中古正史有關契丹的歸類變化》,苗潤博撰,《唐研究》第 24 卷,北京大學出版社,2019 年。

《大金集禮流傳史探繹》,任文彪撰,《大金集禮》點校本附錄四《大金集禮研究》,浙江大學出版社,2019 年。

《〈遼史·兵衛志〉的史源與史料價值》,武文君撰,《史學理論與史學史學刊》第 20 卷,社會科學文獻出版社,2019 年。

《屠各劉氏先世建構再探》,温拓撰,《中央民族大學學報》2019 年第 5 期。

《被改寫的政治時間:再論契丹開國年代問題》,苗潤博撰,《文史哲》2019 年第 6 期。

後 記

　　從 2010 年第一次見到劉浦江老師、參加《遼史》讀書課算起，至今整整十年。這十年間，由點校本到修訂本，《遼史》大概是我讀得最勤的書。前半程被手把手、一字一句帶着讀，從懵懂無知到初窺門徑，印象最深的就是劉老師那句帶着浓重川普味道的詰問："究竟有没有獨立史源?"後半程自己一個人讀，逐漸摸索着做些研究，纔越發體會到當年那種刨根問底式的責難究竟有着怎样的學術分量。倘若眼前這份譾陋不堪的讀書報告還有一二可取之處，那也多半得益於昔日領讀者的苦心孤詣。

　　本書的寫作，於我純屬偶然。前年春天博士論文初稿完成後，呈請師友們批評斧正，張曉慧兄指出其中關於《遼史》史源的部分論斷略顯突兀、跳躍，缺乏必要的鋪墊和解釋。這使我意識到，《遼史》修訂工作中收穫的師法心得，並不能想當然地直接用作進一步研究的基礎，修訂組內部某些實踐經驗也只有經過系統的整理、提煉，纔可能真正引起學界的共鳴，於是就有了清點《遼史》史源的計劃。

　　畢業之後，稍得喘息，曾試寫部分章節，但工作的全面鋪開則是到了去年冬天跟腱斷裂在家休養期間。本以爲將此前的點校積累稍加總結即可成書，逮到實際寫作時，纔發現還有太多的功課需要補，太多的環節需要重新落實，只好邊學邊寫，走走停停，直至暑假結束方基本成型。秋季學期在北大重開"《遼史》研讀"課程，以書稿內容作爲主要討論綫索，第一次切實感受到教學相長的快樂，對於劉老師當年在讀書課上的真誠純粹、傾囊相授更多了一份欽佩與感激。

拙稿得以付梓，有賴於中華書局王勛老師協調聯絡，總經理徐俊先生慨允收入"二十四史校訂研究叢刊"，責編胡珂女史時時敦促提點，南開大學王岩同學幫忙校覈史料。謹此致以最真摯的謝意！

全書從初稿撰寫到最終定型的過程，恰好與妻子香鈞懷胎、小兒亨亨降生相伴隨，這期間我感受到的當然有角色轉換帶來的欣喜與責任，但更多的是全家人一如既往的理解和包容。所有這些都是支撐我繼續篤定前行的精神動力，也將成爲工作生活中對抗"學者數字化"潮流的真實依憑。

　　　　　　　己亥歲杪，於京西鬧不機迷齋